名师成长书系

品读经典 涵养底蕴

部编新教材古诗文读写融合

主编◎罗代国

哈尔滨工程大学出版社
Harbin Engineering University Press

图书在版编目（CIP）数据

品读经典，涵养底蕴：部编新教材古诗文读写融合 / 罗代国主编. -- 哈尔滨：哈尔滨工程大学出版社，2025. 1. -- ISBN 978-7-5661-4623-6

Ⅰ. G633.302

中国国家版本馆 CIP 数据核字第 20255PY262 号

品读经典，涵养底蕴：部编新教材古诗文读写融合

PINDU JINGDIAN，HANYANG DIYUN: BUBIAN XIN JIAOCAI GUSHIWEN DUXIE RONGHE

选题策划　王　丹
责任编辑　王　丹
封面设计　智诚源创

出版发行　哈尔滨工程大学出版社
社　　址　哈尔滨市南岗区南通大街145号
邮政编码　150001
发行电话　0451-82519328
传　　真　0451-82519699
经　　销　新华书店
印　　刷　武汉颜沫印刷有限公司
开　　本　710 mm × 1000 mm　1/16
印　　张　20.25
字　　数　425千字
版　　次　2025年1月第1版
印　　次　2025年1月第1次印刷
书　　号　ISBN 978-7-5661-4623-6
定　　价　98.00元
http://www. hrbeupress. com
E-mail: heupress@hrbeu. edu. cn

编委会名单

前言

PREFACE

习近平总书记高度重视中华优秀传统文化的传承：“中华优秀传统文化是中华民族的文化根脉，其蕴含的思想观念、人文精神、道德规范，不仅是我们中国人思想和精神的内核，对解决人类问题也有重要价值。”“语文课应该学古诗文经典，把中华民族优秀传统文化不断传承下去。”党的十八大以来，习近平总书记对“传承中华优秀传统文化”的重要阐述，以及《完善中华优秀传统文化教育指导纲要》《关于实施中华优秀传统文化传承发展工程的意见》《基础教育课程改革纲要》《普通高中语文课程标准》等国家级文件，把中华优秀传统文化提升为中华民族的基因和文化血脉，有力增强了民族自信心、自豪感和凝聚力。

古诗文经典作品是中华传统文化宝库中不可或缺的璀璨明珠，学好古诗文，汲取古代传统文化精髓，对激发青年学生认同传统文化，树立正确的世界观、人生观、价值观有着不可替代的作用。我们主张深化学生对传统文化的理解，增强学生对传统文化的认同感和自豪感。通过学习传统文化的发展历程、思想内涵、艺术特点等方面的知识，学生能够了解中华传统文化的博大精深和独特魅力；通过阅读《红楼梦》《史记》《唐诗三百首》等经典好书，参加文化讲座、参观文化遗址等，学生能够感受到传统文化的魅力；通过讲述传统文化中的感人故事、展示传统文化中的艺术精品、开展“晒家风，传家训”等传统文化活动，学生能够感受到传统文化的温暖和力量。同时，还要引导学生善于从中华文化资源宝库中提炼题材、获取灵感、汲取养分，把中华优秀传统文化的有益思想、艺术价值与时代特点和要求紧密结合，充分调动学生写作的积极性，以丰富多样的艺术形式进行当代表达，创作出底蕴深厚、浸润人心、富有“文化味”的优秀习作，表达自己对中华优秀传统文化的感悟和认识。

经典古诗文是中国传统文化的象征和载体，它把我国五千年丰富多彩、博大精深的文化体系完整而有序地保存下来。学好古诗文，有利于丰富人们的精神世界，熏陶语感，纯化语言，净化心灵，提高语文素养。现行新课标、新教材重视引导学生自觉继承中华优秀传统文化，除必修、选择性必修中收录了 32 篇文言文、35 首诗词曲和 1 篇古代戏曲外，选修教材还收录了一批经典之作。在“课程内容”中不仅安排有学习任务群 8“中华传统文化经典研习”、学习任务群 14“中华传统文化专题研讨”，更在附录中推荐了《论语》《孟子》《老子》《庄子》《史记》等经典著作和72篇古诗文背诵篇目。如今，高考重视教考融合，古诗文阅读一直稳定在35分，占语文基础部分的38.9%和全卷的23.3%，这对引导学生阅读中华传统文化经典作品，加深学生对传统文化的认识和理解，提升学生对中华民族文化的认同感、自豪感，增强文化自信，起到了很好的强化和促进作用。

学生学习古诗文，除自身的喜好、能力之外，还要善于借助优秀的参考书。本书与部编新教材古诗文同步，立足品读经典，涵养底蕴，既有知识点的积累与梳理，又重视读写融合，精编序列读写练习，有助于提升学生古诗文学习效率和水平。本书具有以下特点：

一是与必修、选择性必修教材同步，按照《普通高中语文课程标准（2017年版2020年修订）》中"通过文言文阅读，梳理文言词语在不同上下文中的词义和用法，把握古今汉语词义的异同，既能沟通古今词义的发展关系，又要避免用现代意义理解古义，做到对中华优秀传统文化作品的准确理解"的要求，针对学生学习实际，力求准确、规范、简约、科学，适合教学和自学，具有很强的针对性和实用性。

二是系统性。本书采用"拉网式"编排方式，涵盖了教材中所有的古诗文篇目，尽可能覆盖每篇选文的知识点，从原文挖空到夯实基础，从理解性默写及易错字词矫正、重要句子翻译再到品读随笔，指导学生进行课文内容微写作，做到读写融合，读写互促。为了方便自学，我们在每章每节都安排了一两百字的学习说明，结合章节内容介绍"品读经典，涵养底蕴"的具体方法与要求。

三是原创性。本书以每册教材为一章，每章第二节为"涵养底蕴"，第一板块为"素养提升"，精选与本册课文存在明显关联的文言文、古诗词作品，设计具有教考关联与融合性质的训练题；第二板块为"底蕴作文"，这里的"底蕴"主要包括历史底蕴、诗词底蕴、文学底蕴、民俗底蕴、文言底蕴、思想底蕴、情感底蕴、精神底蕴等，旨在把中华优秀传统文化的有益思想、艺术价值与时代特点和要求有机结合，运用丰富多样的表现形式进行当代表达，引导学生创作出底蕴深厚、浸润人心的优秀习作。

本书由罗代国担任主编，由万春晓、纪瑾雯、梁文先担任副主编。具体分工如下：罗代国负责本书的统稿、审阅和定稿工作，万春晓撰写第一章（约5万字），纪瑾雯、刘婷婷撰写第二章（约9.2万字），程霞辉撰写第三章（约4万字），刘秋霞撰写第四章（约5.6万字），梁文先撰写第五章（约10.7万字），陈雅琪撰写第六章（约7万字）。本书在撰写过程中，得到了单位领导和同人的大力支持，特此鸣谢。

罗代国

2024年6月

目录

CONTENTS

第一章　必修上册

本章含必修上册第三单元古诗词和第六单元古代论说文。

第三单元汇集了不同时期、不同体式的诗词名作，呈现了不同的人生境界和情感世界。学习本单元，要逐步掌握古诗词鉴赏的基本方法，认识古诗词的当代价值，增强对中华优秀传统文化的传承意识。

第六单元的两篇古文都是以说理为主，围绕“学习之道”从不同角度探讨学习问题，阐发了一些深刻的道理。

学习古诗文首先要落实具体的字词句知识，在疏通文意的基础上完成单元学习任务，使语文涵养得到提升。

第一节 品读经典

一、《短歌行》《归园田居》品读

（一）原文挖空

短歌行（曹操）

对酒当歌，人生几何（　　）！譬如朝露，去日苦多。慨当以慷，忧思难忘。何以解忧？唯有杜康。青青子衿，悠悠（　　）我心。但为君故，沉吟至今。呦呦鹿鸣，食野之苹。我有嘉宾，鼓（　　）瑟吹笙。明明如月，何时可掇（　　）？忧从中来，不可断绝。越陌（　　）度阡，枉用相存（　　）。契阔（　　）谈讌，心念旧恩。月明星稀，乌鹊南飞。绕树三匝（　　），何枝可依？山不厌（　　）高，海不厌深。周公吐哺（　　），天下归心。

归园田居（其一）（陶渊明）

少无适俗（　　）韵（　　），性本爱丘山。误落尘网（　　）中，一去三十年。羁鸟（　　）恋旧林，池鱼思故渊。开荒南野际，守拙（　　）归园田。方宅十余亩，草屋八九间。榆柳荫（　　）后檐，桃李罗（　　）堂前。暧暧（　　）远人村，依依（　　）墟里（　　）烟。狗吠深巷中，鸡鸣桑树颠。户庭无尘杂（　　），虚室（　　）有余闲（　　）。久在樊（　　）笼里，复得返自然。

（二）夯实基础

1. 解释下列句子中加点的词

①契阔谈讌（　　）　　②人生几何（　　）

③依依墟里烟（　　）　　④复得返自然（　　）

2. 写出下列句中加点词的活用类型及释义

①乌鹊南飞（　　）　　②对酒当歌（　　）

③鼓瑟吹笙（　　）　　④去日苦多（　　）

⑤周公吐哺，天下归心（　　）

3. 一词多义

（1）归

①守拙归园田（　　）　　②周公吐哺，天下归心（　　）

③不图子自归（　　）　　④返璞归真（　　）

⑤男有分，女有归（　　）

（2）去

①误落尘网中，一去三十年（　　）　②譬如朝露，去日苦多（　　）

③西蜀之去南海，不知几千里也（　　）　④大江东去（　　）

⑤为汉家除残去秽（　　）

4. 文化常识

①古体诗：又称古风。唐代以前不合近体格律的诗，均被称为古体诗；唐代以后仿古而作的不合近体格律的诗，也被称为古体诗，这是初唐时期在汉魏六朝的基础上建立起来的。声律、韵脚比较自由，平仄不拘，可以换韵。有乐府诗、歌、行、吟、引等形式。

②歌行体："歌行"是我国古代诗歌体裁之一，属乐府诗一类，后从乐府发展为古诗的一体，音节、格律一般比较自由；常采用五言、七言、杂言，形式也多变化。

③田园诗派：是我国古代诗歌流派中重要的一支。陶渊明是田园诗派的重要代表人物，他的诗大部分取材于田园生活，为古典诗歌开辟了一个新境界，并创造出一种田园牧歌式的生活，借以表达对现实的不满，以及对宁静平和生活的向往。此后田园诗不断发展，到唐代形成了山水田园诗派，名家辈出，王维、孟浩然是田园诗派的代表人物。田园诗派的诗歌总体以描写自然风光、农村景物以及安逸恬淡的隐居生活见长，诗境隽永优美，风格恬静淡雅，语言清丽洗练，多用白描手法。

（三）理解性默写及易错字词矫正

1. 理解性默写

①曹操《短歌行》中，比喻人生短促的句子是："____________，____________。"

②曹操《短歌行》中，把贤者比喻成高空的明月的句子是："_________，________？"

③曹操《短歌行》中，比喻贤士们还没有归宿的句子是："__________，_________？"

④陶渊明《归园田居》（其一）中"____________，____________"两句，采用对仗句式，连用两个比喻，表达诗人对官场的厌倦以及对田园的向往。

⑤陶渊明是很多古代诗人的偶像。《归园田居》（其一）写出了很多人的心声："户庭无尘杂，虚室有余闲。____________，____________。"

2. 易错字词矫正（写三遍）

衿　　讌　　羁　　暧暧　　吠　　颠

（四）品读随笔

曹操积极进取，渴望一统天下；陶渊明归隐田园，坚守本心。这两种不同的人生选择，你更欣赏哪一种？简述自己的理由。

二、《梦游天姥吟留别》《登高》《琵琶行 并序》品读

（一）原文挖空

梦游天姥吟留别（李白）

①海客谈瀛洲，烟涛（　　）微茫（　　）信（　　）难求；越人语天姥，云霞明灭（　　）或可睹。天姥连天向天横（　　），势拔（　　）五岳掩赤城。天台四万八千丈，对此欲倒东南倾。

②我欲因（　　）之梦吴越，一夜飞度镜湖月。湖月照我影，送我至剡溪。谢公宿处今尚在，渌（　　）水荡漾清猿啼。脚著谢公屐，身登青云梯。半壁见海日，空中闻天鸡。千岩万转路不定，迷花倚石忽已暝（　　）。熊咆龙吟殷（　　）岩泉，栗（　　）深林兮惊层巅。云青青（　　）兮欲雨，水澹澹（　　）兮生烟。列缺霹雳，丘峦崩摧。洞天石扉，訇然（　　）中开。青冥（　　）浩荡不见底，日月照耀金银台。霓为衣兮风为马，云之君兮纷纷而来下。虎鼓瑟兮鸾回车，仙之人兮列如麻。忽魂悸（　　）以魄动，恍（　　）惊起而长嗟。惟觉时（　　）之枕席，失向来（　　）之烟霞。

③世间行乐亦如此，古来万事东流水。别君去兮何时还？且放白鹿青崖间，须行即骑访名山。安能摧眉（　　）折腰事权贵，使我不得开心颜？

登高（杜甫）

风急天高猿啸哀，渚（　　）清沙白鸟飞回（　　）。无边落木（　　）萧萧（　　）下，不尽长江滚滚来。万里悲秋常作客（　　），百年多病独登台。艰难苦恨（　　）繁（　　）霜鬓，潦倒（　　）新停浊酒杯。

琵琶行 并序（白居易）

①元和十年，予左迁（　　）九江郡司马。明年（　　）秋，送客湓浦口，闻舟中夜弹琵琶者，听其音，铮铮然有京都声。问其人，本长安倡女（　　），尝学琵琶于穆、曹二善才，年长色衰，委身为贾人妇。遂命酒，使快弹数曲。曲罢悯然（　　），自叙少小时欢乐事，今漂沦（　　）憔悴，转徙于江湖间。予出官（　　）二年，恬然（　　）自安，感斯人言，是夕始觉有迁谪意。因为（　　）长句，歌以赠之，凡六百一十六言（　　），命曰《琵琶行》。

②浔阳江头夜送客，枫叶荻花秋瑟瑟（　　）。主人下马客在船，举酒欲饮无管弦（　　）。醉不成欢惨将别，别时茫茫江浸月。

③忽闻水上琵琶声，主人忘归客不发。寻声暗问弹者谁，琵琶声停欲语迟。移船相近邀相见，添酒回灯（　　）重开宴。千呼万唤始出来，犹抱琵琶半遮面。转轴拨弦三两声，未成曲调先有情。弦弦掩抑（　　）声声思（　　），似诉平生不得志。低眉信手（　　）续续弹，说尽心中无限事。轻拢慢捻抹复挑，初为《霓裳》后《六幺》。大

弦嘈嘈如急雨，小弦切切（　　）如私语。嘈嘈切切错杂弹，大珠小珠落玉盘。间关（　　）莺语花底滑，幽咽泉流冰下难（　　）。冰泉冷涩弦凝绝，凝绝不通声暂歇。别有幽愁暗恨生，此时无声胜有声。银瓶乍破水浆迸，铁骑突出刀枪鸣。曲终收拨当心画，四弦一声如裂帛。东船西舫悄无言，唯见江心秋月白。

④沉吟放拨插弦中，整顿衣裳起敛容（　　）。自言本是京城女，家在虾蟆陵下住。十三学得琵琶成，名属教坊第一部。曲罢曾教善才服，妆成每被秋娘妒。五陵年少争缠头，一曲红绡不知数。钿头银篦击节碎，血色罗裙翻酒污。今年欢笑复明年，秋月春风等闲（　　）度。弟走从军阿姨死，暮去朝来颜色故（　　）。门前冷落鞍马稀，老大嫁作商人妇。商人重利轻别离，前月浮梁买茶去。去来（　　）江口守空船，绕船月明江水寒。夜深忽梦少年事，梦啼妆泪红阑干（　　）。

⑤我闻琵琶已叹息，又闻此语重唧唧（　　）。同是天涯沦落人，相逢何必曾相识！我从去年辞帝京，谪居卧病浔阳城。浔阳地僻无音乐，终岁不闻丝竹声。住近湓江地低湿，黄芦苦竹绕宅生。其间旦暮闻何物？杜鹃啼血猿哀鸣。春江花朝秋月夜，往往取酒还独倾。岂无山歌与村笛，呕哑嘲哳难为听。今夜闻君琵琶语，如听仙乐耳暂（　　）明。莫辞更坐弹一曲，为君翻作（　　）《琵琶行》。

⑥感我此言良久立，却坐（　　）促弦弦转（　　）急。凄凄不似向前（　　）声，满座重闻皆掩泣（　　）。座中泣下谁最多？江州司马青衫湿。

（二）夯实基础

1. 解释下列句子中加点的词

①烟涛微茫信难求（　　）　　②势拔五岳掩赤城（　　）

③因为长句，歌以赠之（　　）　　④明年秋，送客湓浦口（　　）

⑤暮去朝来颜色故（　　）　　⑥老大嫁作商人妇（　　）

2. 写出下列句中加点词的活用类型及释义

①对此欲倒东南倾（　　）　　②虎鼓瑟兮鸾回车（　　）

③栗深林兮惊层巅（　　）　　④歌以赠之（　　）

3. 一词多义

（1）事

①古来万事东流水（　　）　　②安能摧眉折腰事权贵（　　）

（2）是

①是夕始觉有迁谪意（　　）　　②自言本是京城女（　　）

③觉今是而昨非（　　）

（3）数

①使快弹数曲（　　）　　②一曲红绡不知数（　　）

③范增数目项王（　　）　　④珠可历历数也（　　）

（4）为

①因为长句（　　）　　②初为《霓裳》后《六幺》（　　）

③为君翻作《琵琶行》（　　）　　④窃为大王不取也（　　）

⑤慎勿为妇死（　　）

4. 文化常识

①古体诗：古体诗不讲对仗，押韵较自由，包括古诗（唐以前的诗歌）、楚辞、乐府诗。“歌”“歌行”“引”“曲”“吟”等古诗题材的诗歌也属古体诗。古体诗的发展轨迹为：《诗经》→楚辞→汉赋→汉乐府→魏晋南北朝民歌→建安诗歌→陶诗等文人五言诗→唐代的古风、新乐府。

楚辞体：楚辞体是战国时期楚国屈原所创的一种诗歌形式，其特点是运用楚地方言、声韵，具有浓厚的楚地色彩。东汉刘向编辑的《楚辞》，全书十七篇，以屈原作品为主，而屈原作品又以《离骚》为代表作，后人因此又称楚辞体为“骚体”。

乐府：乐府是自秦朝以来朝廷设立的管理音乐的机构，汉武帝时期大规模扩建，从民间搜集了大量的诗歌，后人统称为“汉乐府”。后来乐府成了一种诗歌体裁。

②近体诗：与古体诗相对的近体诗又称“今体诗”，是唐朝形成的一种格律体诗，分为两种，其字数、句数、平仄、用韵等都有严格的规定。

绝句：每首四句，五言的简称“五绝”，七言的简称“七绝”。绝句为四句两联，又称绝诗、截句、断句，平仄、押韵都有一定的要求。

律诗：每首八句，五言的简称“五律”，七言的简称“七律”，超过八句的称为“排律”或“长律”。律诗起源于南北朝，成熟于唐初，每首四联八句，格律极严，篇有定句（除排律外），句有定字，韵有定位（押韵位置固定），字有定声（诗中各字的平仄声调固定），联有定对（律诗中间两联必须对仗），每句字数必须相同，可四韵或五韵，中间两联必须对仗，二、四、六、八句押韵，首句可押可不押。

（三）理解性默写及易错字词矫正

1. 理解性默写

①《梦游天姥吟留别》中写天姥山时隐时现的句子是：“______________”，通过赤城山和五岳侧面展现天姥山高大的句子是“______________”。

②《梦游天姥吟留别》中诗人由现实转入梦境的过渡句是：“______________，______________。”

③《琵琶行 并序》中，作为主旨句，描写诗人遇到和自己境遇相似、同病相怜的人的诗句是：“______________，______________！”

④《琵琶行并序》中借描写动物悲鸣渲染被贬之地的凄凉的句子是：“__________，__________。”

⑤《登高》中由高到低，借“猿”“鸟”等意象渲染秋江景物特点的句子是：“__________，__________。”

⑥《登高》中“__________，__________”两句写出了三峡疾风猎猎、秋高气爽、啼猿悲鸣等特点，格调高亢，气势恢宏，境界阔大。

2. 易错字词矫正（写三遍）

飞度　渌水　荡漾　脚著　屐　霹雳　石扉　訇然　萧萧　呕哑嘲哳

（四）品读随笔

优秀的古诗词作品往往具有深刻的意蕴和独特的艺术匠心，比如，李白的《梦游天姥吟留别》用瑰丽的想象表现梦境，杜甫的《登高》通过登高所见秋江景色，倾诉了诗人内心复杂的情感，白居易的《琵琶行并序》把抽象无形的音乐化为具体可感的形象等。

请从三首诗中选择一首，就你感触最深的一点，写一则800字左右的文学短评。

三、《念奴娇·赤壁怀古》《永遇乐·京口北固亭怀古》《声声慢》品读

（一）原文挖空

念奴娇·赤壁怀古（苏轼）

①大江东去，浪淘（　　）尽，千古风流人物（　　）。故垒（　　）西边，人道是，三国周郎赤壁。乱石穿空，惊涛拍岸，卷起千堆雪（　　）。江山如画，一时多少豪杰。

②遥想公瑾当年，小乔初（　　）嫁了，雄姿英发（　　）。羽扇纶巾，谈笑间，樯橹灰飞烟灭。故国神游（　　），多情应笑我，早生华发（　　）。人生如梦，一尊（　　）还酹（　　）江月。

永遇乐·京口北固亭怀古（辛弃疾）

①千古江山，英雄无觅，孙仲谋处。舞榭歌台（　　），风流（　　）总被，雨打风吹去。斜阳草树，寻常巷陌，人道寄奴曾住。想当年，金戈铁马（　　），气吞万里如虎。

②元嘉草草（　　），封狼居胥，赢得（　　）仓皇北顾。四十三年，望中犹记，烽火扬州路。可堪（　　）回首，佛狸祠下，一片神鸦社鼓（　　）。凭（　　）谁问：廉颇老矣，尚能饭否？

声声慢（李清照）

①寻寻觅觅，冷冷清清，凄凄惨惨戚戚（　　）。乍（　　）暖还寒时候，最难将息（　　）。三杯两盏淡酒，怎敌（　　）他、晚来风急！雁过也，正伤心，却是旧时相识。

②满地黄花堆积，憔悴（　　）损（　　），如今有谁堪（　　）摘？守着窗儿，独自怎生（　　）得黑！梧桐更兼细雨，到黄昏、点点滴滴。这次第（　　），怎一个愁字了得！

（二）夯实基础

1. 解释下列句子中加点的词

①一尊还酹江月（　　）　　②千古风流人物（　　）

③这次第，怎一个愁字了得（　　）

2. 写出下列句中加点词的活用类型及释义

①大江东去（　　）　　②樯橹灰飞烟灭（　　）（　　）

③赢得仓皇北顾（　　）　　④廉颇老矣，尚能饭否（　　）

3. 一词多义

（1）故

①故国神游，多情应笑我，早生华发（　　）

②广故数言欲亡（　　）

（2）国

①故国神游（　　）　　②去国怀乡（　　）

（3）顾

①赢得仓皇北顾（　　）　　②三顾臣于草庐之中（　　）

③顾不如蜀鄙之僧哉（　　）

4. 指出下面句子的句式特点

①故国神游。　　②多情应笑我。

③英雄无觅，孙仲谋处。

5. 文化常识

词是隋唐时兴起的一种和乐可歌、句式长短不齐的诗体，所以词是诗歌的一种，又称乐府、长短句、诗余、曲、曲子词等。

①一个过程：词始于南朝，定型于中晚唐，盛行于宋代。宋词的创作也有一个发展变化过程：北宋初年→北宋中期→南宋前期→晚宋。

②两种风格：婉约派和豪放派。婉约派的代表词人有柳永、周邦彦、李清照、姜夔等，他们认为“词为艳科”“诗庄而词媚”，多写离愁别绪、个人遭遇，特别讲究音律格

律，风格清丽婉媚。豪放派以苏轼、辛弃疾为代表，主张“以诗为词”“无言不可入，无事不可言”，不肯损害意思以迁就音律，“故为豪放不羁之语”，格调高昂、取材广泛。

③三种类型：小令，58字以内，只讲平仄，二声调。中调，59～90字，多讲四声，四声调。长调，91字以上，多讲四声，四声调。

④四个特点：句子长短不齐，又叫“长短句”；有固定的词牌，字、句数、声韵固定，“调有定格，句有定数，字有定声”；结构多为两片（或两阕）；押韵要么全押平韵，并一韵到底，要么全押仄韵，一韵到底，中途换韵不多。

（三）理解性默写及易错字词矫正

1. 理解性默写

①苏轼在《念奴娇·赤壁怀古》中，用“__________，__________”两句，表达了岁月虚度、只能借酒消愁的无奈之感。

②苏轼的《念奴娇·赤壁怀古》中“____________”一句，写的是周瑜的儒将装束，“____________”一句，表明了周瑜的赫赫战功。

③辛弃疾在《永遇乐·京口北固亭怀古》中登高望远，想到孙权这位著名的历史人物时不禁发出感叹：“____________，__________，__________。”

④辛弃疾的《永遇乐·京口北固亭怀古》中“__________，__________，_________”表达了英雄业绩的流风余韵已荡然无存，自己希望像英雄那样建功立业的雄心壮志难以实现的惆怅。

⑤李清照的《声声慢》中有七组十四个叠字，“_________，_________，_________”，犹如信手拈来，看似平淡，无一愁字，却写得字字含愁，造成了一种如泣如诉的音韵效果。

⑥李清照的《声声慢》中，“______________，____________”这一生活状态的描写和心理活动的刻画表达了词人无边无际的孤独和度日如年的煎熬之情。

2. 易错字词矫正（写三遍）

纶巾　樯橹　一尊还酹　烽火　扬州　戚戚

（四）品读随笔

三位词人对生命的思考与精神追求，对你有哪些启发？请结合自身经历写一段200~400字的文字。

四、《劝学》品读

（一）原文挖空

劝学（《荀子》）

①君子曰：学不可以已（　　）。

②青，取之于蓝，而青于蓝；冰，水为之，而寒于水。木直中（　　）绳，輮（　　）以为轮，其曲（　　）中规。虽（　　）有（　　）槁暴（　　），不复挺（　　）者，輮使之然也。故木受绳则直，金就砺（　　）则利，君子博学而日参省乎己，则知明而行无过矣。

③吾尝终日而思矣，不如须臾之所学也；吾尝跂（　　）而望矣，不如登高之博见也。登高而招，臂非加长也，而见者远；顺风而呼，声非加疾（　　）也，而闻者彰（　　）。假舆马者，非利足（　　）也，而致（　　）千里；假舟楫者，非能水（　　）也，而绝（　　）江河。君子生非异也，善假于物也。

④积土成山，风雨兴焉（　　）；积水成渊，蛟龙生焉；积善成德，而神明自得（　　），圣心备焉。故不积跬步，无以（　　）至千里；不积小流，无以成江海。骐骥一跃，不能十步；驽马十驾，功在不舍（　　）。锲（　　）而舍之，朽木不折；锲而不舍，金石可镂（　　）。蚓无爪牙之利，筋骨之强，上食埃土，下饮黄泉，用心一也。蟹六跪而二螯，非蛇鳝之穴无可寄托者，用心躁（　　）也。

（二）夯实基础

1. 解释下列句子中加点的词

①輮以为轮（　　）　　②虽有槁暴（　　）

③则知明而行无过矣（　　）　　④君子生非异也（　　）

⑤輮以为轮（　　）　　⑥君子博学而日参省乎己（　　）

⑦蚓无爪牙之利（　　）　　⑧非蛇鳝之穴无可寄托者（　　）

2. 写出下列句中加点词的活用类型及释义

①假舟楫者，非能水也（　　）　　②君子博学而日参省乎己（　　）

③上食埃土，下饮黄泉（　　）（　　）　　④木直中绳，輮以为轮（　　）

⑤不如登高之博见也（　　）　　⑥积善成德（　　）

⑦用心一也（　　）

3. 一词多义

（1）暴

①虽有槁暴（　　）　　②暴秦之欲无厌（　　）

③我有亲父兄，性行暴如雷（　　）

（2）望

①吾尝跂而望矣（　　）　　②日夜望将军至（　　）

③先达德隆望尊（　　）　　④适冬之望日前后（　　）

（3）利

①非利足也（　　）　　②金就砺则利（　　）

（4）致

①非利足也，而致千里（　　）　　②此人可就见，不可屈致也（　　）

③是我于花之未开，先享无穷逸致矣（　　）

（5）生

①君子生非异也（　　）　　②蛟龙生焉（　　）

（6）假

①君子生非异也，善假于物也（　　）　　②以是人多以书假余（　　）

（7）备

①圣心备焉（　　）　　②备他盗之出入与非常也（　　）

③此则岳阳楼之大观也，前人之述备矣（　　）

（8）强

①蚓无爪牙之利，筋骨之强（　　）　　②乃自强步，日三四里（　　）

③策勋十二转，赏赐百千强（　　）

（9）而

①青，取之于蓝，而青于蓝（　　）　　②积善成德，而神明自得（　　）

③则知明而行无过矣（　　）　　④君子博学而日参省乎己（　　）

⑤吾尝跂而望矣，不如登高之博见也（　　）

4. 指出下面句子的句式特点

①虽有槁暴，不复挺者，𫐓使之然也。　　②君子生非异也，善假于物也。

③青，取之于蓝，而青于蓝。　　④冰，水为之，而寒于水。

⑤蚓无爪牙之利，筋骨之强。　　⑥木直中绳，𫐓以为轮。

⑦无以至千里。

5. 文化常识

①诸子百家：诸子指中国先秦时期的管子、老子、孔子、庄子、墨子、孟子、荀子等学术思想的代表人物；百家指儒家、道家、墨家、名家、法家等有代表性的各个学术流派。诸子百家是后世对先秦学术思想有代表性的人物和派别的总称。

②君子：古代统治者和一般贵族男子的通称；也指有学问、有修养的人；妻称夫或青年女子称恋人也可用“君子”。

③跬步：古代称跨出一脚为“跬”，跨出两脚为“步”。指极近的距离。

④驽马十驾：驽马，劣马；驾，一天的行程，“十驾”即马拉车十天所走的路程。

⑤稷下学宫：稷下学宫是世界上最早的官办高等学府和我国最早的社会科学院、政府智库。始建于齐桓公时期，位于齐国国都临淄（今山东淄博）稷门附近。稷下学宫是世界上第一所由官方举办、私家主持的特殊形式的高等学府。

（三）理解性默写及易错字词矫正

1. 理解性默写

①《劝学》中“__________，__________”两句，以劣马的执着为喻，强调为学必须持之以恒。

②在班会上讨论学习和思考的关系，你想强调思考的重要性，可以引用《劝学》中的：“__________，__________。”

③《劝学》中举例说，笔直的木材如果“__________”，就会弯曲到符合圆规的标准；即使再经暴晒也不会挺直，因为“__________”。

④儒、道两家都用“行路”来形象地论述积累的重要性。老子说：“千里之行，始于足下。”这与《劝学》中“__________，__________”表达的意思是相同的。

⑤《劝学》中强调君子的天性并非同一般人有何差异，只是善于借助外物的两句是：“__________，__________。”

2. 易错字词矫正（写三遍）

虽有槁暴　参省乎己　知明　跂　舆　而致千里　生非异也　跬步　无以至千里

锲　镂　蟹　螯　躁

（四）重要句子翻译

①虽有槁暴，不复挺者，輮使之然也。

②君子生非异也，善假于物也。

③蚓无爪牙之利，筋骨之强。

④木直中绳，輮以为轮。

（五）品读随笔

从《劝学》中任选一句话，作为自己的观点（结句或起句），仿照文中语段（比喻或类比），选取三至四个形象，写一段300字左右的议论性文字。

五、《师说》品读

（一）原文挖空

师说（韩愈）

①古之学者必有师。师者，所以(　　)传道受(　　)业解惑也。人非生而知之者，孰能无惑？惑而不从师，其为惑（　　）也，终不解矣。生乎吾前，其闻（　　）道也固（　　）先乎吾，吾从而师之；生乎吾后，其闻道也亦先乎吾，吾从而师之。吾师道也，夫庸知其年之先后生于吾乎？是故无贵无贱，无长无少，道之所存，师之所存也。

②嗟乎！师道之不传也久矣！欲人之无惑也难矣！古之圣人，其出人也远矣，犹且（　　）从师而问焉；今之众人，其下圣人也亦远矣，而耻学于师。是故圣益（　　）圣，愚益愚。圣人之所以（　　）为圣，愚人之所以为愚，其（　　）皆出于此乎？爱其子，择师而教之；于其身也，则耻师焉，惑（　　）矣。彼童子之师，授之书而习其句读者，非吾所谓传其道解其惑者也。句读之不知，惑之不解，或师焉，或不焉，小学而大遗，吾未见其明也。巫医乐师百工之人，不耻相师。士大夫之族（　　），曰师曰弟子云者，则群聚而笑之。问之，则曰："彼与彼年相若也，道相似也，位卑则足羞，官盛则近谀。"呜呼！师道之不复，可知矣。巫医乐师百工之人，君子不齿（　　），今其智乃（　　）反不能及，其可怪也欤！

③圣人无常师。孔子师（　　）郯子、苌弘、师襄、老聃。郯子之徒（　　），其贤不及孔子。孔子曰：三人行，则必有我师。是故弟子不必不如师，师不必贤于弟子，闻道有先后，术业有专攻，如是而已。

④李氏子蟠，年十七，好古文，六艺经传皆通习之，不拘于时，学于余。余嘉（　　）其能行古道，作《师说》以贻（　　）之。

（二）夯实基础

1. 解释下列句子中加点的词

①师者，所以传道受业解惑也（　　）　②或师焉，或不焉（　　）

③古之学者必有师（　　）　④师者，所以传道受业解惑也（　　）

⑤吾从而师之（　　）　⑥今之众人，其下圣人也亦远矣（　　）

⑦小学而大遗（　　）　⑧师不必贤于弟子（　　）

2. 写出下列句中加点词的活用类型及释义

①惑而不从师（　　）　②吾师道也（　　）

③师道之不传也久矣（　　）　④其下圣人也亦远矣（　　）

⑤吾从而师之（　　）　⑥圣益圣，愚益愚（　　）（　　）

⑦小学而大遗（　　）（　　）　⑧而耻学于师（　　）

3. 一词多义

（1）师

①古之学者必有师（　　）　②吾师道也（　　）

③师道之不传也久矣（　　）　④或师焉，或不焉（　　）

⑤巫医乐师百工之人（　　）　⑥孔子师郯子、苌弘、师襄、老聃（　　）

⑦十年春，齐师伐我（　　）　⑧前事不忘，后事之师（　　）

（2）道

①传道受业解惑也（　　）　②师道之不复，可知矣（　　）

③道相似也（　　）　④于是废先王之道（　　）

⑤从郦山下，道芷阳间行（　　）　⑥何可胜道也哉（　　）

⑦会天大雨，道不通（　　）　⑧策之不以其道（　　）

（3）固

①其闻道也固先乎吾（　　）　②据崤函之固（　　）

③临不测之渊，以为固（　　）

（4）贤

①其贤不及孔子（　　）　②师不必贤于弟子（　　）

③群贤毕至，少长咸集（　　）

（5）之

①古之学者必有师（　　）　②人非生而知之者（　　）

③择师而教之（　　）　④师道之不传也久矣（　　）

⑤句读之不知（　　）　⑥巫医乐师百工之人（　　）

⑦君将哀而生之乎（　　）　⑧蚓无爪牙之利（　　）

⑨吾欲之南海（　　）

（6）其

①其闻道也固先乎吾（　　）　②其出人也远矣（　　）

③夫庸知其年之先后生于吾乎（　　）　④其皆出于此乎（　　）

⑤其可怪也欤（　　）　⑥爱其子，择师而教之（　　）

（7）乎

①其闻道也固先乎吾（　　）　②夫庸知其年之先后生于吾乎（　　）

4. 指出下面句子的句式特点

①师者，所以传道受业解惑也。　②道之所存，师之所存也。

③不拘于时。　④句读之不知，惑之不解。

⑤其闻道也固先乎吾。　⑥夫庸知其年之先后生于吾乎？

5. 文化常识

①六艺：指《诗》《书》《礼》《乐》《易》《春秋》六种儒家经书，其中《乐》久已失传。也常指礼、乐、射、御、书、数等六种科目。

②句读：句读是关于断开句子的知识。一句话后面的停顿为句，一句话中间短暂的停顿为读。

③经传：经，古代经典或某些专门性的著作。传，古代解释经书的著作。

④巫医：古代巫和医不分，故并举。巫主要以祝祷、占卜等为业，也为人治病。

（三）理解性默写及易错字词矫正

1. 理解性默写

①《师说》中，韩愈认为士大夫们不能像“巫医乐师百工之人”那样相互为师的主要原因在于他们“年相若”“道相似”，如果彼此为师，就会出现“________，________”的尴尬局面。

②《师说》不仅有严密的论证思路，而且语言简洁生动，文中“____________，____________”两句就凝练地概括了“士大夫之族”不愿从师的荒谬心态。

③在信息时代，能力与年龄不再有直接的关系，各行各业涌现了一大批年轻的专家。这可以用《师说》中“__________，__________”解释。

④韩愈在《师说》中也明确提出了择师的标准：“__________，__________。”

⑤随着时代的进步，IT 行业出现了很多学生的业绩赶超老师的事例，许多人用韩愈《师说》中的两句话发感慨，这两句是：“__________，__________。”

2. 易错字词矫正（写三遍）

受业　或不焉　谀　不齿

（四）重要句子翻译

①师者，所以传道受业解惑也。　②道之所存，师之所存也。

③不拘于时。　④句读之不知，惑之不解。

⑤夫庸知其年之先后生于吾乎？

（五）品读随笔

韩愈的思想对于我们有什么启示？对个人、对国家有何借鉴意义？

六、《赤壁赋》品读

（一）原文挖空

赤壁赋（苏轼）

①壬戌之秋，七月既望，苏子与客泛舟游于赤壁之下。清风徐来，水波不兴。举酒属（　　）客，诵明月之诗，歌窈窕之章。少焉，月出于东山之上，徘徊于斗牛之间。白露横（　　）江，水光接天。纵（　　）一苇之所如（　　），凌（　　）万顷（　　）之茫然。浩浩乎如冯（　　）虚（　　）御（　　）风，而不知其所止；飘飘乎如遗世独立，羽化（　　）而登仙。

②于是饮酒乐甚，扣（　　）舷而歌之。歌曰："桂棹兮兰桨，击空明兮溯（　　）流光。渺渺（　　）兮予怀，望美人兮天一方。"客有吹洞箫者，倚（　　）歌而和（　　）之。其声呜呜然，如怨如慕，如泣如诉，余音袅袅（　　），不绝如缕（　　）。舞幽壑之潜蛟，泣孤舟之嫠妇。

③苏子愀然（　　），正襟危坐（　　）而问客曰："何为其然也？"客曰："'月明星稀，乌鹊南飞'，此非曹孟德之诗乎？西望夏口，东望武昌，山川相缪（　　），郁乎苍苍，此非孟德之困于周郎者乎？方（　　）其破荆州，下江陵，顺流而东也，舳舻（　　）千里，旌旗蔽空，酾酒（　　）临江，横槊赋诗，固（　　）一世之雄也，而今安在哉？况吾与子渔樵于江渚之上，侣鱼虾而友麋鹿，驾一叶之扁舟，举匏樽以相属。寄蜉蝣于天地，渺沧海之一粟。哀吾生之须臾，羡长江之无穷。挟飞仙以遨游，抱明月而长终。知不可乎骤（　　）得，托遗响（　　）于悲风。"

④苏子曰："客亦知夫水与月乎？逝者如斯（　　），而未尝往也；盈（　　）虚（　　）者如彼，而卒（　　）莫消长（　　）也。盖将自其变者而观之，则天地曾（　　）不能以一瞬；自其不变者而观之，则物与我皆无尽也，而又何羡乎！且夫天地之间，物各有主，苟（　　）非吾之所有，虽（　　）一毫而莫取。惟江上之清风，与山间之明月，耳得之而为声，目遇之而成色，取之无禁，用之不竭，是造物者之无尽藏也，而吾与子之所共适（　　）。"

⑤客喜而笑，洗盏更（　　）酌。肴核既尽，杯盘狼籍（　　）。相与枕藉（　　）乎舟中，不知东方之既（　　）白。

（二）夯实基础

1. 解释下列句子中加点的词

①举酒属客（　　）　　②浩浩乎如冯虚御风（　　）

2. 写出下列句中加点词的活用类型及释义

①乌鹊南飞（　　）　　②西望夏口（　　）

③下江陵（　　）　　④顺流而东也（　　）

⑤歌窈窕之章（　　）
⑥况吾与子渔樵于江渚之上（　　）
⑦不知东方之既白（　　）
⑧舞幽壑之潜蛟（　　）
⑨泣孤舟之嫠妇（　　）
⑩侣鱼虾而友麋鹿（　　）（　　）

3. 一词多义

（1）歌
①扣舷而歌之（　　）
②歌曰："桂棹兮兰桨……"（　　）
③倚歌而和之（　　）

（2）望
①七月既望（　　）
②望美人兮天一方（　　）

（3）下
①方其破荆州，下江陵（　　）
②苏子与客泛舟游于赤壁之下（　　）

（4）如
①飘飘乎如遗世独立（　　）
②纵一苇之所如（　　）

（5）虚
①浩浩乎如冯虚御风（　　）
②盈虚者如彼（　　）

（6）然
①其声呜呜然（　　）
②何为其然也（　　）

（7）而
①侣鱼虾而友麋鹿（　　）
②羽化而登仙（　　）
③扣舷而歌之/倚歌而和之（　　）
④逝者如斯，而未尝往也（　　）

（8）乎
①浩浩乎如冯虚御风（　　）
②此非孟德之困于周郎者乎（　　）
③相与枕藉乎舟中（　　）

（9）于
①月出于东山之上（　　）
②徘徊于斗牛之间（　　）
③此非孟德之困于周郎者乎（　　）

（10）之
①哀吾生之须臾（　　）
②惟江上之清风（　　）
③耳得之而为声（　　）

4. 指出下面句子的句式特点

①固一世之雄也。
②是造物者之无尽藏也。
③而今安在哉？
④何为其然也？
⑤凌万顷之茫然。
⑥客有吹洞箫者。

⑦月出于东山之上。

⑧况吾与子渔樵于江渚之上。

⑨酾酒临江。

⑩此非孟德之困于周郎者乎？

5. 文化常识

赋：赋是一种介于诗和散文之间的有韵的文体，兼具诗歌和散文的特点，讲求声律、押韵、对比等形式，它的特点是“铺采摛文，体物写志”，语音上要求声律谐协；文辞上讲究藻饰和用典。赋极尽铺陈夸张之能事，侧重于借景抒情，而于结尾部分发一点议论。《赤壁赋》既保留了传统赋体那种诗的特质与情韵，又吸取了散文的笔调和手法；骈散结合；句式长短不齐，用韵错落有致，更多地表现了散文融景、情、理于一体的艺术特色。

（三）理解性默写及易错字词矫正

1. 理解性默写

①在《赤壁赋》中，苏轼写夜游赤壁的欢乐情景，以“__________，__________”两句写月亮从东山升起前的江面的自然景色，让人感到无比惬意。

②在《赤壁赋》中，苏轼以“__________，__________”两句，写自己面对月下美景，兴之所至，信口吟诵《诗经·月出》，让人不禁陶醉其中。

③苏轼在《赤壁赋》中开头写夜游赤壁的情景，其中写月亮正升起时美妙景色的句子是：“__________，__________。”

④文中融情、景、理于一炉，生发“理”的诗句是：“__________，__________。”

⑤成语“沧海一粟”由文中演化而来的两句诗是：“__________，__________。”

⑥文中客人在解答苏子“何为其然也”的问题时，用动植物设喻来感叹个人在天地间生命的短暂和个体的渺小的句子是：“__________，__________。”

⑦文中表达感叹并希望自己与神仙相交、与明月同在的句子是：“____________，__________。”

⑧文中用高超的手法间接描写动人的音乐的两句是：“__________，__________。”

2. 易错字词矫正（写三遍）

属客　窈窕　冯虚御风　幽壑　潜蛟　嫠妇　舳舻　旌旗蔽空　酾酒　横槊赋诗　渔樵　江渚　麋鹿　匏樽

（四）重要句子翻译

①舞幽壑之潜蛟，泣孤舟之嫠妇。

②况吾与子渔樵于江渚之上，侣鱼虾而友麋鹿，驾一叶之扁舟，举匏樽以相属。寄蜉蝣于天地，渺沧海之一粟。

（五）品读随笔

余秋雨先生在《苏东坡突围》一文中说："黄州是苏东坡一生中最重要的人生驿站，他在这里完成了一次永载史册的文化突围。"与其说是苏轼成全了赤壁，不如说是赤壁成全了苏轼。

从苏轼面对人生挫折的态度中，你获得了什么启示？请写一篇不少于300字的小短文。

七、《登泰山记》品读

（一）原文挖空

登泰山记（姚鼐）

①泰山之阳（　　），汶水西流；其阴，济水东流。阳谷皆入汶，阴谷皆入济。当（　　）其南北分者，古长城也。最高日观峰，在长城南十五里。

②余以乾隆三十九年十二月，自京师乘风雪，历齐河、长清，穿泰山西北谷，越长城之限，至于泰安。是月丁未，与知府朱孝纯子颍由南麓登。四十五里，道皆砌石为磴（　　），其级七千有余。泰山正南面有三谷。中谷绕泰安城下，郦道元所谓环水也。余始循（　　）以入，道少半，越中岭，复循西谷，遂至其巅。古时登山，循东谷入，道有天门。东谷者，古谓之天门溪水，余所不至也。今所经中岭及山巅，崖限（　　）当道者，世皆谓之天门云。道中迷雾冰滑，磴几不可登。及既上，苍山负（　　）雪，明烛天南。望晚日照城郭，汶水、徂徕如画，而半山居（　　）雾若带然。

③戊申晦，五鼓，与子颍坐日观亭，待日出。大风扬积雪击面。亭东自足下皆云漫。稍见云中白若樗蒱数十立者，山也。极天（　　）云一线异色，须臾成五采。日上，正赤如丹，下有红光动摇承之，或曰，此东海也。回视日观以西峰，或（　　）得日或否，绛皓驳（　　）色，而皆若偻（　　）。

④亭西有岱祠，又有碧霞元君祠。皇帝行宫在碧霞元君祠东。是日观道中石刻，自唐显庆以来；其远古刻尽漫（　　）失。僻不当（　　）道者，皆不及往。

⑤山多石，少土。石苍黑色，多平方（　　），少圜。少杂树，多松，生石罅（　　），皆平顶。冰雪，无瀑水，无鸟兽音迹。至日观数里内无树，而雪与人膝齐。

⑥桐城姚鼐记。

（二）夯实基础

1. 解释下列句子中加点的词

①其级七千有余（　　）　　　　②少圜（　　）

③五采（　　）　　④至于泰安（　　）
⑤是月丁未（　　）　　⑥复循西谷（　　）
⑦戊申晦（　　）　　⑧多平方（　　）

2. 写出下列句中加点词的活用类型及释义

①汶水西流（　　）　　②济水东流（　　）
③崖限当道者（　　）　　④道少半（　　）

3. 一词多义

（1）当

①当其南北分者（　　）　　②崖限当道者（　　）
③僻不当道者（　　）

（2）余

①余以乾隆三十九年十二月（　　）　　②其级七千有余（　　）

（3）以

①余以乾隆三十九年十二月（　　）　　②余始循以入（　　）
③回视日观以西峰（　　）

（4）限

①越长城之限（　　）　　②崖限当道者（　　）

（5）道

①道皆砌石为磴（　　）　　②道少半（　　）

（6）有

①其级七千有余（　　）　　②泰山正南面有三谷（　　）

（7）及

①今所经中岭及山巅（　　）　　②及既上（　　）
③皆不及往（　　）

（8）云

①世皆谓之天门云（　　）　　②亭东自足下皆云漫（　　）

（9）日

①与子颖坐日观亭待日出（　　）　　②或得日，或否（　　）
③是日（　　）

（10）漫

①亭东自足下皆云漫（　　）　　②其远古刻尽漫失（　　）

4. 指出下面句子的句式特点

①当其南北分者，古长城也 / 稍见云中白若摴蒱数十立者，山也。

②郦道元所谓环水也 / 余所不至也。

③此东海也。

④亭东自足下皆云漫。

⑤今所经中岭及山巅，崖限当道者。

⑥与知府朱孝纯子颍由南麓登 / 与子颍坐日观亭，待日出 / 皆不及往。

⑦苍山负雪，明烛天南。

⑧是日观道中石刻，自唐显庆以来。

⑨生石罅。

⑩复循西谷。

5. 文化常识

①泰山：泰山又名岱山、岱宗、岱岳、东岳、泰岳，为中国五岳之一。五岳是中国五大名山的总称，一般指东岳泰山（位于山东省）、西岳华山（位于陕西省）、南岳衡山（位于湖南省）、北岳恒山（位于山西省）、中岳嵩山（位于河南省）。五岳为群山之尊，泰山为五岳之长，有“五岳之首”“五岳之长”“五岳之尊”“天下第一山”之称。

②阴阳：“阳”和“阴”是一对相反的概念。古代很多事情都分阴阳，人们习惯用阴阳来解释万物，如天地、日月、山水、昼夜、男女，以至脏腑、气血等。在古代文学作品中，用阴阳来描述山水很常见，阳指山南水北，阴则指山北水南。

③古长城：古代的长城，指春秋战国时齐国所筑长城的遗址，古时齐鲁两国以此为界。

④晦：农历每月的最后一天，与“朔”相对。朔是农历每月的第一天，指从农历某月的最后一天到下月的第一天；也指从天黑到天明。

（三）理解性默写及易错字词矫正

1. 理解性默写

①《登泰山记》中描写日将出的两句是：“______________，______________”；描写日已出的三句是：“__________，__________，__________”。

②姚鼐在《登泰山记》中写山顶雪景的句子是：“______________，______________。”

③《登泰山记》中写诸人登泰山途中经历艰险的两句是：“______________，______________。”

④ 在《登泰山记》中，“______________，______________”两句写出了登泰山时天气的恶劣以及路途的艰辛。

⑤在《登泰山记》中指出泰山南北两个河流的流入地点的句子是：“______________，______________。”

⑥在《登泰山记》中，作者写出从山巅向下俯视，众山如骰子的语句是：

“______________，______________。”

⑦在《登泰山记》中，“______________，______________”两句写出了诗人在泰山顶上看到太阳将出时的景色，奇幻无比，为下文写日出的壮观景色做了衬托。

⑧在《登泰山记》中，“______________，______________”两句与杜甫的“会当凌绝顶，一览众山小”有异曲同工之妙，写出了日观峰以西诸山在晨曦的映照下红白错杂，都似弯腰俯首，显得矮小。

2. 易错字词矫正（写三遍）

樗蒱　绛皓驳色　偻　少圜　石罅

（四）重要句子翻译

①泰山之阳，汶水西流；其阴，济水东流。阳谷皆入汶，阴谷皆入济。

②余始循以入，道少半，越中岭，复循西谷，遂至其巅。

③望晚日照城郭，汶水、徂徕如画，而半山居雾若带然。

④极天云一线异色，须臾成五采。日上，正赤如丹，下有红光动摇承之。

⑤回视日观以西峰，或得日或否，绛皓驳色，而皆若偻。

⑥是日观道中石刻，自唐显庆以来；其远古刻尽漫失。僻不当道者，皆不及往。

（五）品读随笔

从文中选择一个令你“心动”的画面，确定拍摄主题，撰写一个 5 分钟左右的视频拍摄脚本。

要求：①主题明确，给小视频取一个富有诗意的名字。②说明场景、镜头或画面顺序。③说明背景音乐、文字或朗诵等插入元素的呈现方式或播放效果。④小视频脚本力求表现出你自己独特的审美心理和审美特点。

八、《静女》《涉江采芙蓉》《虞美人》《鹊桥仙》品读

（一）原文挖空

静女（《诗经 · 邶风》）

静女其姝（　　），俟（　　）我于城隅（　　）。爱（　　）而不见，搔首踟蹰（　　）。静女其娈（　　），贻（　　）我彤管。彤管有炜（　　），说（　　）怿（　　）女（　　）美。自牧（　　）归（　　）荑，洵（　　）美且异。匪（　　）女之为美，美人之贻。

涉江采芙蓉（《古诗十九首》）

涉江采芙蓉（　　），兰泽（　　）多芳草。采之欲遗（　　）谁？所思在远道。还顾（　　）望旧乡（　　），长路漫浩浩（　　）。同心（　　）而离居，忧伤以终老。

虞美人（李煜）

①春花秋月（　　）何时了（　　），往事知多少。小楼昨夜又东风，故国不堪回首月明中。

②雕栏玉砌应犹在，只是朱颜（　　）改。问君能有几多（　　）愁，恰似一江春水向东流。

鹊桥仙（秦观）

①纤云（　　）弄巧（　　），飞星（　　）传恨，银汉迢迢（　　）暗度。金风玉露（　　）一相逢，便胜却人间无数。

②柔情似水，佳期如梦，忍顾（　　）鹊桥归路！两情若是久长时，又岂在朝朝暮暮。

（二）夯实基础

1. 文化常识

《古诗十九首》:《古诗十九首》是汉代文人创作的并被南朝萧统选录编入《文选》的十九首诗的统称。这十九首诗，基本是游子思妇之辞。有些作品表现出追求富贵和及时行乐的思想。《古诗十九首》是乐府古诗文人化的显著标志，深刻地再现了文人在汉末社会思想大转变时期，追求的幻灭与沉沦、心灵的觉醒与痛苦，抒发了人生最基本、最普遍的几种情感和思绪。全诗语言朴素自然，描写生动真切，具有天然浑成的艺术风格，被刘勰称为“五言之冠冕”。

2. 成语积累

①初发芙蓉：刚开放的荷花。比喻诗文清新不俗，也形容天然艳丽的女子。

②芳草如茵：形容绿草茂盛。

③千里迢迢：形容路途遥远。迢迢，遥远的样子。

④山长水远：形容路途遥远而多艰险。也作“山长水阔”。

⑤白首同心：两个人头发都白了，仍然同心同德，不离不弃。

⑥志同心和：志趣相同，心意一致。

⑦望穿秋水：眼睛都望穿了，形容盼望得十分急切。

⑧红豆相思：红豆，植物名，又叫相思子，古人常用以象征爱情。

⑨春花秋月：春天的花朵，秋天的月亮。泛指春秋美景。

⑩不堪回首：指过去的事情想起来就痛苦，因而不忍再去回忆。形容境遇或思想发生巨大变化后对往昔的感慨。

⑪雕栏玉砌：形容富丽堂皇的建筑物。

⑫一江春水：以水喻愁的名句，含蓄地显示出愁思的长流不断。

⑬绿鬓朱颜：绿鬓，黑色鬓发。朱颜，红润的面颜。形容年轻美好的容颜，也指年轻女子。

（三）理解性默写及易错字词矫正

1. 理解性默写

①《静女》中集中笔墨写男子对女子的印象，并写出约会地点的两句是：“______________，______________。”

②《静女》中用“______________，______________”两句惟妙惟肖地描绘了小伙子未见恋人时的那种焦灼不安的情态。

③《涉江采芙蓉》中，“______________，______________”两句描写诗人在长满香草的水泽中采摘荷花的景象。

④《涉江采芙蓉》中用设问表达主人公采莲想要送给思念的人，情感由欢快转为失望的语句是：“______________？______________。”

⑤《涉江采芙蓉》中“______________，______________”两句抒发了远方的游子思念家人但又无法归家的感慨。

⑥李煜在《虞美人》中触景伤情，勾起对往昔美好生活的无限追思的句子是：“______________，______________。”

⑦李煜的《虞美人》中，运用对比手法，反衬出人生无常的句子是：“______________，______________。”

⑧秦观的《鹊桥仙》中，“______________，______________”两句写云，写星星，都具有人的情意，帮助一对情人在七夕节幽会短聚，一解相思。

⑨秦观在《鹊桥仙》中，通过“一”与“无数”的对比，写圣洁至极的灵魂之爱胜过朝欢暮乐的凡俗之爱的句子是：“______________，______________。”

2. 易错字词矫正（写三遍）

姝　俟　城隅　彤管有炜　说怿女美　雕栏玉砌　朱颜　久长

（四）品读随笔

在反复诵读本篇四首诗歌的基础上，选择其中一首，模拟诗中抒情主人公的口吻给对方写一封情真意切的书信，并进一步感知主人公的不同形象和他们之间的不同情感。

第二节 涵养底蕴

一、素养提升

（一）文言素养提升

阅读文言文，完成下面小题。

材料一：

列子师老商氏，友伯高子，进二子之道，乘风而归。尹生闻之，从列子居，数月不省舍。因间请蕲其术者，十反而十不告。尹生怼而请辞，列子又不命。尹生退。数月，意不已，又往从之。列子曰："汝何去来之频？"尹生曰："曩章戴①有请于子，子不我告，固有憾于子。今复脱然，是以又来。"列子曰："曩吾以汝为达，今汝之鄙至此乎？姬！将告汝所学于夫子者矣。自吾之事夫子、友若人也，三年之后，心不敢念是非，口不敢言利害，始得夫子一眄而已。五年之后，心庚念是非，口庚言利害，夫子始一解颜而笑。七年之后，从心之所念，庚无是非；从口之所言，庚无利害，夫子始一引吾并席而坐。九年之后，横心之所念，横口之所言，亦不知我之是非利害欤，亦不知彼之是非利害欤；亦不知夫子之为我师，若人之为我友：内外尽矣。而后眼如耳，耳如鼻，鼻如口，无不同也。心凝形释，骨肉都融；不觉形之所倚，足之所履，随风东西，犹木叶干壳。竟不知风乘我邪？我乘风乎？今女居先生之门，曾未浃时，而怼憾者再三。女之片体将气所不受，汝之一节将地所不载。履虚乘风，其可几乎？"尹生甚怍，屏息良久，不敢复言。

（节选自《列子·黄帝篇》，有删改）

材料二：

闵子骞始见于夫子，有菜色②，后有刍豢之色③。子贡问曰："子始有菜色，今有刍豢之色，何也？"闵子曰："吾出蒹葭之中，入夫子之门，夫子内切瑳以孝，外为之陈王法，心窃乐之；出见羽盖龙旗裘旃相随，心又乐之；二者相攻胸中，而不能任，是以有菜色也。今被夫子之文寖深，又赖二三子切瑳而进之，内明于去就之义出见羽盖龙旗旃裘相随视之如坛土矣是以有刍豢之色。"诗曰："如切如磋，如琢如磨。"

（节选自《韩诗外传》，有删改）

【注】①章戴：尹生名。②菜色：形容人脸色干枯、苍白泛黄，好像平日只吃蔬菜而营养不良的样子。引申为心境混乱忧烦的神色。③刍豢（chú huàn）之色：形容人脸色

红润有光泽，好像是常吃肉类荤食、营养丰富的样子。引申为平和喜悦的神色。

1. 材料二中画波浪线的部分有三处需要断句，请选出相应位置（　　）

内A明于去就之义B出C见羽盖D龙旗E旃裘相随F视之G如坛土矣H是以有刍豢之色。

2. 下列对材料中加点词语及相关内容的解说，不正确的一项是（　　）

A. “进二子之道”与《庖丁解牛》“臣之所好者道也，进乎技矣”句中的“进”含义不同。

B. “列子又不命”与成语“耳提面命”中的“命”含义不同。

C. “今复脱然”与《归去来兮辞》“脱然有怀”中的“脱然”含义相同。

D.“心窃乐之”与《谏太宗十思疏》“乐盘游，则思三驱以为度”中的“乐”含义相同。

3. 下列对材料有关内容的概述，不正确的一项是（　　）

A. 闵子骞与尹生在求道过程中都有情绪的起伏，闵子骞先有快乐后有纠结，最后释然；尹生先因请教无果而心生怨恨，后因受到批评又深感惭愧。

B. 列子在学道五年后始有起色，学道七年后得到了先生“并席而坐”的礼遇，学道九年后与自然融为一体，心境如枯叶随风飘荡，达至道境。

C. 列子学道获得进展主要表现在对是非利害的态度上：最初悟道之时不敢言是非利害，最后得道时不知是非利害所在，实现了心灵的彻底超越。

D. 闵子骞因出身贫寒而脸色暗淡无光，入孔子之门学习后，他变得容光焕发，这让他的同门子贡感到很是好奇，于是便前去询问缘由。

4. 把材料中画横线的句子翻译成现代汉语。

①今女居先生之门，曾未浃时，而怼憾者再三。

②今被夫子之文寖深，又赖二三子切瑳而进之。

5. 两则材料都对学道之法进行了探讨，请简述其异同。

（二）古诗素养提升

阅读下面的诗歌，完成下列小题。

客至

杜甫

舍南舍北皆春水，但见群鸥日日来。花径不曾缘客扫，蓬门今始为君开。

盘飧市远无兼味，樽酒家贫只旧醅。肯与邻翁相对饮，隔篱呼取尽余杯。

登高

杜甫

风急天高猿啸哀，渚清沙白鸟飞回。无边落木萧萧下，不尽长江滚滚来。

万里悲秋常作客，百年多病独登台。艰难苦恨繁霜鬓，潦倒新停浊酒杯。

1. 下列对这两首唐诗的理解与赏析，不正确的一项是（　　）

A.《客至》首联写“春水”“群鸥”，渲染居处之景的秀丽幽静，“但见”透露出诗人些许寂寞之情。

B.《登高》颈联对仗工整，意蕴丰富；其中“万里”极写距故乡之远，“百年”夸张多病时间之长。

C.《客至》语言质朴自然，如话家常；诗人选取富有情趣的生活细节，表现主人待客的兴味与心境。

D.《登高》语言慷慨激越，意境沉郁悲凉；前四句重在写景，后四句重在抒情，情景交融，感人肺腑。

2.《客至》《登高》都写到了酒，各表达诗人怎样的情感？请简要分析。

二、底蕴作文

阅读下面的材料，根据要求写作。

中国人非常看重体现人际和谐、社会仁爱的“人情味”。乡村就是人情味浓厚的地方。费孝通在《乡土中国》一书中提到，中国的乡村“是一个‘熟悉’的社会，没有陌生人的社会”，人们“从熟悉得到信任”，因信任产生情感的联结。随着我国城镇化进程的加快，人们逐渐离开乡村走向城市，各地纷纷通过各种途径打造“熟人社区”，使城市依然可以充满“人情味”。

根据以上材料，请以社区志愿者的身份，给广大居民写一份倡议书，呼吁大家积极构建熟人社区。

要求选好角度，明确文体，自拟标题；不要套作，不得抄袭；不少于800字。

【附】第一章答案详解

第一节 品读经典

一、《短歌行》《归园田居》品读

（一）原文挖空

短歌行

几何：多少。悠悠：长远的样子，形容思虑连绵不断。鼓：弹。掇：拾取，摘取；一说同“辍”，停止。陌：东西向的田间小路。存：问候、探望。契阔：聚散，这里指久别重逢。匝：周、圈。厌：满足。吐哺：吐出嘴里的食物，形容求贤心切。

归园田居

适俗：适应世俗。韵：气质，情致。尘网：指世俗的种种束缚。羁鸟：被关在笼中的鸟。守拙：持守愚拙的本性，即不学巧伪、不争名利。荫：荫蔽。罗：罗列。暧暧：迷蒙隐约的样子。依依：隐约的样子；一说“轻柔的样子”。墟里：指村落。尘杂：指世俗的繁杂琐事。虚室：静室。余闲：余暇，空闲。樊：藩篱，栅栏。

（二）夯实基础

1. ①同“宴”，相聚叙谈。②多少。③隐约的样子，一说“轻柔的样子”。④田园生活，自然本性。

2. ①名词做状语，向南。②名词做动词，唱歌。③名词做动词，弹奏。④形容词的意动用法，以……为苦。⑤动词的使动用法，使……归服。

3.（1）归：①回到。②归附，归依。③回娘家。④复归。⑤女子出嫁。（2）去：①离开。②过去的。③距离。④往，到……去。⑤除掉。

（三）理解性默写及易错字词矫正

1. ①譬如朝露，去日苦多。②明明如月，何时可掇。③绕树三匝，何枝可依。④羁鸟恋旧林，池鱼思故渊。⑤久在樊笼里，复得返自然。

二、《梦游天姥吟留别》《登高》《琵琶行 并序》品读

（一）原文挖空

梦游天姥吟留别

①烟涛：波涛渺茫，远看像烟雾笼罩的样子。微茫：景象模糊不清。信：确实、实在。明灭：忽明忽暗。横：遮蔽。拔：超出。

②因：依据。渌：清澈。暝：昏暗。殷：震动。栗：使……战栗。青青：黑沉沉的。澹澹：波浪起伏的样子。訇然：形容声音很大。青冥：天空。悸：因惊惧而心跳。恍：猛然惊醒的样子。觉时：醒时。向来：原来。

③摧眉：低眉，低头。

登高

渚：水中的小块陆地。回：盘旋。落木：落叶。萧萧：草木摇落的声音。作客：漂泊他乡。苦恨：极恨。繁：做动词，增多。潦倒：衰颓，失意。

琵琶行 并序

①左迁：贬官、降职的委婉说法。明年：第二年。倡女：歌女；倡，古时歌舞艺人。悯然：忧郁的样子。漂沦：漂泊流落。出官：京官贬黜往地方任职。恬然：宁静安适的样子。为：创作。言：字。

②瑟瑟：形容微风吹动的声音。管弦：代指音乐。

③回灯：重新掌灯；一说"移灯"。掩抑：声音低沉。思：深长的情思。信手：随手。切切：形容声音轻细急促。间关：形容鸟鸣婉转。难：艰难，形容乐声滞塞难通。

④敛容：显出端庄的脸色。等闲：平常，随随便便。颜色故：容貌衰老；故，旧、老。来：语气助词。阑干：纵横散乱的样子。

⑤唧唧：叹息。暂：忽然，一下子。翻作：写作；翻，按曲调写作歌词。

⑥却坐：回到（原处）坐下。转：更加，越发。向前：以前。掩泣：掩面哭泣；后文"泣下"的"泣"指眼泪。

（二）夯实基础

1. ① 的确，实在。②超出。③于是创作。④第二年。⑤容颜。⑥年纪大了。

2. ①方位名词做状语，向东南。②名词做动词，弹奏。③动词的使动用法，使……震惊。④名词做动词，作歌。

3.（1）事：①事情，名词。②侍奉、服侍，动词。（2）是：①指示代词，这。②判断动词，是。③正确。（3）数：①几，表示不确定的数目。②数量。③屡次。④计算。（4）为：①创作。②弹奏。③给，替。④以为，认为。⑤为了。

（三）理解性默写及易错字词矫正

①云霞明灭或可睹；势拔五岳掩赤城。②我欲因之梦吴越，一夜飞度镜湖月。③同是天涯沦落人，相逢何必曾相识。④其间旦暮闻何物，杜鹃啼血猿哀鸣。⑤风急天高猿啸哀，渚清沙白鸟飞回。⑥风急天高猿啸哀，渚清沙白鸟飞回。

三、《念奴娇·赤壁怀古》《永遇乐·京口北固亭怀古》《声声慢》品读

（一）原文挖空

念奴娇·赤壁怀古

①淘：冲洗，冲刷。风流人物：指杰出的历史名人。故垒：旧时军队营垒的遗迹。雪：比喻浪花。

②初：刚刚。英发：英气勃发。神游：于想象、梦境中游历。华发：花白的头发。

尊：同“樽”，一种酒器，这里指酒杯。酹：将酒洒在地上，表示凭吊。

永遇乐·京口北固亭怀古

①舞榭歌台：演出歌舞的台榭，这里代指孙权故宫。风流：遗风，流风余韵。铁马：披着铁甲的战马，这里指代精锐的部队。

②草草：轻率。赢得：剩得，落得。可堪：可以忍受得了，实则犹“岂堪”“那堪”，即怎能忍受得了；堪，忍受。社鼓：社日祭祀土地神的鼓声。凭：请求，烦劳。

声声慢

①戚戚：悲愁、哀伤的样子。乍：忽然。将息：养息，休息。敌：对付，抵挡。

②憔悴：凋零，枯萎。损：极，表示程度很深。堪：可以，能够。怎生：怎么，怎样。次第：光景，状况。

（二）夯实基础

1. ①“尊”同“樽”，酒杯。②有功业，有文采。③光景，状况。

2. ①名词做状语，向东。②名词做状语，像灰一样；像烟一样。③名词做状语，向北。④名词做动词，吃饭。

3.（1）故：①形容词，旧的。②动词，故意。（2）国：①名词，处所，地域。②名词，国都、京城。（3）顾：①动词，回头看。②动词，拜访。③副词，难道、反而。

4. ①宾语前置句，正常语序应为“神游故国”。②宾语前置句，正常语序为“应笑我多情”。③倒装句，正常语序应为“无觅英雄孙仲谋处”。

（三）理解性默写及易错字词矫正

1. ①人生如梦，一尊还酹江月。②羽扇纶巾；樯橹灰飞烟灭。③千古江山，英雄无觅，孙仲谋处。④舞榭歌台，风流总被，雨打风吹去。⑤寻寻觅觅，冷冷清清，凄凄惨惨戚戚。⑥守着窗儿，独自怎生得黑。

四、《劝学》品读

（一）原文挖空

劝学

①已：停止。

②中：合乎。𫐓：同“煣”，用火烘烤木材使之弯曲。曲：弯曲的弧度。虽：即使。有：同“又”。槁暴：晒干。挺：直。砺：磨刀石。

③跂：踮起脚后跟。疾：劲疾。彰：清楚。利足：善于奔走。致：到达。水：用作动词，游泳。绝：横渡。

④焉：兼词，相当于“于此”。得：获得。无以：没有用来……的。舍：停止，止息。锲：刻。镂：雕刻。躁：浮躁，不专心。

（二）夯实基础

1. ①“𫐓”同“煣”，用火烘烤木材使之弯曲。②“有”同“又”。③“知”同“智”，见识。④“生”同“性”，天性。⑤把……做成。⑥广博地学习。⑦（鸟兽的）爪子和牙齿。⑧藏身。

2. ①名词做动词，游水。②名词做状语，每天。③名词做状语，向上；向下。④动词的使动用法，使之弯曲。⑤形容词做名词，高处。⑥形容词做名词，善行。⑦数词做形容词，专一。

3.（1）暴：①动词，晒。②形容词，残暴的。③形容词，暴躁，急躁。（2）望：①动词，远看。②动词，盼望。③名词，名望。④名词，望日，即农历每月十五。（3）利：①动词，善于。②形容词，锐利。（4）致：①动词，到达。②动词，招引，招致。③名词，意念，情趣。（5）生：①名词，同“性”，天性。②动词，产生，出现。（6）假：①动词，借助。②动词，借给。（7）备：①动词，具备，完备。②动词，防备。③形容词，周全，齐备。（8）强：①形容词，强壮，强大，健壮。②动词，竭力。③形容词，有余，略多。（9）而：①连词，表转折。②连词，表顺承。③连词，表并列。④连词，表递进。⑤连词，表修饰。

4. ①判断句。②判断句。③状语后置句。④状语后置句。⑤定语后置句。⑥省略句。⑦固定句式。

（三）理解性默写及易错字词矫正

1. ①驽马十驾，功在不舍。②吾尝终日而思矣，不如须臾之所学也。③𫐓以为轮；𫐓使之然也。④故不积跬步，无以至千里。⑤君子生非异也，善假于物也。

（四）重要句子翻译

①即使又晒干了，也不会再挺直，这是火烤使它变成这样的。②君子的天性同一般人没有差别，只是善于借助外物罢了。③蚯蚓没有锋利的爪子和牙齿，也没有强健的筋骨。④木材直得合乎拉直的墨绳，用煣的工艺把（它）制成车轮。

五、《师说》品读

（一）原文挖空

师说

①所以：用来……的。受：同“授”。惑：疑惑。闻：知道，懂得。固：本来。

②犹且：尚且，还。益：更加，越发。所以：……的原因。其：大概。惑：糊涂。族：类。不齿：不与同列，看不起。乃：竟。

③师：以……为师。徒：同类的人。

④嘉：赞许。贻：赠送。

（二）夯实基础

1. ①“受”同“授”，传授。②“不”同“否”。③求学的人。④用来……的、凭它（他）来……的。⑤两个词，跟从并且。⑥一般人。⑦小的方面（文中指“句读”）要学习。⑧不一定。

2. ①名词做动词，有了疑惑。②名词做动词，学习。③名词做动词，从师学习。④名词做动词，低于。⑤名词的意动用法，以……为师。⑥形容词做名词，圣人；愚人。⑦形容词做名词，小的方面；大的方面。⑧形容词的意动用法，以……为耻。

3.（1）师：①名词，老师。②动词，学习。③动词，从师学习。④动词，从师学习。⑤名词，有专门技艺的人。⑥动词，以……为师。⑦名词，军队。⑧名词，借鉴。（2）道：①名词，道理。②名词，风尚。③名词，道德学问。④名词，政治主张、措施。⑤动词，取道。⑥动词，述说，说。⑦名词，道路。⑧名词，方法。（3）固：①副词，本来。②名词，险固的地势。③形容词，牢固。（4）贤：①名词，才德优秀。②动词，超过。③形容词做名词，贤德的人。（5）之：①结构助词，的。②代词，指知识和道理。③代词，他。④助词，用在主谓之间，取消句子独立性。⑤助词，宾语前置的标志。⑥指示代词，这些。⑦代词，代自己。⑧助词，定语后置的标志。⑨动词，到。（6）其：①代词，他。②代词，做主语，他们。③代词，做定语，他们的。④副词，表大概。⑤副词，表反问，难道。⑥代词，自己的。（7）乎：①介词，于。②语气词，句末表反问。

4. ①判断句。②判断句。③被动句。④宾语前置句。⑤状语后置句。⑥固定句式。

（三）理解性默写及易错字词矫正

1. ①位卑则足羞，官盛则近谀。②位卑则足羞，官盛则近谀。③闻道有先后，术业有专攻。④道之所存，师之所存也。⑤是故弟子不必不如师，师不必贤于弟子。

（四）重要句子翻译

①老师，是依靠他来传授道理、教授学业、解除疑惑的人。②道存在的（地方），就是老师存在的（地方）。③不受时俗的限制。④不明白句读，不能解决疑惑。⑤哪管他是生在我之前还是生在我之后呢？

六、《赤壁赋》品读

（一）原文挖空

赤壁赋

①属：劝请。横：笼罩，覆盖。纵：放任。如：往。凌：越过。万顷：广阔的江面。冯：同“凭”，乘。虚：太空。御：驾。羽化：飞升成仙。

②扣：敲。溯：逆流而上。渺渺：悠远的样子。倚：循，依。和：同声相应，唱和。袅袅：形容声音婉转悠长。缕：细丝。

③愀然：容色改变的样子。危坐：端坐。缪：同“缭”，盘绕、围绕。方：当。舳舻：船头和船尾的并称，泛指首尾相接的船只。酾酒：斟酒。固：本来。骤：一下子，很轻易地。遗响：余音，指箫声。

④斯：此，这里指水。盈：满。虚：缺。卒：终究。消长：消减和增长。曾：竟，竟然。苟：如果。虽：即使。适：享有。

⑤更：再。狼籍：即“狼藉”，凌乱。相与枕藉：互相枕着垫着。既：已经。

（二）夯实基础

1.①“属”同“嘱”，劝人饮酒。②“冯”同“凭”，乘。

2.①名词做状语，向南。②名词做状语，向西。③名词做动词，攻下，攻占。④名词做动词，向东进。⑤名词做动词，歌唱。⑥名词做动词，打鱼砍柴。⑦形容词做动词，显出白色。⑧使动用法，使……起舞。⑨使动用法，使……哭泣。⑩意动用法，以……为伴侣；以……为朋友。

3.（1）歌：①动词，歌唱。②名词，歌词。③名词，曲调。（2）望：①名词，望日，农历每月十五日。②动词，眺望。（3）下：①动词，攻下，攻占。②方位名词，与“上”相对，下面。（4）如：①动词，像。②动词，往。（5）虚：①名词，太空。②形容词，缺。（6）然：①助词，拟声词词尾。②代词，这样。（7）而：①连词，表并列。②连词，表承接。③连词，表修饰。④连词，表转折。（8）乎：①助词，形容词词尾。②语气词，用于句末，相当于“吗”。③介词，相当于“于”，在。（9）于：①介词，从。②介词，在。③介词，表被动。（10）之：①助词，用在主谓间，取消句子独立性，不译。②助词，的。③代词，它。

4.①名词性短语做谓语，“……也”表判断。②名词性短语做谓语，“……也”表判断。③宾语前置句，应为“而今在安哉”。④宾语前置句，应为“为何其然也”。⑤定语后置句，应为“凌茫然之万顷”。⑥定语后置句，应为“有吹洞箫之客”。⑦状语后置句，应为“月于东山之上出”。⑧状语后置句，应为“况吾与子于江渚之上渔樵”。⑨状语后置句，应为“临江酾酒”。⑩被动句，“于”表被动。

（三）理解性默写及易错字词矫正

1.①清风徐来，水波不兴。②诵明月之诗，歌窈窕之章。③月出于东山之上，徘徊于斗牛之间。④寄蜉蝣于天地，渺沧海之一粟。⑤寄蜉蝣于天地，渺沧海之一粟。⑥寄蜉蝣于天地，渺沧海之一粟。⑦挟飞仙以遨游，抱明月而长终。⑧舞幽壑之潜蛟，泣孤舟之嫠妇。

（四）重要句子翻译

①箫声使深谷中的蛟龙听了起舞，使独坐孤舟的寡妇听了落泪。

②何况我同你在江边捕鱼砍柴，以鱼虾为伴侣，以麋鹿为朋友，驾着一只小船，在这里举杯来互相劝酒。在天地之间寄托自己短暂的一生，渺小得像大海中的一颗米粒。

七、《登泰山记》品读

（一）原文挖空

登泰山记

①阳：山的南面。当：在。

②磴：石阶。循：顺着。崖限：像门槛一样的山崖。负：背。居：停留。

③极天：天边。或：有的。驳：杂。偻：脊背弯曲的样子。

④漫：模糊。当：对着。

⑤平方：平的和方形的。罅：裂缝。

（二）夯实基础

1. ①“有”同“又”，用来连接整数和零数。②“圜”同“圆”，圆形的，指山石。③“采”同“彩”，五色。④到，到达。⑤这，此。⑥再，又。⑦农历每月的最后一天。⑧方方正正的，指山石。

2. ①名词做状语，向西。②名词做状语，向东。③限：名词做状语，像门槛一样。④道：名词做动词，走，走路。

3.（1）当：①介词，在，在……的地方。②动词，挡住。③动词，面对。（2）余：①代词，我。②数词，几，表示整数后不定的零数。（3）以：①介词，在，在……的时候。②连词，同“而”，表顺承。③连词，连接方位名词，用法同现代汉语。（4）限：①名词，界限。②名词，门槛。（5）道：①名词，路。②动词，走，走路。（6）有：①连词，同“又”，用来连接整数和零数。②动词，有，与“无”相对。（7）及：①连词，和。②介词，等到。③动词，赶得上。（8）云：①语气助词，表示不大肯定的语气。②名词，云雾。（9）日：①名词，太阳。②名词，阳光。③名词，天。（10）漫：①动词，弥漫，布满。②动词，磨灭。

4. ①用固定句式“……者，……也”表示判断，判断句。②用句末语气词“也”表示判断，主语“此”省略，判断句。③用句末语气词“也”表示判断，判断句。④用副词“皆”表示判断，“皆”相当于“都是”，判断句。⑤“崖限当道者”一句中，“限当道”为“崖”的定语，定语后置句。⑥省略主语代词“余”，省略句。⑦后一分句承前一分句省略主语“雪”，“苍山”前面省略谓语“见”，省略句。⑧后一分句承前一分句省略主语“石刻”，后一分句为判断句，主语是“石刻”，谓语是“自唐显庆以来”，省略句。⑨“生”前面省略主语“树”，“生”后面省略介词“于”，“于”相当于“在”，省略句。⑩“西谷”后面省略谓语“走”，省略句。

（三）理解性默写及易错字词矫正

1. ①极天云一线异色，须臾成五彩；正赤如丹，下有红光，动摇承之。②苍山负雪，明烛天南。③道中迷雾冰滑，磴几不可登。④道中迷雾冰滑，磴几不可登。⑤阳谷皆入汶，阴谷皆入济。⑥稍见云中白若摴蒱数十立者，山也。⑦极天云一线异色，须臾成五采。⑧绛皓驳色，而皆若偻。

（四）重要句子翻译

①泰山的南面，汶水向西流。它的北面，济水向东流。南面山谷的水都流入汶水，北面山谷的水都流入济水。②我起初沿着中间的山谷进山，走了一小半段，越过中岭，又沿着西面的山谷走，就到了山顶。③远望夕阳映照着泰安城，汶水、徂徕山就像是一

幅美丽的山水画，停留在半山腰处的云雾，又像是一条舞动的飘带似的。④天边的云彩形成一条线（呈现出）奇异的颜色，一会儿又变成五颜六色的。太阳升上来了，红得像朱砂一样，下面有红光晃动摇荡着托着它。⑤回头看日观峰以西的山峰，有的被日光照到，有的没被照到，或红或白，颜色错杂，都像弯腰曲背鞠躬致敬的样子。⑥这一天，（还）观看了路上的石刻，都是唐朝显庆年间的；那些更古老的石碑都已经模糊或缺失了。那些偏僻不对着道路的石刻，都赶不上去看了。

八、《静女》《涉江采芙蓉》《虞美人》《鹊桥仙》品读

（一）原文挖空

静女

姝：美丽、漂亮。俟：等待。城隅：城角，一说指城上的角楼。爱：同“薆”，隐藏。踟蹰：徘徊不进。娈：美好。贻：赠。炜：色红而光亮。说：同“悦”。怿：喜悦。女：同“汝”，你，第二人称代词。牧：城邑的远郊。归：同“馈”，赠送。洵：诚然、实在。匪：同“非”，表示否定判断。

涉江采芙蓉

芙蓉：荷花。兰泽：长着兰草的低湿之地。遗：赠送。还顾：回顾，回头看。旧乡：故乡。漫浩浩：形容无边无际。同心：指男女之间的爱情或夫妇感情融洽。

虞美人

①春花秋月：指季节的更替。了：了结，完结。

②朱颜：红润的容颜。几多：多少。

鹊桥仙

①纤云：纤细的云彩。弄巧：指云彩在空中幻化成各种巧妙的花样。飞星：流星。迢迢：遥远的样子。金风玉露：指秋风白露。

②忍顾：怎忍回视。

（三）理解性默写及易错字词矫正

1. ①静女其姝，俟我于城隅。②爱而不见，搔首踟蹰。③涉江采芙蓉，兰泽多芳草。④采之欲遗谁？所思在远道。⑤还顾望旧乡，长路漫浩浩。⑥春花秋月何时了，往事知多少。⑦雕栏玉砌应犹在，只是朱颜改。⑧纤云弄巧，飞星传恨。⑨金风玉露一相逢，便胜却人间无数。

第二节　涵养底蕴

一、素养提升

（一）文言素养提升

1. BFH。文段大意：心中能明辨去留的大义，当我外出看见既有华丽的车子又有威武的龙旗、穿着华丽的人跟随的（场景），就如同看到泥土一般，因此容光焕发。“内”与下文的“出”在语法结构上相对，“内明”与“出见”是两个相对应的动词性短语，因此B处应断开。根据语境，“出见”的宾语中心语是“相随（的场景）”，“羽盖龙旗旃裘”是中心语“相随（的场景）”的修饰语，语意完整，因此F应断开。“矣”是句末语气助词，“是以有刍豢之色”是结果状语，因此H处应断开。

2.B。A项，前者指“深入理解”，后者指“超过”。B项，二者都指“教导”。C项，二者都指“轻快的样子”。D项，二者都指“以……为乐”。

3.D。强加因果，闵子骞脸色暗淡无光并非因出身贫寒。

4. ①现在你在我的门下当学生，还没有多少时间，就多次怨恨抱怨。②现在我接受夫子的礼仪教化（学问）渐渐加深，再依靠和你们在一起互相探讨而使学问有所长进。

5. 相同点：①都强调要靠内在修道。②都认为有一个循序渐进的过程，不能急于求成。不同点：①在目标上，材料一追求物我两忘的境界，顺应自然。材料二则注重内心修炼和思想提升，追求心灵的宁静和超越。②在方法上，材料一提倡排除私念和利害，达到内心的平静。材料二则强调遵循老师的教诲，不断积累进步。

【参考译文】

材料一：列子拜老商氏为师，与伯高子交友，学得了二位先生的道术，乘风返回。尹生听说了，便去跟列子居住在一处，好几个月都不回家。他趁机向列子请教道术，跑了十回，十回都没有得到列子的传授。尹生满腹怨气，请求辞别，列子又没有传授什么。尹生返回家中，过了好几个月，他想学道的念头难以打消，又前去找列子。列子说：“你为什么来来去去这样频繁？”尹生回答：“以前我向先生请教，您不肯相告，我当然对您怨恨。现在我的怨气已消，因此又回来了。”列子说：“从前我还以为你通晓事理，现在你竟浅薄到这种地步了吗？坐下！我要告诉你从先生那儿学来的东西。自从我侍奉先生，与伯高子交友，三年之后，心中不敢想对错，口里不敢言好坏，才得到先生斜看了一眼而已。五年之后，心中反而转念思考对错，口里反而有意言说好坏，先生才对我开颜一笑。七年之后，顺从心中所想的，转而没有是非对错。顺从口里所说的，转而不涉及利害，先生才开始请我和他并席而坐。九年之后，放纵心思去想，放纵开嘴去说，不知我的是非利害是什么，也不知道别人的是非利害是什么。不知道先生是我的老师，如同不知道伯高子是我的朋友一样：内心的思想和外界的事物的界限就茫然无存了。这以后，我眼睛的作用像耳朵一样，耳朵的作用像鼻子一样，鼻子的作用像嘴巴一样，全身各部位的作用没有什么不同。于是精神凝聚，形体消散，骨骸血肉全与自然融为一体。感觉不到身体所倚靠的地方，脚下所踩踏的地方，任随风吹而东西飘荡，犹如枯叶干壳。竟然不知道是风乘着我呢，还是我驾着风呢。现在你在我的门下当学生，还没有多少时间，就多次怨恨抱怨。这样的话，你的一片肤体也不会被大气接受，你的一根肢节也不会被大地容纳。（想要）脚踏虚空，驾驭风云，怎么办得到呢？”尹生听罢，十分羞愧，屏住呼吸很长时间，不敢再说话了。

材料二：闵子骞最初见到孔子，面色暗淡无光，后有食肉生活所养成的脸色（容光焕发）。子贡问闵子骞：“你先是脸色不好，现在容光焕发，为什么呢？”闵子骞回答说：“我出身于寒微家庭，成了孔夫子的学生后，老师在内用孝道（和我）研讨，在外为我讲述用仁德治天下的政治主张，我心里头暗暗以之为快乐。但当我外出看见既有华丽的车子又有威武的龙旗、穿着华丽的人跟随的（场景），心里又以之为快乐（羡慕）。这两种快乐在心中互相交战，而我不能承受，所以脸色不好。现在我接受夫子的礼仪教化（学问）渐渐加深，再依靠和诸君在一起互相探讨而有所长进，心中能明辨去留的大义，当我外出看见既有华丽的车子又有威武的龙旗、穿着华丽的人跟随的（场景），就如同看到泥土一般，因此容光焕发。”所以《诗经》说：“就像（加工骨、角、玉、石等）切了还要磋，琢了还要磨（共同商讨，互相砥砺）。”

（二）古诗素养提升

1.B（“百年”指晚年）

2.《客至》：①“樽酒”“旧醅”，表现主客之间真诚相待的深情厚谊。诗人家境贫穷，没有好酒，但是竭诚待客，主客融洽相得。②“余杯”，表现诗人、客人、邻翁性格的真诚率直及会客场面的兴致盎然。诗人请邻翁共饮作陪，饮未饮完的残酒，足见率真自然和平日关系的和谐。《登高》：“新停浊酒”更深一层表现诗人的悲怆之情。诗人因身体多病而停杯断酒，潦倒之情只能郁积心中，更加无法排遣。

二、底蕴作文

【参考范文】

“打造熟人社区，品味浓浓真情”倡议书

亲爱的居民朋友们：

你们好！随着我国城乡一体化进程的加快，社区化管理是适合我国社会发展的、中国特色的城乡管理体制。社区就像一个小小的社会，是人们赖以生存的生活家园和精神家园。如今我们的社区需要打造熟人社区，让社区充满浓浓的人情味，让我们的生活承载满满的幸福感。

费孝通在《乡土中国》中提到，中国的乡村“是一个‘熟悉’的社会，没有陌生人的社会”。这种熟悉因血缘地缘而来，浓厚的人情味是乡村社会的重要特征。老一辈人每每回忆乡村生活时，脑海中除了乡村的山川河流袅袅炊烟，更有那挥之不去的乡村人热情质朴的面庞。人之所以留恋，是因为曾经触动过心弦，荡漾在空气中，挥之不散。然而，我们虽奔赴钢筋水泥车水马龙的城市，却不应该将人情味滞留在乡间，我们应该用它来提升城市的温度，那些生活中无处不在的关怀和温暖，可以拉近你我之间的距离，让我们再靠近一点。

熟悉的人情味让家的小船有停靠的彼岸。山东省青岛市一直很重视邻里关系的呵护，社区居民的幸福感来自富有人情味的邻里关系。连续十六年的邻居节，形成了以德为邻、与邻为善、互信互助的新型邻里关系，一家有忙大家帮，平时常见面、多互动，邻居也可以变“家人”。青岛的“熟人”社区，像一个个温暖的港湾，让一个个家庭靠岸。

贴心的人情味让心与心的距离更近。黄昏日落，当工作了一天的你拖着疲惫的身子回家，迎面而来的是邻里的嘘寒问暖；当你正忧虑着家里年迈的老人无人看管时，却得知有工作人员上门关照聊天；当你参加社区组织的大大小小的亲子活动时，看到孩子满足惬意的笑脸……你会发现自己在这座城市不再孤单，“我”变成了“我们”，人情味把人性最美好的东西都留在了身边。

温暖的人情味让“小家”融入“大家”。在新型冠状病毒感染疯狂肆虐的那段时期，各社区来自五湖四海的人们、各行各业的党员组成了一支支志愿队伍，夜间值守卡口，宣传防疫政策，入户摸底排查，组织核酸检测，运送生活必需品，对不理解防疫政策的居民耐心劝导，给生活有困难的居民送去慰问。温暖的人情味让每一个“小家”都感受到了“大家”抗击新型冠状病毒感染的决心，每个人都是这场伟大战役中不可或缺的一分子。

《礼运·礼记》有言曰：“大道之行，天下为公，选贤与能，讲信修睦……是故谋闭而不兴，盗窃乱贼而不作，故外户而不闭，是谓大同。”“大同”是中国古代对理想社会的一种称谓，也是新时代我们对社区生活的美好向往。亲爱的居民朋友们，我们在此发出倡议，请和我们一起，发挥志愿者服务精神，倾力打造“熟人社区”，传承和发扬优秀传统文化，用浓浓真情点亮城市夜空。

桂南居委会

2024 年 10 月

第二章　必修下册

本章聚焦于古诗文单元的人文主题与核心素养，通过不同历史时期的经典文献，引导学生深入理解前人的智慧、文化价值以及人生选择，同时培养他们的批判性思维和理性判断能力。

第一单元以“中华文明之光”为主题，以诸子百家学说与史籍为基石，让学生接触到古代先贤的哲学思想和历史记载。通过研读这些典籍，学生不仅能够体悟到前人的智慧，还能认识到这些智慧在当今社会的价值。更重要的是，学生将学会如何理性地认识历史人物与历史事件，从中汲取经验，自身的成长和发展也能得到借鉴。

第五单元以“抱负与使命”为主题，选取了一系列具有说服力和感染力的文章。这些文章或是劝阻逐客的说理文，或是直抒心志与真情的绝笔信。学生将学习如何有理有据地阐发自己的主张，同时把握书信交流中真挚情感的表达。在这一过程中，学生将深入理解作品所展现的精神品质和作者的人生选择，自己的未来选择也能得到启示。

第八单元以“倾听理性的声音”为主题，选取的文章反映了仁人志士的事迹和观点。这些事迹和观点不仅体现了他们的道义担当，还展现了他们缜密的思维和高超的表达技巧。学生将学习如何把握作品解决现实问题的理性思维方式，并在辩证分析的基础上做出理性判断。这一过程将有效培养学生的批判性思维，提升他们的综合素养。

通过本章的学习，学生将能够在理解经典古文的基础上，将所学知识与自身实践相结合，形成独特的文化素养和批判性思维，为未来的成长和发展奠定坚实的基础。

第一节 品读经典

一、《子路、曾皙、冉有、公西华侍坐》品读

（一）原文挖空

子路、曾皙、冉有、公西华侍坐（《论语》）

①子路、曾皙、冉有、公西华侍坐（　　）。

②子曰："以（　　）吾一日（　　）长乎（　　）尔（　　），毋吾以（　　）也。居（　　）则曰：'不吾知（　　）也！'如（　　）或（　　）知尔，则何以（　　）哉？"

③子路率尔（　　）而对曰："千乘之国（　　），摄（　　）乎大国之间，加（　　）之以师旅（　　），因（　　）之以饥馑（　　）；由也为（　　）之，比及（　　）三年，可使有勇，且知方（　　）也。"

④夫子哂（　　）之。

⑤"求！尔何如（　　）？"

⑥对曰："方(　　)六七十，如(　　)五六十，求也为之，比及三年，可使足(　　)民。如（　　）其礼乐，以俟（　　）君子。"

⑦"赤！尔何如？"

⑧对曰："非曰能（　　）之，愿学焉。宗庙之事，如（　　）会（　　）同（　　），端（　　）章甫（　　），愿为（　　）小相（　　）焉。"

⑨"点！尔何如？"

⑩鼓瑟希（　　），铿尔（　　），舍（　　）瑟而作（　　），对曰："异乎三子者之撰（　　）。"

⑪子曰："何伤（　　）乎？亦各言其志也。"

⑫曰："莫（　　）春者，春服既（　　）成，冠者（　　）五六人，童子六七人，浴乎沂，风（　　）乎舞雩，咏（　　）而归。"

⑬夫子喟然叹曰："吾与（　　）点也！"

⑭三子者出，曾皙后。曾皙曰："夫三子者之言何如？"

⑮子曰："亦各言其志也已矣。"

⑯曰："夫子何哂由也？"

⑰曰："为国以礼，其言不让（　　），是故哂之。"

⑱“唯（　　）求则非邦（　　）也与？”

⑲“安见（　　）方六七十如五六十而非邦也者？”

⑳“唯赤则非邦也与？”

㉑“宗庙会同，非诸侯而何？赤也为（　　）之小（　　），孰（　　）能为之大（　　）？”

（二）夯实基础

1. 解释下列句子中加点的词

①可使有勇，且知方也（　　）　②方六七十，如五六十（　　）

③方欲行，转视积薪后（　　）　④使于四方，不辱君命（　　）

⑤如或知尔，则何以哉（　　）　⑥如其礼乐，以俟君子（　　）

⑦宗庙之事，如会同（　　）　⑧臣诚知不如徐公美（　　）

⑨纵一苇之所如（　　）

2. 写出下列句中加点词的活用类型及释义

①风乎舞雩（　　）　②如会同，端章甫（　　）

③鼓瑟希（　　）　④冠者五六人（　　）

⑤三子者出，曾皙后（　　）　⑥赤也为之小，孰能为之大（　　）（　　）

3. 指出下面句子的句式特点

①以吾一日长乎尔。　②异乎三子者之撰。

③浴乎沂，风乎舞雩。　④加之以师旅，因之以饥馑。

⑤为国以礼。　⑥冠者五六人，童子六七人。

⑦毋吾以也。　⑧不吾知也。

⑨则何以哉。

4. 文化常识

①千乘：周制，国家有事，诸侯出车千乘，故以“千乘”为诸侯国或诸侯的代称。春秋后期，千乘之国指的是中等国家。战国时期，诸侯国小者称“千乘”，大者称“万乘”。乘，古时一车四马为一乘。春秋时期，一辆兵车，配甲士三人，步卒七十二人。

②师旅：指军队。古时两千五百人为一师，五百人为一旅。

③宗庙：是天子、诸侯供奉祖宗牌位的处所。古制是天子七庙，诸侯五庙，大夫三庙，士一庙，庶人不准设庙。

④会同：古代诸侯朝见天子的通称。会，诸侯在非规定时间朝见天子。同，诸侯一起朝见天子。

⑤冠者：成年人。古时男子在二十岁时行加冠礼，表示成年。

⑥童子：少年，未成年的男子。

（三）理解性默写及易错字词矫正

1. 理解性默写

①孔子询问弟子的治国志向，他首先从自己谈起，他说“__________，__________”，以消除弟子顾虑。

②孔子用问句来引导弟子表达治国思想和措施的句子是：“__________，__________？”

③子路认为让他去治理国家，三年可达到的效果是：“__________，__________。”这体现了子路自信、有抱负、自认为具有优秀的政治才能。

④冉有对自己治国能力中的不足的态度是：“____________，____________。”这里也从侧面展现了他的谦逊。

⑤面对老师的询问，赤谦逊地说愿意多多学习的句子是：“________________，________________。”这两句话可以看出公西华更为谦虚。

⑥面对老师的追问，曾皙推脱不愿表达，孔子为了打消其顾虑回应说：“________？__________。”

⑦孔子最赞同曾皙的回答，从“____________，____________”这句话可以看出来。

⑧在曾皙的追问下，孔子说出了哂笑子路的原因是：“____________，____________”。

⑨写公西华面对孔子的询问，表示愿意在宗庙祭祀或者诸侯会盟朝见天子时做一个小司仪的句子是：“____________，____________。”

⑩从曾皙的询问中可以明确孔子对其他三位学生回答的评价，其中“___________，___________”表明孔子认为公西华可以担当大任。

⑪曾皙在谈到自己的志向时，描绘了一幅美好的图景：暮春时节，穿着春服和十来人一起“___________，___________”，然后快乐地回家。

⑫子路表示对于一个夹在大国之间又“___________，___________”的“千乘之国”，自己只要三年就可以使百姓变勇敢并懂规矩。

2. 易错字词矫正（写三遍）

曾皙　侍坐　饥馑　哂　俟　铿　沂　舞雩

（四）重要句子翻译

①子曰：“以吾一日长乎尔，毋吾以也。居则曰：‘不吾知也！’如或知尔，则何以哉？”

②千乘之国，摄乎大国之间，加之以师旅，因之以饥馑；由也为之，比及三年，可使有勇，且知方也。

③宗庙之事，如会同，端章甫，愿为小相焉。

④莫春者，春服既成，冠者五六人，童子六七人，浴乎沂，风乎舞雩，咏而归。

（五）品读随笔

对于四位弟子的说法，孔子表示“吾与点也”。如果是你，你更喜欢谁在“述志”中的表现？说说理由，不少于 300 字。

二、《齐桓晋文之事》品读

（一）原文挖空

齐桓晋文之事（《孟子》）

①齐宣王问曰：“齐桓、晋文之事可得闻乎？”

②孟子对曰：“仲尼之徒无道桓文之事者，是以后世无传焉，臣未之闻也。无以（　　），则王（　　）乎？”

③曰：“德何如则可以王矣？”

④曰：“保民而王，莫之能御也。”

⑤曰：“若寡人者，可以保民乎哉？”

⑥曰：“可。”

⑦曰：“何由知吾可也？”

⑧曰：“臣闻之胡龁曰：王坐于堂上，有牵牛而过堂下者，王见之，曰：‘牛何之？’对曰：‘将以衅钟（　　）。’王曰：‘舍（　　）之！吾不忍其觳觫（　　），若无罪而就（　　）死地。’对曰：‘然则废衅钟与？’曰：‘何可废也？以羊易（　　）之。’不识有诸？”

⑨曰：“有之。”

⑩曰：“是心足以王矣。百姓皆以王为爱（　　）也，臣固知王之不忍也。”

⑪王曰：“然，诚有百姓者。齐国虽褊小（　　），吾何爱一牛？即不忍其觳觫，若无罪而就死地，故以羊易之也。”

⑫曰：“王无异（　　）于百姓之以王为爱也。以小易大，彼恶（　　）知之？王若隐（　　）其无罪而就死地，则牛羊何择焉？”

⑬王笑曰：“是诚何心哉？我非爱其财而易之以羊也，宜乎百姓之谓我爱也。”

⑭曰：“无伤也，是（　　）乃仁术（　　）也，见牛未见羊也。君子之于禽兽也，见其生，不忍见其死；闻其声，不忍食其肉。是以君子远庖厨也。”

⑮王说，曰：“《诗》云：‘他人有心，予忖度（　　）之。’夫子之谓也。夫我乃行之，反而求之，不得吾心。夫子言之，于我心有戚戚（　　）焉。此心之所以合于王者，何也？”

⑯曰：“有复于王者曰：‘吾力足以举百钧（　　），而不足以举一羽；明（　　）足

以察秋毫（　　）之末，而不见舆薪。’则王许（　　）之乎？”

⑰曰：“否。”

⑱“今恩足以及禽兽，而功不至于百姓者，独（　　）何与？然则一羽之不举，为不用力焉；舆薪之不见，为不用明焉；百姓之不见保，为不用恩焉。故王之不王，不为也，非不能也。”

⑲曰：“不为者与不能者之形何以异？”

⑳曰：“挟太山以超北海，语（　　）人曰：‘我不能。’是诚不能也。为长者折枝（　　），语人曰：‘我不能。’是不为也，非不能也。故王之不王，非挟太山以超北海之类也；王之不王，是折枝之类也。老吾老，以及人之老；幼吾幼，以及人之幼：天下可运于掌。《诗》云：‘刑（　　）于寡妻（　　），至于兄弟，以御（　　）于家邦。’言举斯心加诸彼而已。故推恩足以保四海，不推恩无以保妻子。古之人所以大过人者，无他焉，善推其所为而已矣。今恩足以及禽兽，而功不至于百姓者，独何与？权（　　），然后知轻重；度（　　），然后知长短。物皆然，心为甚。王请度之！”

㉑“抑（　　）王兴甲兵，危（　　）士臣，构怨（　　）于诸侯，然后快于心与？”

㉒王曰：“否，吾何快于是？将以求吾所大欲也。”

㉓曰：“王之所大欲，可得闻与？”

㉔王笑而不言。

㉕曰：“为肥甘（　　）不足于口与？轻暖不足于体与？抑为采色不足视于目与？声音不足听于耳与？便嬖（　　）不足使令于前与？王之诸臣皆足以供之，而王岂为是哉？”

㉖曰：“否，吾不为是也。”

㉗曰：“然则王之所大欲可知已：欲辟（　　）土地，朝秦楚，莅（　　）中国而抚四夷也。以若所为，求若所欲，犹缘（　　）木而求鱼也。”

㉘王曰：“若是其甚与？”

㉙曰：“殆（　　）有甚焉。缘木求鱼，虽不得鱼，无后灾；以若所为，求若所欲，尽心力而为之，后必有灾。”

㉚曰：“可得闻与？”

㉛曰：“邹人与楚人战，则王以为孰胜？”

㉜曰：“楚人胜。”

㉝曰：“然则小固不可以敌大，寡固不可以敌众，弱固不可以敌强。海内之地，方千里者九，齐集有其一。以一服八，何以异于邹敌楚哉？盖（　　）亦反其本矣？今王发政施仁，使天下仕者皆欲立于王之朝，耕者皆欲耕于王之野，商贾皆欲藏于王之市，行旅皆欲出于王之涂，天下之欲疾其君者皆欲赴诉（　　）于王。其若是，孰能御之？”

㉞王曰："吾惛，不能进于是矣。愿夫子辅吾志，明以教我。我虽不敏（　　），请尝试之。"

㉟曰："无恒产（　　）而有恒心者，惟士为能。若民，则无恒产，因无恒心。苟无恒心，放（　　）辟（　　）邪侈（　　），无不为已。及陷于罪，然后从而刑之，是罔民（　　）也。焉有仁人在位，罔民而可为也？是故明君制（　　）民之产，必使仰足以事父母，俯足以畜（　　）妻子，乐岁（　　）终身饱，凶年（　　）免于死亡；然后驱而之善，故民之从之也轻（　　）。今也制民之产，仰不足以事父母，俯不足以畜妻子，乐岁终身苦，凶年不免于死亡。此惟救死而恐不赡（　　），奚（　　）暇治礼义哉？王欲行之，则盍反其本矣：五亩之宅，树之以桑，五十者可以衣帛矣；鸡、豚、狗、彘之畜，无失其时（　　），七十者可以食肉矣；百亩之田，勿夺其时，八口之家可以无饥矣；谨庠序（　　）之教，申（　　）之以孝悌（　　）之义，颁白者不负戴于道路矣。老者衣帛食肉，黎民不饥不寒，然而不王者，未之有也。"

（二）夯实基础

1. 解释下列句子中加点的词

①仲尼之徒无道桓文之事者（　　）　②师道之不传也久矣（　　）

③道芷阳间行（　　）　④彼与彼年相若也，道相似也（　　）

⑤他人有心，予忖度之（　　）　⑥度，然后知长短（　　）

⑦王请度之（　　）　⑧生之有时而用之无度（　　）

⑨物换星移几度秋（　　）

2. 写出下列句中加点词的活用类型及释义

①无以，则王乎（　　）　②明足以察秋毫之末（　　）

③老吾老，以及人之老（　　）（　　）

④刑于寡妻（　　）　⑤轻暖不足于体与（　　）

⑥危士臣（　　）　⑦然则小固不可以敌大（　　）（　　）

⑧然后从而刑之（　　）　⑨五十者可以衣帛矣（　　）

⑩树之以桑（　　）

3. 指出下面句子的句式特点

①是乃仁术也。　②百姓之不见保。

③将以衅钟。　④臣未之闻也。

⑤莫之能御也。　⑥何由知吾可也？

⑦然则一羽之不举。　⑧舆薪之不见。

⑨何以异？　⑩未之有也。

⑪宜乎百姓之谓我爱也。　⑫使天下仕者皆欲立于王之朝。

⑬树之以桑。

4. 文化常识及成语积累

（1）文化常识

①衅钟：古代新钟铸成，宰杀牲口，取血涂钟行祭，叫作“衅钟”。

②庠序：古代的地方学校，周代叫庠，商代叫序。

③孝悌：善事父母为孝，敬爱兄长为悌。

（2）成语积累

①秋毫之末：鸟兽在秋天新长的细毛的尖端。比喻极微小的东西或极细微的地方。

②明察秋毫：原形容人的目光敏锐，任何细小的事物都能看得很清楚。后多形容人能洞察事理。

③秋毫无犯：指军纪严明，丝毫不侵犯人民的利益。

④不见舆薪：看不见一车柴火。比喻不下功夫去做。

⑤缘木求鱼：爬到树上去找鱼。比喻方向或办法不对头，不可能达到目的。

⑥放辟邪侈：不遵守礼义法度，肆意作恶。

（三）易错字词矫正（写三遍）

胡龁 衅钟 觳觫 褊小 舆薪 便嬖 罔民 豚 彘 庠序

（四）重要句子翻译

①然则一羽之不举，为不用力焉；舆薪之不见，为不用明焉；百姓之不见保，为不用恩焉。

②抑王兴甲兵，危士臣，构怨于诸侯，然后快于心与？

（五）品读随笔

孟子劝说齐宣王“发政施仁”，认为“推恩足以保四海”。他对实现理想社会的设想，在今天看来有什么可借鉴的地方？说一说你的看法，不少于300字。

三、《庖丁解牛》品读

（一）原文挖空

庖丁解牛（《庄子》）

①庖丁（　　）为（　　）文惠君解牛，手之所触（　　），肩之所倚，足之所履

（　　），膝之所踦（　　），砉（　　）然向（　　）然，奏（　　）刀騞然，莫不中（　　）音。合于（　　）《桑林》之舞，乃中《经首》之会（　　）。

②文惠君曰："嘻，善哉！技盖（　　）至此乎？"

③庖丁释(　　)刀对曰："臣之所好者道(　　)也，进(　　)乎技矣。始臣之(　　)解牛之时，所见无非（　　）牛者；三年之后，未尝见全牛也。方今之时，臣以（　　）神遇(　　)而不以目视，官知(　　)止而神欲(　　)行。依乎天理(　　)，批(　　)大郤（　　），导（　　）大窾（　　），因（　　）其固（　　）然，技经（　　）肯（　　）綮（　　）之（　　）未尝，而况大軱乎！良庖岁（　　）更（　　）刀，割也；族（　　）庖月（　　）更刀，折也。今臣之刀十九年矣，所解数千牛矣，而刀刃若新发（　　）于硎（　　）。彼节者有间（　　），而刀刃者无厚（　　）；以无厚入有间，恢恢（　　）乎（　　）其于游（　　）刃必有余地矣！是以（　　）十九年而刀刃若新发于硎。虽然（　　），每至于族（　　），吾见其难为（　　），怵然（　　）为戒，视为(　　)止，行为迟，动刀甚微。謋然已解，如土委(　　)地。提刀而立，为(　　)之四顾（　　），为之踌躇满志（　　），善（　　）刀而藏之。"

④文惠君曰："善哉！吾闻庖丁之言，得养生（　　）焉。"

（二）夯实基础

1. 解释下列句子中加点的词

①族庖月更刀（　　）　　②每至于族（　　）

③庖丁为文惠君解牛（　　）　　④吾见其难为，怵然为戒（　　）（　　）

⑤为之四顾，为之踌躇满志（　　）

⑥砉然向然 / 因其固然 / 怵然为戒（　　）

⑦虽然，每至于族（　　）

2. 写出下列句中加点词的活用类型及释义

①良庖岁更刀（　　）　　②族庖月更刀（　　）

③以无厚入有间（　　）

3. 指出下面句子的句式特点

①技经肯綮之未尝。　　②是以十九年而刀刃若新发于硎。

③合于《桑林》之舞。　　④如土委地。

⑤怵然为戒，视为止，行为迟。　　⑥良庖岁更刀，割也。

⑦臣之所好者道也。

4. 成语积累

①目无全牛：眼中没有完整的牛，只有牛的筋骨结构。形容人的技艺高超，得心应手，已经到达非常纯熟的地步。

②官止神行：指对某一事物有透彻的了解。

③批郤导窾：从骨头接合处劈开，无骨处则就势分解。比喻善于从关键处入手，顺利解决问题。

④技经肯綮：正好切中事物的关键。

⑤切中肯綮：比喻分析问题深刻，能击中要害，或能阐述到点子上。

⑥新硎初试：像新磨的刀那样锋利。后比喻刚参加工作就显露出色的才干。

⑦新发于硎：刀刚在磨刀石上磨过，形容非常锋利或初露锋芒。

⑧游刃有余：指肢解牛体时能对准骨节间的空隙下刀，刀刃运行于空隙之间还有回旋的余地。形容技艺熟练，做事轻松利落。

⑨踌躇满志：悠然自得，心满意足。

⑩善刀而藏：将刀擦净，收藏起来。比喻适可而止，自敛其才。

⑪庖丁解牛：比喻经过反复实践，掌握了事物的客观规律，做事得心应手，运用自如。

（三）易错字词矫正（写三遍）

履 踦 砉 騞 郤 窾 肯綮 大軱 硎 怵然 謋然 踌躇

（四）重要句子翻译

①方今之时，臣以神遇而不以目视，官知止而神欲行。

②技经肯綮之未尝，而况大軱乎！

③良庖岁更刀，割也；族庖月更刀，折也。

④今臣之刀十九年矣，所解数千牛矣，而刀刃若新发于硎。

（五）品读随笔

古代文化经典包含着先贤对社会、人生、历史的深刻思考，至今还能给我们很多启发。阅读这些经典古文时，既要充分理解先贤的思想，也要立足现实，自主思考。比如，我们说经典寓言的寓意是丰富的。有人认为《庖丁解牛》表达了庄子“顺应自然”“尊重规律”的思想，有人则认为《庖丁解牛》主要是强调人要“保全天性”。

你怎么理解这则寓言的寓意？请阐述你的观点，250字以上。

四、《烛之武退秦师》品读

（一）原文挖空

烛之武退秦师（《左传》）

①晋侯、秦伯围郑，以(　　)其无礼于(　　)晋，且贰于楚也。晋军(　　)函陵，秦军氾南。

②佚之狐言于（　　）郑伯曰："国危矣，若（　　）使烛之武见秦君，师（　　）必退。"公从之。辞（　　）曰："臣之（　　）壮也，犹（　　）不如人；今老矣，无能为也已(　　)。"公曰："吾不能早用子，今急而(　　)求子，是寡人之过也。然(　　)郑亡，子亦有不利焉（　　）。"许之。

③夜（　　）缒而（　　）出，见秦伯，曰："秦、晋围郑，郑既（　　）知亡矣。若（　　）亡郑而有益于君，敢（　　）以（　　）烦执事。越国以鄙（　　）远，君知其难也，焉（　　）用亡郑以陪邻？邻之厚，君之薄也。若舍郑以为（　　）东道主（　　），行李（　　）之（　　）往来，共（　　）其乏困（　　），君亦无所害。且君尝为（　　）晋君赐（　　）矣，许君焦、瑕，朝济而（　　）夕设版（　　）焉，君之所知也。夫晋，何厌之有？既东（　　）封郑，又欲肆（　　）其西封（　　），若不阙（　　）秦，将焉（　　）取之？阙秦以（　　）利晋，唯（　　）君图（　　）之。"秦伯说（　　），与郑人盟（　　）。使杞子、逢孙、杨孙戍之，乃（　　）还。

④子犯请击之。公曰："不可。微（　　）夫人之力不及此。因（　　）人之力而敝（　　）之，不仁；失其所与（　　），不知；以乱易整，不武。吾其（　　）还也。"亦去（　　）之。

（二）夯实基础

1. 解释下列句子中加点的词

①子犯请击之（　　）
②是寡人之过也（　　）
③臣之壮也，犹不如人（　　）
④子亦有不利焉（　　）
⑤焉用亡郑以陪邻（　　）
⑥若不阙秦，将焉取之（　　）
⑦以其无礼于晋（　　）
⑧君知其难也（　　）
⑨吾其还也（　　）

2. 写出下列句中加点词的活用类型及释义

①夜缒而出（　　）
②朝济而夕设版焉（　　）（　　）
③晋军函陵 / 秦军氾南（　　）
④既东封郑（　　）
⑤阙秦以利晋（　　）
⑥越国以鄙远（　　）
⑦烛之武退秦师（　　）
⑧越国以鄙远（　　）

⑨共其乏困（　　）　⑩邻之厚，君之薄也（　　）（　　）

⑪且贰于楚也（　　）

3. 指出下面句子的句式特点

①夫晋，何厌之有？　②以其无礼于晋。

③若亡郑而有益于君。　④敢以烦执事。

⑤若舍郑以为东道主。　⑥晋军函陵，秦军氾南。

⑦夫晋，何厌之有？

4. 文化常识及成语积累

（1）文化常识

①《左传》:《左传》是我国第一部叙事详尽的编年体史书，相传是春秋末年鲁国史官左丘明所作，全称《春秋左氏传》，别称《左氏春秋》，与《公羊传》《穀梁传》合称“春秋三传”。

②公侯伯子男：春秋时期有公、侯、伯、子、男五等爵位。春秋初期，周天子分封天下，功劳大的，分的土地就多，爵位就高，比如晋文公、秦穆公、齐桓公等。

③寡人：即寡德之人，是古代君主、诸侯王对自己的谦称，意为“在道德方面做得不足的人”。中国古代讲究“以德治国”，“以德配天”就是说君主、诸侯王的权位是上天赋予的，但上天只会把天下给有德的人，君主、诸侯王如果失德就会失去尊贵的权位，所以君主、诸侯王就谦称自己是“寡人”。另有称“不谷”和“孤”的。

④执事：办事的官吏，也用于对对方的敬称。

（2）成语积累

①老当益壮：年纪虽老，志向更高、劲头儿更大。当，应该；益，更加；壮，雄壮。

②足智多谋：智谋很多，形容善于料事和用计。足，充实、足够；智，聪明、智慧；谋，计谋。

③能谋善断：形容人能不断思考，并善于判断。善，擅长；断，决断。

（三）易错字词矫正（写三遍）

贰　函陵　氾南　缒　陪邻　阙秦　秦伯说

（四）重要句子翻译

①以其无礼于晋，且贰于楚也。

②夫晋，何厌之有？

③因人之力而敝之，不仁；失其所与，不知；以乱易整，不武。吾其还也。

（五）品读随笔

暗淡了刀光剑影，远去了鼓角铮鸣，那些鲜活的身影却依然存留在人们的心头。像烛之武这样识大体、顾大局，临危受命的国家脊梁，我们理应为他颁奖。

请你为烛之武写一则颁奖词，不少于200字。

五、《鸿门宴》品读

（一）原文挖空

鸿门宴（司马迁）

①沛公军（　　）霸上，未得（　　）与项羽相见。沛公左司马曹无伤使人言于项羽曰："沛公欲王（　　）关中，使子婴为（　　）相，珍宝尽有（　　）之。"项羽大怒，曰："旦日飨（　　）士卒，为（　　）击破沛公军！"当是时，项羽兵四十万，在新丰鸿门；沛公兵十万，在霸上。范增说（　　）项羽曰："沛公居山东（　　）时，贪于财货，好美姬。今入关，财物无所取，妇女无所幸（　　），此其志不在小（　　）。吾令人望其气（　　），皆为龙虎，成五采（　　），此天子气也。急击勿失！"

②楚左尹项伯者，项羽季父（　　）也，素（　　）善（　　）留侯张良。张良是时从（　　）沛公，项伯乃夜（　　）驰之（　　）沛公军，私见张良，具（　　）告以事，欲呼张良与俱去，曰："毋从俱死也。"张良曰："臣为（　　）韩王送沛公，沛公今事有急（　　），亡去（　　）不义，不可不语（　　）。"良乃入，具告沛公。沛公大惊，曰："为之奈何（　　）？"张良曰："谁为（　　）大王为（　　）此计者？"曰："鲰生说我曰：'距（　　）关，毋（　　）内（　　）诸侯，秦地可尽王也。'故听之。"良曰："料（　　）大王士卒足以当（　　）项王乎？"沛公默然，曰："固（　　）不如也。且（　　）为之奈何？"张良曰："请（　　）往谓项伯，言沛公不敢背（　　）项王也。"沛公曰："君安与项伯有故（　　）？"张良曰："秦时与臣游（　　），项伯杀人，臣活（　　）之。今事有急，故幸（　　）来告良。"沛公曰："孰与（　　）君少长？"良曰："长于（　　）臣。"沛公曰："君为我呼入，吾得兄（　　）事之。"张良出，要（　　）项伯。项伯即入见沛公。沛公奉卮酒为寿（　　），约为婚姻（　　），曰："吾入关，秋毫不敢有所近（　　），籍（　　）吏民，封府库，而待将军。所以（　　）遣将守关者，备他盗之出入与非常（　　）也。日夜望将军至，岂敢反乎！愿伯具言（　　）臣之不敢倍（　　）德也。"项伯许诺，谓沛公曰："旦日（　　）不可不蚤（　　）自（　　）来谢（　　）项王。"沛公曰："诺。"于是项伯复夜去，至军中，具以沛公言报项王。因（　　）言曰："沛公不先破关中，公岂敢入乎？今人有大功而击之，不义也。不如因善遇（　　）之。"

项王许诺。

③沛公旦日从（ ）百余骑来见项王，至鸿门，谢曰：“臣与将军戮力（ ）而攻秦，将军战河北，臣战河南，然不自意（ ）能先入关破秦，得复见将军于此。今者有小人之言，令将军与臣有郤（ ）。”项王曰：“此沛公左司马曹无伤言之。不然（ ），籍何以（ ）至此？”项王即日因留沛公与饮。项王、项伯东向（ ）坐；亚父南向坐，亚父者，范增也；沛公北向坐；张良西向侍（ ）。范增数目（ ）项王，举所佩玉玦以示之者三，项王默然不应。范增起，出，召项庄，谓曰：“君王为人不忍（ ）。若（ ）入前为寿，寿毕，请以剑舞，因击沛公于坐，杀之。不（ ）者，若属（ ）皆且为（ ）所虏！”庄则入为寿。寿毕，曰：“君王与沛公饮，军中无以为乐，请以剑舞。”项王曰：“诺。”项庄拔剑起舞，项伯亦拔剑起舞，常以身翼（ ）蔽（ ）沛公，庄不得击。

④于是张良至军门见樊哙。樊哙曰：“今日之事何如？”良曰：“甚急！今者项庄拔剑舞，其意常在沛公也。”哙曰：“此迫矣！臣请入，与之同命。”哙即带剑拥盾入军门。交戟之卫士欲止不内（ ）。樊哙侧其盾以撞，卫士仆地。哙遂入，披帷（ ）西向立，瞋目（ ）视项王，头发上指（ ），目眦尽裂。项王按剑而（ ）跽曰：“客何为（ ）者？”张良曰：“沛公之参乘（ ）樊哙者也。”项王曰：“壮士！赐之卮酒。”则与斗卮酒。哙拜谢，起，立而饮之。项王曰：“赐之彘肩。”则与一生彘肩。樊哙覆其盾于地，加彘肩上，拔剑切而啖（ ）之。项王曰：“壮士！能复饮乎？”樊哙曰：“臣死且（ ）不避，卮酒安足（ ）辞！夫秦王有虎狼之心，杀人如（ ）不能举（ ），刑（ ）人如恐不胜（ ），天下皆叛之。怀王与诸将约曰：‘先破秦入咸阳者王之。’今沛公先破秦入咸阳，毫毛不敢有所近，封闭宫室，还军霸上，以待大王来。故遣将守关者，备他盗出入与非常也。劳苦而功高如此，未有封侯之赏，而听细说（ ），欲诛有功之人，此亡秦之续耳。窃为（ ）大王不取也！”项王未有以应，曰：“坐。”樊哙从良坐。坐须臾（ ），沛公起如厕，因（ ）招樊哙出。

⑤沛公已出，项王使都尉陈平召沛公。沛公曰：“今者出，未辞（ ）也，为之奈何？”樊哙曰：“大行不顾细谨，大礼不辞小让。如今人方为刀俎，我为鱼肉，何辞为？”于是遂去。乃令张良留谢（ ）。良问曰：“大王来何操？”曰：“我持白璧一双，欲献项王，玉斗一双，欲与亚父。会其怒，不敢献。公为我献之。”张良曰：“谨诺。”当是时，项王军在鸿门下，沛公军在霸上，相去四十里。沛公则置（ ）车骑，脱身独骑，与樊哙、夏侯婴、靳强、纪信等四人持剑盾步走，从郦山下，道（ ）芷阳间行（ ）。沛公谓张良曰：“从此道至吾军，不过（ ）二十里耳。度（ ）我至军中，公乃入。”

⑥沛公已去，间（ ）至军中。张良入谢，曰：“沛公不胜杯杓，不能辞。谨使

臣良奉白璧一双，再拜献大王足下，玉斗一双，再拜（　　）奉大将军足下。”项王曰：“沛公安在？”良曰：“闻大王有意督过（　　）之，脱身独去，已至军矣。”项王则受璧，置之坐上。亚父受玉斗，置之地，拔剑撞而破之，曰：“唉！竖子（　　）不足（　　）与谋！夺项王天下者必沛公也。吾属（　　）今为（　　）之虏矣！”

⑦沛公至军，立诛杀曹无伤。

（二）夯实基础

1. 解释下列句子中加点的词

①卮酒安足辞（　　）　②未辞也（　　）

③大礼不辞小让（　　）　④妇女无所幸（　　）

⑤故幸来告良（　　）

2. 写出下列句中加点词的活用类型及释义

①沛公军霸上（　　）　②沛公欲王关中（　　）

③秦地可尽王也（　　）　④先破秦入咸阳者王之（　　）

⑤素善留侯张良（　　）　⑥项伯乃夜驰之沛公军（　　）

⑦项伯杀人，臣活之（　　）　⑧吾得兄事之（　　）

⑨沛公旦日从百余骑来见项王（　　）　⑩范增数目项王（　　）

⑪常以身翼蔽沛公（　　）　⑫头发上指（　　）

⑬刑人如恐不胜（　　）　⑭沛公已去，间至军中（　　）

⑮从郦山下，道芷阳间行（　　）（　　）（　　）

⑯籍吏民，封府库（　　）　⑰此其志不在小（　　）

3. 指出下面句子的句式特点

①楚左尹项伯者，项羽季父也。　②此亡秦之续耳。

③如今人方为刀俎，我为鱼肉。　④若属皆且为所虏。

⑤吾属今为之虏矣。　⑥为击破沛公军。

⑦具告以事。　⑧长于臣。

⑨得复见将军于此。　⑩籍何以至此？

⑪大王来何操？　⑫沛公安在？

⑬然不自意能先入关破秦。　⑭今日之事何如？

⑮客何为者？

4. 文化常识及成语积累

（1）文化常识

①参乘：即“骖乘”，古时站在车右陪乘或担任警卫的人。

②古代座次：古代的座次尊卑有别，不同的场合、不同的处所，有着不同的礼节规

范。古代宫室内的座位有堂上（通常是行吉凶大礼的地方）和室内之分。在堂上举行的礼节活动是南向为尊。皇帝聚会群臣，他的座位一定是坐北向南的。因此，古人常把称王称帝叫作“南面”，称臣叫作“北面”。室内最尊的座次是坐西向东，其次是坐北向南，再次是坐南向北，最卑的是坐东向西。古书中“东家”“西宾”的说法，是就室内而言的。古人将宾客和老师都安排在坐西向东的座位上，以表示尊敬。所以，对宾客和老师也尊称为“西席”或“西宾”。

③望气：古代方士的一种占卜之术，据说“真龙天子”所在的地方，天空中会有一种异样的祥云，方士能看出来。“吾令人望其气，皆为龙虎”，是说刘邦有天子的云气。

④关中：函谷关（在今河南灵宝东北）以西，泛指战国末期秦之故地。

⑤山东：崤山以东，泛指东方六国之地。

⑥河北、河南：分别指黄河以北、黄河以南地区。

（2）成语积累

①项庄舞剑，意在沛公：比喻说话或行动虽然表面上另有名目，其真实意图却在于对某人某事进行威胁或攻击。

②劳苦功高：做事勤苦，功劳很大。

③人为刀俎，我为鱼肉：比喻人家掌握生杀大权，自己处在被宰割的地位。

④秋毫无犯：形容军队纪律严明，丝毫不侵犯群众的利益。

（三）易错字词矫正（写三遍）

飨　姬　五采　鲰生　毋内　要项伯　籍吏民　蚤　戮力　有郤　翼蔽　目眦　跽　卮酒　彘肩　啖　须臾　刀俎　郦山

（四）重要句子翻译

①项伯乃夜驰之沛公军，私见张良，具告以事。

②所以遣将守关者，备他盗之出入与非常也。

③夫秦王有虎狼之心，杀人如不能举，刑人如恐不胜，天下皆叛之。

④大行不顾细谨，大礼不辞小让。如今人方为刀俎，我为鱼肉，何辞为？

（五）品读随笔

在《鸿门宴》中，司马迁用他的生花妙笔塑造了一系列鲜活生动的人物形象。请根据你的理解，选择一个人物，为他写一则点评，写出人物的形象特点。100字左右。

六、《窦娥冤》品读

（一）原文挖空

窦娥冤（节选）（关汉卿）

①（外扮监斩官上，云）下官监斩官是也。今日处决犯人，着做公的把住巷口，休放往来人闲走。（净扮公人，鼓三通、锣三下科。刽子磨旗、提刀，押正旦带枷上。刽子云）行动些，行动些，监斩官去法场上多时了。（正旦唱）

②【正宫】【端正好】没来由犯王法，不提防遭刑宪，叫声屈动地惊天。顷刻间游魂先赴森罗殿，怎不将天地也生（　　）埋怨。

③【滚绣球】有日月朝暮悬，有鬼神掌著生死权。天地也！只合把清浊分辨，可怎生糊突了盗跖、颜渊（　　）？为善的受贫穷更命短，造恶的享富贵又寿延。天地也！做得个怕硬欺软，却原来也这般顺水推船！地也，你不分好歹何为地？天也，你错勘（　　）贤愚枉做天！哎，只落得两泪涟涟。

④（刽子云）快行动些，误了时辰也。（正旦唱）

⑤【倘秀才】则被这枷纽（　　）的我左侧右偏，人拥的我前合后偃。我窦娥向哥哥行有句言。（刽子云）你有甚么话说？（正旦唱）前街里去心怀恨，后街里去死无冤，休推辞路远。

⑥（刽子云）你如今到法场上面，有甚么亲眷要见的，可教他过来，见你一面也好。（正旦唱）

⑦【叨叨令】可怜我孤身只影无亲眷，则落的吞声忍气空嗟怨。（刽子云）难道你爷娘家也没的？（正旦云）止有个爹爹，十三年前上朝取应去了，至今杳无音信。（唱）早已是十年多不睹爹爹面。（刽子云）你适才要我往后街里去，是甚么主意？（正旦唱）怕则怕前街里被我婆婆见。（刽子云）你的性命也顾不得，怕他见怎的？（正旦云）俺婆婆若见我披枷带锁赴法场餐刀去呵，（唱）枉将他气杀也么哥，枉将他气杀也么哥。告哥哥，临危好与人行方便。

⑧（卜儿哭上科，云）天那，兀的不（　　）是我媳妇儿！（刽子云）婆子靠后。（正旦云）既是俺婆婆来了，叫他来，待我嘱付他几句话咱。（刽子云）那婆子近前来，你媳妇要嘱付你话哩。（卜儿云）孩儿，痛杀我也！（正旦云）婆婆，那张驴儿把毒药放在羊肚儿汤里，实指望药死了你，要霸占我为妻。不想婆婆让与他老子吃，倒把他老子药死了。我怕连累婆婆，屈招了药死公公，今日赴法场典刑。婆婆，此后遇着冬时年节，月一十五，有瀽不了的浆水饭，瀽半碗儿与我吃；烧不了的纸钱，与窦娥烧一陌儿。则是看你死的孩儿面上！（唱）

⑨【快活三】念窦娥葫芦提当罪愆（　　），念窦娥身首不完全，念窦娥从前已往

干家缘；婆婆也，你只看窦娥少爷无娘面。

⑩【鲍老儿】念窦娥伏侍婆婆这几年，遇时节将碗凉浆奠；你去那受刑法尸骸上烈些纸钱，只当把你亡化的孩儿荐。（卜儿哭科，云）孩儿放心，这个老身都记得。天那，兀的不痛杀我也！（正旦唱）婆婆也，再也不要啼啼哭哭，烦烦恼恼，怨气冲天。这都是我做窦娥的没时没运，不明不暗（ ），负屈衔冤。

⑪（刽子做喝科，云）兀那婆子靠后，时辰到了也。（正旦跪科）（刽子开枷科）（正旦云）窦娥告监斩大人，有一事肯依窦娥，便死而无怨。（监斩官云）你有甚么事？你说。（正旦云）要一领净席，等我窦娥站立；又要丈二白练，挂在旗枪上。若是我窦娥委实冤枉，刀过处头落，一腔热血休半点儿沾在地下，都飞在白练上者。（监斩官云）这个就依你，打甚么不紧。（刽子做取席站科，又取白练挂旗上科）（正旦唱）

⑫【耍孩儿】不是我窦娥罚下这等无头愿，委实的冤情不浅；若没些儿灵圣与世人传，也不见得湛湛（ ）青天。我不要半星热血红尘洒，都只在八尺旗枪素练悬。等他四下里皆瞧见，这就是咱苌弘化碧，望帝啼鹃。

⑬（刽子云）你还有甚的说话，此时不对监斩大人说，几时说那？（正旦再跪科，云）大人，如今是三伏天道，若窦娥委实冤枉，身死之后，天降三尺瑞雪，遮掩了窦娥尸首。（监斩官云）这等三伏天道，你便有冲天的怨气，也召不得一片雪来，可不胡说！（正旦唱）

⑭【二煞】你道是暑气暄（ ），不是那下雪天。岂不闻飞霜六月因邹衍？若果有一腔怨气喷如火，定要感的六出冰花滚似绵，免着我尸骸现；要甚么素车白马，断送出古陌荒阡？

⑮（正里再跪科，云）大人，我窦娥死的委实冤枉，从今以后，着这楚州亢旱三年！（监斩官云）打嘴！那有这等说话！（正旦唱）

⑯【一煞】你道是天公不可期，人心不可怜，不知皇天也肯从人愿。做甚么三年不见甘霖降？也只为东海曾经孝妇冤。如今轮到你山阳县。这都是官吏每无心正法，使百姓有口难言。

⑰（刽子做磨旗科，云）怎么这一会儿天色阴了也？（内做风科，刽子云）好冷风也！（正旦唱）

⑱【煞尾】浮云为我阴，悲风为我旋，三桩儿誓愿明题遍。（做哭科，云）婆婆也，直等待雪飞六月，亢旱三年呵，（唱）那其间才把你个屈死的冤魂这窦娥显。

⑲（刽子做开刀，正旦倒科）（监斩官惊云）呀，真个下雪了，有这等异事！（刽子云）我也道平日杀人，满地都是鲜血，这个窦娥的血都飞在那丈二白练上，并无半点落地，委实奇怪。（监斩官云）这死罪必有冤枉。早两桩儿应验了，不知亢旱三年的说话，准也不准，且看后来如何。左右，也不必等待雪晴，便与我抬他尸首，还了那蔡婆婆去

罢。(众应科，抬尸下)

(二)夯实基础

1. 文化常识及成语积累

(1)文化常识

①折、楔子和本：杂剧剧本一般由四折一楔子构成一本，少数作品也有一本分为五折或六折的，还有用两个楔子的。一本戏限定由男主角正末或女主角正旦一人歌唱，其他配角一般只能道白不能唱。由男角主唱的叫末本戏，女角主唱的叫旦本戏。

折：折首先是剧本情节的一个自然段落，可以是一场(一个固定场景)戏，也可包含多个场次。另外，折又是剧曲音乐的一个单元，每折由一个有严格程式的套数构成。

楔子：只唱一两支曲子，篇幅比折短小，位置也不固定。一般放在剧本开头，对人物、故事进行简要的介绍或交代，其作用相当于引子或序幕。也有的放在折与折之间，作为剧情的过渡或联络。

②角色行当：元杂剧的角色有旦、末、净、杂四类。旦是女角，正旦是女主角，除了正旦外，还有小旦、贴旦(可省作贴，一般为丫鬟)、搽旦(反面的女角色)等配角。末是男角，正末为男主角，外末(正末之外的男角)、冲末等为男配角。净类似京剧的花脸，一般为性格刚猛的人物(可扮男，也可扮女)，也包括丑角的反派人物。杂是上述三类不能包括的杂角，例如，卜儿(老年妇女)、徕儿(小厮)、孤(官员)、洁(和尚)、驾(皇帝)、邦老(强盗)等。

③曲词：曲词是杂剧的歌唱部分，由正末或正旦演唱，主要用以展示人物心理，抒发情感。有时也用来交代剧情，具有抒情兼叙事的双重功能。因为这种曲词采用的曲牌体，是由一个个固定的曲调连缀的组歌，而且在剧中占有主导地位，所以往往以此指代元杂剧，称之为曲、北曲、元曲等。

④杂剧剧曲的编排有一定的程式，四折戏用四个套数，每个套数都有固定的宫调。元杂剧共用九个宫调，即所谓“五宫四调”：仙吕宫、南吕宫、中吕宫、黄钟宫、正宫和大石调、双调、越调、商调。每个宫调下都统率着若干曲牌，每个曲牌都有一定的音乐旋律，与之配合的文辞也有一定的格式，即格律。

⑤宾白：元杂剧中的道白。杂剧道白的样式很丰富，除了对白、自白，还有带云(歌唱中附带的说白)、背云(旁白)、内云(后台人员或角色与台上角色的对话)等。这些都属于口语化的散文白，与此相对，还有韵文白。如上场诗、下场诗以及常见插入的通俗诗词，这都是由人物当场念诵的。可以说后世戏曲的各种道白形式，在元杂剧中已是应有尽有。

⑥科范：元杂剧的表演“唱念做打”俱全。科范就是做与打的做工表演，一般简称“科”，在南戏中则称作“介”，或通称“科介”。

⑦宫调：我国古代音乐以宫、商、角、变徵、徵、羽、变宫为七声，以其中任何一声为主，均可构成一种调式。凡以宫声为主的调式称“宫”，以其他各声为主的称“调”，合称“宫调”。杂剧的每一折，由同一宫调的若干曲牌联成一套曲子。

（2）成语积累

①负屈衔冤：含冤承受委屈。

②古陌荒阡：荒郊野外。古代田间小路东西为“陌”，南北为“阡”。

③前合后偃：前倾后仰，站不稳。

④苌弘化碧：形容受冤而死或忠心不泯。

⑤望帝啼鹃：常指悲哀凄惨地啼哭。

（三）品读随笔

窦娥临刑前发出三桩誓愿，对这一情节的设计，历来存有争议。有人认为这一情节集中体现了窦娥的反抗精神，深化了主题。也有人认为这是将胜利寄托于神灵的消极描写，冲淡了整个作品的积极意义。

你如何看待这一问题？请写一则300字左右的品读随笔。

七、《谏逐客书》品读

（一）原文挖空

谏逐客书（李斯）

①臣闻吏议逐客，窃（　　）以为过矣。昔缪公求士，西取由余于戎，东得百里奚于宛，迎蹇叔于宋，来（　　）丕豹、公孙支于晋。此五子者，不产（　　）于秦，而缪公用之，并（　　）国二十，遂霸西戎。孝公用商鞅之法，移风易俗，民以殷盛（　　），国以富强，百姓乐用（　　），诸侯亲服，获楚、魏之师，举（　　）地千里，至今治强（　　）。惠王用张仪之计，拔（　　）三川之地，西并巴、蜀，北收上郡，南取汉中，包（　　）九夷，制鄢、郢，东据成皋之险，割膏腴（　　）之壤，遂散六国之从（　　），使之西面事秦，功施（　　）到今。昭王得范雎，废穰侯，逐华阳，强公室，杜私门（　　），蚕食诸侯，使秦成帝业。此四君者，皆以（　　）客之功。由此观之，客何负于秦哉！向使（　　）四君却客而不内（　　），疏士而不用，是使国无富利之实而秦无强大之名也。

②今陛下致（　　）昆山之玉，有随、和之宝，垂明月之珠，服太阿之剑，乘纤离之马，建翠凤之旗，树灵鼍之鼓。此数宝者，秦不生一焉，而陛下说（　　）之，何也？

必秦国之所生然后可，则是夜光之璧不饰朝廷，犀象之器不为玩好，郑、卫之女不充后宫，而骏良駃騠不实（　　）外厩，江南金锡不为用，西蜀丹青不为采。所以饰后宫、充下陈、娱心意、说耳目者，必出于秦然后可，则是宛珠之簪、傅（　　）玑（　　）之珥（　　）、阿缟之衣、锦绣之饰不进于前，而随俗雅化（　　）佳冶（　　）窈窕（　　）赵女不立于侧也。夫击瓮叩缶，弹筝搏（　　）髀（　　），而歌呼呜呜快耳者，真秦之声也；《郑》《卫》《桑间》，《昭》《虞》《武》《象》者，异国之乐也。今弃击瓮叩缶而就《郑》《卫》，退弹筝而取《昭》《虞》，若是者何也？快意当前，适观（　　）而已矣。今取人则不然，不问可否，不论曲直，非秦者去，为客者逐。然则是所重者在乎色、乐、珠玉，而所轻者在乎人民也。此非所以跨海内、制诸侯之术也。

③臣闻地广者粟多，国大者人众，兵强则士勇。是以太山不让（　　）土壤，故能成其大；河海不择（　　）细流，故能就（　　）其深；王者不却（　　）众庶，故能明其德。是以地无四方，民无异国，四时充（　　）美，鬼神降福，此五帝三王之所以无敌也。今乃（　　）弃黔首（　　）以资（　　）敌国，却宾客以业（　　）诸侯，使天下之士退而不敢西向，裹足不入秦，此所谓“藉（　　）寇兵而赍（　　）盗粮”者也。

④夫物不产于秦，可宝（　　）者多；士不产于秦，而愿忠者众。今逐客以资敌国，损民以益仇（　　），内自虚（　　）而外树怨（　　）于诸侯，求国无危，不可得也。

（二）夯实基础

1. 解释下列句子中加点的词

①拔三川之地（　　）　②拔剑撞而破之（　　）

③过蒙拔擢（　　）　④势拔五岳掩赤城（　　）

⑤坚忍不拔（　　）　⑥是以太山不让土壤，故能成其大（　　）

⑦使者大喜，如惠语以让单于（　　）　⑧尧让天下于许由（　　）

2. 写出下列句中加点词的活用类型及释义

①西取由余于戎，东得百里奚于宛（　　）（　　）　②蚕食诸侯（　　）

③内自虚而外树怨于诸侯（　　）（　　）　④来丕豹、公孙支于晋（　　）

⑤遂散六国之从（　　）　⑥强公室（　　）

⑦故能明其德（　　）　⑧却宾客以业诸侯（　　）

⑨娱心意、说耳目者（　　）（　　）

3. 指出下面句子的句式特点

①此非所以跨海内、制诸侯之术也。　②并国二十。

③举地千里。　④西取由余于戎。

⑤内自虚而外树怨于诸侯。

4. 文化常识及成语积累

（1）文化常识

①书：指上书、奏章，古代臣子向君主陈述政见、逐条分析事理的一种公文文体。

②窃：私下里、私自。表示个人意见或行为的谦辞。

③戎：古代对西部各少数民族的称呼。

④三川：指黄河、洛水、伊水相交之地。

⑤私门：对公室而言，指权贵大臣之家。

⑥太阿：古代名剑，相传为春秋时著名工匠欧冶子、干将所铸。

⑦五帝：黄帝、颛顼、帝喾、唐尧、虞舜。

⑧三王：指夏、商、周三代开国君主，即夏禹、商汤和周武王。

⑨黔首：平民、百姓。黔，黑。平民百姓以黑巾覆头，故称黔首。

（2）成语积累

①迁臣逐客：指遭贬官放逐之人。

②移风易俗：改变旧的风俗习惯。移：改变；易：变换。

③民殷财阜：民众富足，物产丰饶。殷，殷实，富足；阜，丰富。

④膏腴之地：肥美的土地或肥沃富饶的地区。

⑤蚕食鲸吞：像蚕吃桑叶那样一步步侵占，像鲸吞食那样一下子吞并，比喻用各种方式侵占吞并别国的领土。

⑥快意当前：贪图享受眼前一时的快活。

⑦是非曲直：正确与错误，有理与无理。

⑧裹足不前：脚像被缠住似的不前进。形容心存顾虑而不向前走。

⑨杜门却扫：关闭大门，不再打扫庭院。指谢绝应酬，自求清静，不与外界交往。也作“闭门却扫”。

（三）易错字词矫正（写三遍）

缪公　蹇叔　成皋　膏腴　范雎　穰侯　灵鼍　犀象　簪　窈窕　搏髀　黔首　赍

（四）重要句子翻译

①臣闻吏议逐客，窃以为过矣。

②昔缪公求士，西取由余于戎，东得百里奚于宛，迎蹇叔于宋，来丕豹、公孙支于晋。

③民以殷盛，国以富强，百姓乐用，诸侯亲服。

④今乃弃黔首以资敌国，却宾客以业诸侯。

（五）品读随笔

“吾欲与若复牵黄犬，俱出上蔡东门逐狡兔，岂可得乎！”这是李斯在被腰斩前对儿子说的话。

请你针对李斯其人其事，写一段感悟，不少于200字。

八、《与妻书》品读

（一）原文挖空

与妻书（林觉民）

①意映卿卿（　　）如晤（　　），吾今以（　　）此书（　　）与汝永别矣！吾作此书时，尚是世中一人；汝看此书时，吾已成为阴间一鬼。吾作此书，泪珠和笔墨齐下（　　），不能竟（　　）书而欲搁笔，又恐汝不察（　　）吾衷（　　），谓吾忍舍汝而死，谓吾不知汝之不欲吾死也，故遂忍悲为（　　）汝言之。

②吾至爱汝，即此爱汝一念，使吾勇于就（　　）死也。吾自遇汝以来，常愿天下有情人都成眷属（　　）；然遍地腥云（　　），满街狼犬（　　），称（　　）心快（　　）意，几家能彀（　　）？司马春衫，吾不能学太上之忘情也。语云：仁者“老吾老，以及人之老；幼吾幼，以及人之幼”。吾充（　　）吾爱汝之心，助天下人爱其所爱，所以敢先（　　）汝而死，不顾汝也。汝体（　　）吾此心，于啼泣之余，亦以天下人为（　　）念（　　），当亦乐（　　）牺牲吾身与汝身之福利，为天下人谋永福也。汝其（　　）勿悲！

③汝忆否？四五年前某夕，吾尝语曰：“与使（　　）吾先死也，无宁（　　）汝先吾而死。”汝初闻言而怒，后经吾婉（　　）解，虽不谓吾言为是（　　），而亦无词相（　　）答。吾之意盖谓以汝之弱，必不能禁（　　）失吾之悲，吾先死，留苦与汝，吾心不忍，故宁请汝先死，吾担悲也。嗟夫！谁知吾卒（　　）先汝而死乎？

④吾真真（　　）不能忘汝也！回忆后街之屋，入门穿廊，过前后厅，又三四折，有小厅，厅旁一室，为吾与汝双栖之所。初婚三四个月，适（　　）冬之望日（　　）前后，窗外疏梅筛月影，依稀掩映；吾与并肩携手，低低切切（　　），何事不语？何情不诉？及今思之，空（　　）余泪痕。又回忆六七年前，吾之逃家复归也，汝泣告我：“望今后有远行，必以告妾，妾愿随君行。”吾亦既许汝矣。前十余日回家，即欲乘便（　　）以此行之事语汝，及与汝相对，又不能启口，且以汝之有身（　　）也，更恐

不胜（　　）悲，故惟日日呼酒买醉。嗟夫！当时余心之悲，盖不能以寸管（　　）形容之。

⑤吾诚（　　）愿与汝相守以死，第（　　）以今日事势观之，天灾可以死（　　），盗贼可以死，瓜分之日可以死，奸官污吏虐民可以死，吾辈处今日之中国，国中无地无时不可以死。到那时使吾眼睁睁看汝死，或使汝眼睁睁看吾死，吾能之乎？抑（　　）汝能之乎？即可不死，而离散不相见，徒（　　）使两地眼成穿而骨化石，试问古来几曾见破镜（　　）能重圆？则较死为苦也，将奈之何？今日吾与汝幸双健。天下人之不当死而死与不愿离而离者，不可数计，钟情如我辈者，能忍之乎？此吾所以（　　）敢率性（　　）就（　　）死不顾汝也。吾今死无余憾，国事成不成自有同志者（　　）在。依新已五岁，转眼成人，汝其（　　）善（　　）抚之，使之肖（　　）我。汝腹中之物，吾疑其女也，女必像汝，吾心甚慰。或又是男，则亦教其以父志为志，则吾死后尚有二意洞在也。甚幸，甚幸！吾家后日当甚贫，贫无所苦，清静过日而已。

⑥吾今与汝无言矣。吾居九泉之下遥闻汝哭声，当哭相和（　　）也。吾平日不信有鬼，今则又望其真有。今人又言心电感应有道，吾亦望其（　　）言是实，则吾之死，吾灵尚依依旁（　　）汝也，汝不必以无侣悲。

⑦吾平生未尝以吾所志语汝，是（　　）吾不是（　　）处；然语之，又恐汝日日为吾担忧。吾牺牲百死而不辞，而使汝担忧，的的（　　）非吾所忍。吾爱汝至，所以为汝谋者惟恐未尽。汝幸而偶（　　）我，又何不幸而生今日之中国！吾幸而得汝，又何不幸而生今日之中国！卒（　　）不忍独善（　　）其身。嗟夫！巾短情长，所未尽者，尚有万千，汝可以模拟（　　）得之。吾今不能见汝矣！汝不能舍吾，其时时于梦中得我乎？一恸（　　）。辛未三月念（　　）六夜四鼓，意洞手书。

⑧家中诸母（　　）皆通文，有不解处，望请其指教，当尽（　　）吾意为幸（　　）。

（二）夯实基础

1. 解释下列句子中加点的词

①则亦教其以父志为志（　　）　　②助天下人爱其所爱（　　）

③吾亦望其言是实（　　）　　④今则又望其真有（　　）

⑤汝其勿悲（　　）　　⑥为天下人谋永福也（　　）

⑦虽不谓吾言为是（　　）　　⑧则亦教其以父志为志（　　）

⑨谁知吾卒先汝而死乎（　　）　　⑩旦日飨士卒（　　）

⑪鲁肃闻刘表卒（　　）　　⑫五万兵难卒合（　　）

2. 写出下列句中加点词的活用类型及释义

①瓜分之日可以死（　　）（　　）　　②吾平生未尝以吾所志语汝（　　）

③天下人之不当死而死与不愿离而离者，不可数计（　　）

④意洞手书（　　）　　⑤汝幸而偶我（　　）

⑥汝泣告我（　　）　　⑦老吾老以及人之老（　　）（　　）（　　）

⑧幼吾幼以及人之幼（　　）（　　）（　　）

⑨当亦乐牺牲吾身与汝身之福利（　　）

⑩卒不忍独善其身（　　）　　⑪所未尽者，尚有万千（　　）（　　）

3. 指出下面句子的句式特点

①厅旁一室，为吾与汝双栖之所。　　②称心快意，几家能彀？

③钟情如我辈者。　　④与使吾先死也，无宁汝先吾而死。

4. 文化常识

古代的计时单位：时、刻、更、鼓、点。

①时：时辰。中国古人将一昼夜分为 12 个时辰，每个时辰等同于现在的两个小时，以十二地支为名，从午夜起，与北京时间相对应，即 23 点至凌晨 1 点为子时，1 点至 3 点为丑时，其余类推。

②刻：古代用漏壶计时，一昼夜为 100 刻，一刻等同于现在的 14 分 24 秒。“顷刻”表示很短的时间。

③更：古代一夜分五更，每更约现在的两个小时。19 点至 21 点为一更，21 点至 23 点为二更，23 点至凌晨 1 点为三更，故有“夜半三更”之说，其余类推。

④鼓：古代夜间击鼓报更，故以其为更的代称，曾有“五鼓天明”之说。

⑤点：古代用铜壶滴漏计时，以下漏击点为名。一夜分五更，一更分五点，一点等同于现在的 24 分钟。

（三）易错字词矫正（写三遍）

晤　眷属　能彀　携　虐

（四）重要句子翻译

①天下人之不当死而死与不愿离而离者，不可数计。

②吾之意盖谓以汝之弱，必不能禁失吾之悲。

③巾短情长，所未尽者，尚有万千，汝可以模拟得之。

（五）品读随笔

《与妻书》被后人称为“最难忘的革命家书”，文字优美瑰丽，情感悲抑郁结，林觉民的妻子读后心如刀绞，几欲赴死。儿子林仲新读后奋发图强，承父伟志。千百万革命者读后前赴后继，以身报国。新时代的中学生读后长风破浪，直挂云帆……

生活中有无数个“你”读过这封家书，“你”是谁？“你”最想对林觉民说什么？请用书信的形式表达“你”的内心所想，不少于200字。（以半文言或文言文的方式写作，注意书信的格式。）

九、《促织》品读

（一）原文挖空

促织（蒲松龄）

①宣德间，宫中尚（　　）促织之戏，岁征民间。此物故非西产；有华阴令欲媚上官，以（　　）一头进，试使斗而才，因（　　）责（　　）常供。令以责之里正。市中游侠儿得佳者笼养之，昂（　　）其直（　　），居（　　）为奇货。里胥猾黠，假（　　）此科敛丁口，每责一头，辄（　　）倾数家之产。

②邑有成名者，操童子业，久不售。为人迂讷，遂为猾胥报充里正役，百计营谋不能脱。不终岁，薄产累尽。会（　　）征促织，成不敢敛户口，而又无所赔偿，忧闷欲死。妻曰：“死何裨益（　　）？不如自行搜觅，冀（　　）有万一之得。”成然（　　）之。早出暮归，提竹筒铜丝笼，于败堵（　　）丛草处，探石发穴，靡计不施，迄（　　）无济。即捕得三两头，又劣弱不中（　　）于款。宰严限追比，旬余，杖至百，两股间脓血流离，并虫亦不能行捉矣。转侧床头，惟思自尽。

③时村中来一驼背巫，能以神卜。成妻具（　　）资诣（　　）问。见红女白婆，填塞门户。入其舍，则密室垂帘，帘外设香几。问者爇香于鼎，再拜。巫从旁望空代祝，唇吻翕辟，不知何词。各各竦立以听。少间，帘内掷一纸出，即道人意中事，无毫发爽（　　）。成妻纳钱案上，焚拜如前人。食顷，帘动，片纸抛落。拾视之，非字而画：中绘殿阁，类兰若。后小山下，怪石乱卧，针针丛棘，青麻头伏焉（　　）。旁一蟆，若将跃舞。展玩不可晓。然睹促织，隐中胸怀。折藏之，归以示（　　）成。

④成反复自念，得无（　　）教我猎虫所（　　）耶？细瞻景状，与村东大佛阁真逼似。乃强起扶杖，执图诣寺后，有古陵蔚起。循陵而走，见蹲石鳞鳞，俨然类画。遂于蒿莱中侧听徐行，似寻针芥。而心目耳力俱穷，绝无踪响。冥搜未已，一癞头蟆猝然跃去。成益愕，急逐趁之，蟆入草间。蹑迹披（　　）求，见有虫伏棘根。遽（　　）扑之，入石穴中。掭以尖草，不出；以筒水灌之，始出，状极俊健。逐而得之。审视，巨身修尾，青项金翅。大喜，笼归，举家庆贺，虽连城拱璧不啻（　　）也。上于盆而养之，蟹白栗黄，备极护爱，留待限期，以塞（　　）官责。

⑤成有子九岁，窥父不在，窃发（　　）盆。虫跃掷径出，迅不可捉。及扑入手，已股落腹裂，斯须（　　）就毙。儿惧，啼告母。母闻之，面色灰死，大骂曰：“业根，死期至矣！而（　　）翁归，自与汝覆算耳！”儿涕而出。

⑥未几（　　），成归，闻妻言，如被（　　）冰雪。怒索儿，儿渺然不知所往。既(　　)得其尸于井，因而化怒为悲，抢(　　)呼欲绝。夫妻向隅(　　)，茅舍无烟，相对默然，不复聊赖。日将暮，取儿藁葬。近抚之，气息惙然。喜置榻上，半夜复苏。夫妻心稍慰，但蟋蟀笼虚，顾之则气断声吞，亦不敢复究儿。自昏达曙，目不交睫。东曦既驾，僵卧长愁。忽闻门外虫鸣，惊起觇（　　）视，虫宛然尚在。喜而捕之，一鸣辄跃去，行且速。覆之以掌，虚若无物；手裁举，则又超忽而跃。急趁之，折过墙隅，迷其所在。徘徊四顾，见虫伏壁上。审谛之，短小，黑赤色，顿非前物。成以其小，劣（　　）之。惟彷徨瞻顾，寻所逐者。壁上小虫忽跃落衿袖间。视之，形若土狗，梅花翅，方首，长胫，意似良。喜而收之。将献公堂，惴惴恐不当（　　）意，思试之斗以觇之。

⑦村中少年好事者驯养一虫，自名“蟹壳青”，日与子弟角（　　），无不胜。欲居之以为利，而高（　　）其直（　　），亦无售者。径造（　　）庐访成，视成所蓄，掩口胡卢而笑。因出己虫，纳比笼中。成视之，庞然修伟，自增惭怍，不敢与较。少年固强之。顾（　　）念蓄劣物终无所用，不如拚博一笑，因合纳斗盆。小虫伏不动，蠢若木鸡。少年又大笑。试以猪鬣毛撩拨虫须，仍不动。少年又笑。屡撩之，虫暴怒，直奔，遂相腾击，振奋作声。俄（　　）见小虫跃起，张尾伸须，直龁敌领。少年大骇，解令休止。虫翘然矜（　　）鸣，似报主知。成大喜。方共瞻玩，一鸡瞥来，径进以啄。成骇立愕呼，幸啄不中，虫跃去尺有咫。鸡健进，逐逼之，虫已在爪下矣。成仓猝莫知所救，顿足失色。旋见鸡伸颈摆扑，临视，则虫集冠上，力叮不释（　　）。成益惊喜，掇置笼中。

⑧翼（　　）日进宰，宰见其小，怒诃成。成述其异，宰不信。试与他虫斗，虫尽靡(　　)。又试之鸡，果如成言。乃赏成，献诸(　　)抚军。抚军大悦，以金笼进上，细疏（　　）其能。既入宫中，举天下所贡蝴蝶、螳螂、油利挞、青丝额一切异状遍试之，无出其右（　　）者。每闻琴瑟之声，则应节而舞。益奇之。上大嘉悦，诏赐抚臣名马衣缎。抚军不忘所自（　　），无何，宰以卓异闻（　　），宰悦，免成役。又嘱学使俾（　　）入邑庠。后岁余，成子精神复旧，自言身化促织，轻捷善斗，今始苏耳。抚军亦厚赉（　　）成。不数年，田百顷，楼阁万椽，牛羊蹄躈各千计；一出门，裘马过（　　）世家焉。

⑨异史氏曰：“天子偶用一物，未必不过此已忘；而奉行者即为定例。加以官贪吏虐，民日贴妇卖儿，更无休止。故天子一跬步，皆关民命，不可忽也。独是成氏子以蠹贫，以促织富，裘马扬扬。当其为里正，受扑责（　　）时，岂意（　　）其至此哉？天将以酬长厚者，遂使抚臣、令尹，并受促织恩荫（　　）。闻之：一人飞升，仙及鸡犬。信（　　）夫！”

（二）夯实基础

1. 解释下列句子中加点的词

①成顾蟋蟀笼 / 徘徊四顾（　　）
②顾念蓄劣物终无所用（　　）
③三顾臣于草庐之中（　　）
④但欲求死，不复顾利害（　　）
⑤人之立志，顾不如蜀鄙之僧哉（　　）
⑥折过墙隅（　　）
⑦裘马过世家（　　）
⑧愿枉车骑过之（　　）
⑨过而能改，善莫大焉（　　）
⑩闻大王有意督过之（　　）
⑪以其境过清（　　）
⑫成然之（　　）
⑬然睹促织（　　）
⑭不然，籍何以至此（　　）
⑮然，沛公左司马曹无伤言之（　　）

2. 写出下列句中加点词的活用类型并释义

①岁征民间（　　）
②市中游侠儿得佳者笼养之（　　）
③日与子弟角（　　）
④力叮不释（　　）
⑤旬余，杖至百（　　）
⑥笼归，举家庆贺（　　）
⑦细疏其能（　　）
⑧成然之（　　）
⑨成以其小，劣之（　　）
⑩益奇之（　　）
⑪近抚之（　　）
⑫成述其异（　　）

3. 指出下面句子的句式特点

①此物故非西产。
②非字而画。
③遂为猾胥报充里正役。
④村中少年好事者驯养一虫。
⑤既得其尸于井。

4. 文化常识及成语积累

（1）文化常识

①里正：里长。里，古代基层行政组织。

②里胥：管理乡里事务的小吏。胥，官府的小吏。

③丁口：即人口。明清时期年满十六岁的男子称丁，女子及未满十六岁男子称口。

④童子：童生。科举时代，还没考取秀才的读书人，不论年纪大小，都称为“童生”。

⑤抚军：即巡抚，总管一省民政、军政的高级官员。

⑥令尹：县令、府尹。这里是沿用古称。

⑦学使：即提学，负责一省学校事务，主持岁考、科考两试的官员。

（2）成语积累

①靡计不施：没有什么办法不用的，即用尽一切办法。

②辗转反侧：翻来覆去睡不着觉，形容心里有所思念或心事重重。

③无毫发爽：没有什么差错、失误。

④抢呼欲绝：指极度悲痛伤心。

⑤百无聊赖：指精神上无所寄托，感到什么都没意思。形容人的思想感情没有依托，空虚无聊。聊赖：依赖，指生活或情感上的依托。

⑥惴惴不安：因恐惧担忧而心神不定，形容因害怕或担心而不安。

⑦蠢若木鸡：形容神貌呆笨。

⑧无出其右：指在某方面居领先地位，没有能超过他的。出：超出。右：上，古代以右为上。

⑨一人得道，鸡犬升天：原指刘安服了灵丹成了仙，鸡和狗吃了他炼制的灵丹也跟着升天了。后比喻一个人得势，跟他有关系的人也由此得到好处。

（三）重要句子翻译

①市中游侠儿得佳者笼养之，昂其直，居为奇货。

②成反复自念，得无教我猎虫所耶？

③妻曰："死何裨益？不如自行搜觅，冀有万一之得。"

④少间，帘内掷一纸出，即道人意中事，无毫发爽。

⑤心目耳力俱穷，绝无踪响。

（四）品读随笔

马尔克斯曾经透露，是卡夫卡使他对成为一名作家有了信心和兴趣。他说："当我十七岁第一次读到《变形记》的时候，我发现自己会成为一个作家。我看到主人公格里高尔·萨姆沙一天早晨醒来时变成了一个偌大的甲虫，于是想到，'我以前不知道可以这样写。如果能这样写的话，我还是喜欢写作的'。"

请以"变形"为话题，发挥想象，讲述一个引人入胜的故事。不少于200字。

十、《谏太宗十思疏》品读

（一）原文挖空

谏太宗十思疏（魏征）

①臣闻求木之(　　)长(　　)者，必固(　　)其根本；欲流之远者，必浚(　　)其泉源；思国之安者，必积其德义。源不深而望流之远，根不固而(　　)求木之长，德不厚而思国之理(　　)，臣虽下愚(　　)，知其不可，而(　　)况于明哲(　　)

乎！人君当（　　）神器（　　）之重，居域中（　　）之大，将崇（　　）极天（　　）之峻，永保无疆之休（　　）。不念居安（　　）思危，戒奢以俭，德不处其厚，情不胜（　　）其欲，斯亦伐根以求木茂，塞源而欲流长者也。

②凡百元首（　　），承天景（　　）命，莫不殷（　　）忧而道著，功成而德衰。有善始者实（　　）繁，能克终者盖（　　）寡。岂（　　）取之易而守之难乎？昔取之而有余，今守之而不足，何也？夫在殷忧，必竭诚以待下；既（　　）得志，则纵情以傲物（　　）。竭诚则胡越为一体，傲物则骨肉（　　）为行路。虽董（　　）之以严刑，振之以威怒（句式：　　　　），终苟免而不怀仁，貌恭而不心服。怨不在大，可畏惟人；载舟覆舟，所宜深慎；奔车朽索（句式：　　　），其（　　）可忽乎！

③君人者，诚能见可欲（　　）则思知足以自戒，将有作（　　）则思知止以安人，念高危则思谦冲（　　）而自牧（　　），惧满溢（　　）则思江海下（　　）百川，乐盘游（　　）则思三驱以为度，忧懈怠则思慎始而敬（　　）终，虑壅蔽（　　）则思虚心以纳下（　　），想谗邪（　　）则思正身以黜恶（　　），恩所加则思无因（　　）喜以谬赏（　　），罚所及则思无因怒而滥刑。总（　　）此十思，弘（　　）兹九德，简（　　）能而任之，择善（　　）而从之，则智者尽其谋，勇者竭其力，仁者播其惠，信（　　）者效其忠。文武争驰，在君无事，可以尽豫游之乐，可以养松、乔之寿，鸣（　　）琴垂拱（　　），不言而化（　　）。何必劳神苦思，代下司（　　）职，役（　　）聪明之耳目，亏（　　）无为之大道哉！

（二）夯实基础

1. 解释下列句子中加点的词

①必固其根本（　　）　　②根不固而求木之长（　　）

③则固前知其如此也（　　）　　④蔺相如固止之（　　）

⑤汝心之固，固不可彻（　　）　　⑥思国之安者（　　）

⑦安能摧眉折腰事权贵（　　）　　⑧沛公安在（　　）

⑨不念居安思危（　　）　　⑩衣食所安，弗敢专也（　　）

2. 写出下列句中加点词的活用类型并释义

①人君当神器之重（　　）　　②居域中之大（　　）

③而况于明哲乎（　　）　　④简能而任之，择善而从之（　　）（　　）

⑤想谗邪则思正身以黜恶（　　）　　⑥将崇极天之峻（　　）

⑦惧满溢则思江海而下百川（　　）　　⑧必固其根本（　　）

⑨将有所作则思知止以安人（　　）

3. 指出下面句子的句式特点

①斯亦伐根以求木茂，塞源而欲流长者也。

②虽董之以严刑，振之以威怒。

③思知足以自戒。

④则思谦冲而自牧。

4. 文化常识及成语积累

（1）文化常识

①谏：谏是规劝的意思，一般用于下对上。规劝的议论也可以称为“谏”，如《邹忌讽齐王纳谏》中的“谏”。谏在古代专用于对帝王、上级、尊长的劝告，规劝其改正不当的言行。

②疏：疏原本是“疏通”的意思。后来作为一种公文形式，成了古代官员向帝王进言，以便使下情上达的进谏奏文。疏的用途较广，论谏、陈乞、待罪、推荐、辞官等都可用疏。

③神器：帝王的印玺，借指帝位。

④三驱：语出《周易·比卦》“王用三驱”。田猎时设网三面，留一面不设，指田猎有度，不过分捕杀。

（2）成语积累

①休戚相关：彼此之间的忧喜、祸福都互相关联。形容关系密切，利害关系一致。休，喜庆，欢乐。戚，忧愁，悲哀。

②休戚与共：彼此间忧喜祸福都共同承受。形容同甘共苦。休，欢乐，喜悦。戚，忧愁，祸患。

③居安思危：处在安定环境中，要想到可能出现的危难祸害。

④载舟覆舟：民众犹如水，可承载船，也可倾覆船。比喻百姓能拥戴皇帝，也能推翻他的统治。

⑤善始善终：做事有好的开头，也有好的结尾。形容办事认真。

⑥靡不有初，鲜克有终：人们大都有一个良好开端，很少有人能够善始善终。

⑦垂拱而治：指不费力气就使地方或国家得到管理，安享太平。含褒义。

（三）理解性默写及易错字词矫正

1. 理解性默写

①《谏太宗十思疏》中运用比兴手法，以“树木”为比兴之物，引出治国与德义之间关系的两句是：“__________，__________。”

②《谏太宗十思疏》中用“__________，__________”说明人们开始都能做得很好，但很少有能坚持到最后的。

③《谏太宗十思疏》中用对比手法说明竭诚待人和轻视他人会带来不同结果的句子是：“__________，__________。”

④在《谏太宗十思疏》中，魏征在总结历史规律时指出，统治一个国家，如果光靠严刑和威慑的手段来对待老百姓，老百姓会“____________，____________”，不利于国家的稳定。

⑤《谏太宗十思疏》中“十思”的核心内容是正己安人，但具体又有所侧重，其中在欲望方面，用“____________，____________”警戒人君戒奢侈、懂得知足。

⑥《谏太宗十思疏》“十思”中告诫君王不要因为自己的喜恶而赏罚不公的句子是：“____________，____________。”

⑦《谏太宗十思疏》中，劝皇帝不骄不躁，虚怀若谷，从谏如流，戒骄戒躁的两条是：“____________，____________。”

⑧《谏太宗十思疏》中，指出君主应该选拔有才能的人，听取好的意见的两句是：“____________，____________。”

⑨魏征在《谏太宗十思疏》中用“海纳百川”的道理来告诫唐太宗不要骄傲自满的句子是：“____________。”用“网开一面”的典故告诫唐太宗要有好生之德，不要过度狩猎的句子是：“____________。”

⑩《谏太宗十思疏》中，魏征期望达到的理想政治境界是：“__________，__________。”

2. 易错字词矫正（写三遍）

浚其泉源　极天之峻　无疆之休　实繁　振之以威怒　壅蔽

（四）重要句子翻译

①人君当神器之重，居域中之大，将崇极天之峻，永保无疆之休。

②有善始者实繁，能克终者盖寡。岂取之易而守之难乎？

③虽董之以严刑，振之以威怒，终苟免而不怀仁，貌恭而不心服。

④诚能见可欲则思知足以自戒，将有作则思知止以安人。

⑤总此十思，弘兹九德，简能而任之，择善而从之，则智者尽其谋，勇者竭其力，仁者播其惠，信者效其忠。

（五）品读随笔

魏征有感于守成之难，敢于犯颜直谏。王安石不避众议汹汹，坚持变法除弊。杜牧总结秦朝覆亡教训，意在针砭时弊。苏洵探究六国破灭缘由，旨在警示当朝。他们胸怀天下，勇于担当，拳拳之心见于字里行间。

认真阅读课文，感受作者忧国忧民的情怀，围绕“责任与担当”的话题，小组选定一个议题发表自己的看法。不少于200字。

十一、《答司马谏议书》品读

（一）原文挖空

答司马谏议书（王安石）

①某（　　）启：昨日蒙教（　　），窃（　　）以为与君实游处（　　）相好之日久，而议事每不合，所操（　　）之术（　　）多异故也。虽欲强聒（　　），终必不蒙见（　　）察（　　），故略上报（　　），不复一一自辨（　　）。重念蒙君实视遇（　　）厚，于反覆不宜卤莽，故今具道所以（　　），冀（　　）君实或见（　　）恕也。

②盖儒者所争，尤在于名实，名实已明，而天下之理得矣。今君实所以（　　）见（　　）教者，以为侵官、生事、征利、拒谏，以致天下怨谤（　　）也。某则以谓受命于人主，议法度而修之于朝廷，以授之于有司，不为侵官（　　）；举（　　）先王之政，以兴利除弊，不为生事（　　）；为天下理财，不为征利（　　）；辟（　　）邪说，难（　　）壬人（　　），不为拒谏。至于怨诽之多，则固前知其如此也。

③人习于苟且非一日，士大夫多以不恤（　　）国事、同俗自媚于众为善，上乃欲变此，而某不量敌之众寡，欲出力助上以抗（　　）之，则众何为（　　）而不汹汹然？盘庚之迁，胥怨者民也，非特（　　）朝廷士大夫而已；盘庚不为（　　）怨者故改其度（　　），度（　　）义而后动，是（　　）而不见可悔故也。如君实责我以在位久，未能助上大有为，以膏泽（　　）斯民，则某知罪矣；如曰今日当一切不事（　　）事，守前所为而已，则非某之所敢知。

④无由会晤，不任（　　）区区（　　）向往之至！

（二）夯实基础

1. 解释下列句子中加点的词

①不如登高之博见也（　　）　②秦王坐章台见相如（　　）

③图穷而匕首见（　　）　④真知灼见（　　）

⑤终必不蒙见察（　　）　⑥冀君实或见恕也（　　）

⑦乐盘游三驱以为度（　　）　⑧盘庚不为怨者故改其度（　　）

⑨予怀怆然，感慨今昔，因自度此曲（　　）

⑩王请度之（　　）　⑪度，然后知长短（　　）

⑫度我至军中，公乃入（　　）　⑬度义而后动（　　）

⑭以致天下怨谤也（　　）　⑮以授之于有司（　　）

⑯以兴利除弊（　　）　⑰士大夫多以不恤国事（　　）

⑱如君实责我以在位久（　　）　⑲以膏泽斯民（　　）

2. 写出下列句中加点词的活用类型并释义

①以膏泽斯民（　　）　　②如曰今日当一切不事事（　　）

③度义而后动（　　）

3. 指出下面句子的句式特点

①为天下理财，不为征利。　　②胥怨者民也。

③议法度而修之于朝廷。　　④受命于人主。

⑤则众何为而不汹汹然？　　⑥终必不蒙见察。

4. 文化常识及成语积累

（1）文化常识

①谏议大夫：官职，掌管议论。

②有司：因古代设官分职各有专司，故称“有司”，但“有司”并不是某个具体的部门，而是代指负有专责的官吏。

③古代常用谦称。

鄙人：本义指居于郊野之人。古人常用来谦称自己，表示地位不高，见识浅陋。

仆：旧时男子自称谦辞，下对上、幼对长自称奴仆，借以表示对对方的敬重。

不肖：旧时男子自谦辞。原指子不似其父那样贤能，故男子在其父母死后多借以自称，表示谦恭。

不才：旧时男子自谦辞。不才即没有才能，故借以自称，以示谦恭。

不敏：古人称自己不聪明，不敏捷。

在下：自称的谦辞。古时坐席，尊长在上座，所以自称在下。

（2）成语积累

①兴利除弊：兴办有利的事业，除去弊端。

②辟邪难壬：驳斥邪说，诘责坏人。辟，批驳。难，排斥。

③名不副实：名称或名声与实际不相符。

④墨守成规：形容因循守旧，不肯改进。

（三）理解性默写及易错字词矫正

1. 理解性默写

①在《答司马谏议书》中，王安石强调自己虽想解释，但对方终究不会考虑自己建议的句子是：“______________，______________。”

②在《答司马谏议书》中，开篇亮出了分歧的焦点所在，直接点明二人政治上不相投合的原因的两句是：“______________，______________。”

③王安石在《答司马谏议书》开篇中说道，因和司马光政见不同，恐怕多做解释也不被理解，因此针对司马光反对变法的书信上次只是简略地写了回信。但是又因为

“______________，______________”，所以这次详细说明变法的缘由，希望司马光原谅自己。

④在《答司马谏议书》中，王安石对司马光在来信中对自己因推行变法而冠之以“征利”罪名加以反驳的两句是：“______________，______________。”

⑤司马光指责王安石“拒谏”，王安石却在《答司马谏议书》中理直气壮地以“______________，______________”两句回答，说这样不叫“拒谏”。

⑥在《答司马谏议书》中，王安石针对司马光在来信中对自己因推行变法而冠之以“生事”罪名加以反驳，指出新法的理论根据和根本目的的句子是：“______________，______________，不为生事。”

⑦在《答司马谏议书》中，王安石针对司马光在来信中对自己因推行变法而冠之以“侵官”罪名加以反驳的句子是：“某则以谓受命于人主，______________，______________，不为侵官。”

⑧在《答司马谏议书》中，写盘庚迁都之时虽然“______________”，且“______________”，但他并不因为有人抱怨、反对就改变自己的计划。

⑨在《答司马谏议书》中，王安石以“______________，______________”揭露了朝堂之上官吏互相推诿、不问国事的丑恶现象。

⑩在《答司马谏议书》中，王安石认为众官反对自己变法之“汹汹然”的原因是世人习于苟且，士大夫不恤国事，同俗媚众，皇上想要改变这种不良风气，而自己则是“______________，______________”。

⑪在《答司马谏议书》中，“______________，______________”两句，是盘庚不在意天下人反对进行迁都的原因，这也可以说是王安石坚持变法决不动摇的决心和信念，是历史上一切改革家刚决精神的一种概括。

⑫《答司马谏议书》开头先提出一个双方均认可的道理“______________，______________”，为下文的“正名”提供推理前提。

2. 易错字词矫正（写三遍）

强聒　自辨　反覆　卤莽　胥怨　膏泽

（四）重要句子翻译

①窃以为与君实游处相好之日久，而议事每不合，所操之术多异故也。

②故今具道所以，冀君实或见恕也。

③辟邪说，难壬人。

④士大夫多以不恤国事、同俗自媚于众为善。

⑤盘庚不为怨者故改其度，度义而后动，是而不见可悔故也。

（五）品读随笔

“一代人有一代人的长征，一代人有一代人的担当。”新时代的中国青年应当具有怎样的抱负，承担怎样的使命？这些问题值得我们认真思索。

作为当代青年，请谈谈你应当肩负怎样的使命。不少于200字。

十二、《阿房宫赋》品读

（一）原文挖空

阿房宫赋（杜牧）

①六王毕(　　)，四海一(　　)，蜀山兀(　　)，阿房出。覆压(　　)三百余里，隔离(　　)天日。骊山北构(　　)而西折，直走(　　)咸阳。二川溶溶，流入宫墙。五步一楼，十步一阁；廊腰缦(　　)回(　　)，檐牙高啄；各抱(　　)地势，钩心(　　)斗角(　　)。盘盘焉，囷囷焉，蜂房水涡，矗不知其几千万落。长桥卧波，未云何龙(　　)？复道行空，不霁(　　)何虹(　　)？高低冥迷(　　)，不知西东。歌台暖响，春光融融；舞殿冷袖，风雨凄凄。一日之内，一宫之间，而气候不齐。

②妃嫔媵嫱，王子皇孙，辞楼下殿，辇(　　)来于秦。朝歌夜弦，为秦宫人。明星荧荧，开妆镜也；绿云扰扰，梳晓鬟也；渭流涨腻，弃脂水也；烟斜雾横，焚椒兰也。雷霆乍(　　)惊(　　)，宫车过也；辘辘远听，杳(　　)不知其所之(　　)也。一肌一容，尽态(　　)极妍(　　)，缦立(　　)远视，而望幸焉。有不见者，三十六年。燕赵之收藏，韩魏之经营，齐楚之精英，几世几年，剽(　　)掠其人，倚叠(　　)如山。一旦不能有(　　)，输来其间。鼎铛玉石，金块珠砾，弃掷逦迤(　　)，秦人视之，亦不甚惜。

③嗟乎！一人之心，千万人之心也。秦爱纷奢(　　)，人亦念其家。奈何取之尽(　　)锱铢，用之如泥沙？使负栋之柱，多于南亩之农夫；架梁之椽，多于机上之工女；钉头磷磷，多于在庾(　　)之粟粒；瓦缝参差(　　)，多于周身之帛缕；直栏横槛，多于九土(　　)之城郭；管弦呕哑(　　)，多于市人之言语。使天下之人，不敢言而敢怒。独夫(　　)之心，日益骄固(　　)。戍卒叫(　　)，函谷举(　　)，楚人一炬，可怜(　　)焦土(　　)！

④呜呼！灭六国者六国也，非秦也；族(　　)秦者秦也，非天下也。嗟乎！使(　　)六国各爱其人，则足以拒(　　)秦；使秦复爱六国之人，则递(　　)三世可至万世而为君，谁得而族灭也？秦人不暇(　　)自哀，而后人哀之；后人哀之而不鉴之，亦使后人而复哀后人也。

（二）夯实基础

1. 解释下列句子中加点的字

①爱其子，择师而教之（　　）　②秦爱纷奢，人亦念其家（　　）

③齐国虽褊小，我何爱一牛（　　）　④向使三国各爱其地（　　）

⑤予独爱莲之出淤泥而不染（　　）　⑥古之遗爱也（　　）

⑦爱而不见，搔首踟蹰（　　）　⑧山东豪俊遂并起而亡秦族矣（　　）

⑨族秦者秦也，非天下也（　　）　⑩士大夫之族，曰师曰弟子云者（　　）

⑪族庖月更刀，折也（　　）　⑫每至于族，吾见其难为，怵然为戒（　　）

2. 写出下列句中加点词的活用类型并释义

①朝歌夜弦（　　）　②鼎铛玉石（　　）（　　）

③金块珠砾（　　）（　　）　④楚人一炬（　　）

⑤骊山北构而西折（　　）（　　）　⑥廊腰缦回，檐牙高啄（　　）

⑦蜂房水涡，矗不知乎几千万落（　　）　⑧辞楼下殿，辇来于秦（　　）

⑨四海一（　　）　⑩燕赵之收藏，韩魏之经营（　　）

3. 指出下面句子的句式特点

①灭六国者六国也，非秦也。　②族秦者秦也，非天下也。

③使负栋之柱，多于南亩之农夫。　④函谷举。

4. 文化常识及成语积累

（1）文化常识

①二川：指渭水和樊川。

②复道：楼阁之间架在空中的通道。因上下都有通道，故称。

③媵：本义指随嫁，亦指随嫁的人。文中指六国王侯的宫妃。

④嫱：本义指古代宫廷里地位次于妃的女官。文中指六国王侯的宫妃。

⑤辇：君王及后妃所乘的车。

⑥椒兰：两种香料植物，焚烧以熏香衣物。

⑦幸：封建时代皇帝到某处叫“幸”。

⑧锱铢：古代重量单位，一锱等于六铢，一铢约等于后来一两的二十四分之一。锱铢连用，极言其细微。

（2）成语积累

①钩心斗角：原指宫室建筑的内外结构精巧工致，后泛指诗文的布局结构精巧、回环错落。现多比喻人与人相互之间的明争暗斗，也作勾心斗角。

②杳无音信：指一点消息也没有，形容失去联系或没有方式联系。

③锱铢必较：一分一厘也一定要计较，形容斤斤计较，十分吝啬。

④付之一炬：指一把火全烧光了。

⑤前车之鉴：指前边的车子翻了，后面的车子可以引以为鉴。比喻先前的失败，可做其后的教训。

（三）理解性默写及易错字词矫正

1. 理解性默写

①写阿房宫占地广、楼宇高的两句是：“______________，______________。”

②写阿房宫楼阁依地势而建，宫室参差错落、精致工巧的两句是：“______________，______________。”

③以比喻手法写水上的桥梁横卧的两句是：“______________，______________。”

④鸟瞰阿房宫，以比喻手法写其建筑密集的句子是：“盘盘焉，囷囷焉，__________，__________。”

⑤用通感手法，以人的感受写各宫殿歌舞之盛的四句是：“______________，______________。______________，______________。”

⑥以“人同此心”来批判秦人不知顾念百姓的句子是：“______________，______________。秦爱纷奢，人亦念其家。”

⑦批判秦人极力搜刮又肆意挥霍的两句是：“______________，______________。”

⑧连用排比句渲染宫殿的繁华奢靡，把阿房宫所奏之乐与市井人声做对比的句子是：“______________，______________。”

⑨把阿房宫的钉子与谷仓中的粮食做对比的句子是：“______________，______________。”

⑩把阿房宫的梁柱与地里劳作的农夫做对比的句子是：“______________，______________。”

⑪借秦的灭亡向当朝统治者敲响警钟，告诫后人要吸取历史教训，不要让历史重演的语句是：“______________，______________。”

⑫杜牧在分析秦国灭亡的原因时指出，假如秦君爱惜百姓，秦国就会得以延续的两句话是：“______________，______________。”

2. 易错字词矫正（写三遍）

覆压　二川溶溶　钩心斗角　囷囷焉　妃嫔媵嫱　晓鬟　杳　剽掠　鼎铛　逦迤　锱铢　磷磷　庾　粟粒　骄固　不暇

（四）重要句子翻译

①六王毕，四海一，蜀山兀，阿房出。

②长桥卧波，未云何龙？复道行空，不霁何虹？

③辘辘远听，杳不知其所之也。

④鼎铛玉石，金块珠砾，弃掷逦迤，秦人视之，亦不甚惜。

⑤奈何取之尽锱铢，用之如泥沙？

⑥戍卒叫，函谷举，楚人一炬，可怜焦土！

（五）品读随笔

“担当”在词典里的意思是“接受并负起责任”。担当是一种态度，也是一种行为，担当可以是为自己、为他人，也可以是为国家、为民族……

你是怎么理解“担当”的，请联系本章内容，谈谈自己的思考。不少于200字。

十三、《六国论》品读

（一）原文挖空

六国论（苏洵）

①六国破灭，非兵不利，战不善，弊在赂秦。赂秦而力亏，破灭之道（　　）也。或（　　）曰：六国互（　　）丧，率（　　）赂秦耶？曰：不赂者以赂者丧。盖（　　）失强援，不能独完（　　）。故曰：弊在赂秦也。

②秦以（　　）攻取之外，小则获邑，大则得城。较秦之所得，与战胜而得者，其实（　　）百倍；诸侯之所亡（　　），与战败而亡者，其实亦百倍。则秦之所大欲，诸侯之所大患，固（　　）不在战矣。思厥（　　）先祖父，暴（　　）霜露，斩荆棘，以有尺寸之地。子孙视之不甚惜，举以予人，如弃草芥。今日割五城，明日割十城，然后得一夕安寝。起视四境，而秦兵又至矣。然则诸侯之地有限，暴秦之欲无厌（　　），奉之弥（　　）繁，侵之愈急。故不战而强弱胜负已判（　　）矣。至于（　　）颠覆（　　），理固宜然。古人云：“以地事（　　）秦，犹（　　）抱薪救火，薪不尽，火不灭。”此言得（　　）之。

③齐人未尝赂秦，终继五国迁灭，何哉？与（　　）嬴而不助五国也。五国既丧，齐亦不免矣。燕赵之君，始（　　）有远略，能守其土，义（　　）不赂秦。是故燕虽小国而后亡，斯用兵之效也。至丹以荆卿为计，始（　　）速（　　）祸焉。赵尝五战于秦，二败而三胜。后秦击赵者再（　　），李牧连却（　　）之。洎（　　）牧以谗诛，邯郸为郡，惜其用武而不终也。且燕赵处秦革灭殆（　　）尽之际，可谓智力（　　）孤危，战败而亡，诚不得已。向使（　　）三国各爱其地，齐人勿附于秦，刺

客不行，良将犹在，则胜负之数（　　），存亡之理（　　），当（　　）与秦相较，或未易量。

④呜呼！以赂秦之地封天下之谋臣，以事（　　）秦之心礼（　　）天下之奇才，并力（　　）西向，则吾恐秦人食之不得下咽也。悲夫！有如此之势，而为（　　）秦人积威之所劫（　　），日削月割，以趋于亡。为（　　）国者无使为积威之所劫哉！

⑤夫六国与秦皆诸侯，其势（　　）弱于秦，而犹有可以不赂而胜之之势（　　）。苟（　　）以天下之大，下（　　）而从（　　）六国破亡之故事（　　），是又在六国下矣。

（二）夯实基础

1. 解释下列句子中加点的字

①至丹以荆卿为计，始速祸焉（　　）②洎牧以谗诛，邯郸为郡（　　）

③有如此之势，而为秦人积威之所劫（　　）

④为国者，无使为积威之所劫哉（　　）（　　）

⑤不赂者以赂者丧（　　）　⑥秦以攻战之外（　　）

⑦以有尺寸之地（　　）　⑧以地事秦，犹抱薪救火（　　）

⑨洎牧以谗诛（　　）　⑩以赂秦之地封天下之谋臣（　　）

⑪日削月割，以趋于亡（　　）　⑫苟以天下之大（　　）

⑬与嬴而不助五国也（　　）　⑭与战胜而得者（　　）

⑮六国与秦皆诸侯（　　）　⑯与斗卮酒（　　）

⑰与会者（　　）　⑱与人为善（　　）

⑲今亡亦死，举大计亦死（　　）　⑳诸侯之所亡（　　）

㉑遂并起而亡秦族矣（　　）　㉒今刘表新亡，二子不协（　　）

㉓河曲智叟亡以应（　　）

2. 写出下列句中加点词的活用类型并释义

①赂秦而力亏（　　）　②盖失强援，不能独完（　　）

③小则获邑，大则得城（　　）（　　）④至于颠覆，理固宜然（　　）

⑤燕赵之君，始有远略，能守其土，义不赂秦（　　）

⑥是故燕虽小国而后亡（　　）　⑦李牧连却之（　　）

⑧惜其用武而不终也（　　）　⑨并力西向（　　）

⑩日削月割，以趋于亡（　　）（　　）

3. 指出下面句子的句式特点

①而为秦人积威之所劫。　②为国者无使为积威之所劫哉！

③洎牧以谗诛。　④六国破灭，非兵不利，战不善。

⑤赂秦而力亏，破灭之道也。　⑥斯用兵之效也。

⑦子孙视之不甚惜，举以予人。　⑧其势弱于秦。

⑨赵尝五战于秦。　⑩苟以天下之大。

4. 文化常识及成语积累

（1）文化常识

①先：对去世的尊长的敬称。

②祖父：泛指祖辈、父辈。

③薪：柴火。

④为国者：治理国家的人。

（2）成语积累

①如弃草芥：就像扔掉一根小草那样，形容毫不在意。

②抱薪救火：指抱着柴火救火，比喻以错误的方法消除灾祸，结果反而使灾祸扩大。

③食不下咽：食物虽在口中但咽不下去，形容忧心忡忡，不思饮食。

（三）理解性默写及易错字词矫正

1. 理解性默写

①《六国论》开篇直截了当提出论点“弊在赂秦”，然后用“＿＿＿＿＿＿，＿＿＿＿＿＿”解释论点，指出了贿赂的危害，言简意赅。

②《六国论》指出“不赂者以赂者丧”的原因的句子是：“＿＿＿＿＿，＿＿＿＿＿。”

③《六国论》语言生动形象，例如表现六国先人艰难开辟疆土的句子是：“思厥先祖父，＿＿＿＿＿＿，＿＿＿＿＿＿，以有尺寸之地。”

④《六国论》引用古人之语，以精妙的比喻形象地批判六国的赂秦行为的句子是：“＿＿＿＿＿＿，＿＿＿＿＿＿。”以此来论证割让土地贿赂秦国的危害。

⑤《六国论》与前人筚路蓝缕、创业之艰进行对比的是后人不惜土地、毁业之易。文中用形象的比喻表现六国子孙割地之轻率的两句话是：“＿＿＿＿＿＿，＿＿＿＿＿＿。”

⑥《六国论》作者借古讽今，以假设论证指出，如果北宋朝廷继续采取屈辱求和的政策，恐怕也会重蹈六国灭亡的覆辙的句子是：“苟以天下之大，＿＿＿＿＿＿，＿＿＿＿＿＿。”告诫北宋统治者要汲取历史教训。

⑦《六国论》指出六国对抗秦国的办法是重用人才的句子是：“＿＿＿＿＿＿，＿＿＿＿＿。”

⑧《六国论》中的“＿＿＿＿＿＿，＿＿＿＿＿＿”两句将诸侯的土地与秦国的欲望进行对比，因而割地赂秦并不是长久之计。

⑨《六国论》用对比手法写诸侯割地越多，秦国侵略越急的情况的句子是：“＿＿＿＿＿＿＿，＿＿＿＿＿＿＿。”

⑩文中用假设论证方法，指出六国避免破灭的策略的句子是：“＿＿＿＿＿＿＿，＿＿＿＿＿＿，刺客不行，良将犹在。”

⑪关于荆轲刺秦王，历来颇多赞语，古人也有对此非议的，本文就这样评论刺秦事件：“＿＿＿＿＿＿，＿＿＿＿＿＿。”

⑫苏洵在《六国论》中告诫统治者不要被强敌积久而成的威势所胁迫的句子是：“＿＿＿＿＿＿＿＿＿。”

2. 易错字词矫正（写三遍）

赂秦 暴霜露 荆棘 弥繁 洎 殆尽

（四）重要句子翻译

①六国破灭，非兵不利，战不善，弊在赂秦。

②以地事秦，犹抱薪救火，薪不尽，火不灭。

③至丹以荆卿为计，始速祸焉。

④则胜负之数，存亡之理，当与秦相较，或未易量。

⑤有如此之势，而为秦人积威之所劫。

⑥苟以天下之大，下而从六国破亡之故事，是又在六国下矣。

（五）品读随笔

魏征直言进谏，警示君主，写下《谏太宗十思疏》。王安石据理力争，剖析心迹，写下《答司马谏议书》。杜牧立足现实，评论盛衰，写下《阿房宫赋》。苏洵借古讽今，以史为鉴，写下《六国论》。先贤发出的“理性的声音”，为后人带来深刻启示。

身为时代青年的我们，面对当下生动的现实，同样有许多理性的思考，也要发出我们的“理性的声音”。

请以“我的理性声音”为话题，独立思考，完成一则不少于200字的文章，题目自拟。

十四、《登岳阳楼》《桂枝香·金陵怀古》《念奴娇·过洞庭》《游园》品读

（一）原文挖空

登岳阳楼（杜甫）

昔闻洞庭水，今上岳阳楼。吴楚东南坼（　　），乾坤（　　）日夜浮。亲朋无一字，老病有孤舟。戎马（　　）关山北，凭轩（　　）涕泗流。

桂枝香·金陵怀古（王安石）

①登临送目，正故国晚秋，天气初肃（　　）。千里澄江似练（　　），翠峰如簇（　　）。归帆去棹残阳里，背西风，酒旗斜矗。彩舟云淡，星河鹭起，画图难足（　　）。

②念往昔，繁华竞逐，叹门外楼头，悲恨相续。千古凭高（　　）对此，谩（　　）嗟荣辱。六朝旧事随流水，但寒烟衰草凝绿。至今商女，时时犹唱，后庭遗曲。

念奴娇·过洞庭（张孝祥）

①洞庭青草，近中秋，更无一点风色。玉鉴（　　）琼田三万顷，着（　　）我扁舟一叶。素月（　　）分辉，明河（　　）共影，表里俱澄澈。悠然心会，妙处难与君说。

②应念岭海经年，孤光自照，肝肺皆冰雪。短发萧骚（　　）襟袖冷，稳泛沧浪空阔。尽挹（　　）西江，细斟（　　）北斗，万象为宾客。扣（　　）舷（　　）独啸，不知今夕何夕！

游园（汤显祖）

【皂罗袍】原来姹紫嫣红开遍，似这般都付与断井颓垣。良辰美景奈何（　　）天，赏心乐事谁家院！朝飞暮卷，云霞翠轩（　　）；雨丝风片，烟波画船（　　）——锦屏人忒看的这韶光（　　）贱！

（二）夯实基础

1. 文化常识

①戎马：战马，代指战争。

②金陵：今天的南京，是六朝古都，即历史上东吴，东晋，南朝的宋、齐、梁、陈的国都，金陵、建康、江宁、石头城、天京、应天等都是它的别称。千百年来，无数的诗词歌赋吟咏这座历史名城。

2. 成语积累

①后庭遗曲：南朝陈的亡国之君陈叔宝在位时纵情声色，作艳曲歌颂妃嫔美貌，有《玉树后庭花》等曲，后指亡国之音。

②良辰美景：美好的时光，宜人的景色。

③姹紫嫣红：形容各种颜色的花娇艳美丽。

（三）理解性默写及易错字词矫正

1. 理解性默写

①杜甫《登岳阳楼》一诗中“____________，____________”两句写出了洞庭湖烟波浩渺无边的雄浑景象。

②杜甫一生失意，常陷入病痛孤独、生活窘迫之境，他在《登岳阳楼》一诗中对此进行直接描述的句子是：“____________，____________。”

③《登岳阳楼》中，由个人身世转写国事危难，不禁感伤涕零的诗句是：“__________，__________。”

④《桂枝香·金陵怀古》中的“____________，____________”是写远望中的江和山：长江在金陵城外流过，像一匹白绢。远山青翠可爱，围绕着主峰聚集起来。

⑤《桂枝香·金陵怀古》中，写词人关注到江中的征帆和江边的酒家等人文景观的诗是：“____________，____________，____________。”

⑥《念奴娇·过洞庭》中说“______________，______________”，颇有自然造化全都供我所用的意味，有力地衬托出诗人的豪迈气概。

⑦《念奴娇·过洞庭》中的“____________，____________，____________”是全词感情的高潮，是说汲尽西江之水以为酒，举北斗星当酒器慢慢斟酒来喝，设想自己做主人，请天地间万物做宾客，陪伴我纵情豪饮。

⑧《念奴娇·过洞庭》中的“____________，____________”两句明点月华星辉，暗写波光水色，表现了上下通明的境地，仿佛是一片琉璃世界。

⑨张孝祥在《念奴娇·过洞庭》里用“____________，____________”表明自己的光明磊落、襟怀坦白。

⑩张孝祥在《念奴娇·过洞庭》中写心物融合的美妙体验，而且难以诉诸言语的句子是：“____________，____________。”

⑪《游园》开头两句“____________，____________”写园中景色，以及由此引起的感情波澜，蕴含着无限的感叹和惋惜。

⑫《游园》中“____________，____________”两句，化用谢灵运的“天下良辰、美景、赏心、乐事，四者难并”句意，写出杜丽娘联想到自己的身世、遭遇以后，从胸中涌出无限哀怨。

2. 易错字词矫正（写三遍）

东南坼　翠峰如簇　酒旗斜矗　谩嗟　玉鉴　萧骚　挹　细斟　扣舷　姹紫嫣红　断井颓垣

（四）品读随笔

文学社社刊拟开设“花开纸上”读书专栏。请你从经典的文学作品中选一个与花卉有关的场景，从自己的感受出发，写一段短评。

要求：写出作品名，符合作品内容。条理清晰，语言简洁。200字左右。

第二节　涵养底蕴

一、素养提升

（一）文言素养提升

阅读文言文，完成下面小题。

材料一：

魏征，巨鹿人也。武德末，为太子洗马。见太宗与隐太子阴相倾夺，每劝建成早为之谋。太宗既诛隐太子，召征责之曰："汝离间我兄弟，何也？"众皆为之危惧。征慷慨自若，从容对曰："皇太子若从臣言，必无今日之祸。"太宗为之敛容，厚加礼异，擢拜谏议大夫。数引之卧内访以政术征亦喜逢知己之主竭其力用。

六年，太宗幸九成宫，宴近臣，长孙无忌曰："王珪、魏征，往事息隐，臣见之若仇，不谓今者又同此宴。"太宗曰："魏征往者实我所仇，但其尽心所事，有足嘉者。朕能擢而用之，何惭古烈？征每犯颜切谏，不许我为非，我所以重之也。"征再拜曰："陛下导臣使言，臣所以敢言。若陛下不受臣言，臣亦何敢犯龙鳞，触忌讳也！"太宗大悦。

七年，代王珪为侍中，累封郑国公。寻以疾乞辞所职，请为散官。太宗曰："公独不见金之在矿，何足贵哉？良冶锻而为器，便为人所宝。朕方自比于金，以卿为良工。虽有疾，未为衰老，岂得便尔耶？"征乃止。

十二年，太宗诏宴公卿，谓侍臣曰："贞观之后，尽心于我，献纳忠谠，安国利人，成我今日功业，为天下所称者，唯魏征而已。古之名臣，何以加也。"

十七年，授太子太师。寻遇疾。征宅内先无正堂，太宗时欲营小殿，乃辍其材为造，五日而就。后数日，薨。太宗亲临恸哭，赠司空，谥曰文贞。太宗后尝谓侍臣曰："夫以铜为镜，可以正衣冠；以古为镜，可以知兴替；以人为镜，可以明得失。朕常保此三镜，以防己过。今魏征殂逝，遂亡一镜矣！"因泣下久之。

（节选自《贞观政要·卷二·论任贤》，有删改）

材料二：

人君之欲平治天下而垂荣名者，必尊贤而下士。夫朝无贤人，犹鸿鹄之无羽翼也，虽有千里之望，犹不能致其意之所欲至矣。夫智不足以见贤，无可奈何矣。若智能见之，而强不能决，犹豫不用，而大者死亡，小者乱倾，此甚可悲哀也。

（节选自《说苑·尊贤》，有删改）

1. 原文画波浪线的部分有三处需要断句，请选出相应位置（　　）

数引[A]之[B]卧内[C]访以政术[D]征亦[E]喜逢[F]知己[G]之主[H]竭其力用

2. 下列对材料中加点字词及相关内容的解说，不正确的一项是（　　）

A. 阴，文中指暗中、暗地。与《岳阳楼记》中“朝晖夕阴”中的“阴”字含义不同。

B. 敛容，指显出庄重的脸色。与《琵琶行》中的“整顿衣裳起敛容”的“敛容”含义相同。

C. 再拜，是古代一种较重的礼节。与《鸿门宴》中的“再拜”都是“再次拜见”的意思。

D. 因，文中是“于是”的意思。与《子路、曾皙、冉有、公西华侍坐》篇中的“因之以饥馑”中的“因”含义不同。

3. 下列对材料有关内容的概述和分析，不正确的一项是（　　）

A. 魏征曾劝谏太子李建成早做打算，后来被太宗责备其挑拨兄弟关系。魏征从容应对，被授予谏议大夫。

B. 唐太宗在宴会上坦言与古代贤哲相比也无愧色，因为他不计较魏征曾经的所作所为，反而提拔任用魏征。

C. 唐太宗巧妙设喻，把自己比作黄金，把魏征比作高明的冶炼工匠，表明唐太宗的谦逊及对魏征的重视。

D. 唐太宗见魏征家里原先没有正堂，于是他当时就想给魏征建一座小殿，准备好材料后，五天就建成了。

4. 把材料中画横线的句子翻译成现代汉语。

①魏征往者实我所仇，但其尽心所事，有足嘉者。

②虽有千里之望，犹不能致其意之所欲至矣。

5. 从唐太宗对魏征的态度看，你认为唐太宗具有怎样的品质？

（二）古诗素养提升

阅读下面的诗歌，完成下列小题。

题岳阳楼

白居易

岳阳城下水漫漫，独上危楼凭曲阑。春岸绿时连梦泽，夕波红处近长安。
猿攀树立啼何苦，雁点湖飞渡亦难。此地唯堪画图障，华堂张与贵人看。

1. 下列对这首诗的理解和赏析，不正确的一项是（　　）

A. 诗人登上了城楼，独自倚靠楼边的阑干，向城楼下方及远处纵情眺望。

B. “夕波”一句描写彩霞与江波交相辉映，与“长安在日边”异曲同工。

C. 颈联上句和下句均有三个动词，极力强化了诗篇的动态感，画面生动。

D. 尾联写洞庭湖的景色难以画成屏风，陈在华丽厅堂来供达官贵人品赏。

2. 请简要概括本诗与杜甫的《登岳阳楼》所表达情感的异同。

二、底蕴作文

阅读下面的材料，根据要求写作。

《红楼梦》在写到如何绘画大观园时，薛宝钗的言谈展现了高超的绘画造诣，她认为，“如今画这园子”即使就起稿构思而言，也至少要经历两个阶段：一是“肚子里头有几幅丘壑”以供参考借鉴；二是需结合作画纸张“地步远近”的特点，“该添的要添，该减的要减，该藏的要藏，该露的要露”。如此，“方成一幅图样”。

《红楼梦》中薛宝钗关于图样起稿构思“两个阶段”的见解，能在更广泛的领域给人以启示，引发深入思考。请结合材料，写一篇文章，体现你对学习与生活的认识，对时代和社会发展的思考。

要求：选准角度，确定立意，明确文体，自拟标题。不要套作，不得抄袭。不得泄露个人信息。不少于800字。

【附】第二章答案详解

第一节　品读经典

一、《子路、曾皙、冉有、公西华侍坐》品读

（一）原文挖空

子路、曾皙、冉有、公西华侍坐

①侍坐：在尊长近旁陪坐。

②以：介词，因为。一日：一两天。乎：于，比。尔：你们。以：同“已”，是“止”的意思。居：平日、平时。知：了解。如：假如。或：有人。以：用，做。

③率尔：急遽而不加考虑的样子。千乘之国：有一千辆兵车的诸侯国。摄：夹处。加：加到……上。师旅：指军队。因：接续。饥馑：饥荒。为：治。比及：等到。方：合乎礼义的行事准则。

④哂：微笑。

⑤何如：怎么样。

⑥方：计量面积用语，纵横。如：或者。足：使动用法，使……富足。如：至于。俟：等待。

⑧能：胜任、能做到。如：或者。会：诸侯在非规定时间朝见天子。同：诸侯一起朝见天子。端：古代的一种礼服，在这里做动词。章甫：古代的一种礼帽，在这里做动词。为：做。小相：诸侯祭祀、会盟或朝见天子时，主持赞礼的司仪官。

⑩希：同“稀”，稀疏。铿尔：铿的一声，形容金石玉木等所发出的洪亮声，这里指瑟声突然停止。舍：放下。作：起身、站起来。撰：才能。

⑪伤：何妨，意思是有什么关系呢。

⑫莫：同“暮”。既：已经。冠者：成年人。风：动词，吹风。咏：唱歌。

⑬与：赞成。

⑰让：谦让。

⑱唯：句首发语词。邦：国，这里指国家的事。

⑲安见：怎见得。

㉑为：介词，给，替。小：形容词做动词，做小相。孰：谁。大：形容词做动词，做大相。

（二）夯实基础

1. ①名词，合乎礼义的行事准则。②名词，纵横、方圆。③副词，正、将要、才。

④名词，地域、边境。⑤连词，如果。⑥连词，至于。⑦连词，或者。⑧动词，比得上。⑨动词，到。

2. ①名词做动词，吹风。②名词做动词，端，穿着礼服；章甫，戴着礼帽。③名词做动词，弹奏。④名词做动词，戴帽子。⑤名词做动词，落在后面。⑥形容词做名词，小，小相；大，大相。

3. ①“乎尔”是“长”的状语，标志词是“乎”。②“乎三子者之撰”是“异”的状语，标志词是“乎”。③“乎沂”“乎舞雩”分别是“浴”“风”的状语，标志词是“乎”。④“以师旅”“以饥馑”分别是“加之”“因之”的状语，标志词是“以”。⑤“以礼”是“为国”的状语，标志词是“以”。⑥“五六人”“六七人”分别是“冠者”“童子”的定语，句式特征是“中心语 + 数词”。⑦“吾”是动词“以”的宾语，属于否定句中代词宾语前置。⑧“吾”是动词，“知”是宾语，否定句中代词宾语前置。⑨疑问句中，疑问代词“何”做动词或介词的宾语，往往前置，宾语前置句。

（三）理解性默写及易错字词矫正

1. ①以吾一日长乎尔，毋吾以也。②如或知尔，则何以哉。③可使有勇，且知方也。④如其礼乐，以俟君子。⑤非曰能之，愿学焉。⑥何伤乎？亦各言其志也已矣。⑦夫子喟然叹曰：吾与点也！⑧为国以礼，其言不让。⑨端章甫，愿为小相焉。⑩赤也为之小，孰能为之大。⑪浴乎沂，风乎舞雩。⑫加之以师旅，因之以饥馑。

（四）重要句子翻译

①孔子说：“因为我比你们年纪大一点，不要因为我年纪大一点（你们就不说了）。你们平时总在说，‘没有人了解我。’如果有人了解你们，那么你们打算怎么做呢？”②一个拥有一千辆兵车的国家，夹在（几个）大国之间，有别国军队来攻打他，接着又遇上饥荒。如果让我治理这个国家，等到三年功夫，就可以使人人都有勇气，而且还懂得做人的道理。③宗庙祭祀的工作，或者是诸侯朝见天子，我愿意穿着礼服，戴着礼帽，做一个小小的赞礼人。④暮春时节（天气暖和），春天的衣服已经穿上了。（我和）五六位成年人，六七个少年，到沂河里洗澡，在舞雩台上吹吹风，唱着歌走回家。

二、《齐桓晋文之事》品读

（一）原文挖空

齐桓晋文之事

②无以：不得已。王：王道以统一天下。

⑧衅钟：新钟铸成，宰杀牲口，取血涂钟行祭。舍：释放。觳觫：恐惧战栗的样子。就：走向。易：替换。

⑩爱：吝惜，舍不得。

⑪褊小：狭小。

⑫异：意动用法，对……感到奇怪。恶：疑问代词，怎么，哪里。隐：痛惜，哀怜。

⑭是：这，指以羊易牛。仁术：仁道，行仁政的方式。

⑮忖度：揣测。戚戚：内心有所触动的样子。

⑯钧：古代重量单位，三十斤为一钧。明：视力。秋毫：鸟兽秋天所生的细毛的尖端。许：认可。

⑱独：偏偏，却。

⑳语：告诉。折枝：按摩肢体，枝，同“肢”，肢体（一说折树枝，喻为长者效劳；一说向长辈弯腰行礼）。刑：同“型”，典范、榜样。寡妻：正妻。御：治理。权：称量。度：丈量。

㉑抑：表示反问，相当于“难道”。危：危害将士。构怨：结怨。

㉕肥甘：指美味的食物。便嬖：君主左右受宠爱的人。

㉗辟：开辟。莅：统治。缘：攀缘。

㉙殆：恐怕，可能。

㉝盖：同“盍”，何不。赴诉：奔走求告。

㉞敏：聪慧。

㉟恒产：可以长久维持生活的固定财产。放：放纵。辟：不正。侈：过度。罔民：陷害百姓；罔，同“网”，张网捕捉，比喻陷害。制：规定。畜：养活。乐岁：丰年。凶年：荒年。轻：容易。赡：足。奚：何。时：季节。庠序：古代的地方学校，后泛指学校。申：申诫，告诫。孝悌：善事父母为“孝”，敬爱兄长为“悌”。

（二）夯实基础

1. ①谈论。②风尚。③动词，取道。④道理。⑤揣度。⑥用尺子量。⑦思考，斟酌。⑧限度。⑨次。

2. ①名词做动词，行王道，统一天下。②形容词做名词，视力。③形容词做动词，尊敬，爱护；形容词做名词，老人。④同“型”，名词做动词，做榜样。⑤形容词做名词，轻软暖和的衣服。⑥使动用法，使……受到危害。⑦形容词做名词，小的国家；形容词做名词，大的国家。⑧名词做动词，处罚。⑨名词做动词，穿。⑩名词做动词，种。

3. ①判断句，标志词是“是……也”。②被动句，标志词是“见”。③省略句，“以”字后面省略了“之”。④宾语前置句，标志是否定词＋代词＋动词。⑤宾语前置句，标志是否定词＋代词＋动词。⑥宾语前置句，疑问代词“何”做宾语。⑦宾语前置句，标志词是“之”。⑧宾语前置句，标志词是“之”。⑨宾语前置句，疑问代词“何”做宾语。⑩宾语前置句，标志是否定词＋代词＋动词。⑪主谓倒装句。⑫状语后置句，标志词是

“于”。⑬状语后置句，标志词是“以”。

（四）重要句子翻译

①既然这样，那么举不起一根羽毛，是因为他不用力气。看不见整车的柴火，是因为他不用眼睛去看。老百姓没有受到爱护，是因为他不肯布施恩德。

②难道（大王）您发动战争，使将士处于险境，与各诸侯国结怨，这样心里才痛快吗?

三、《庖丁解牛》品读

（一）原文挖空

庖丁解牛

①庖丁：厨师，从事专门劳动的人。为：介词，替，给。所触：接触的地方。履：踩。踦：抵住。砉：拟声词，皮肉筋骨分离的声音。向：同“响”。奏：进。中：合乎。于：介词，表引进对象。会：节奏。

②盖：同“盍”，何，怎么。

③释：放下。道：天道，自然的规律。进：超过。之：用于主谓之间，取消句子独立性。无非：没有不是。以：用。遇：会合、接触。官知：耳眼等器官的感觉，这里指视觉。神欲：精神活动。天理：牛体的自然结构。批：击。郤：同“隙”，空隙。导：引导，这里指引刀进入。窾：空隙。因：顺着。固：本来的。技经：脉络相连的地方。肯：附在骨上的肉。綮：筋骨结合处。之：宾语前置标志。岁：每年。更：更换。族：众，一般的。月：每月。发：磨出。硎：磨刀石。间：空隙。无厚：没有厚度。恢恢：宽绰。乎：形容词词尾，……的样子。游：游动。是以：因此。虽然：虽然这样，但是。族：筋骨交错聚结的地方。为：解。怵然：戒惧的样子。为：因为。委：散落，卸落。为：因为。顾：张望四方。踌躇满志：悠然自得，心满意足。善：揩拭。

④养生：指养生之道。

（二）夯实基础

1.①众，一般的。②丛聚、集结之处。③介词，替。④动词，解；动词，作为。⑤介词，因为。⑥三处均为助词，形容词或副词词尾，表状态。⑦代词，这样。

2.①名词做状语，每年。②名词做状语，每月。③形容词做名词，厚度。

3.①正常语序为“未尝技经肯綮”……②正常语序为“于硎新发”……③正常语序为“于《桑林》之舞合”，状语后置，标志词是“于”。④省略句，如土委（于）地。⑤怵然为（之）戒，视为（之）止，行为（之）迟，省略句。⑥判断句,“也”表判断。⑦“……者……也”表判断。

（四）重要句子翻译

①现在，我只用精神去和牛接触，而不用眼睛去看了，感觉器官的作用停止了，而

精神在活动。

②脉络相连和筋骨相结合的地方，不曾拿刀去尝试，何况是大骨头呢？

③好的厨子每年换一把刀，他们是用刀去割肉。一般的厨子，每月换一把刀，他们是用刀去砍骨头。

④现在我这把刀已经用了十九年了，所宰杀的牛有几千头了，而刀刃还像刚从磨刀石上磨出来一样。

四、《烛之武退秦师》品读

（一）原文挖空

烛之武退秦师

①以：因为。于：对。军：驻扎。②于：对。若：如果。师：军队。辞：拒绝。之：助词，取消句子独立性。犹：尚且。也已：语气助词，表示确定。而：才。然：然而。焉：助词，啊。③夜：名词做状语，在夜晚。而：表修饰。既：已经。若：如果。敢：自言冒昧的谦辞。以：用，拿。鄙：把……当作边邑。焉：哪里。以为：把……作为。东道主：东方道路上（招待过客）的主人。行李：外交使者。之：助词，取消句子独立性。共：同“供”，供给。乏困：缺少资粮。为：给予。赐：恩惠。而：表承接。设版：修防御工事。东：名词作状语，在东边。肆：延伸、扩张。封：疆界。阙：侵损、削减。焉：从哪里。以：来。唯：希望。图：考虑。说：同“悦”，高兴。盟：订立盟约。乃：于是，就。④微：没有。因：依靠。敝：损害。与：结交、同盟。其：表示祈使。去：离开。

（二）夯实基础

1. ①代词，秦国。②结构助词，的。③结构助词，取消句子独立性。④句末语气词，啊。⑤疑问代词，怎么，哪里。⑥兼词，从哪里。⑦代词，指郑国。⑧代词，这。⑨句中语气词，表祈使语气。

2. ①名词做状语，表时间，在晚上。②名词做状语，表时间，在早上；在晚上。③名词做动词，驻扎。④名词的使动用法，使……成为疆界。⑤名词的使动用法，使……得利。⑥名词的意动用法，把……当作边邑。⑦使动用法，使……退却。⑧形容词做名词，远地。⑨形容词做名词，缺少的东西。⑩形容词做动词，变雄厚；变薄弱。⑪数词活用为动词，从属二主。

3. ①宾语前置，正常语序为“有何厌”，标志词是“之”。②状语后置，正常语序为“于晋无礼”，标志词是“于”。③状语后置，正常语序为“于君有益”，标志词是“于”。④省略句，完整句为“敢以之烦执事”，省略介词宾语，指灭郑之事或退兵之事。⑤省略句，完整句为“以之为”，“之”指郑国。⑥省略句，完整句为“军于函陵”，省略介词“于”。⑦固定句式，“何……之有”是表反问的句式，译为“有……的呢”。

（四）重要句子翻译

①因为郑国对晋文公无礼，并且对楚国有二心。②晋国，有什么满足的呢？③依靠别人的力量，又反过来损害他，这是不仁义的。失去自己的同盟者，这是不明智的。用混乱相攻取代和谐统一，这是不符合武德的。我们还是回去吧。

五、《鸿门宴》品读

（一）原文挖空

鸿门宴

①军：驻军。未得：没有能够。王：称王，名词做动词。为：担任。有：占有。飨：犒劳。为：替。说：劝说。山东：崤山以东地区。幸：宠幸。小：形容词做名词，小处。气：云气。采：同“彩”，颜色。

②季父：叔父。素：向来。善：与……友好。从：跟随。夜：名词做状语，在夜里。之：到。具：同“俱”，全部。为：替。急：情况危急。去：离开。语：告诉。奈何：怎么办。为：替。为：想出。距：同“拒”，把守。毋：同“无”，不要。内：同“纳”，接纳。料：估计。当：足够用来抵挡。固：当然。且：将。请：请允许我。背：背叛。故：交情。游：交往。活：使动用法，使……活。幸：幸亏。孰与：与……相比，哪一个更……。于：比。兄：像对待兄长一样，名词做状语。要：同“邀”，邀请。为寿：给项伯祝福。婚姻：结为亲家。近：形容词做动词，接触。籍：名词做动词，给……登记造册。所以：……的原因。非常：意外的事。具言：详细地说。倍：同“背”，忘恩负义。旦日：第二天。蚤：同“早”。自：亲自。谢：道歉。因：趁机。遇：对待。

③从：使……跟从。戮力：合力。不自意：自己不曾想到。郤：同“隙”，隔阂，嫌怨。然：这样。何以：为什么。东向：面向东。侍：陪坐。目：名词做动词，使眼色。忍：狠心。若：你。不：同“否”。若属：你们。为：被。翼：像鸟张开翅膀一样。蔽：掩护。

④内：同“纳”。披帷：掀开帷幕。瞋目：睁大眼睛怒目而视。上指：向上竖起。而：表修饰。何为：做什么。参乘：坐在车右侍卫的人。啖：吃。且：尚且。安足：哪里值得。如：好像。举：尽。刑：名词做动词，施加肉刑。胜：尽。细说：小人离间之言。窃为：私下里认为。须臾：一会儿。因：趁机。

⑤辞：告辞。谢：道歉。置：弃置。道：取道。间行：抄小路走。不过：不超过。度：估计。

⑥间：从小路。再拜：拜两拜。过：责备。竖子：小子。足：值得。吾属：我们。为：被。

（二）夯实基础

1. ①推辞，不接受。②告辞，辞别。③讲究，计较。④宠幸。⑤幸而。

2. ①名词做动词，驻扎。②名词做动词，称王。③名词做动词，称王。④名词做动词，使动用法，使……称王。⑤形容词做动词，与……友善、交好。⑥名词做状语，在夜晚。⑦使动用法，使活命。⑧名词做状语，像兄长一样。⑨使动用法，使跟从，率领。⑩名词做动词，使眼色。⑪名词做状语，像鸟张开翅膀一样。⑫名词做状语，向上。⑬名词做动词，惩罚。⑭动词做状语，从小路。⑮名词做动词，下来；名词做动词，取道；动词做状语，小道（抄小路）。⑯名词做动词，登记。⑰形容词做名词，小的方面。

3. ①判断句，标志词是“者也”。②判断句，标志是“此……耳”。③判断句，标志词是“为”。④被动句，标志词是“为所”。⑤被动句，标志词是“为”。⑥省略句，“为”后省略了“之”。⑦状语后置，标志词是“以”。⑧状语后置，标志词是“于”。⑨状语后置，标志词是“于”。⑩宾语前置，疑问代词“何”被提前做宾语。⑪宾语前置，疑问代词“何”被提前做宾语。⑫宾语前置，疑问代词“安”被提前做宾语。⑬宾语前置，否定句中代词“自”被提前做宾语。⑭宾语前置，疑问代词“何”被提前做宾语。⑮宾语前置，疑问代词“何”被提前做宾语。

（四）重要句子翻译

①项伯于是连夜骑马赶到了刘邦的驻军地，偷偷会见了张良，把事情全部详细地告诉了他。②派遣将领把守函谷关的原因，是为了防备其他盗贼进来和（发生）意外的变故。③秦王有虎狼一般的心肠，杀人如恐不能杀尽，处罚人如恐不能用尽酷刑，天下人都反叛他。④做大事不必注意细枝末节，行大礼不必回避小的责备，现在人家正是刀和砧板，我们正是鱼和肉，还告辞什么呢？

六、《窦娥冤》品读

（一）原文挖空

窦娥冤（节选）

②生：甚，深。

③盗跖、颜渊：泛指坏人和好人。错勘：错误地判断。

⑤纽：同“扭”，拘束。

⑧兀的不：这岂不。

⑨愆：罪过。

⑩不明不暗：糊里糊涂。

⑫湛湛：澄澈。

⑭暄：炎热。

七、《谏逐客书》品读

（一）原文挖空

谏逐客书

①窃：私下。来：招致，招揽。产：生，出生。并：兼并，吞并。殷盛：殷实，富裕。乐用：乐于为用。举：攻克，占领。治强：安定强盛。拔：攻取。包：吞并、囊括。膏腴：肥沃。从：同“纵”，合纵之策。施：延续。杜私门：抑制豪门贵族的势力。以：凭借，依靠。向使：假使。内：同“纳”，接纳。

②致：求取，获得。说：同“悦”，喜悦，喜爱。实：充实。傅：附着、加上。玑：不圆的珠子，这里泛指珠子。珥：耳饰。随俗雅化：娴雅变化而能随俗。佳冶：娇美妖冶。窈窕：美好的样子。搏：击打，拍打。髀：大腿。适观：适于观听。

③让：辞让，拒绝。择：同“释”，舍弃。就：成就。却：推辞，拒绝。充：丰裕，繁盛。乃：竟然。黔首：平民，老百姓。资：资助，供给。业：使……成就霸业。藉：同“借”，借给。赍：送给，付与。

④宝：当作宝贝。益仇：增加敌国的力量。自虚：使自己虚弱。树怨：结怨。

（二）夯实基础

1. ①动词，攻取。②动词，拔起，拔出。③动词，提拔。④动词，突出，超出。⑤动词，动摇，变动。⑥动词，辞让，拒绝。⑦动词，责备，责问。⑧动词，转让权力、职位。

2. ①名词做状语，在西边，在东边。②名词做状语，像蚕一样。③名词做状语，在内部，在外部。④使动用法，使……来。⑤使动用法，使……离散。⑥使动用法，使……变强。⑦使动用法，使……明显。⑧使动用法，使……成就霸业。⑨两处均为使动用法，使……愉悦。

3. ①判断句，标志词是“非……也”。②定语后置句，“二十”是“国”的定语。③定语后置句，“千里”是“地”的定语。④状语后置句，标志词是“于”。⑤状语后置句，标志词是“于”。

（四）重要句子翻译

①我听说官吏在商议驱逐客卿这件事，我私下里认为这是错误的。②从前秦穆公寻求贤士，在西边从西戎取得由余，在东边从宛地得到百里奚，从宋国迎来蹇叔，从晋国招揽了丕豹、公孙支。③人民因此变得殷实富裕，国家因此变得富强，百姓乐意为国效力，诸侯亲附归服。④现在竟然抛弃老百姓使之去资助敌国，拒绝宾客使诸侯成就霸业。

八、《与妻书》品读

（一）原文挖空

与妻书

①卿卿：旧时夫对妻的爱称。如晤：如同见面，旧时书信用语。以：用。书：信。下：名词做动词，落下。竟：完成。察：知道，体察。衷：内心。为：对，跟，向。

②就：前往。眷属：夫妻。腥云：带血腥的云。狼犬：狼和狗，喻指坏人的帮凶。称：使……满足。快：使……愉快。彀：同“够”。充：扩充。先：在……的前面。体：领会，体谅。为：作为。念：动词做名词，思念的人。乐：以……为乐。其：表祈使，希望。

③与使：与其。无宁：宁可，不如。婉：委婉。是：正确。相：我。禁：经受得起，承受得住。卒：最终。

④真真：的确、确实。适：恰逢。望日：农历十五。低低切切：形容声音轻细。空：只。乘便：趁着有利形势。身：身孕。胜：经受得起，承受得住。寸管：笔。

⑤诚：的确。第：只是。死：使……死。抑：还是。徒：白白的。破镜：比喻夫妻分离。所以：……的原因。率性：任性。就：奔赴。同志者：志同道合的人。其：一定。善：好好地。肖：像。

⑥和：以声相应。其：那。旁：同“傍”，依傍，靠近。

⑦是：这。是：正确。的的：实在，的确。偶：名词做动词，嫁给。卒：最终。善：使……完善。模拟：想象。恸：极其悲痛。念：同“廿”，二十。

⑧诸母：各位伯母、叔母。尽：形容词做动词，完全领会。为幸：旧时书信中表示希望的常用语，对方这样做是自己的幸事。

（二）夯实基础

1. ①代词，他。②代词，他们。③代词，那些。④代词，它。⑤副词，表希望语气。⑥介词，替、给。⑦判断词，是。⑧动词，作为。⑨副词，最终。⑩名词，兵。⑪动词，死。⑫副词，同“猝”，仓促。

2. ①瓜，名词做状语，像切瓜一样；死，动词的使动用法，其后省略宾语“之”，使……死。②名词做动词，追求。③名词做状语，用数字。④名词做状语，用手，亲手。⑤名词做动词，嫁给。⑥动词做状语，小声哭着。⑦第一个“老”，形容词做动词，尊敬；后两个“老”，形容词做名词，老人。⑧第一个“幼”，形容词做动词，爱护；后两个“幼”，形容词做名词，小孩。⑨形容词的意动用法，以……为乐。⑩形容词的使动用法，使……完善。⑪尽，形容词做动词，写尽；万千，数词做名词，指很多的话。

3. ①判断句，标志词是“为”。②主谓倒装，应为“几家能彀，称心快意”。③定语后置，标志词是“者”，应为“如我辈钟情者”。④固定句式，“与使……无宁……”相当于“与其……不如……”。

（四）重要句子翻译

①天下不应当死却死了和不愿意分离却分离了的人，无法用数字来计算。②我的意思是说，如你这样软弱，必定经受不住失去我的悲痛。③信纸短而衷情长，我没有说完的，还有万语千言，你可以自己去想象体会。

九、《促织》品读

（一）原文挖空

促织

①尚：崇尚，爱好。以：把。因：于是。责：责令。昂：抬高。直：同“值”，价钱。居：囤积。假：借。辄：就。

②会：恰逢。裨益：补益，益处。冀：希望。然：认为……对。堵：墙。迄：终究。中：符合。

③具：准备。诣：到、前往。爽：差错。焉：兼词，于此。示：给……看。

④得无：恐怕是……。所：地点。披：拨开。遽：急忙。不啻：比不上。塞：充抵。

⑤发：打开。斯须：一会儿。而：你的。

⑥未几：不久。被：覆盖。既：不久。抢：头撞地。隅：墙角。觇：窥视，探看。劣：意动用法，认为劣。当：合乎。

⑦角：争斗。高：抬高。直：同“值”，价格。造：到。顾：但。俄：一会儿。矜：得意、骄傲。释：放开。

⑧翼：同“翌”，次日。靡：倒下，失败。诸：兼词，之于。疏：分条陈述。右：古代以右为尊，为高。所自：由来，来源。闻：上报。俾：使。赉：赏赐。过：超过。

⑨责：杖击的责罚。意：料想。恩荫：恩惠荫庇。信：真实。

（二）夯实基础

1. ①动词，看。②连词，但、只是、不过。③看望，拜访。④顾虑，考虑。⑤表反问，反而，难道。⑥经过。⑦超过。⑧拜访，探望。⑨犯错，有过错。⑩责备。⑪副词，过分，过于。⑫意动用法，认为……是对的。⑬连词，表转折，然而。⑭这样。⑮对，是的。

2. ①名词做状语，每年。②名词做状语，用笼子。③名词做状语，每天。④名词做状语，用力。⑤名词做动词，杖责，用杖打。⑥名词做动词，用笼子装。⑦名词做动词，分条陈述。⑧意动用法，认为……对。⑨意动用法，认为……劣/差。⑩意动用法，认为……奇特。⑪形容词做动词，靠近。⑫形容词做名词，奇特的本领。

3. ①判断句，标志词是“非”。②判断句，标志词是“非”。③被动句，“为”表被动。④定语后置句，“者”用作后置定语的煞尾，“好事者”修饰中心词“村中少年”，表强调、突出等。⑤状语后置句，“于井”是地点状语，应放在谓语“得”之前。

（三）重要句子翻译

①城里游手好闲、不务正业的年轻人，捉到好的蟋蟀就用笼子养着它们，抬高它们的价钱，储存起来，当作稀奇的货物（等待高价）。②成名反复思索，恐怕是指给我捉蟋蟀的地方吧？③（成名的）妻子说：“死有什么益处呢？不如自己去寻找，希望有万分之一的收获。”④一会儿，从帘幕里扔出一张纸，纸上写的就是询问之人心中所想的事，没有丝毫差失。⑤然而心力、视力、耳力都用了，结果完全没有踪迹和响动。

十、《谏太宗十思疏》品读

（一）原文挖空

谏太宗十思疏

①之：用于主谓间，取消句子独立性。长：生长，长得好。固：使……稳固。浚：疏通水道。而：表转折，却。理：安定。下愚：谦辞，愚昧无知的人。而：表递进。明哲：明智的人，这里指唐太宗。当：主持，掌握。神器：指帝位。域中：天地间。崇：推崇 。极天：皇权。休：喜庆、福禄。安：安稳的环境。胜：克服，控制。

②元首：帝王。景：大。殷：深切地。实：确实。盖：表推测，大概。岂：难道，表示反问。既：已经，……以后。傲物：看不起他人。骨肉：指父母、兄弟、子女等至亲。董：督察。振之以威怒：状语后置。奔车朽索：省略句，状语后置。其：难道。

③可欲：贪图的东西。作：建造，兴建。谦冲：谦虚。牧：养。满溢：容器中水满而溢出，比喻骄傲自满而听不进不同意见。下：居于……之下。盘游：游乐，这里指田猎。敬：谨慎。壅蔽：被堵塞蒙蔽。纳下：采纳臣下的意见。谗邪：以谗言陷害别人的邪恶之人。黜恶：斥退奸恶的人。因：因为。谬赏：不恰当地奖赏。总：全部做到。弘：光大。简：选拔。善：好的意见。信：诚信的。鸣：弹奏。垂拱：垂衣拱手，指不亲自处理政务。化：百姓得到教化。司：管理。役：役使，劳损。亏：毁坏，减损。

（二）夯实基础

1. ①使……稳固。②稳固。③本来。④坚决，坚持。⑤固执，顽固。⑥安定。⑦怎么。⑧疑问代词，哪里。⑨安定的环境。⑩养生。

2. ①形容词做名词，重权。②形容词做名词，重位。③形容词做名词，明智的人。④形容词做名词，有才能的人；形容词做名词，好的建议。⑤形容词使动用法，使……

端正。⑥形容词做动词，提高，推崇。⑦名词做动词，居于……之下。⑧使动用法，使……牢固。⑨使动用法，使……安宁。

3. ①判断句，标志词“也”。②状语后置句，标志词“以”。③“自”做代词宾语，宾语前置。④“自”做代词宾语，宾语前置。

（三）理解性默写及易错字词矫正

1. ①臣闻求木之长者，必固其根本。②有善始者实繁，能克终者盖寡。③竭诚则吴越为一体，傲物则骨肉为行路。④终苟免而不怀仁，貌恭而不心服。⑤诚能见可欲则思知足以自戒，将有作则思知止以安人。⑥恩所加则思无因喜以谬赏，罚所及则思无因怒而滥刑。⑦念高危则思谦冲而自牧，惧满溢则思江海下百川。⑧简能而任之，择善而从之。⑨惧满溢则思江海下百川；乐盘游则思三驱以为度。⑩鸣琴垂拱，不言而化。

（四）重要句子翻译

①国君处于皇帝的重要位置，在天地间尊大，就要推崇皇权的高峻，永远保持无境的美善。②国君开头做得好的确实很多，能够坚持到底的大概不多，难道是取得天下容易，守住天下困难吗？③即使用严酷的刑罚督察人民，用威风怒气来震慑人民，他们最终只是苟且免于刑罚，但是并不会怀念感激（皇上的）仁德，表面上恭敬但内心却不服气。④如果真的能够做到看见（自己）想要的东西，就想到用知足来自我克制；将要兴建什么，就想到适可而止来使百姓安定。⑤全面做到这十件应该深思的事，光大九德的修养，选拔有才能的人而加以任用，挑选好的意见而加以采纳，那么有智慧的人就能充分贡献他的谋略，勇敢的人就能完全使出他的力量，仁德的人就能广布他的仁爱，诚信的人就能献出他的忠诚。

十一、《答司马谏议书》品读

（一）原文挖空

答司马谏议书

①自称，代替本人名字。蒙教：承蒙指教，这里指接到来信。窃：私下、私自，这里用作谦辞。游处：同游共处，交往。操：持。术：方法，主张。强聒：强作解说。见：被。察：谅解。上报：回信。辨：同“辩”，辩解。视遇：看待。所以：原因。冀：希望。见：第一人称代词，我。

②所以：……的原因。见：第一人称代词，我。怨谤：怨恨，指责。侵官：侵夺官权。举：推行。生事：生出祸事。征利：搜刮钱财。辟：批驳。难：排斥。壬人：奸佞小人。

③恤：关心。抗：抵制。何为：为何，宾语前置。非特：不只是。为：因为。度：法度。度：考虑。是：认为做得对。膏泽：施恩惠。事：动词，做。

④不任：不胜。区区：小，用作自称的谦辞。

（二）夯实基础

1. ①看见。②召见，会面。③同“现”，显现，出现。④见解，见识。⑤加在动词前，表被动。⑥相当于“自己”“我”。⑦限度。⑧制度，法度。⑨谱写，创制（歌曲）。⑩考虑。⑪动词，量。⑫推测，估计。⑬考虑。⑭连词，表结果。⑮连词，表顺承。⑯连词，表目的，以便。⑰介词，把。⑱介词，因为。⑲连词，表目的，来。

2. ①名词做动词，施加恩惠。②名词做动词，做。③名词做动词，适宜。

3. ①判断句，第一个“为”表判断。②判断句，“……者，……也”表判断。③状语后置句，“于朝廷”做状语，后置。④状语后置句，“于人主”做状语，后置。⑤宾语前置，“何为”应为“为何”。⑥被动句，“见”表被动。

（三）理解性默写及易错字词矫正

①虽欲强聒，终必不蒙见察。②而议事每不合，所操之术多异故也。③重念蒙君实视遇厚，于反复不宜卤莽。④为天下理财，不为征利。⑤辟邪说，难壬人。⑥举先王之政，以兴利除弊。⑦议法度而修之于朝廷，以授之于有司。⑧胥怨者民也；非特朝廷士大夫而已。⑨士大夫多以不恤国事、同俗自媚于众为善。⑩（而某）不量敌之众寡，欲出力助上以抗之。⑪度义而后动，是而不见可悔故也。⑫名实已明，而天下之理得矣。

（四）重要句子翻译

①我私下认为与君实交往相好日子很久了，可是商议国事常常意见不一致，这是因为所持主张大多不同的缘故。②因此现在详细地说明我这样做的原因，希望君实或许能够宽恕我吧。③批驳不正确的言论，排斥巧辩的小人。④士大夫多数把不顾及国家大事、附和世俗、向众人献媚讨好当作美德。⑤盘庚不因为有人怨恨的缘故就改变自己的计划，考虑到合理然后采取行动，认为正确因而看不出有什么可以后悔的啊。

十二、《阿房宫赋》品读

（一）原文挖空

阿房宫赋

①毕：完结，指为秦国所灭。一：统一。兀：光秃，形容山上树木已被砍伐殆尽。覆压：覆盖。隔离：遮蔽。构：建房屋。走：通达。缦：萦绕。回：曲折。抱：随着。钩心：指各种建筑物都与中心区相连。斗角：指屋角相对，好像兵戈相斗。龙：出现龙。霁：雨后转晴。虹：出现彩虹。冥迷：分辨不清。

②辇：乘辇车。乍：忽然。惊：震响。杳：踪迹全无。之：去，往。态：姿态美好。妍：美丽。缦立：久立。剽：抢劫，掠夺。倚叠：堆叠。有：占有。逦迤：连续不断，到处都是。

③纷奢：繁华奢侈。尽：穷尽。庾：谷仓。参差：长短、高低不一。九土：九州。呕哑：声音杂乱。独夫：残暴无道、失去人心的统治者，这里指秦始皇。骄固：骄横顽固。叫：指陈涉、吴广起义。举：被攻占。可怜：可惜。焦土：化为焦土。

④族：灭族。使：假使。拒：抵御。递：依次传递。不暇：来不及。

（二）夯实基础

1. ①爱护。②喜欢，爱好。③爱惜，吝惜。④爱惜，吝惜。⑤爱慕，欣赏。⑥恩惠。⑦同“薆”，隐蔽，躲藏。⑧宗族，家族。⑨灭族。⑩类。⑪众多的，一般的。⑫筋骨交错、聚集的地方。

2. ①名词做动词，奏乐。②名词做动词，把鼎当作，把玉当作。③名词做动词，把金当作；把珠当作。④名词做动词，放火。⑤名词做状语，向北，向西。⑥名词做状语，像绸带一样。⑦名词做状语，像蜂房，像水涡。⑧名词做状语，乘辇车。⑨数词做动词，统一。⑩动词做名词，指金玉珠宝之物。

3. ①判断句，标志词为“……者……也”，“非……也”。②判断句，标志词为“……者……也”。③介宾短语后置，标志词是“于”。④被动句，无标志。

（三）理解性默写及易错字词矫正

①覆压三百余里，隔离天日。②各抱地势，钩心斗角。③长桥卧波，未云何龙。④蜂房水涡，矗不知其几千万落。⑤歌台暖响，春光融融。舞殿冷袖，风雨凄凄。⑥一人之心，千万人之心也。⑦奈何取之尽锱铢，用之如泥沙。⑧管弦呕哑，多于市人之言语。⑨钉头磷磷，多于在庾之粟粒。⑩使负栋之柱，多于南亩之农夫。⑪后人哀之而不鉴之，亦使后人而复哀后人也。⑫使秦复爱六国之人，则递三世可至万世而为君。

（四）重要句子翻译

①六国覆灭，天下统一。蜀地的山光秃了，阿房宫出现了。②那长桥卧在水面上，（可是）没有一点云彩怎么会有蛟龙飞腾？那楼阁之间的通道架在半空，（可是）并非雨过天晴怎么会出现虹呢？③辘辘的车轮声听起来越来越远，远得看不见踪影，不知它驶向何方。④把宝鼎看作铁锅，把美玉看作石头，把黄金看作土块，把珍珠看作石头，乱丢乱扔，连续不断到处都是，秦人看着，也不觉得可惜。⑤为什么搜刮财宝时连一丁点儿细小的东西也不放过，挥霍起来却把它们当作泥沙一样呢？⑥于是戍守的兵卒（陈胜吴广）揭竿起义，函谷关被攻破。楚人放了一把大火，可惜阿房宫化成焦土！

十三、《六国论》品读

（一）原文挖空

六国论

①道：原因。或：有人。互：相继。率：全都，一概。盖：承接上文，表示原因，有

"因为"的意思。完：保全。

②以：用。其实：它的实际数量。亡：丢失。固：本来。厥：相当于"其"，他们的。暴：同"曝"。厌：同"餍"，满足。弥：更加。判：决定，确定。至于：以至。颠覆：灭亡。事：侍奉。犹：如同，好像。得：适宜，得当。

③与：亲附，亲近。始：起初。义：坚持正义。始：方，才。速：招致。再：两次。却：使……退却。洎：及，等到。殆：几乎。智力：智慧和力量。向使：假使。数：天数，命运。理：天数，命运。当：同"倘"，假使，如果。

④事：侍奉。礼：礼遇。并力：合力。为：被。劫：胁迫。为：治理。

⑤势：势力，力量。势：态势。苟：如果。下：降低身份。从：跟随。故事：旧事。

（二）夯实基础

1. ①作为。②成为。③介词，被。④治理；介词，被。⑤介词，因为。⑥介词，用。⑦连词，才，表结果。⑧介词，拿。⑨介词，因为。⑩介词，把；介词，用。⑪表结果连词，相当于"而"，以致。⑫介词，凭着。⑬动词，亲附。⑭介词，和。⑮连词，和，同。⑯动词，给。⑰动词，参与。⑱动词，帮助。⑲逃跑。⑳丢失，失掉。㉑灭亡。㉒死亡。㉓同"无"，没有。

2. ①使……亏损，使动用法。②形容词做动词，保全。③形容词做名词，小的地盘；大的地盘。④名词做状语，按道理。⑤名词做动词，坚持正义。⑥方位名词做状语，在……之后。⑦使动用法，使……退却，击退。⑧形容词做动词，坚持到底。⑨名词做状语，向西。⑩名词做状语，一天天；一月月。

3. ①被动句，"为……所"表被动。②被动句，"为……所"表被动。③被动句，"诛"指"被诛杀"。④判断句，"非"表判断。⑤判断句，"也"表判断。⑥判断句，"斯……也"表判断。⑦省略句，省略"举"的宾语"之"。⑧状语后置句，"于秦"做状语。⑨状语后置句，"于秦"做状语。⑩定语后置句，"之"是提宾的标志。

（三）理解性默写及易错字词矫正

1. ①赂秦而力亏，破灭之道也。②盖失强援，不能独完。③暴霜露，斩荆棘。④以地事秦，犹抱薪救火。⑤举以予人，如弃草芥。⑥下而从六国破亡之故事，是又在六国下矣。⑦以赂秦之地封天下之谋臣，以事秦之心礼天下之奇才。⑧然则诸侯之地有限，暴秦之欲无厌。⑨奉之弥繁，侵之愈急。⑩向使三国各爱其地，齐人勿附于秦。⑪至丹以荆卿为计，始速祸焉。⑫为国者无使为积威之所劫哉。

（四）重要句子翻译

①六国灭亡，并不是（因为他们的）武器不锋利，仗打不好，弊病在于（用土地来）贿赂秦国。②用土地侍奉秦国，就好像抱着柴草救火，柴草不烧完，火就不会熄灭。

③等到后来燕太子丹用派荆轲刺杀秦王作为对付秦国的计策，才招致了灭亡。④那么胜败的命运，存亡的道理，假若与秦国相比，也许还不容易估量（出高低来）呢。⑤有这样的有利形势，却被秦国积久的威势所胁迫。⑥如果凭借偌大国家，却追随六国灭亡的前例，这就比不上六国了。

十四、《登岳阳楼》《桂枝香·金陵怀古》《念奴娇·过洞庭》《游园》品读

（一）原文挖空

登岳阳楼

坼：分裂。乾坤：指日月。戎马：战马，代指战争。凭轩：倚窗。

桂枝香·金陵怀古

①肃：肃爽。练：白练。簇：聚集在一起的人或物，一说同“镞”，箭头，形容山峰的尖峭。足：完备（地展现）。

②凭高：登临高处。谩：同“漫”，徒然。

念奴娇·过洞庭

①鉴：镜子。着：附着，安放。素月：皎洁的月亮。明河：银河。

②萧骚：稀疏。挹：舀（水）。斟：斟酒。扣：敲打。舷：船边。

游园

奈何：百无聊赖。翠轩：华美的亭台楼阁。画船：装饰华美的游船。韶光：美好时光，春光。

（三）理解性默写及易错字词矫正

1. ①吴楚东南坼，乾坤日夜浮。②亲朋无一字，老病有孤舟。③戎马关山北，凭轩涕泗流。④千里澄江似练，翠峰如簇。⑤归帆去棹残阳里，背西风，酒旗斜矗。⑥玉鉴琼田三万顷，着我扁舟一叶。⑦尽挹西江，细斟北斗，万象为宾客。⑧素月分辉，明河共影。⑨短发萧骚襟袖冷，稳泛沧浪空阔。⑩悠然心会，妙处难与君说。⑪原来姹紫嫣红开遍，似这般都付与断井颓垣。⑫良辰美景奈何天，赏心乐事谁家院。

第二节 涵养底蕴

一、素养提升

（一）文言素养提升

1.CDH。

2.C。A 项正确，“朝晖夕阴”的“阴”指天色阴沉，与“暗中、暗地”意思不同。B 项“敛容”都是指显出庄重的神色。C 项“再拜”是古代一种较重的礼节，是拜两次的意思，而不是“再次拜见”，故错误。D 项“因之以饥馑”的“因”是“接续”的意思，与文中意思不同。

3.D。“他当时就想给魏征建一座小殿”错误，原句的意思是：当时太宗想要给自己修建一座小殿，见魏征没有正屋，所以停止修造自己的小殿而给魏征修建了房子，五天就修好了。

4.①魏征过去确实是我仇恨的人，但他尽心竭力地对待侍奉的君主，这是很值得称赞的。②即使有飞翔千里的愿望，还是不能到达自己心中想要飞往的地方。

5.胸襟宽广，任人唯贤，虚心听取意见。

【参考译文】

材料一：

魏征，是巨鹿人。武德末年，做太子洗马。当他看到太宗李世民同隐太子李建成暗中倾轧争夺，常劝建成早做打算。太宗杀了隐太子后，把魏征叫来责问：“你挑拨我们兄弟之间的关系，这是为什么？”当时大家都替魏征担惊受怕，魏征气势昂扬，与往常一样，不慌不忙地回答说：“皇太子如果听了我的话，肯定不会有今天的杀身之祸。”太宗听了这话显出庄重的神色，对他分外敬重，提升他为谏议大夫。多次把他请进卧室，向他请教治理国家的办法。魏征高兴遇到了赏识自己的君主，竭尽才力（效劳）。

贞观六年，唐太宗驾幸九成宫，设宴招待亲近的大臣，长孙无忌说：“王珪、魏征，过去侍奉隐太子，我见到他们就像见到仇敌一样，想不到今天能在一起参加宴会。”太宗说：“魏征过去确实是我仇恨的人，但他能为侍奉的主子尽心出力，这是很值得称道的。我能够提拔重用他，自比古代贤哲也应无愧色！魏征常常不顾情面恳切劝谏，不许我做错事，这是我器重他的原因。”魏征拜两拜说：“陛下引导我提意见，我才敢提意见。如果陛下不接受我的意见，我又怎么敢去冒犯您的威严而极力规劝和触犯您忌讳的事。”太宗（听后）非常高兴。

贞观七年，（魏征）替代王珪任侍中，连续被加封到郑国公。不久（魏征）以生病为由请求辞去所任的官职，只做个闲职散官。太宗说：“我把你从敌对的阵营中选拔出来，委任你中枢机要的职务，你看到我不对的地方，从没有不劝谏的。你难道没看到金属散布在矿里，有什么可贵的呢？若遇上高明的冶炼工匠把它锻打成器物，就会被人们珍爱。我正在把自己比作黄金，把你当作高明的冶炼工匠。（你）虽然有病，但还不算衰老，怎能想就此辞职呢？”魏征（听了）才不辞职了。

贞观十二年，太宗因为皇孙诞生，下诏宴请公卿大臣，太宗对大臣们说：“自贞观以来，对我竭尽心力，进献忠直之言，安定国家，造福百姓，成就我今天的功业，被天下人所称道的人，就只有魏征了。即使古代的名臣，也不过如此罢了。”

贞观十七年，任命魏征做太子太师。不久魏征得了重病，他的家里原先没有正厅，太宗当时本想给自己建造一座小殿，就停下工来把建筑用料给魏征造正厅，五天完工。过了几天，魏征去世，太宗亲自到他的灵柩前痛哭，追赠他为司空，赐谥号文贞。太宗后来常对身边的大臣们说："用铜做镜子，可以端正衣帽穿戴。用历史做镜子，可以知道历代兴衰更替。用人做镜子，可以明白自己的得失。我常常保有这三面镜子，用来防止自己犯过错。如今魏征去世，就失掉一面镜子啊！"因而哭了很久。

材料二：

君王要想使天下安定太平并在后世永留美好的名声，就一定要尊重贤臣并且谦虚地对待士人。如果朝廷没有贤臣，就好像鸿鹄没有翅膀，即使有飞翔千里的愿望，还是不能到达自己心中想要飞往的地方。如果国君的智慧不能够发现贤臣，那是无可奈何的事。如果国君的智慧能够发现贤臣，却拘泥不能决断，犹豫不能任用，大的损失会造成身死国亡，小的损失也会导致乱政倾国，这是特别令人悲哀的事。

（二）古诗素养提升

1. D。诗的最后两句说洞庭湖风景壮阔优美，可以画成图画，让那些贵人欣赏，这样贵人们也许可以体会到猿啼雁飞、逐客行旅的奔波之苦。

2. 相同点：两首诗都流露出苦闷之情，有行旅艰难的感慨。

不同点：①白居易的诗含蓄地表达出对京城的眷恋之情和对贵人们的怨愤。②杜甫的诗有年老多病、思家念亲的孤独和感伤，有对国家动荡、时局不安的关切与忧虑。

二、底蕴作文

1. 写作任务及要求解读

《红楼梦》中薛宝钗关于图样起稿构思"两个阶段"的见解，能在更广泛的领域给人以启示，引发深入思考。

所谓"见解"，是指作文试题中的这个部分："如今画这园子"，即使就起稿构思而言，也至少要经历两个阶段。一是"肚子里头有几幅丘壑"以供参考借鉴。二是需结合作画纸张"地步远近"的特点，"该添的要添，该减的要减，该藏的要藏，该露的要露"。如此，"方成一幅图样"。依据《现代汉语词典》，"启示"有动词和名词两种用法。作为动词，它是指启发提示，使有所领悟。作为名词，指通过启发提示领悟的道理。所以，依据引导语，首先要谈读了薛宝钗关于图样起稿构思"两个阶段"的见解后所领悟的道理。道理具有抽象性，所以所谓启示意义，就是哲学意义、抽象意义或扩展意义。所谈论的对象，可以是个体，也可以是社会、集体、企业、国家等。所谈论的方面，可以是个体对自我学习和生活的成长成才认识，也可以是对时代社会发展的思考等。"能在更广泛的领域给人以启示，引发深入思考"，提醒考生从材料中的绘画现象迁移到其他领域进行解读。这就要求考生不可以局限于命题材料，就绘画讨论绘画，写成纯粹艺术品鉴文章；也不可以抛弃材料，就主题而说主题。解决这个问题的方式是结合“自己的学习和生活”“时代和社会发展”来解读，写出具有自我体悟特色、时代社会气息的内容。更广泛的领域无穷大，可涉及个体的学习生活、成长成才，国家、集体、社会的向前向上发展等。两方面皆要谈，要扣住“参考借鉴”“作画纸张”“添减藏露”这几个关键字词，①评议“几幅丘壑”“参考借鉴”对青年成长、社会发展的意义，②评议他人他国经验与自身实际结合后的增减藏露的做法，③谈“参考借鉴”与“添减藏露”的关系。可选择的立意是多样化的。

2. 核心概念间的关系

①“几幅丘壑”与“参考借鉴”：前者是后者的对象，后者须对前者进行本质分析。

②“作画纸张地步远近”与“添减藏露”：前者是后者的依据，后者是对前者的改造提升。

③“参考借鉴”与“添减藏露”：前者是后者的基础和依据，后者是对前者的创造性转换和升华。

【参考范文】

先鉴后创再绘，成就宏伟蓝图

曹公在《红楼梦》中不仅写宁荣二府的盛衰兴亡，更于细节中蕴藏着可广而推之的哲思道理。细细品味宝钗所说图样起稿构思的“两个阶段”，我们青年在这红旗飘扬下的新时代成长，更要明白——如欲成就宏伟蓝图，吾必先鉴后创，构思精巧严密，再执笔挥毫，亲手绘就图样。

“胸中有丘壑”，汲取前人各方精华参考借鉴，是成就宏伟蓝图不可撼动之基础。

宝钗绘画造诣高超，她认为起稿构思的第一步，就是“肚子里头有几幅丘壑”以供参考借鉴，想必她绘画的练习中，也必少不了对前人画作的临摹。我们青年成长，必要先站在“前人的肩膀”上，看遍这天下万千，博观而约取：读《论语》，体味君子仁德，修炼自身道德情操；读列夫·托尔斯泰，感受心怀天下苍生的大爱，扩大自我格局……古今中外精华，“放出眼光，运用脑髓”，为我所用参考借鉴之中充实自我，为青年挥毫奠定坚实基础。而从国家层面来看，备受苦难的近代中国，不也是在学习马克思主义之后，才站起身来向前阔步迈去的吗？

依境独创，结合时代背景这一“纸张”，有机融合创新是奠基之后绘就宏伟蓝图之关键。

宝钗提出的第二个阶段我也深为赞同，结合纸张“地步远近”，添减藏露，皆为合宜。如若照搬前人构思，恐怕脱离实际，留下拙笔。学习借鉴他人以后，我们断不可满足于此、不求进步，而要分析具体实际，独创自己的一套方法。学习中，适合他人的方法，不一定适合自己，只有抓住自身特色，“量身定制”，才能取得最优解。请看中国共产党人立足国情，持续推进马克思主义中国化，才免于陷入“教条主义”的泥潭。而北京冬奥会闭幕式上，中国既结合别离，哀思主题，又充分运用优秀传统文化，以“折柳寄情”之美惊艳世界。如今时代正可为，纸张铺开，我们青年更要懂得创新道理，绘出自己独特韵味。

图样起稿构思后，更要实实下笔，化所思为所绘，实干奋斗是成就宏伟蓝图之法门。“空谈误国，实干兴邦”“纸上得来终觉浅，须知此事要躬行”，青年当在鉴与创的前提下，落毛挥毫，躬身入局，以实在行动实现自我价值。

潮涌催人进，风正好扬帆。诚愿你我青年立于时代潮头，先鉴后创再绘，成就宏伟蓝图！

第三章　选择性必修上册

先秦诸子，百家争鸣，百花齐放，铸就了中华思想文化史上的一段辉煌。

本章选择了先秦诸子的一些经典论说，包括儒家的《论语》十二章、《大学》一章、《孟子》一章，道家的《老子》四章、《庄子》一章，以及墨家的《墨子·兼爱》篇。本章属于中华传统文化经典研习任务群，旨在引导学生通过阅读中华传统文化经典作品，积累文言阅读经验，培养民族审美趣味，增进对中华优秀传统文化的理解，提升对中华民族文化的认同感、自豪感，增强文化自信，更好地继承和弘扬中华优秀传统文化。为此，本章我们的学习目标为梳理所学作品中常见的文言实词、虚词、特殊句式和文化常识，注意古今语言的异同，掌握重点词法、句法现象，培养文言语感。深入了解先秦诸子百家产生的时代背景，理解先秦诸子经典的思想价值和人文内涵，结合现实生活，学习古人智慧，培养理性思辨精神。

第一节 品读经典

一、《〈论语〉十二章》品读

（一）原文挖空

《论语》十二章

①子曰："君子（　　）食无求饱，居无求安，敏（　　）于（　　）事而慎（　　）于言，就（　　）有道（　　）而正焉，可谓好学也已。"（《学而》）

②子曰："人而（　　）不仁，如礼何（　　）？人而不仁，如乐何？"（《八佾》）

③子曰："朝闻道（　　），夕死（　　）可矣。"（《里仁》）

④子曰："君子喻（　　）于（　　）义（　　），小人喻于利。"（《里仁》）

⑤子曰："见贤（　　）思齐（　　）焉，见不贤而内自省（　　）也。"（《里仁》）

⑥子曰："质(　　)胜文(　　)则野(　　)，文胜质则史(　　)。文质彬彬(　　)，然后（　　）君子。"（《雍也》）

⑦曾子曰："士不可以不弘毅(　　)，任重而(　　)道远。仁以为己任，不亦重乎？死而后已（　　），不亦远乎？"（《泰伯》）

⑧子曰："譬如为山，未成一篑（　　），止，吾止也。譬如平地（　　），虽（　　）覆（　　）一篑，进，吾往也。"（《子罕》）

⑨子曰："知（　　）者不惑（　　），仁者不忧，勇者不惧。"（《子罕》）

⑩颜渊问仁。子曰："克己复礼（　　）为仁。一日克己复礼，天下归（　　）仁焉。为仁由（　　）己，而由人乎哉？"颜渊曰："请问其目（　　）。"子曰："非礼勿视，非礼勿听，非礼勿言，非礼勿动。"颜渊曰："回虽不敏（　　），请事（　　）斯（　　）语矣。"（《颜渊》）

⑪子贡问曰："有一言而可以终身行之者乎？"子曰："其（　　）'恕（　　）'乎！己所（　　）不欲，勿施于人。"（《卫灵公》）

⑫子曰："小子（　　）何莫学夫（　　）《诗》？《诗》可以兴（　　），可以观（　　），可以群（　　），可以怨（　　）。迩（　　）之事（　　）父，远之事君。多识于鸟兽草木之名。"（《阳货》）

（二）夯实基础

1. 解释下列句子中加点的词

①君子食无求饱（　　）　　②知者不惑（　　）

③譬如平地（　　）　　④小子何莫学夫《诗》（　　）

2. 写出下列句中加点词的活用类型并释义

①就有道而正焉（　　）（　　）　　②见贤思齐焉（　　）（　　）

3. 一词多义

（1）喻

①君子喻于义（　　）　　②喻之以理（　　）

③不足以喻其美（　　）

（2）施

①己所不欲，勿施于人（　　）　　②仁义不施而攻守之势异也（　　）

③傍行八道，施关发机（　　）　　④徒留无所施（　　）

（3）敏

①敏于事而慎于言（　　）　　②回虽不敏，请事斯语矣（　　）

4. 指出下面句子的句式特点

①质胜文则野，文胜质则史。

②知者不惑，仁者不忧，勇者不惧。

③仁以为己任。

④人而不仁，如礼何。

⑤死而后已，不亦远乎。

⑥譬如为山，未成一篑，止，吾止也。

⑦有一言而可以终身行之者乎。

5. 文化常识及成语积累

（1）文化常识

①四书：指《论语》《孟子》《中庸》《大学》。

②五经：指《诗》《书》《礼》《易》《春秋》。

③六艺：指礼、乐、射、御、书、数。

④“君子”一词，广见于先秦典籍，在先秦典籍中多是对统治者和贵族男性的通称，指有社会地位的人。而后“君子”一词被赋予了道德的含义，指品格高尚的人。

⑤“小人”是与“君子”相对的一个概念，在先秦典籍中多指社会地位低的人。同时，它还是谦辞，可用来称呼自己。后来被赋予道德含义后，指品格卑鄙的人。

⑥士：古代社会具有一定身份地位的特定社会阶层，后演变为对知识分子的泛称。

（2）成语积累

①朝闻夕死：早晨闻道，晚上死去。形容对真理或某种信仰追求迫切。

②见贤思齐：见到贤能的人就想向他看齐。

③文质彬彬：原形容人既文雅又朴实，后来形容人文雅有礼貌。

④任重道远：担子很重，路程又长，比喻责任重大，需要长期艰苦奋斗。

⑤死而后已：死了以后才罢手，形容为完成一种责任而奋斗终生。

⑥未成一篑：比喻功败垂成。

⑦为山止篑：比喻功败垂成。

⑧一篑之功：成功前的最后一筐土，比喻成功前的最后一分努力。

（三）理解性默写及易错字词矫正

1. 理解性默写

①孔子在《〈论语〉十二章》中谈到君子不要求吃足，不要求居住舒适的句子是“____________，____________”。

②在《〈论语〉十二章》中，反映了“君子”和“小人”不同的价值追求的句子是“____________，____________”。

③在《〈论语〉十二章》中，既强调榜样的良好作用，又强调要自我反思的句子是“____________，____________”。

④在《〈论语〉十二章》中，曾子认为读书人（有志之士）不可以不志向远大，意志坚强的原因是“____________，____________”。

⑤在《〈论语〉十二章》中，孔子认为一旦克制自己，按照礼的要求去做了，天下的人就都赞许你是仁人的句子是“____________，____________”。

2. 易错字词矫正（写三遍）

篑　己所不欲　勿施于人　迩

（四）重要句子翻译

①见贤思齐焉，见不贤而内自省也。

②知者不惑，仁者不忧，勇者不惧。

③士不可以不弘毅，任重而道远。

（五）品读随笔

和谐社会离不开好的相处之道，孔子的“己所不欲，勿施于人”是否是好的相处之道？请结合《〈论语〉十二章》的学习谈谈你对这句话的认识。

二、《大学之道》品读

（一）原文挖空

大学之道（《礼记》）

①大学之道（　　），在明（　　）明德（　　），在亲（　　）民，在止（　　）于至善（　　）。知止而后有定（　　），定而后能静（　　），静而后能安（　　），安而后能虑（　　），虑而后能得（　　）。物有本末（　　），事有终始。知所先后，则近（　　）道（　　）矣。

②古之（　　）欲明明德于天下者，先治其国。欲治其国者，先齐（　　）其家。欲齐其家者，先修其身。欲修其身者，先正（　　）其心。欲正其心者，先诚（　　）其意（　　）。欲诚其意者，先致（　　）其知（　　）。致知在格物（　　）。物格而后知至（　　），知至而后意诚，意诚而后心正，心正而后身修，身修而后家齐，家齐而后国治，国治而后天下平。自天子以至于庶人（　　），壹是（　　）皆以修身为本。

（二）夯实基础

1. 解释下列句子中加点的词

①大学之道（　　）　　②知所先后，则近道矣（　　）

③在明明德（　　）　　④致知在格物（　　）

2. 写出下列句中加点词的活用类型并释义

①在明明德，在亲民（　　）

②先齐其家（　　）　　③先修其身（　　）

④欲正其心者（　　）　　⑤先诚其意（　　）

3. 一词多义

齐

①欲治其国者，先齐其家（　　）

②落霞与孤鹜齐飞（　　）

③一日之内，一宫之间，而气候不齐（　　）

④固知一死生为虚诞，齐彭殇为妄作（　　）

4. 指出下面句子的句式特点

古之欲明明德于天下者。

5. 文化常识及成语积累

（1）文化常识

①《礼记》又名《小戴礼记》，是中国古代重要的典章制度选集，共二十卷四十九篇，相传为孔门弟子及其再传弟子所作，经西汉戴圣汇编成书，写先秦的礼制，体现了

儒家的哲学思想、教育思想、政治思想（如以教化政、大同社会、礼制与刑律）、美学思想（如物动心感说、礼乐中和说），是一部儒家思想的资料汇编。朱熹把《大学》《中庸》两篇从《礼》中抽离并做章句，为《论语》《孟子》做集注，合成《四书章句集注》。宋元后，"四书"成为科举考试的钦定书，《大学》是四书之首。

②古代学制分为小学、大学两个阶段。小学：指洒扫、应对、进退、礼、乐、射、御、书、数"等基本礼节和文化基础知识。大学：指"大人之学"，即伦理、政治、哲学等方面的学问，大学阶段教学生穷理、正心、修己、治人之道，即学习如何参与社会管理，参与国家政治。

（2）成语积累

①止于至善：处于最完美的境界。

②格物致知：推究事物的原理，从而获得知识。

③正心诚意：原是儒家提倡的一种修养方法，现也泛指心地端正诚恳。

④齐家治国：整治家庭和治理国家。

（三）理解性默写及易错字词矫正

1. 理解性默写

①《大学之道》中，用"__________，__________"两句指出本末始终的道理，进而说明"知所先后，则近道矣"的观点。

②《大学之道》中，齐家的前提条件是"______"，修身的前提条件是"______"。

③《大学之道》中的"__________"说明获得知识的途径，在于认识研究万事万物。而"__________"是说通过对万事万物的认识研究，才能获得知识。

④人们的良知因受外在因素影响而蒙上尘埃，因此要从内在让美德重新显明，达到去恶向善的目的，《大学之道》体现该道理的句子是"__________，__________"。

⑤《大学之道》中，用"__________，__________"两句，强调从天子到平民，都要把修身作为处世的根本。

2. 易错字词矫正（写三遍）

致知在格物　物格而后知至　壹

（四）重要句子翻译

①大学之道，在明明德，在亲民，在止于至善。

②致知在格物，物格而后知至。

③自天子以至于庶人，壹是皆以修身为本。

（五）品读随笔

格物知至，意诚心正，身修家齐，国治天下平。其中最重要的是“修身”，请根据这句话谈一谈，如何修身以及修身的意义。

三、《人皆有不忍人之心》品读

（一）原文挖空

人皆有不忍人之心（《孟子》）

孟子曰：“人皆有不忍人（　　）之心。先王有不忍人之心，斯（　　）有不忍人之政矣；以不忍人之心行不忍人之政，治天下可运（　　）之掌上。所以（　　）谓（　　）人皆有不忍人之心者：今人乍（　　）见孺子（　　）将入（　　）于井，皆有怵惕（　　）恻隐（　　）之心；非所以（　　）内交（　　）于孺子之父母也，非所以要（　　）誉于乡党（　　）朋友也，非恶（　　）其声而然（　　）也。由是（　　）观之，无恻隐之心，非人也；无羞恶（　　）之心，非人也；无辞让（　　）之心，非人也；无是非（　　）之心，非人也。恻隐之心，仁之端（　　）也；羞恶之心，义之端也；辞让之心，礼之端也；是非之心，智之端也。人之（　　）有是（　　）四端也，犹（　　）其有四体（　　）也。有是四端而自谓（　　）不能者，自贼（　　）者也；谓其君不能者，贼其君者也。凡有四端于我（　　）者，知皆扩而充之矣，若火之始然（　　），泉之始达（　　）。苟（　　）能充之，足以保（　　）四海（　　）。苟不充之，不足以事（　　）父母。”

（二）夯实基础

1. 解释下列句子中加点的词

①非所以内交于孺子之父母也（　　）（　　）

②非所以要誉于乡党朋友也（　　）

③自贼者也（　　）

④若火之始然（　　）

⑤所以谓人皆有不忍人之心者（　　）

2. 一词多义

忍

①人皆有不忍人之心（　　）　　②吾不忍其觳觫（　　）

③所以动心忍性，增益其所不能（　　）　　④故遂忍悲为汝言之（　　）

3. 指出下面句子的句式特点

①无恻隐之心，非人也。

②恻隐之心，仁之端也。

③非所以内交于孺子之父母也。

④有是四端而自谓不能者，自贼者也。

4. 文化常识及成语积累

（1）文化常识

①《孟子》是儒家的经典著作，战国中期孟子及其弟子万章、公孙丑等著。最早见于赵岐《孟子题辞》："此书，孟子之所作也，故总谓之《孟子》"。《孟子》被南宋朱熹列为"四书"之一，另外三本为《大学》《中庸》《论语》。

②庶人：泛指无官爵的平民百姓。

③四海：古代认为中国四周环海，因而称四方为"四海"，泛指天下各处。

（2）成语积累

①恻隐之心：指见人遭遇不幸所引起的同情怜悯之心。

②钓名要誉：指用某种不正当的手段捞取名誉。

③邻里乡党：泛称一乡的人。

④随声是非：别人说是，自己也说是。别人说不是，自己也说不是。指毫无主见，一味盲从。

⑤四体百骸：人体的各个部分，泛指全身，同"四肢百骸"。

⑥九州四海：泛指全中国。

（三）重要句子翻译

①非所以内交于孺子之父母也，非所以要誉于乡党朋友也，非恶其声而然也。

②凡有四端于我者，知皆扩而充之矣，若火之始然，泉之始达。

③苟能充之，足以保四海。苟不充之，不足以事父母。

（四）品读随笔

"恻隐之心，人皆有之"，面对引发同情的人和事我们该如何做呢？请你谈谈如何以同情心帮助他人。

四、《〈老子〉四章》品读

（一）原文挖空

《老子》四章

①三十辐共一毂(　　)，当其无，有车之用。埏埴(　　)以为(　　)器，当其无，有器之用。凿户牖(　　)以为室，当其无，有室之用。故有之(　　)以为利(　　)，无之以为用。(第十一章)

②企(　　)者不立，跨者不行，自见(　　)者不明，自是(　　)者不彰，自伐(　　)者无功，自矜(　　)者不长(　　)。其在道也，曰余食赘行(　　)，物或恶之，故有道者不处(　　)。(第二十四章)

③知人者智，自知者明(　　)。胜人者有力，自胜者强(　　)。知足者富，强行(　　)者有志。不失其所(　　)者久，死而不亡(　　)者寿。(第三十三章)

④其安易持(　　)，其未兆易谋(　　)，其脆易泮(　　)，其微易散。为(　　)之于未有，治之于未乱。合抱之木，生于毫末(　　)；九层之台，起于累(　　)土；千里之行，始于足下。为者败之，执(　　)者失之。是以圣人无为，故无败；无执，故无失。民之从事(　　)，常于几(　　)成而败之。慎(　　)终如始，则无败事。是以圣人欲不欲，不贵(　　)难得之货，学不学，复(　　)众人之所过，以辅(　　)万物之自然而不敢为。(第六十四章)

（二）夯实基础

1. 解释下列句子中加点的词

①自见者不明(　　)　　②其在道也，曰余食赘行(　　)

③其脆易泮(　　)　　④九层之台，起于累土(　　)

2. 写出下列句中加点词的活用类型并释义

①自见者不明(　　)　　②自是者不彰(　　)

③自伐者无功(　　)　　④其未兆易谋(　　)

⑤慎终如始(　　)　　⑥常于几成而败之(　　)

⑦学不学(　　)　　⑧不贵难得之货(　　)

3. 一词多义

明

①知人者智，自知者明(　　)　　②诵明月之诗，歌窈窕之章(　　)

③明足以察秋毫之末(　　)　　④今日割五城，明日割十城(　　)

⑤名实已明(　　)　　⑥博闻强志，明于治乱(　　)

⑦明道德之广崇(　　)　　⑧若知我不降明(　　)

4. 指出下面句子的句式特点

①合抱之木，生于毫末。 ②九层之台，起于累土。

③千里之行，始于足下。 ④为之于未有。

⑤治之于未乱。 ⑥自胜者强。

5. 文化常识及成语积累

（1）文化常识

①老子，春秋末期人，姓李，名耳，字伯阳，道家学派创始人。“道”是老子思想的核心，“道”指导的是自然、法则、道理、规律。老子认为自然界和人类社会都是变动的，天地万物都是对立统一的，对立面又不是一成不变的，而是向它们各自的对立面转化。老子还主张“小国寡民”，他向往淳朴的民风，向往平等和平的社会状态。

②《老子》，又称《道德经》，是道家思想的重要来源，是中国历史上首部完整的哲学著作。论述修身、治国、用兵、养生之道。多以政治为旨归，乃所谓“内圣外王”之学，文义深奥，内涵广博，被誉为“万经之王”。

（2）成语积累

①自知之明：指透彻了解自己的能力，多指缺点。

②千里之行，始于足下：一千里的路程是从迈第一步开始的，比喻事情的成功都是由小到大逐渐积累的。

③慎终如始：谨慎地对待结束，如开始一样，指做事从始至终都谨慎不懈。

（三）理解性默写及易错字词矫正

1. 理解性默写

①儒、道两家都曾用“行路”来论述积累的重要性，荀子在《劝学》中说“故不积跬步，无以至千里”，《老子》四章中说“____________，____________”。

②《老子》四章中，指出自我夸耀的害处的句子是“__________，__________”。

③《老子》四章中用器皿为例来说明“有”和“无”的辩证统一、相互依存关系的句子是“______________，______________，______________”。

④人贵有自知之明，了解别人是一种智慧，正确地认识自我更是难能可贵，《老子》四章中“____________，____________”恰好说明了这一深刻的道理。

⑤《老子》四章中阐明无论处理事情还是管理国家，都要防患于未然的句子是“______________，______________”。

2. 易错字词矫正（写三遍）

毂 埏埴 牖 自矜 赘行 泮

（四）重要句子翻译

①故有之以为利，无之以为用。

②不失其所者久，死而不亡者寿。

③是以圣人无为，故无败，无执，故无失。

（五）品读随笔

知人者智，自知者明。胜人者有力，自胜者强。请你据此谈一谈“自知”“自胜”的重要性。

五、《五石之瓠》品读

（一）原文挖空

五石之瓠（《庄子》）

惠子谓庄子曰：“魏王贻（　　）我大瓠（　　）之种，我树（　　）之成（　　）而实（　　）五石（　　）。以（　　）盛水浆，其坚不能自举（　　）也。剖之以为（　　）瓢，则瓠落（　　）无所容。非不呺然（　　）大也，吾为（　　）其无用而掊（　　）之。”庄子曰：夫子固（　　）拙于用（　　）大（　　）矣。宋人有善为不龟（　　）手之药者，世世以洴澼絖（　　）为事。客闻之，请买其方百金。聚族而谋之曰：‘我世世为洴澼絖，不过（　　）数金。今一朝而鬻（　　）技百金，请与（　　）之。’客得之，以（　）说（　　）吴王。越有难（　　），吴王使之将（　　）。冬，与越人水（　　）战，大败越人，裂（　　）地而封之。能不龟手一（　　）也，或（　　）以封，或不免于洴澼絖，则所用之异也。今子有五石之瓠，何不虑（　　）以为大樽（　　）而浮乎江湖，而忧其瓠落无所容？则夫子犹有蓬之心（　　）也夫！”

（二）夯实基础

1. 解释下列句子中加点的词

①宋人有善为不龟手之药者（　　）

②世世以洴澼絖为事（　　）

③客得之，以说吴王（　　）

2. 写出下列句中加点词的活用类型并释义

①我树之成而实五石（　　）（　　）

②夫子固拙于用大矣（　　）

③其坚不能自举也（ ）

④吴王使之将（ ）

⑤能不龟手一也（ ）（ ）

3. 一词多义

举

①其坚不能自举也（ ） ②举所佩玉決以示之者三（ ）

③举类迩而见意远（ ） ④今亡亦死，举大计亦死（ ）

⑤戍卒叫，函谷举（ ） ⑥举贤以自佐（ ）

⑦言举斯心加诸彼而已（ ） ⑧杀人如不能举（ ）

⑨大喜，笼归，举家庆贺（ ）

4. 指出下面句子的句式特点

①以盛水浆。 ②请买其方百金。

③宋人有善为不龟手之药者。

5. 文化常识及成语积累

（1）文化常识

①《庄子》又名《南华经》，是战国中期庄子及其后学所著道家经文。汉代以后，尊庄子为南华真人。其书与《老子》《周易》合称“三玄”。《庄子》一书现存 33 篇，有内篇 7，外篇 15，杂篇 11。《庄子》散文在先秦诸子中独具风格，文章已完全突破了语录形式而发展成为专题论文。《庄子》的散文想象奇特，结构变化多端，文字汪洋恣肆，意象雄浑，具有浓厚的浪漫主义色彩。

②天道观：庄子认为，道是无处不在的，但道又是没有具体形态和意志的，道是产生天地万物的本原。

③辩证法：庄子认为，事物是由正反两个方面的矛盾对立组成的，相互依赖，相互转化。“死生与存亡”“穷达与贫富”“贤与不肖”“毁与誉”这些矛盾是相互转化的。

④人生观：庄子认为，知其不可奈何而安之若命。意思是说，你无法对抗命运，只能顺应自然，顺应命运。我们要安时顺命，超然物外，才能实现精神的自由和逍遥。

⑤自由思想：庄子认为只有以通达的精神超越现实世界，才能获得无限的自由和心灵的宁静，真正的自由是“无待”的，它不依赖于任何条件。

⑥齐物论：庄子对万物平等关系的认识是建立在“道”的基础上的，“以道观之，物无贵贱”。

（2）成语积累

①大瓠之用：事物不同的使用方法，会产生不同的效果。后指量才使用。

②千金一瓠：比喻物虽轻贱，关键时得其所用，却十分珍贵。

③坚瓠无窍：坚硬的葫芦没有一点空隙，不能剖瓠盛物。比喻徒有虚名而无实用的东西。

④裂土封疆：分裂土地，划定疆界，指帝王把土地分封给子弟和大臣。也作列土封疆、封疆裂土。

（三）重要句子翻译

①以盛水浆，其坚不能自举也。剖之以为瓢，则瓠落无所容。

②世世为洴澼絖，不过数金。今一朝而鬻技百金，请与之。

③能不龟手一也，或以封，或不免于洴澼絖，则所用之异也。

（四）品读随笔

结合课文内容谈一谈，什么是“无用之用”？有何意义？

六、《兼爱》品读

（一）原文挖空

兼爱（《墨子》）

①圣人（　　）以（　　）治天下为（　　）事者也（　　），必知乱之（　　）所自起（　　），焉（　　）能治之；不知乱之所自起，则不能治（　　）。譬（　　）之（　　）如医之攻（　　）人之（　　）疾者然（　　），必知疾之所自起，焉（　　）能攻之；不知疾之所自起，则弗（　　）能攻。治乱者何独不然？必知乱之所自起，焉（　　）能治之；不知乱之所自起，则弗能治。

②圣人以治天下为事者也，不可不察（　　）乱之所自起。当（　　）察乱何自起（　　）？起不相爱。臣子（　　）之不孝（　　）君父（　　），所谓乱也。子自爱（　　），不爱父，故亏（　　）父而自利（　　）；弟自爱，不爱兄，故亏兄而自利；臣自爱，不爱君，故亏君而自利。此所谓乱也。虽（　　）父之不慈（　　）子，兄之不慈弟，君之不慈臣，此亦天下之所谓乱也。父自爱也，不爱子，故亏子而自利；兄自爱也，不爱弟，故亏弟而自利；君自爱也，不爱臣，故亏臣而自利。是何也？皆起不相爱。虽至天下之为盗贼（　　）者，亦然。盗爱其室（　　），不爱异室，故窃异室以利（　　）其室；贼爱其身（　　），不爱人，故贼（　　）人以利其身。此何也？皆起不相爱。虽至大夫之相乱家（　　）、诸侯之相攻国（　　）者，亦然。大夫各爱其家，不爱异家，故乱异家以利其家；诸侯各爱其国，不爱异国，故攻异国以利其国。天下之

乱物（　　），具（　　）此而已矣。

③察此何自起？皆起不相爱。若（　　）使（　　）天下兼相爱，爱人若（　　）爱其身，犹(　　)有不孝者乎？视父兄与君若其身，恶施(　　)不孝？犹有不慈者乎？视弟子与臣若其身，恶施不慈？故不孝不慈亡（　　）。犹有盗贼乎？视人之室若其室，谁窃？视人身若其身，谁贼？故盗贼有（　　）亡。犹有大夫之相乱家、诸侯之相攻国者乎？视人家若其家，谁乱（　　）？视人国若其国，谁攻（　　）？故大夫之相乱家、诸侯之相攻国者有亡。若使天下兼相爱，国与国不相攻，家与家不相乱，盗贼无有，君臣父子皆能孝慈，若此则天下治（　　）。

④故圣人以治天下为事者，恶（　　）得不禁恶（　　）而劝（　　）爱？故天下兼(　　)相爱则治，交相(　　)恶则乱。故子墨子(　　)曰不可以不劝爱人者，此也。

（二）夯实基础

1. 解释下列句子中加点的词

①臣子之不孝君父（　　）

②虽至大夫之相乱家，诸侯之相攻国者（　　）（　　）

③故不孝不慈亡（　　）

④故盗贼有（　　）亡

2. 写出下列句中加点词的活用类型并释义

①故亏父而自利（　　）（　　）　　②虽父之不慈子（　　）

③故贼人以利其身（　　）

3. 一词多义

（1）事

①圣人以治天下为事（　　）　　②敏于事人慎于言（　　）

③回虽不敏，请事斯语矣（　　）　　④遂散六国之从，使之西面事秦（　　）

⑤迩之事父，远之事君（　　）　　⑥世世以洴澼絖为事（　　）

⑦如曰今日当一切不事事（　　）　　⑧享国之日浅，国家无事（　　）

（2）攻

①譬之如医之攻人之疾者然（　　）　　②故攻异国以利其国（　　）

③闻道有先后，术业有专攻（　　）　　④它山之石，可以攻玉（　　）

4. 指出下面句子的句式特点

①圣人以治天下为事者也。　　②当察乱何自起。

③子自爱，不爱父。

5. 文化常识

①墨子：名翟，春秋末期战国初期宋国人，墨家学派创始人和主要代表人物。提出

了“兼爱”“非攻”“尚贤”“尚同”“天志”“明鬼”“非命”“非乐”“节葬”“节用”等观点，创立了以几何学、物理学、光学为突出成就的一整套科学理论。墨家在先秦时期影响很大，与儒家并称“显学”。战国时期的百家争鸣，有“非儒即墨”之称。

②显学：盛行于世而影响较大的学术派别，与现实联系密切、引起社会广泛关注的学问。隐学，冷僻之学，与显学相对，是离现实较远、不那么为世人瞩目的学问。

③圣人：德高望重、有大智、已达到人类最高、最完美境界的人，有时也专指孔子。封建时代对帝王的尊称。

④在古代汉语中，“疾”是症状比较轻、表层的病，“病”则是重病。

⑤古代汉语中，把偷东西的称为“盗”，抢东西的称为“贼”。“盗”的本义是盗窃、偷东西。“贼”本义为损坏，也可以引申为杀害，指犯上作乱的人或杀人越货的强盗。

⑥古代中国的“天子”将土地分给亲属或功臣，所封之地称为“诸侯国”“封国”或“藩国”等，统治封地的君主被称为“诸侯”“藩王”等。同时，诸侯在自己的封疆内，又对卿大夫实行再分封。卿大夫再将土地和人民分赐给士。卿大夫和士也要向上一级承担作战等义务。这样层层分封下去，形成了贵族统治阶层内部的森严等级：天子—诸侯—卿大夫—士。

（三）重要句子翻译

①臣子之不孝君父，所谓乱也。

②子自爱，不爱父，故亏父而自利。

③视弟子与臣若其身，恶施不慈？故不孝不慈亡。

（四）品读随笔

墨子所说的“兼爱”指的是一种不分尊卑贵贱、平等无差别的爱，是一种视人若己、互惠互利的爱。你认为这种主张对当今社会有何意义？

七、《无衣》《春江花月夜》《将进酒》《江城子》品读

（一）原文挖空

无衣（《诗经·秦风》）

岂曰无衣？与子同袍。王于（　　）兴师，修我戈矛，与子同仇（　　）。

岂曰无衣？与子同泽。王于兴师，修我矛戟，与子偕作（　　）。

岂曰无衣？与子同裳。王于兴师，修我甲兵，与子偕行（　　）。

春江花月夜（张若虚）

春江潮水连海平，海上明月共潮生。滟滟（　　）随波千万里，何处春江无月明。（　　）江流宛转绕芳甸（　　），月照花林皆似霰（　　）。空里流霜不觉飞，汀（　　）上白沙看不见。江天一色无纤尘（　　），皎皎空中孤月轮（　　）。江畔何人初见月？江月何年初照人？人生代代无穷已（　　），江月年年望相似。不知江月待何人，但见（　　）长江送流水。白云一片去悠悠，青枫浦（　　）上不胜愁。谁家今夜扁舟子（　　）？何处相思明月楼（　　）？可怜楼上月裴回（　　），应照离人（　　）妆镜台。玉户（　　）帘中卷不去，捣衣砧（　　）上拂还来。此时相望不相闻，愿逐月华（　　）流照君。鸿雁长飞光不度，鱼龙潜跃水成文（　　）。昨夜闲潭（　　）梦落花，可怜春半不还家。江水流春去欲尽，江潭落月复西斜（　　）。斜月沉沉藏海雾，碣石潇湘（　　）无限路。不知乘月（　　）几人归，落月摇情（　　）满江树。

将进酒（李白）

①君不见黄河之水天上来，奔流到海不复回。君不见高堂（　　）明镜悲白发，朝如青丝暮成雪。人生得意须尽欢，莫使金樽（　　）空对月。天生我材必有用，千金散尽还复来。烹羊宰牛且为乐，会须（　　）一饮三百杯。

②岑夫子，丹丘生，将（　　）进酒，杯莫停。与君歌一曲，请君为我倾耳听。钟鼓馔玉（　　）不足贵，但愿长醉不愿醒。古来圣贤皆寂寞，惟有饮者留其名。陈王昔时宴平乐，斗酒十千恣欢谑（　　）。主人何为言少钱，径须（　　）沽 取对君酌。五花马、千金裘，呼儿将出（　　）换美酒，与尔同销（　　）万古愁。

江城子（苏轼）

十年生死两茫茫，不思量，自难忘。千里孤坟，无处话凄凉。纵使相逢应不识，尘满面，鬓如霜。夜来幽梦（　　）忽还乡，小轩窗（　　），正梳妆。相顾无言，惟有泪千行。料得年年肠断处，明月夜，短松冈（　　）。

（二）夯实基础

1. 解释下列句子中加点的词

①王于兴师（　　）　　②人生代代无穷已（　　）

③可怜楼上月裴回（　　）　　④会须一饮三百杯（　　）

⑤斗酒十千恣欢谑（　　）　　⑥径须沽取对君酌（　　）

2. 一词多义

（1）穷

①人穷则返本（　　）　　②穷则独善其身，达则兼济天下（　　）

③则其好游者不能穷也（　　）　　④人生代代无穷已（　　）

（2）度

①一夜飞度镜湖月（　　）　　②衡下车，治威严，整法度（　　）

③秋月春风等闲度（　　）　　④感慨今昔，因自度此曲（　　）

⑤卒起不意，尽失其度（　　）　　⑥度我至军中，公乃入（　　）

⑦试使山东之国与陈涉度长絜大（　　）　　⑧鸿雁长飞光不度（　　）

3. 文化常识

①重章叠句:《诗经》善用这种手法。章与章句式对应，诗句大同小异，只在各章对应的位置换几个字，不仅构成类同排比的方法，便于加深所要抒发的感情，同时也为了换韵，充实和扩展内容。

②起兴：如《将进酒》中先言黄河以引起所咏之悲。“君不见，黄河之水天上来，奔流到海不复回！”

③比喻：如《将进酒》，以黄河一去不复返比喻青春难在。“朝如青丝暮成雪”，早上是“青丝”，傍晚就青丝成雪，运用比喻、夸张手法极言人生短暂。

④想象、夸张：如《将进酒》中的“天上来”“朝”“暮”。空间范畴的想象夸张，极言黄河奔腾而来的气势；时间范畴的夸张，把人生由青春至衰老的全过程说成“朝”“暮”之事，把本来短暂的说得更短暂，悲叹人生短促。

⑤反衬：如《将进酒》中以黄河的伟大永恒衬出生命的渺小脆弱。

⑥呼告：可以抒发强烈的思想感情，加强感染力。例如《将进酒》中的“岑夫子，丹丘生，将进酒，杯莫停。与君歌一曲，请君为我倾耳听。”

⑦直抒胸臆：如《将进酒》中的“人生得意须尽欢，莫使金樽空对月”，诗人直接抒写人生得意，需纵情欢乐。

⑧夸张：如《将进酒》中的“烹羊宰牛”“一饮三百杯”，表达朋友相聚时的纵情狂放趋于高潮。知己相逢实为人生痛快事、得意事。

⑨借代:《将进酒》中的“钟鼓馔玉”借指富贵生活。

⑩用典：如《将进酒》中的“陈王昔时宴平乐，斗酒十千恣欢谑”。运用典故，以曹植自况，表达对陈王昔时宴饮的倾慕，更是对现实遭遇的愤恨与控诉。

⑪直抒胸臆：如《江城子》中的“不思量、自难忘”“无处话凄凉”等句，直接抒发了词人对亡妻沉痛的思念之情。

⑫间接抒情：如《江城子》，通过对梦中与亡妻相见的情境的描写，表现对亡妻深切的怀念之情。

⑬对写法（主客移位）：如《江城子》，通过想象亡妻对自己的思念，来表现自己对妻子的相思之苦。

⑭虚实结合：如《江城子》，以“梦前—梦中—梦后”为时间线索，内容层层推进，

引出梦中相遇，将“现实—梦境—现实”交织起来。

（三）理解性默写及易错字词矫正

1. 理解性默写

①《无衣》中，描写将士们修理矛戟、准备行动的句子是“＿＿＿＿＿＿＿，＿＿＿＿＿＿＿”。

②《无衣》中，表现战士们一样仇恨敌人的一句是“＿＿＿＿＿＿”。表现战士们一起行动起来的一句是“＿＿＿＿＿＿”。表现战士们一起上战场一句是“＿＿＿＿＿＿”。

③《春江花月夜》中的“＿＿＿＿＿＿＿，＿＿＿＿＿＿＿”两句，由江面到天空，描写出辽阔旷远、空明澄澈的景象。

④《春江花月夜》“＿＿＿＿＿＿＿，＿＿＿＿＿＿＿”两句，写诗人面对皎洁江月所抒发的思古之悠情。后世苏轼的“明月几时有”与这两句颇有异曲同工之妙。

⑤《春江花月夜》中写出江月有恨，流水无情的句子是“＿＿＿＿＿＿＿，＿＿＿＿＿＿＿”。

⑥《春江花月夜》中的“＿＿＿＿＿＿＿，＿＿＿＿＿＿＿”两句，通过动作描写表现思妇内心极度的痛苦。

⑦《将进酒》中由悲而乐，表面上宣扬及时行乐，实为宣泄愤激之情，暂时沉醉酒乡的诗句是“＿＿＿＿＿＿＿，＿＿＿＿＿＿＿”。

⑧《将进酒》中“＿＿＿＿＿＿＿，＿＿＿＿＿＿＿”两句是诗人酒后的狂言，也是酒后的真言。是诗的豪放，更是诗人的愤激。

⑨苏轼《江城子》“＿＿＿＿＿＿＿，＿＿＿＿＿＿＿”两句既写出妻子独卧黄泉之下的孤苦冷清，又写出了诗人与妻子不能互诉凄凉的悲哀。

⑩《江城子》一词中，表现词人梦里归乡，与妻子相见时“执手相看泪眼，竟无语凝噎。”情形的两句是“＿＿＿＿＿＿＿，＿＿＿＿＿＿＿”。

2. 易错字词矫正（写三遍）

戟　滟滟　霰　裴回　捣衣砧　金樽　烹羊　馔玉　恣欢谑　鬓

（四）品读随笔

从《无衣》《春江花月夜》《将进酒》《江城子》中任选一篇，仔细品味，写一篇微型文学评论，300 字左右。

第二节 涵养底蕴

一、素养提升

（一）文言素养提升

阅读文言文，完成下面小题。

材料一：

襄子围于晋阳中，出围，赏有功者五人，高赫为赏首。张孟谈曰："晋阳之事，赫无大功，今为赏首，何也？"襄子曰："晋阳之事，寡人国家危，社稷殆矣。吾群臣无有不骄侮之意者，惟赫子不失君臣之礼，是以先之。"仲尼闻之曰："善赏哉！襄子赏一人而天下为人臣者莫敢失礼矣。"或曰：仲尼不知善赏矣。夫善赏罚者，百官不敢侵职，群臣不敢失礼。上设其法，而下无奸诈之心。如此，则可谓善赏罚矣。襄子有君臣亲之泽，操令行禁止之法，而犹有骄侮之臣，是襄子失罚也。为人臣者，乘事而有功则赏。今赫仅不骄侮，而襄子赏之，是失赏也。故曰：仲尼不知善赏。（节选自《韩非子·难一》）

材料二：

陈人有武臣，谓子鲋曰："韩子立法，其所以异夫子之论者，纷如也。予每探其意而校其事，持久历远，遏奸劝善，韩氏未必非，孔氏未必得也。若韩非者，亦当世之圣人也。"子鲋曰："今世人有言高者必以极天为称，言下者必以深渊为名。好事而穿凿者，必言经以自辅，援圣以自贤，欲以取信于群愚而度其说也。若诸子之书，其义皆然。请略说一隅，而君子审其信否焉。"武臣曰："诺。"子鲋曰："乃者，赵、韩共并知氏，赵襄子之行赏，先加具臣而后有功。韩非书云夫子善之引以张本然后难之岂有不似哉？然实诈也。何以明其然？昔我先君以春秋哀公十六年四月己丑卒，至二十七年，荀瑶与韩、赵、魏伐郑，遇陈恒而还，是时夫子卒已十一年矣，而晋四卿皆在也。后悼公十四年，知氏乃亡。此先后甚远，而韩非公称之，曾无怍意。是则世多好事之徒，皆非之罪也。故吾以是默口于小道、塞耳于诸子久矣。而子立尺表以度天，直寸指以测渊，矇大道而不悟，信诬说以疑圣，殆非所望也。"（节选自《孔丛子·答问》）

1. 材料二画框线的部分有三处需要断句，请选出相应位置（　　）

韩非书[A]云夫子[B]善之[C]引[D]以张本[E]然[F]后难之[G]岂有[H]不似哉

2. 下列对材料中加点的词语及相关内容的解说，不正确的一项是（　　）

A. 围，指被围困，"傅说举于版筑之间"的"举"表示被选拔，两者用法相同。

B. 劝，指鼓励、劝勉，与《兼爱》“不可以不劝爱人”中的“劝”词义不相同。

C. 具臣，文中与“有功”相对，是指没有功劳的一般人臣，具体就是指高赫。

D. 诬说，指没有事实依据的胡说妄言，与现在所说的“诬蔑之辞”并不一样。

3. 下列对材料有关内容的概述，不正确的一项是（　　）

A. 主上设置有关法令，令行禁止，群臣不敢越职侵权，也没有了奸诈之心，他们履职行事，有了功劳就能得到赏赐，韩非认为这样才叫“善赏罚”。

B. 在武臣看来，韩非与孔子观点不同的地方很多，在遏奸劝善等方面，韩非不一定就不对，孔子也不一定就合理，韩非也可以称得上是当世圣人。

C. 世人说到高必定会以上天作比，说到低必定会以深渊作比，他们常通过引经据典、援用圣贤来成就自己，使自己更加贤能，以争取民众的信任。

D. 子鲋对韩非之类的诸子学说闭口不言，充耳不闻，而武臣却深信不疑，进而怀疑圣人，子鲋对此深感失望，认为武臣是见识短浅，不明大道。

4. 把材料中画横线的句子翻译成现代汉语。

①吾群臣无有不骄侮之意者，惟赫子不失君臣之礼，是以先之。

②略说一隅，而君子审其信否焉。

5. 子鲋用以批驳韩非的事实依据是什么？

（二）古诗素养提升

阅读下面的诗歌，完成下列小题。

赠徐安宜（节选）李白

白田见楚老，歌咏徐安宜。
清风动百里，惠化闻京师。
浮人若云归，耕种满郊岐。
川光净麦陇，日色明桑枝。

古风·其二十四　李白

大车扬飞尘，亭午暗阡陌。
中贵多黄金，连云开甲宅。
路逢斗鸡者，冠盖何辉赫。
鼻息干虹蜺，行人皆怵惕。

1. 下列对这首诗的理解和赏析，不正确的一项是（　　）

A.《赠徐安宜》三、四句写安宜自然环境怡人，为后文写川光、日色等景象作铺垫。

B.《赠徐安宜》五、六句描写的情境氛围与张若虚诗句“白云一片去悠悠”迥异。

C. 大车经行，飞尘蔽空，道路晦暗。“大车扬飞尘”起笔虽不直接写人，但已渲染出车中人的声势。

D. 同样是刻画宦官的权势，“行人皆怵惕”与《卖炭翁》“回车叱牛牵向北”一句运用的手法不同。

2. 孔子认为，诗可以“兴观群怨”。其中“观”与“怨”，前人释为“观风俗之盛衰”“怨刺上政”。李白这两首诗正好分别对应诗歌这两种功能。请结合诗歌内容分析。

二、底蕴作文

本单元课文中有不少经典语句，虽然产生于两千多年前，但至今仍然闪耀着智慧的光辉，给我们以人生的启迪。有些语句在新时代下又可以辩证思考，从新的角度做出辨析或阐释。从下列语句中任选其一，也可以从本单元课文中另选一句，准确理解其思想内容，自选角度，自定立意，写一篇不少于800字的文章，阐述你的认识和思考，题目自拟。

①士不可以不弘毅，任重而道远。②己所不欲，勿施于人。③致知在格物。④人皆有不忍人之心。⑤知人者智，自知者明。⑥千里之行，始于足下。⑦故天下兼相爱则治，交相恶则乱。

【附】第三章答案详解

第一节 品读经典

一、《〈论语〉十二章》品读

（一）原文挖空

《论语》十二章

①君子：指道德高尚的人。敏：勤勉。于：对于。慎：小心、谨慎。就：接近，到……去。有道：形容词活用为名词，指有才艺或有道德的人。

②而：如果。如礼何：怎样对待礼呢。

③道：指宇宙间的一切法则、道理。死：动词为动用法，意思是“为……而死”。

④喻：知晓，明白。于：对于。义：道义。

⑤贤：形容词活用为名词，有贤德、有才华的人。齐：形容词活用为动词，与……看齐。省：反省。

⑥质：质朴，朴实。文：华美，文采。野：粗野，鄙俗。史：虚饰，浮夸。文质彬彬：文质兼备、配合适当的样子。然后：这样以后。

⑦弘毅：志向远大，意志坚强。而：连词，表并列。已：停止，废止。

⑧篑：盛土的竹筐。平地：填平洼地。虽：即使。覆：倾倒。

⑨知：同“智”。惑：疑惑，被世事迷惑。

⑩克己复礼：约束自我，使言行归复于先王之礼。归：称赞，称许。由：凭，靠着。目：条目，细则。敏：聪明。事：实践，从事。斯：这。

⑪其：表推测，大概。恕：宽恕，推己及人。所：与其后动词组成名词性词组，可译为“……的”。

⑫小子：老师对学生的称呼。夫：那。兴：指激发人的感情。观：指观察政治的得失、风俗的盛衰。群：指提高人际交往能力。怨：指讽刺时政。迩：近。事：侍奉。

（二）夯实基础

1.①“无”同“毋”。②“知”同“智”。③填平洼地。④老师对学生的称呼。

2.①形容词活用为名词，指有才艺或有道德的人；形容词做动词，匡正、端正。②形容词做名词，有贤德、有才华的人；形容词做动词，与……看齐。

3.（1）喻：①动词，知晓，明白。②动词，劝导，告知。③动词，比喻。（2）施：①动词，施加。②动词，施行。③动词，设置。④动词，用。（3）敏：①形容词，勤勉。②形容词，聪明。

4.①判断句，标志词为“则”。②判断句，无标志词。③宾语前置句。④固定句式，标志词为“如……何”。⑤表反问的固定句式，标志词为“不亦……乎”。⑥判断句，标志词为“也”。⑦定语后置句。

（三）理解性默写

1. ①君子食无求饱，居无求安。②君子喻于义，小人喻于利。③见贤思齐焉，见不贤而内自省也。④士不可以不弘毅，任重而道远。⑤一日克己复礼，天下归仁焉。

（四）重要句子翻译

①见到贤人，就应该向他看齐。见到不贤的人，就应该自我反省（有没有同他类似的毛病）。②聪明的人不迷惑，有仁德的人不忧愁，勇敢的人不畏惧。 ③读书人不可以不志向远大，意志坚定。（这是因为）他们责任重大并且道路遥远。

二、《大学之道》品读

（一）原文挖空

大学之道

①道：指穷理、正心、修己、治人的根本原则。明：使动用法，使彰明。明德：美好的德行。亲：亲近，爱抚，形容词做动词。止：达到。至善：道德修养的最高境界。定：坚定不移，形容词做动词。静：心不妄动，形容词做动词。安：性情安和，形容词做动词。虑：思虑精详。得：处事合宜。本末：根本和枝末。近：接近。道：大学宗旨。

②之：主谓间助词，取消句子独立性。齐：使动用法，使……整齐，使……有序。正：使动用法，使……端正。诚：使动用法，使……真诚。意：意念，想法。致：获得。知：知识。格物：推究事理。知至：对外物之理认识充分。庶人：普通百姓。壹是：一概，一律。

（二）夯实基础

1. ①名词，宗旨、原则。②名词，规律。③形容词，美好的。④推究，探究。

2. ①形容词做动词，彰明；形容词做动词，亲近，爱抚。②使动用法，使……整齐，使……有序。③修养。④使动用法，使……端正。⑤使动用法，使……真诚。

3. ①使动用法，使……整齐。②副词，一同，一齐。③形容词，相同。④意动用法，把……看成相等。

4. 状语后置句，正常语序应为“古之欲于天下明明德者”。

（三）理解性默写及易错字词矫正

1. ①物有本末，事有终始。②先修其身，先正其心。③致知在格物，物格而后知至。④在明明德，在亲民。⑤自天子以至于庶人，壹是皆以修身为本。

（四）重要句子翻译

①大学的宗旨在于弘扬光明正大的品德，亲近爱抚民众，使人达到最完善的境界。②获得认识在于推究事物的原理，事物得到探究之后才能对外物之理认识充分。③上自

国家元首，下至平民百姓，一律都要以修养品性为根本。

三、《人皆有不忍人之心》品读

（一）原文挖空

人皆有不忍人之心

忍人：狠心对待别人。斯：这。运：运转。所以：……的原因。谓：说。乍：突然。孺子：小孩子。入：掉入。怵惕：惊骇，恐惧。恻隐：哀痛，怜悯。所以：用来。内交：结交。要：求取，博取。乡党：同乡。恶：厌恶。然：这样。由是：从这里。羞恶：对自身的不善感到羞耻，对他人的不善感到憎恶。辞让：谦逊推让。是非：对错，正确与错误。端：萌芽，发端。之：用在主谓之间，取消句子独立性。是：这。犹：如同，好像。四体：四肢。谓：认为。贼：伤害。我：自己，自我。然：同“燃”，燃烧。达：流涌，指泉水涌出。苟：如果。保：安定，使……安定。四海：天下。事：侍奉。

（二）夯实基础

1. ①用来……;“内”同“纳”，结交。②求取。③伤害。④同“燃”，燃烧。⑤……的原因。

2. ①动词，狠心对待。②形容词，忍心。③使动用法，使……变得坚韧。④动词，忍耐，忍受。

3. ①判断句。②判断句。③状语后置句。④宾语前置句，判断句。

（三）重要句子翻译

①这不是因为要想去和这孩子的父母拉关系，不是因为要想在乡邻朋友中博取声誉，也不是因为厌恶这孩子的哭叫声才产生这种惊惧同情心理。②凡是有这四种发端的人，知道都要扩大充实它们，就像火刚刚开始燃烧，泉水刚刚开始流淌。③如果能够扩充它们，便足以安定天下，如果不能够扩充它们，就连赡养父母都成问题。

四、《〈老子〉四章》品读

（一）原文挖空

《老子》四章

①毂：车轮的中心位置，与辐相接。埏埴：和泥。以为：把……作为。户牖：门窗。之：语气助词，不译。利：便利。

②企：踮起脚。见：显露。是：正确。伐：夸耀。矜：夸耀。长：长久。行：同“形”，形体。处：为，做。

③明：圣明。强：刚强。强行：勉强而行。所：立身之基。亡：腐朽。

④持：持守。谋：谋划。泮：同“判”，分离。为：做，处理。毫末：毫毛的末端，喻极其细微的事物。累：同“蔂”，土筐。执：把持。从事：办事，处理事务。几：接近。慎：形容词做动词，审慎面对。贵：以……为贵。复：弥补，补救。辅：辅助。

（二）夯实基础

1. ①同“现”，显露。②同“形”，形体。③同“判”，分离。④同“蔂”，土筐。

2. ①形容词做动词，明察。②形容词做动词，明辨是非。③名词做动词，建立功勋。④名词做动词，显露迹象。⑤形容词做动词，审慎面对。⑥使动用法，使……失败。⑦名词的意动用法，以……为学。⑧意动用法，以……为贵。

3. ①形容词，聪明。②形容词，明亮。③名词，视力。④形容词，下一个，次一个。⑤形容词，明白，清楚。⑥动词，明晓。⑦动词，说明，阐明。⑧副词，明明。

4. ①状语后置句。②状语后置句。③状语后置句。④状语后置句。⑤状语后置句。⑥宾语前置句。

（三）理解性默写及易错字词矫正

1. ①千里之行，始于足下。②自伐者无功，自矜者不长。③埏埴以为器，当其无，有器之用。④知人者智，自知者明。⑤为之于未有，治之于未乱。

（四）重要句子翻译

①所以，“有”给人便利，“无”发挥了它的作用。②不丧失合适位置的人能够长久，死而不朽的人就是长寿。③因此圣人无所作为所以也不会招致失败，无所执着所以也不遭受损害。

五、《五石之瓠》品读

（一）原文挖空

五石之瓠

贻：赠送。大瓠：葫芦。树：种植，培育。成：成熟。实：结的葫芦。五石：容量单位，十斗为一石。以：介词，用。自举：拿起来。以为：把它作为。瓠落：又写作“廓落”，很大很大的样子。呺然：庞大而又中空的样子。为：因为。掊：砸破。固：实在。用：使用。大：形容词做名词，大东西。龟：同“皲”，皮肤受冻开裂。洴澼绕：漂洗丝絮。不过：不超过。鬻：卖，出售。与：给。以：来。说：同“悦”，取悦。难：发难，这里指越国对吴国有军事行动。将：统帅军队。水：在水中。裂：割地。一：同一，一样的。或：有的人。虑：用绳结缀。大樽：本为酒器，这里指形似酒樽，可以拴在身上的一种凫水工具，俗称腰舟。有蓬之心：喻指见识浅薄不能通晓大道理。

（二）夯实基础

1. ①同“皲”，皮肤冻裂。②同“纩”，丝绵絮。③同“悦”，取悦。

2. ①名词做动词，种植；名词做动词，结果实。②形容词做名词，大的东西。③形容词做名词，坚固程度。④名词做动词，领兵。⑤使动用法，使……冻伤；数词做形容词，一样的，同样的。

3. ①动词，承受。②动词，举起，抬起。③动词，列举。④动词，兴起，发动。

⑤动词，攻克，攻占。⑥动词，举荐。⑦动词，拿、用。⑧动词，尽。⑨形容词，全。

4. ①省略句。②省略句，状语后置句。③定语后置句。

（三）重要句子翻译

①用来盛水，它的坚固程度却经不起所盛的水的压力。把它剖开做成两个瓢，则瓢又太大而没有可以盛的东西。 ②我们世世代代在河水里漂洗丝絮，只得到很少的钱。如今一下子就可卖得百金，还是把药方卖给他吧。 ③同样一个防止手冻裂的药方，有人因此得到封赏，有人却只是用来漂洗丝絮，这就是使用方法的不同。

六、《兼爱》品读

（一）原文挖空

兼爱

①圣人：封建时代对君主的尊称。以：把。为：作为。者也：判断句的标志词。之：用在主谓之间，取消句子独立性。自起：产生的地方（原因）。焉：于是，才。治：治理。譬：比。之：音节助词。攻：医治。之：的。然：一样。焉：于是。弗：不。焉：于是。

②察：考察。当：同“尝”，尝试。何自起：自何起，宾语前置。臣子：臣子和儿子。孝：孝敬。君父：君主和父亲。自爱：爱自，宾语前置。亏：使动用法，使……亏损。利：使动用法，使……受益。虽：即使。慈：形容词做动词，慈爱。盗贼：偷窃和劫夺财物的人。室：家。利：使动用法，使……受益。身：自己。贼：名词做动词，劫夺财物。家：卿大夫的封地。国：封国。乱物：纷乱之事。具：完备。

③若：假如。使：让。若：像。犹：还，仍然。恶施：怎么施行。亡：同“无”，没有。有：同“又”。乱：侵犯。攻：攻打。治：太平。

④恶：怎么。恶：仇恨。劝：鼓励。兼：都。相：互相。子墨子：墨子的弟子对墨子的尊称。

（二）夯实基础

1. ①臣子和儿子。②卿大夫的封地；封国。③同“无”，没有。④同“又”。

2. ①使动用法，使……亏损；使……受益。②形容词做动词，慈爱。③名词做动词，劫夺财物。

3.（1）事：①名词，事务。②动词，做事。③动词，实践，从事。④动词，侍奉，为……服务。⑤动词，侍奉。⑥名词，职业。⑦动词，办事；名词，事情。⑧名词，事故，事件。（2）攻：①动词，治疗。②动词，攻打。③动词，学习，研究。④动词，治理，加工。

4. ①判断句。②宾语前置句。③宾语前置句。

（三）重要句子翻译

①臣与子不孝敬君和父，就是所谓的祸乱。②儿子爱自己而不爱父亲，因此使父

亲受损失而自己得利。③看待弟弟、儿子与臣下像看待自己一样，怎么会做出不慈的事呢？所以不孝不慈的现象都没有了。

七、《无衣》《春江花月夜》《将进酒》《江城子》品读

（一）原文挖空

无衣

于：语助词。同仇：共同对敌。作：起。行：往。

春江花月夜

滟滟：波光荡漾的样子。月明：月光。芳甸：芳草丰茂的原野。霰：天空中降落的白色不透明的小冰粒。汀：沙滩。纤尘：微细的灰尘。月轮：指月亮，因为月圆时像车轮，所以称为月轮。穷已：穷尽。但见：只见，仅见。青枫浦：即双枫浦，在今湖南浏阳南，这里泛指游子所在的地方。扁舟子：飘荡江湖的游子。明月楼：月夜下的闺楼。裴回：同“徘徊”。离人：此处指思妇。玉户：形容楼阁华丽，以玉石镶嵌。捣衣砧：捣衣石，捶布石。月华：月光。文：同“纹”。闲潭：幽静的水潭。复西斜：又要西落。潇湘：湘江与潇水。乘月：趁着月光。摇情：激荡情思。

将进酒

①高堂：高大的厅堂。樽：酒杯。会须：应当。

②将：请。馔玉：像玉一样精美的食品。恣欢谑：尽情欢乐戏谑。径须：直须。将出：牵出。销：排遣。

江城子

幽梦：隐约迷离的梦。轩窗：窗户。短松冈：长着矮小松树的山冈。

（二）夯实基础

1. ①语气助词，无实在意义。②穷尽。③同“徘徊”，指月光偏照闺楼，徘徊不去。④应当。⑤欢乐戏谑。⑥直须，直接。

2.（1）穷：①困窘，处境困难。②不得志，不显贵，与“达”相对。③穷尽，极尽。④穷尽。（2）度：①度过。②制度，法度。③过。④创作，谱写。⑤常态。⑥估计，预估。⑦测量。⑧度过，飞过。

（三）理解性默写及易错字词矫正

①修我矛戟，与子偕作。②与子同仇，与子偕作，与子偕行。③江天一色无纤尘，皎皎空中孤月轮。④江畔何人初见月，江月何年初照人。⑤不知江月待何人，但见长江送流水。⑥玉户帘中卷不去，捣衣砧上拂还来。⑦人生得意须尽欢，莫使金樽空对月。⑧钟鼓馔玉不足贵，但愿长醉不复醒。⑨千里孤坟，无处话凄凉。⑩相顾无言，惟有泪千行。

第二节 涵养底蕴

一、素养提升

（一）文言素养提升

1. CEG。解答此题，可结合语意和固定结构进行断句。

2. B。“不可以不劝爱人”中的“劝”是“鼓励、劝勉”的意思，和文中的“劝”词义相同。

3. C。根据材料二中的“好事而穿凿者，必言经以自辅，援圣以自贤，欲以取信于群愚而度其说也”可知，通过引经据典、援用圣贤来成就自己，争取民众信任的是“好事而穿凿者”，而非“世人”。

4. ①我的大臣们都对我有高傲轻慢的意思，只有高赫没有失掉君臣之间的礼节，所以先奖赏他。②请允许我简略地说其中的一小部分，您来仔细考察它真实与否。

5. 赵襄子奖赏群臣时，孔子已经去世许多年，不可能对此表达意见。

【参考译文】

材料一：

赵襄子被围困在晋阳城中，突围后，奖赏有功的五个人，高赫是受赏者中功劳第一的。张孟谈说：“晋阳城突围的事，高赫没有大功劳，现在却在受赏者中功劳排第一，为什么？”赵襄子说：“晋阳城被围一事上，我的国家形势危急，社稷危亡啊。我的大臣们都对我有高傲轻慢的意思，只有高赫没有失掉君臣之间的礼节，所以先奖赏他。”孔子听说这件事后，说：“善于奖赏啊，赵襄子！奖赏一个人后天下做臣子的都不敢失礼了。”有人说：孔子不懂得什么叫善于奖赏。善于赏罚的,（使）百官不敢超越自己的职权，群臣不敢失掉君臣的礼节。主上设置了有关法令，而臣子没有奸诈的想法。像这样，就可以叫作善于赏罚了。赵襄子有君臣相亲的恩泽，执行着有令即行、有禁即止的法令，如果还有高傲轻慢的臣子，这是赵襄子失去了处罚的原则。做臣子的，参议政事并且有功劳的就奖赏。现在高赫仅仅因为不高傲轻慢，赵襄子就奖赏他，这就奖赏错了。所以说：孔子不懂得什么叫善于奖赏。

材料二：

陈郡有个叫武臣的，对孔鲋说：“韩非确立法度，他和孔子不同的言论太多了。我常常探究他们言论的内涵并比较他们所做的事，发现它们历久不变、长久流传，在遏制奸邪、劝勉行善方面，韩非未必是错误的，孔子未必是全部合适的。像韩非那样的人，也是当代的圣人了。”孔鲋说：“如今世人说到高的一定要说达到了天的顶点，说低的必然要说深渊。那些喜欢多事而且喜欢穿凿附会的人，定会引述经书中的话来佐证自己的观点，援引圣人的话来显示自己贤明，他们想以此取得愚昧民众的信任从而使自己的学说有所依托。就像诸子的书，里边的道理都是这样。请允许我简略地说其中的一小部分，您来仔细考察它真实与否。”武臣说：“好。”孔鲋说：“从前赵、韩一起吞并知氏，赵襄子进行奖赏，首先奖赏没有功劳的一般人臣然后才奖赏有功劳的臣子。韩非的书里记载说‘孔子认为赵襄子奖赏得好’，引用孔子的话来为自己的观点张本，然后非难孔子的说法。（韩非书里说的和孔子的意思）怎么会有不同呢？然而实际上是欺诈之言。用什么来证明我说的是对的呢？我的祖先孔子在春秋哀公十六年四月己丑去世，到哀公二十七年荀瑶和韩、赵、魏三家讨伐郑国，遇到陈恒（率齐国军队救郑）而返，那时孔子去世已经十一年了，而晋国四卿都还在世。再往后到鲁悼公十四年，知氏才灭亡。这两件事情前后相隔很远，而韩非（在书里）公然将两件事情合为一件来说，竟然没有惭愧之意。由此可见世上有这么多好事之徒，都是韩非的罪过。所以我对韩非这样的小道沉默不言，对诸子的学说堵住耳朵不听已经很久了。但是你立起很短的表来计量天的高度，竖起寸长的手指来测量深渊，在大道上蒙昧而不能醒悟，相信胡说妄言而怀疑圣人，这当然不是我所希望的。”

（二）古诗素养提升

1. A。“三、四句写安宜自然环境怡人”错误，诗中的“清风动百里，惠化闻京师”并非直接描写安宜的自然环境怡人，而是借清风之动，形容徐安宜的政绩已经影响到百里之外，甚至京师也有所耳闻，以此夸赞徐县令的政绩。

2. 李白的这两首诗分别对应了诗歌的“观”和“怨”两种功能，既展现了社会风俗的兴盛，又表达了对上政的怨刺和不满。在《赠徐安宜》一诗中，李白通过对徐安宜治下的安宜县境的描写，展现了一片和平繁荣的景象。这正是“观风俗之盛衰”的体现，展现了社会风俗的兴盛。而在《古风·其二十四》一诗中，李白则通过描绘宦官权势嚣张等场景，揭示了宦官权势的嚣张跋扈，对百姓的欺压和恐吓，这正是“怨刺上政”的体现。

二、底蕴作文

【参考范文】

“恕”行终身，方得清静

“有一言而可以终身行之者乎？”“其恕乎！己所不欲，勿施于人。”

这段对话流传两千多年，传至今世，依然闪烁着智慧的光辉。圣人的教诲，经过时间的洗涤，更加熠熠生辉。是啊，世上永远没有不长杂草的花园，人与人之间总会有各种各样的摩擦。有杂草我们要学会整饬，有摩擦我们要学会调和，若能做到“恕”，聒噪的生活，便可清静下来。

心中有“恕”，要学会换位思考，做到己所不欲，不施于人。在《论语》中，孔子在提到“恕”时，补充道：“己所不欲，勿施于人”。这便是孔子眼中的恕：自己不想要的、不想做的，千万也不要推给别人。你不想做的，别人为什么要替你做？这可能是最早的换位思考，在孔子的时代，人人都在争利，自己不想做有害自己利益的事，就推给别人。在当今时代亦是如此，大到国家利益纷争，小到值日送垃圾，少一些推诿扯皮，多一丝换位思考，“恕”行终身，可得清静。

行中有“恕”，得饶人处且饶人，退一步，海阔天空，让三分，心平气和。可记得晏婴“二桃杀三士”的故事？如果三位猛士中，有一位退一步，或许结果就大不一样，晏子就需得另生一计了。如今，社会不断发展，人们的思想也在进步，但依旧有一些不和谐的思想存在。君不见，喧闹的车站，人来人往，常常会有些吵闹，不小心的一脚却能引起恶语相向。君不见，嘈杂的市场，熙熙攘攘，往往会有些小纠纷，无恶意的一个玩笑却能引起大打出手。骂人总想占最后一句，动手总想打最后一下，那是他们心中、行中无“恕”。所以，少说一句，少动一下，行中有“恕”，生活自然清静。

“恕”以待人，不只为了你我个人，更为整个国家、整个世界。唐太宗以一代明君的宽广胸怀，选择宽恕他的政敌魏征，获得了一面可知得失的人镜，缔造了贞观之治。战国时期的将相和，廉、蔺二人为了赵国的利益，选择了相互宽恕，使赵国更加强盛。二战期间，中国深受其害，有的人甚至想向日本复仇，直至今日，中国依旧选择了“恕”，可也不曾忘记，因为战争不仅关系到你我他，还有自然，还有生命。人与人之间更应以恕相待，少一份针对，多一份宽容，少一份纷乱，多一份清静。全矣！

“恕”行终身，方得清静。恕不仅涵养着我们的品格，也传递着温情，愿我们都能“恕”以待人，都能获得内心的清静。当宽恕他人的时候，暗淡无光的心空就会变得阳光明媚，万里无云。

第四章　选择性必修中册

本章的人文主题是“历史的现场”，属于“中华传统文化经典研习”任务群，包含《屈原列传》（司马迁）、《苏武传》（班固）、《过秦论》（贾谊）、《五代史伶官传序》（欧阳修）四篇文言文。学习目标为：了解历史，尊重历史，以史为鉴，理解史家对笔下人物的认识和评价，把握作者的观点；领会作品中反映的人物的家国情怀和担当精神；继承和弘扬中华优秀传统文化，提升对中华文化的认同感、自豪感，增强文化自信。在写作中要学习和借鉴史家思考社会现实问题的态度和方法，学习作品的叙事艺术和说理艺术，学习评价历史人物与历史事件，学写人物短评或驳论文。

第一节　品读经典

一、《屈原列传》品读

（一）原文挖空

屈原列传（司马迁）

①屈原者，名平，楚之同姓也。为楚怀王左徒。博闻（　　）强志（　　），明（　　）于治乱，娴（　　）于辞令。入则与王图议（　　）国事，以出号令；出则接遇（　　）宾客，应对诸侯。王甚任（　　）之。

②上官大夫与之同列（　　），争宠而心害（　　）其能。怀王使屈原造为（　　）宪令（　　），屈平属（　　）草稿未定，上官大夫见而欲夺（　　）之，屈平不与（　　）。因谗（　　）之曰："王使屈平为令，众莫不知。每一令出，平伐（　　）其功，曰以为（　　）'非我莫能为'也。"王怒而疏（　　）屈平。

③屈平疾（　　）王听（　　）之不聪（　　）也，谗谄（　　）之蔽明（　　）也，邪曲（　　）之害（　　）公也，方正（　　）之不容（　　）也，故忧愁幽思（　　）而作《离骚》。"离骚"者，犹离忧（　　）也。夫天者，人之始也；父母者，人之本也。人穷（　　）则反（　　）本，故劳苦倦极（　　），未尝不呼天也；疾痛惨怛（　　），未尝不呼父母也。屈平正道直行，竭忠尽智以事其君，谗人间（　　）之，可谓穷（　　）矣。信（　　）而见（　　）疑，忠而被谤，能无怨乎？屈平之作《离骚》，盖（　　）自（　　）怨生也。《国风》好色（　　）而不淫（　　），《小雅》怨诽（　　）而不乱。若《离骚》者，可谓兼之矣。上称（　　）帝喾，下道（　　）齐桓，中述汤、武，以刺（　　）世事。明（　　）道德之广崇（　　），治乱（　　）之条贯（　　），靡（　　）不毕见（　　）。其文约（　　），其辞微（　　），其志洁，其行廉（　　）。其称文（　　）小（　　）而其指（　　）极大，举类（　　）迩（　　）而见（　　）义远。其志洁，故其称物（　　）芳；其行廉，故死而不容。自疏濯（　　）淖污泥之中，蝉蜕（　　）于浊秽（　　），以浮游尘埃之外，不获（　　）世之滋（　　）垢，皭然（　　）泥（　　）而不滓（　　）者也。推（　　）此志（　　）也，虽（　　）与日月争光可也。

④屈原既绌（　　），其后秦欲伐齐，齐与楚从（　　）亲。惠王患之，乃令张仪详（　　）去秦，厚币（　　）委（　　）质（　　）事楚，曰："秦甚憎齐，齐与楚从亲，楚诚（　　）能绝（　　）齐，秦愿献商於之地六百里。"楚怀王贪而信张仪，遂绝齐，

使使（　　）如（　　）秦受地。张仪诈之曰：“仪与王约六里，不闻六百里。”楚使怒去，归告怀王。怀王怒，大兴师伐秦。秦发兵击之，大破楚师于丹、淅，斩首八万，虏楚将屈匄，遂取楚之汉中地。怀王乃悉（　　）发国中兵，以深入击秦，战于蓝田。魏闻之，袭楚至邓。楚兵惧，自秦归。而齐竟怒不救楚，楚大困。

⑤明年（　　），秦割汉中地与楚以和。楚王曰：“不愿得地，愿得张仪而甘心焉。”张仪闻，乃曰：“以一仪而当（　　）汉中地，臣请往如楚。”如楚，又因（　　）厚币用事（　　）者臣靳尚，而设诡辩（　　）于怀王之宠姬郑袖。怀王竟听郑袖，复释去张仪。是时屈平既疏，不复在位，使于齐，顾反（　　），谏怀王曰：“何不杀张仪？”怀王悔，追张仪，不及。

⑥其后诸侯共击楚，大破（　　）之，杀其将唐眜。

⑦时秦昭王与楚婚（　　），欲与怀王会。怀王欲行，屈平曰：“秦，虎狼（　　）之国，不可信。不如毋行。”怀王稚子子兰劝王行：“奈何绝秦欢（　　）？”怀王卒（　　）行。入武关，秦伏兵绝其后，因留怀王，以求割地。怀王怒，不听（　　）。亡走（　　）赵，赵不内（　　）。复之秦，竟死于秦而归葬。

⑧长子顷襄王立，以其弟子兰为令尹。楚人既咎（　　）子兰以劝怀王入秦而不反也。屈平既嫉（　　）之，虽放流，眷顾（　　）楚国，系心（　　）怀王，不忘欲反，冀幸（　　）君之一悟，俗之一改也。其存（　　）君兴国而欲反覆（　　）之，一篇之中三致志（　　）焉。然终无可奈何，故不可以反。卒以此见怀王之终不悟也。人君无（　　）愚、智、贤、不肖，莫不欲求忠（　　）以自为（　　），举贤（　　）以自佐（　　）；然亡国破家相随属（　　），而圣君治国（　　）累世（　　）而不见者，其（　　）所谓忠者不忠，而所谓贤者不贤也。怀王以不知忠臣之分（　　），故内（　　）惑于郑袖，外（　　）欺于张仪，疏屈平而信上官大夫、令尹子兰，兵挫地削，亡其六郡，身客死于秦，为天下笑。此不知人之祸也。……

⑨令尹子兰闻之，大怒，卒使上官大夫短（　　）屈原于顷襄王。顷襄王怒而迁（　　）之。

⑩屈原至于（　　）江滨，被（　　）发行吟泽畔，颜色（　　）憔悴（　　），形（　　）容（　　）枯槁（　　）。渔父见而问之曰：“子非三闾大夫欤？何故而至此？”屈原曰：“举世混浊而我独清，众人皆醉而我独醒，是以见（　　）放。”渔父曰：“夫圣人者，不凝滞（　　）于物，而能与世推移（　　）。举世混浊，何不随其流而扬其波（　　）？众人皆醉，何不餔（　　）其糟而啜（　　）其醨？何故怀瑾握瑜（　　），而自令见放为？”屈原曰：“吾闻之，新沐者必弹冠（　　），新浴者必振衣。人又谁能以身之察察（　　），受物之汶汶（　　）者乎？宁赴常流（　　）而葬乎江鱼腹中耳，又安能以皓皓之白（　　），而蒙世俗之温蠖乎？”乃作《怀沙》之赋。……于是怀石，

遂自投汨罗以死。

⑪屈原既死之后，楚有宋玉、唐勒、景差之徒（ ）者，皆好辞（ ）而以赋见称；然皆祖（ ）屈原之从容（ ）辞令，终莫敢直谏。其后楚日以削，数十年，竟为秦所灭。……

⑫太史公曰："余读《离骚》《天问》《招魂》《哀郢》，悲其志。适（ ）长沙，观屈原所自沉渊，未尝不垂涕（ ），想见其为人。及见贾生吊（ ）之，又怪屈原以彼其材，游诸侯，何国不容，而自令若是！读《服鸟赋》，同（ ）死生，轻（ ）去就（ ），又爽然自失（ ）矣。"

（二）夯实基础

1. 解释下列句子中加点的词

①犹离忧也（ ） ②其称文小而其指极大（ ）

③屈平既绌（ ） ④厚币委质事楚（ ）

⑤齐与楚从亲（ ） ⑥乃令张仪详去秦（ ）

⑦皭然泥而不滓者也（ ） ⑧人穷则反本（ ）

⑨靡不毕见（ ） ⑩亡走赵，赵不内（ ）

⑪被发行吟泽畔（ ） ⑫颜色憔悴（ ）

⑬形容枯槁（ ） ⑭然皆祖屈原之从容辞令（ ）

2. 写出下列句中加点词的活用类型及释义

①其后楚日以削（ ） ②蝉蜕于浊秽（ ）（ ）

③故内惑于郑袖，外欺于张仪（ ）（ ）

④积方正之不容也（ ） ⑤邪曲之害公也（ ）

⑥明道德之广崇（ ） ⑦然皆祖屈原之从容辞令（ ）

⑧复释去张仪（ ） ⑨卒使上官大夫短屈原于顷襄王（ ）

3. 一词多义

（1）微

①其文约，其辞微（ ） ②微夫人之力不及此（ ）

③微风鼓浪，水石相搏（ ） ④夫祸患常积于忽微（ ）

⑤猥以微贱（ ）

（2）被

①屈原被发行吟泽畔（ ） ②仍更被驱遣（ ）

③成归，闻妻言，如被冰雪（ ）

（3）靡

①治乱之条贯，靡不毕见（ ） ②吾视其辙乱，望其旗靡（ ）

③靡费（　　）

（4）称

①其称文小而其指极大（　　）　　②先帝称之曰能（　　）

③相如每朝时，常称病（　　）　　④幸蒙大恩，赐号称王（　　）

4. 指出下面句子的句式特点

①“离骚”者，犹离忧也。　　②方正之不容也。

③信而见疑。　　④忠而被谤。

⑤身客死于秦，为天下笑。　　⑥而自令见放为。

⑦而设诡辩于怀王之宠姬郑袖。　　⑧明于治乱，娴于辞令。

⑨楚人既咎子兰以劝怀王入秦而不反也。

5. 文化常识及成语积累

（1）文化常识

①左徒：战国时楚国的官名，与后世左右拾遗相当。主要职责是规谏皇帝、举荐人才。

②令尹：战国时楚国执掌军政大权的长官，相当于宰相。

③三闾大夫：战国时楚国特设的官职，是主持宗庙祭祀，兼管贵族屈、景、昭三大氏子弟教育的闲差事。

④帝喾：号高辛氏，相传为古代炎黄部落联盟首领，商族、周族都是他的后裔，“五帝”之一。

⑤齐桓：齐桓公，春秋前期齐国国君，姜姓，名小白。他任用管仲改革内政、发展经济，又在“尊王攘夷”的名义下“九合诸侯”，是“春秋五霸”中的第一个霸主。

⑥汤：商朝的建立者。

⑦武：周武王，西周王朝的建立者。

（2）成语积累

①博闻强识：也作“博闻强记”“博闻强志”。“博闻”表示广泛涉猎知识，“强识”则表示记忆力强大。通常用来形容一个人学识渊博，记忆力出众，能够迅速掌握并记住大量的知识。

②弹冠振衣：整洁衣冠，后多以比喻将欲出仕。后世也用来比喻准备隐居或出仕。

③怀瑾握瑜：是指人具有纯洁高尚的品德。“怀”表示怀藏，“握”表示手握，“瑾”和“瑜”都是美玉，用来比喻美德。

④随波逐流：指随着波浪起伏，跟着流水漂荡，比喻没有坚定的立场，缺乏判断是非的能力，只能随着别人走。

（三）理解性默写及易错字词矫正

1. 理解性默写

①《屈原列传》中，屈原感受到君王听信谗言的句子是“____________，____________”。

②在《屈原列传》中，作者司马迁对“离骚”一词做出自己的解释的句子是“____________，____________”。

③在《屈原列传》中，司马迁认为屈原《离骚》的创作背景除了楚怀王听信谗言、不能明辨是非以外，还有“____________，____________”，一针见血地指出了当时朝廷小人当道、正直之人遭到排挤的黑暗现实。

④《屈原列传》称赞《离骚》“言浅意深”的句子是“____________，____________”。

⑤在《屈原列传》中，作者司马迁连用了“____________，____________”这两个被动句写出了屈原诚信待人却被猜疑、忠心耿耿却被诽谤的现实，为下文写屈原心生怨气并作《离骚》做铺垫。

⑥一个人在辛苦困倦到极点的时候，往往会仰头长叹：“天哪！”这种情况在司马迁的《屈原列传》中有形象的描述：“____________，____________。”

⑦在《屈原列传》中，司马迁为了论证“父母，是人类的根本”这一观点，举了“____________，____________”这一例子进行了论证。

⑧在《屈原列传》中，司马迁对《诗经》里的《国风》和《小雅》进行评价的句子是“____________，____________”。

⑨我们读屈原的《离骚》，会发现屈原在诗中经常用美人香草做比喻，关于这一点，司马迁在《屈原列传》中做出的解释是“____________，____________”。

⑩在《屈原列传》中，司马迁对屈原的《离骚》评价极高，其中认为其文字简练、用词精当的两句是“____________，____________”。

⑪在《屈原列传》中，司马迁认为屈原《离骚》文章的内容虽然细小但含义却极宏大，所举的事例虽然浅近但意义却很深远的两句是“____________，____________”。

⑫在《屈原列传》中，司马迁对屈原的为人做出了高度的评价，其中认为他志向远大，即使与日月对照，光辉也毫不逊色的句子是“____________，____________”。

2. 易错字词矫正（写三遍）

谗谄　惨怛　帝喾　濯淖　皭然

（四）重要句子翻译

①屈平疾王听之不聪也，谗谄之蔽明也，邪曲之害公也，方正之不容也，故忧愁幽思而作《离骚》。

②信而见疑，忠而被谤，能无怨乎？屈平之作《离骚》，盖自怨生也。

③其文约，其辞微，其志洁，其行廉。其称文小而其指极大，举类迩而见义远。

④自疏濯淖污泥之中，蝉蜕于浊秽，以浮游尘埃之外，不获世之滋垢，皭然泥而不滓者也。推此志也，虽与日月争光可也。

⑤人又谁能以身之察察，受物之汶汶者乎？

（五）品读随笔

屈原与司马迁，两位历史巨匠，却展现了截然不同的生死观。屈原，以死明志，其精神之纯洁，令人敬仰。他选择以生命为祭，捍卫自己的信仰和尊严，彰显了一种悲壮的英雄主义。而司马迁则选择了另一条道路——忍辱负重，用生命的长度书写历史的深度。他隐忍苟活，不计较个人荣辱，为后世留下不朽的巨著——《史记》。

你怎么看待这两人的生死观？请谈谈你的看法（200字以内）。

二、《苏武传》品读

（一）原文挖空

苏武传（班固）

①武，字子卿。少以父任（　　），兄弟并（　　）为郎。稍（　　）迁（　　）至栘中厩监。时汉连伐胡，数（　　）通使（　　）相窥观（　　）。匈奴留（　　）汉使郭吉、路充国等，前后十余辈。匈奴使来，汉亦留之以相当（　　）。天汉元年，且鞮侯单于初立，恐汉袭之，乃曰："汉天子我丈人（　　）行（　　）也。"尽归（　　）汉使路充国等。武帝嘉（　　）其义（　　），乃遣武以中郎将（　　）使持节送匈奴使留在汉者，因（　　）厚赂（　　）单于，答（　　）其善意。武与副中郎将张胜及假（　　）吏常惠等募士斥候百余人俱（　　），既至匈奴，置币（　　）遗（　　）单于；单于益（　　）骄，非汉所望也。

②方（　　）欲发使送武等，会（　　）缑王与长水虞常等谋反匈奴中。缑王者，昆邪王姊子也，与昆邪王俱降汉，后随浞野侯没（　　）胡中。及卫律所将（　　）降者，阴（　　）相与（　　）谋劫单于母阏氏归汉。会武等至匈奴，虞常在汉时，素

（　　）与副张胜相知（　　），私（　　）候（　　）胜曰："闻汉天子甚怨卫律，常能为汉伏弩（　　）射杀之，吾母与弟在汉，幸（　　）蒙（　　）其赏赐。"张胜许之，以货物（　　）与常。

③后月余，单于出猎，独阏氏子弟在。虞常等七十余人欲发（　　），其一人夜亡（　　），告（　　）之。单于子弟发兵与战。缑王等皆死，虞常生得（　　）。单于使卫律治（　　）其事，张胜闻之，恐前语发（　　），以状（　　）语武。武曰："事如（　　）此，此必及（　　）我，见犯（　　）乃死，重（　　）负国。"欲自杀，胜、惠共止之。虞常果引（　　）张胜。单于怒，召诸贵人议，欲杀汉使者。左伊秩訾曰："即（　　）谋单于，何以复加？宜皆降（　　）之。"

④单于使卫律召武受辞（　　）。武谓惠等："屈节辱命，虽（　　）生，何面目以归汉！"引佩刀自刺。卫律惊，自抱持武，驰（　　）召医。凿地为坎（　　），置煴火，覆武其上，蹈（　　）其背以出血。武气绝（　　），半日复息。惠等哭，舆（　　）归营。单于壮（　　）其节，朝夕（　　）遣人候问武，而收系（　　）张胜。

⑤武益（　　）愈，单于使（　　）使晓（　　）武，会（　　）论（　　）虞常，欲因（　　）此时（　　）降武。剑（　　）斩虞常已，律曰："汉使张胜谋杀单于近臣，当（　　）死。单于募降者赦罪。"举剑欲击之，胜请降。律谓武曰："副有罪，当（　　）相坐（　　）。"武曰："本无谋，又非亲属，何谓相坐？"复举剑拟（　　）之，武不动。律曰："苏君，律前负汉归匈奴，幸蒙（　　）大恩，赐号称王。拥众数万，马畜弥山（　　），富贵如此！苏君今日降，明日复然（　　）。空以身膏（　　）草野，谁复知之！"武不应。律曰："君因（　　）我降，与君为兄弟；今不听吾计，后虽（　　）欲复见我，尚可得乎？"武骂律曰："汝为人臣子，不顾恩义，畔（　　）主背亲，为降虏于蛮夷，何以汝为见？且单于信汝，使决人死生，不平心持正，反欲斗（　　）两主，观祸败。若（　　）知我不降明，欲令两国相攻，匈奴之祸，从我始矣。"

⑥律知武终不可胁，白单于。单于愈益（　　）欲降之。乃幽（　　）武置大窖中，绝（　　）不饮食。天雨（　　）雪。武卧啮雪，与旃（　　）毛并咽之，数日不死。匈奴以为神。乃徙武北海上无人处，使牧羝，羝乳（　　）乃得归。别其官属常惠等各置他所。武既至海上，廪食（　　）不至，掘野鼠去（　　）草实而食之。杖（　　）汉节牧羊，卧起操持，节旄尽落。积五六年，单于弟於靬王弋射海上。武能网（　　）纺缴，檠（　　）弓弩，於靬王爱之，给其衣食。三岁余，王病，赐武马畜、服匿、穹庐。王死后，人众徙去。其冬，丁令盗武牛羊，武复穷（　　）厄（　　）。

⑦初，武与李陵俱为侍中。武使匈奴，明年（　　），陵降，不敢求（　　）武。久之，单于使陵至海上，为武置酒设乐。因谓武曰："单于闻陵与子卿素厚（　　），故使陵来说足下，虚心（　　）欲相待。终不得归汉，空自苦亡（　　）人之地，信义安

所见(　　)乎？前长君为奉车，从至雍棫阳宫，扶辇下除(　　)，触柱折辕，劾(　　)大不敬，伏剑自刎，赐钱二百万以葬。孺卿从祠（　　）河东后土，宦骑与黄门驸马争船，推堕驸马河中溺死，宦骑亡，诏使孺卿逐捕，不得，惶恐饮药而死。来时太夫人已不幸(　　)，陵送葬至阳陵。子卿妇年少，闻已更(　　)嫁矣。独有女弟(　　)二人，两女一男，今复十余年，存亡不可知。人生如朝露，何久自苦（　　）如此！陵始降时，忽忽（　　）如（　　）狂，自痛负汉，加以老母系（　　）保宫。子卿不欲降，何以过陵？且陛下春秋（　　）高，法令亡常（　　），大臣亡（　　）罪夷灭（　　）者数十家，安危不可知，子卿尚复谁为乎？愿听陵计，勿复有云。”武曰：“武父子亡(　　)功德，皆为陛下所成就（　　），位列将，爵通侯，兄弟亲近（　　），常愿肝脑涂地。今得杀身自效，虽(　　)蒙(　　)斧钺汤镬，诚(　　)甘乐(　　)之。臣事(　　)君，犹子事父也，子为父死，亡所恨（　　），愿勿复再言！”

⑧陵与武饮数日，复曰：“子卿壹（　　）听陵言！”武曰：“自分（　　）已死久矣！王必欲降（　　）武，请毕（　　）今日之欢（　　），效（　　）死于前！”陵见其至（　　）诚，喟然叹曰：“嗟呼，义士！陵与卫律之罪上（　　）通（　　）于天！”因（　　）泣下沾衿（　　），与武决（　　）去。……

⑨昭帝即位，数年，匈奴与汉和亲。汉求（　　）武等，匈奴诡言（　　）武死。后汉使复至匈奴，常惠请其守者与俱，得夜见汉使，具（　　）自陈道（　　）。教使者谓单于，言天子射上林中，得雁，足有系帛书，言武等在某泽中。使者大喜，如（　　）惠语以让（　　）单于。单于视左右而惊，谢（　　）汉使曰：“武等实在(　　)。”……

⑩单于召会武官属，前以(　　)降及物故(　　)，凡随武还者九人。武以(　　)始元六年春至京师。……武留匈奴凡十九岁，始以强壮出，及（　　）还，须发尽白。

（二）夯实基础

1. 解释下列句子中加点的词

①不顾恩义，畔主背亲（　　）　②与旃毛并咽之（　　）
③掘野鼠去草实而食之（　　）　④因泣下沾衿，与武决去（　　）
⑤前以降及物故（　　）　⑥信义安所见乎（　　）
⑦空自苦亡人之地（　　）　⑧法令亡常（　　）
⑨大臣亡罪夷灭者数十家（　　）　⑩武父子亡功德（　　）
⑪汉亦留之以相当　　）　⑫皆为陛下所成就（　　）
⑬我丈人行也（　　）　⑭欲因此时降武（　　）
⑮且陛下春秋高（　　）　⑯武等实在（　　）
⑰兄弟亲近（　　）　⑱来时，太夫人已不幸（　　）

⑲卧起操持（　　）

2. 写出下列句中加点词的活用类型及释义。

①天雨雪（　　）
②瓶乳乃得归（　　）
③杖汉节牧羊（　　）
④以状语武（　　）
⑤武能网纺缴（　　）
⑥檠弓弩（　　）
⑦祠河东后土（　　）
⑧惠等哭，舆归营（　　）
⑨剑斩虞常已（　　）
⑩得夜见汉使（　　）
⑪其一人夜亡（　　）
⑫朝夕遣人候问武（　　）
⑬陵与卫律之夜罪上通于天（　　）
⑭单于壮其节（　　）
⑮诚甘乐之（　　）
⑯欲因此时降武（　　）
⑰反欲斗两主（　　）
⑱单于愈益欲降之（　　）
⑲何久自苦如此（　　）
⑳王必欲降武（　　）
㉑尽归汉使路充国等（　　）
㉒屈节辱命（　　）（　　）
㉓宜皆降之（　　）

3. 一词多义

（1）会

①会武等至匈奴（　　）
②会论虞常（　　）
③单于召会武官属（　　）

（2）当

①汉亦留之以相当（　　）
②谋杀单于近臣，当死（　　）
③副有罪，当相坐（　　）

（3）使

①时汉连伐胡，数通使相窥观（　　）
②单于使卫律治其事（　　）
③武使匈奴，明年，陵降（　　）

（4）及

①及卫律所将降者（　　）
②此必及我（　　）
③及还，须发尽白（　　）

（5）始

①匈奴之祸，从我始矣（　　）
②陵始降时，忽忽如狂（　　）
③始以强壮出（　　）

（6）发

①方欲发使送武等（　　）
②虞常等七十余人欲发（　　）
③单于子弟发兵与战（　　）
④张胜闻之，恐前语发（　　）

⑤须发尽白（ ）

（7）食

①绝不饮食（ ） ②掘野鼠去草实而食之（ ）

③廪食不至（ ） ④给其衣食（ ）

⑤食马者不知其能千里而食也（ ）

4. 指出下面句子的句式特点

①缑王者，昆邪王姊子也。 ②单于益骄，非汉所望也。

③汉天子，我丈人行也。 ④为降虏于蛮夷。

⑤送匈奴使留在汉者。 ⑥何以汝为见？

⑦即谋单于，何以复加？ ⑧引佩刀自刺。

⑨子卿尚复谁为乎？ ⑩信义安所见乎？

⑪见犯乃死，重负国。 ⑫皆为陛下所成就。

⑬大臣亡罪夷灭者数十家。 ⑭缑王等皆死，虞常生得。

⑮募士斥候百余人俱。 ⑯使其妻赐武牛羊数十头。

5. 文化常识及成语积累

（1）文化常识

①班固（32—92年），字孟坚，东汉扶风安陵（今陕西咸阳东北）人，东汉著名史学家、文学家。他创作的《汉书》是继《史记》之后中国古代一部重要史书，“前四史”之一，后由其妹班昭和马续补写而成。作为辞赋家，班固是“汉赋四大家”之一，《两都赋》开创了京都赋的范例。

②《汉书》，又称《前汉书》，是中国第一部纪传体断代史，“二十四史”之一。与《史记》《后汉书》和《三国志》并称为“前四史”。《汉书》全书主要记述了上起西汉的汉高祖元年（公元前206年），下至新朝王莽地皇四年（公元23年）共230年的史事。

③年号：中国封建王朝用来纪年的一种名号。历代帝王遇到天降祥瑞或内讧外忧等大事、要事时，都要更改年号。一个皇帝可能不止一个年号。

④单于：匈奴人对他们部落联盟首领的专称，意为“广大”。

⑤阏氏：原为女性装扮用的胭脂古称。后意义扩展为汉朝的公主，还有匈奴君主的妻子，史书中常称“阏氏”为“有阏氏”。

⑥上林：即上林苑，古代园林建筑，皇帝游猎的场所。

⑦啮雪吞毡：原指汉朝苏武被匈奴单于幽禁在大窖中，断绝饮食，他吞吃雪和毡毛维生，后来也形容在困境中艰难地生活。

（2）成语积累

白发丹心：这个成语来源于苏武出使匈奴，被扣十九年，须发皆白，但丹心一片的故事。形容年迈苍老，仍然怀有一颗赤诚之心。

（三）重要句子翻译

①汉时连伐胡，数通使相窥观。匈奴留汉使郭吉、路充国等，前后十余辈。

②武帝嘉其义，乃遣武以中郎将使持节送匈奴使留在汉者，因厚赂单于，答其善意。

③武曰："事如此，此必及我。见犯乃死，重负国。"

④汝为人臣子，不顾恩义，畔主背亲，为降虏于蛮夷，何以汝为见？

⑤武父子亡功德，皆为陛下所成就，位列将，爵通侯，兄弟亲近，常愿肝脑涂地。

⑥今得杀身自效，虽蒙斧钺汤镬，诚甘乐之。臣事君，犹子事父也，子为父死，亡所恨，愿勿复再言。

（四）品读随笔

在《苏武传》中，我们感受到了苏武坚韧不屈、忠诚于国的精神。苏武，这位汉朝的使节，在北海牧羊十九年，历经风霜雨雪，却始终保持着一颗赤诚之心。他的坚守，不仅仅是对国家的忠诚，更是对自我信仰的执着。

请以"坚守"为主题，结合《苏武传》中的情节，写一篇不少于200字的短文。

三、《过秦论》品读

（一）原文挖空

过秦论（贾谊）

①秦孝公据崤函之固（　　），拥雍州之地，君臣固（　　）守以窥（　　）周室，有席（　　）卷天下，包（　　）举宇内，囊（　　）括四海之意，并吞八荒之心。当是时也，商君佐之，内（　　）立法度，务（　　）耕织，修守战之具（　　），外（　　）连衡（　　）而斗（　　）诸侯。于是秦人拱手（　　）而取西河之外。

②孝公既没（　　），惠文、武、昭襄蒙（　　）故业，因（　　）遗策，南（　　）取汉中，西举（　　）巴、蜀，东割膏腴（　　）之地，北收要害之郡。诸侯恐惧，会盟而谋弱（　　）秦，不爱（　　）珍器重宝肥饶之地，以致（　　）天下之士，合从（　　）缔交，相与（　　）为一。当此之时，齐有孟尝，赵有平原，楚有春申，魏有信陵。此四君者，皆明智而忠信，宽厚而爱人，尊贤（　　）而重士，约从（　　）离（　　）衡，兼韩、魏、燕、楚、齐、赵、宋、卫、中山之众。于是六国之士，有甯越、徐尚、

苏秦、杜赫之属（　　）为之谋，齐明、周最、陈轸、召滑、楼缓、翟景、苏厉、乐毅之徒（　　）通其意，吴起、孙膑、带佗、倪良、王廖、田忌、廉颇、赵奢之伦（　　）制（　　）其兵（　　）。尝以十倍之地，百万之众，叩（　　）关而攻秦。秦人开关延（　　）敌，九国之师（　　），逡巡（　　）而不敢进。秦无亡（　　）矢遗（　　）镞（　　）之费（　　），而天下诸侯已困矣。于是从散约败，争割地而赂秦。秦有余力而制其弊（　　），追亡（　　）逐北（　　），伏尸百万，流血漂橹；因（　　）利乘便，宰割天下，分裂山河。强国请服，弱国入朝。延及（　　）孝文王、庄襄王，享国之日浅，国家无事。

③及至始皇，奋（　　）六世之余烈（　　），振（　　）长策（　　）而御（　　）宇内，吞二周而亡（　　）诸侯，履（　　）至尊（　　）而制六合（　　），执敲扑（　　）而鞭笞（　　）天下，威振四海。南取百越之地，以为（　　）桂林、象郡；百越之君，俯首系颈，委（　　）命下（　　）吏。乃（　　）使蒙恬北筑长城而守藩篱（　　），却（　　）匈奴七百余里；胡人不敢南下而牧马，士不敢弯弓而报怨（　　）。于是废先王之道（　　），焚百家之言（　　），以愚（　　）黔首（　　）；隳（　　）名城（　　），杀豪杰；收天下之兵（　　），聚之咸阳，销锋镝（　　），铸以为金人十二，以弱（　　）天下之民。然后践（　　）华为城，因（　　）河（　　）为池（　　），据亿丈之城，临不测之渊，以为（　　）固（　　）。良将劲弩守要害之处，信臣（　　）精（　　）卒陈（　　）利兵而谁何（　　）。天下已定，始皇之心，自以为关中之固（　　），金城（　　）千里（　　），子孙帝王（　　）万世之业也。

④始皇既没，余威震于殊俗（　　）。然陈涉瓮（　　）牖（　　）绳（　　）枢（　　）之子，氓隶之人，而迁徙之徒也；才能不及中人（　　），非有仲尼、墨翟之贤，陶朱、猗顿之富；蹑足（　　）行伍（　　）之间，而倔起（　　）阡陌（　　）之中，率疲弊之卒，将（　　）数百之众，转而攻秦；斩木为兵，揭（　　）竿为旗，天下云（　　）集响（　　）应，赢（　　）粮而景（　　）从。山东（　　）豪俊遂并起而亡（　　）秦族矣。

⑤且夫天下（　　）非小弱（　　）也，雍州之地，崤函之固（　　），自若（　　）也。陈涉之位，非尊于齐、楚、燕、赵、韩、魏、宋、卫、中山之君也；锄櫌棘矜，非铦（　　）于钩戟长铩也；谪戍之众，非抗（　　）于九国之师也；深谋远虑，行军用兵之道（　　），非及（　　）乡时（　　）之士也。然而成败异变，功业相反，何也？试使（　　）山东之国与陈涉度长絜大（　　），比权量力，则不可同年而语（　　）矣。然秦以区区（　　）之地，致（　　）万乘之势，序（　　）八州而朝（　　）同列，百有（　　）余年矣；然后以六合为家，崤函为宫（　　）；一夫作难（　　）而七庙隳（　　），身死人手，为天下笑者，何也？仁义不施而攻守之势异也。

（二）夯实基础

1. 解释下列句子中加点的词

①信臣精卒陈利兵而谁何（　　）　②赢粮而景从（　　）

③锄櫌棘矜，非铦于钩戟长铩也（　　）　④非及乡时之士也（　　）

⑤山东豪俊遂并起而亡秦族矣（　　）

2. 写出下列句中加点词的活用类型及释义

①过秦论（　　）　②履至尊而制六合（　　）

③将数百之众（　　）　④序八州而朝同列（　　）

⑤有席卷天下，包举宇内，囊括四海之意（　　）（　　）（　　）

⑥内立法度（　　）　⑦外连衡而斗诸侯（　　）

⑧然陈涉瓮牖绳枢之子（　　）（　　）

⑨天下云集响应，赢粮而景从（　　）（　　）

⑩吾追亡逐北（　　）　⑪外连衡而斗诸侯（　　）

⑫流血漂橹（　　）　⑬序八州而朝同列（　　）

⑭且夫天下非小弱也（　　）　⑮尊贤而重士（　　）

⑯焚百家之言，以愚黔首（　　）　⑰会盟而谋弱秦（　　）

3. 一词多义

（1）遗

①因遗策（　　）　②秦无亡矢遗镞之费（　　）

③涂不拾遗（　　）　④小学而大遗（　　）

⑤采之欲遗谁（　　）

（2）亡

①秦无亡矢遗镞之费（　　）　②追亡逐北（　　）

③吞二周而亡诸侯（　　）　④今亡亦死，举大计亦死（　　）

⑤或人间长者先亡（　　）　⑥河曲智叟亡以应（　　）

（3）举

①西举巴、蜀（　　）　②举头望明月（　　）

③举大计亦死（　　）　④举以予人（　　）

⑤后刺史臣荣举臣秀才（　　）　⑥举类迩而见义远（　　）

⑦君举不信群臣乎（　　）

4. 指出下面句子的句式特点

①然陈涉瓮牖绳枢之子，氓隶之人，而迁徙之徒也。

②聚之咸阳。　③以为桂林、象郡。

④蹑足行伍之间。

⑤仁义不施而攻守之势异也。

⑥非铦于钩戟长铩也。

⑦铸以为金人十二。

⑧金城千里。

⑨为天下笑者，何也？

5. 文化常识及成语积累

（1）文化常识

①连衡、合纵：战国七雄确立初期，从地理位置来看，秦国靠西，而六国掌东，正好是一条直线将之划开。“连衡”是秦国采用的一种离间六国，使它们各自同秦国联合，从而各个击破的策略。“合纵”是六国联合起来共同对付秦国的策略。

②战国四君子：齐有孟尝，赵有平原，楚有春申，魏有信陵。孟尝君，齐国贵族，姓田名文；平原君，赵国贵族，姓赵名胜；春申君，楚国贵族，姓黄名歇；信陵君，魏国贵族，姓魏名无忌。他们是战国时期有名的四公子，皆以招揽宾客著称。

③七庙：天子的宗庙。《礼记·礼器》中记载：“天子七庙，诸侯五，大夫三，士一。”后泛指帝王供奉祖先的宗庙。

④陶朱：春秋时越国的范蠡，他帮越王勾践灭吴后，离开越国到陶，自称陶朱公。因擅长做生意而致富，后人以此作为富人的代称。

⑤九州：兖州、冀州、青州、徐州、豫州、荆州、扬州、梁州、雍州，代指中国。

⑥行伍：古代军队编制，以五人为伍，二十五人为行，故以“行伍”代指军队。

⑦黔首：秦朝对百姓的称呼。黔，黑色。秦朝百姓用黑色头巾包头，故称“黔首”。

⑧阡陌：田间小路。田间南北向的小路为“阡”，东西向的小路为“陌”。

⑨敲扑：行刑用的棍杖，短的叫“敲”，长的叫“扑”。

（2）成语积累

①追亡逐北：指追击败走的敌军。

②因利乘便：指凭借有利的形势。

③金城千里：指坚固的城墙，形容城池的防御坚固。

④瓮牖绳枢：指以破瓮做窗户，以草绳系户枢。比喻住房简陋，家境贫寒。

⑤斩木揭竿：砍削树木当兵器，举起竹竿做军旗。比喻武装起义。

⑥云集响应：大家迅速集合在一起，表示赞同和支持。

（三）理解性默写及易错字词矫正

1. 理解性默写

①《过秦论》中，写秦孝公时期占有有利地势的两句是“____________，____________”。

②《过秦论》一文中“____________，____________”形象地描写了秦始皇得到天下后，派遣得力的将领、士兵守卫要塞，盘问过往行人的情景。

③秦始皇派遣大将蒙恬到北方去修筑长城并固守边境，把匈奴赶退七百余里，使得匈奴长时间不敢南下进击中原。贾谊《过秦论》中“__________，__________”两句就是对此事件效果的概括。

④贾谊在《过秦论》中写秦始皇统一天下，突显他政治上的功业的两句是“__________，__________”。

⑤《过秦论》中，贾谊用“__________，__________”两句总结了秦王朝的愚民政策。

⑥《过秦论》中，描写陈涉起义所使用的武器与秦国相比的句子是“__________，__________”。

2. 易错字词矫正（写三遍）

囊　膏腴　逡巡　镞　履　威振　藩篱　黔　隳　销锋镝　牖　赢　锄櫌棘矜　絜

（四）重要句子翻译

①当是时也，商君佐之，内立法度，务耕织，修守战之具，外连衡而斗诸侯。

②诸侯恐惧，会盟而谋弱秦，不爱珍器重宝肥饶之地，以致天下之士，合从缔交，相与为一。

③秦有余力而制其弊，追亡逐北，伏尸百万，流血漂橹。

④及至始皇，奋六世之余烈，振长策而御宇内，吞二周而亡诸侯，履至尊而制六合，执敲扑而鞭笞天下，威振四海。

⑤于是废先王之道，焚百家之言，以愚黔首；隳名城，杀豪杰。

⑥一夫作难而七庙隳，身死人手，为天下笑者，何也？仁义不施而攻守之势异也。

⑦天下云集响应，赢粮而景从。山东豪俊遂并起而亡秦族矣。

（五）品读随笔

请结合《过秦论》中的历史背景和主要观点，撰写一篇200字左右的微作文，探讨其中的历史启示，以及引发的思考。

四、《五代史伶官传序》品读

（一）原文挖空

五代史伶官传序（欧阳修）

①呜呼！盛衰之理，虽曰天命，岂非人事（　　）哉！原（　　）庄宗之所以（　　）

得天下，与其所以失之者，可以知之矣。

②世言（ ）晋王之将终也，以（ ）三矢（ ）赐庄宗而告之曰："梁，吾仇也；燕王吾所立，契丹与吾约为兄弟，而皆背晋以归（ ）梁。此三者，吾遗恨（ ）也。与（ ）尔三矢，尔其（ ）无（ ）忘乃（ ）父之志！"庄宗受而藏之于庙。其后用兵，则遣从事（ ）以一少牢（ ）告庙，请其矢，盛以锦囊，负（ ）而前（ ）驱（ ），及凯旋而纳（ ）之。

③方（ ）其系（ ）燕父子以组（ ），函（ ）梁君臣之首，入于太庙，还矢先王，而告以成功，其意气（ ）之盛（ ），可谓壮哉！及仇雠（ ）已灭，天下已定，一夫（ ）夜（ ）呼，乱（ ）者四（ ）应（ ），仓皇（ ）东（ ）出，未及见贼而士卒离散，君臣相顾，不知所归，至于（ ）誓天断发，泣下沾襟，何其（ ）衰也！岂得之难而失之易欤？抑（ ）本（ ）其成败之迹（ ），而皆自于人欤？《书》曰："满招损，谦得益。"忧劳可以兴（ ）国，逸豫（ ）可以亡（ ）身，自然之理也。

④故方其盛也，举（ ）天下之豪杰，莫能与之争；及其衰也，数十伶人困之，而身死国灭，为（ ）天下笑。夫祸患常积于忽微（ ），而智勇多困于所溺（ ），岂独（ ）伶人也哉？

（二）夯实基础

1. 解释下列句子中加点的词

①及仇雠已灭（ ）　　②尔其无忘乃父之志（ ）

③则遣从事以一少牢告庙（ ）　　④岂非人事哉（ ）

2. 写出下列句中加点词的活用类型及释义

①仓皇东出（ ）　　②一夫夜呼（ ）

③契丹与吾约为兄弟（ ）　　④函梁君臣之首（ ）

⑤抑本其成败之迹（ ）　　⑥而告以成功（ ）

⑦而智勇多困于所溺（ ）　　⑧乱者四应（ ）

⑨忧劳可以兴国，逸豫可以亡身（ ）（ ）

3. 一词多义

（1）盛

①盛衰之理（ ）　　②盛以锦囊（ ）

③其意气之盛（ ）　　④赵亦盛设兵以待秦（ ）

（2）原

①原庄宗之所以得天下（ ）　　②此吾所以取道之原也（ ）

③山原旷其盈视（ ）

（3）归

①而皆背晋以归梁（ ）　②聊乘化以归尽（ ）

③请从吏夜归（ ）　④臣请完璧归赵（ ）

⑤年二十以归吾（ ）

（4）本

①抑本其成败之迹（ ）　②予本非文人画士（ ）

③今背本而趋末（ ）　④今存其本不忍废（ ）

（5）衰

①盛衰之理（ ）　②镜中衰鬓已先斑（ ）

③子墨衰绖（ ）

4. 指出下面句子的句式特点

①梁，吾仇也。　②此三者，吾遗恨也。

③盛以锦囊。　④方其系燕父子以组。

⑤而告以成功。　⑥而智勇多困于所溺。

⑦庄宗受而藏之于庙。　⑧以三矢赐庄宗而告之曰。

⑨而告以成功。　⑩而身死国灭。

5. 文化常识及名句积累

（1）文化常识

①欧阳修：字永叔，号醉翁，晚号六一居士，北宋政治家、文学家，谥号“文忠”，故世称欧阳文忠公。欧阳修是在宋代文学史上最早开创一代文风的文坛领袖，与韩愈、柳宗元、苏轼、苏洵、苏辙、王安石、曾巩合称“唐宋八大家”，与柳宗元、苏轼、韩愈合称“千古文章四大家”。

②序又名序言、前言、引言，属实用文体，同“跋”是一类文体。列于卷首叫“序”，附于卷末叫“跋”。序大致可分为以下几种：由作者本人写的，叫“自序”。请他人代写的，叫“他序”（除了介绍著作外，还有一些评价的内容）。宴会赋诗时为诗结集所作的称“宴集序”。作文相赠，以表惜别、祝愿、劝勉之意的是“赠序”。在议论中抒发感慨，借以总结历史教训、表达作者的政治见解或表达对所记叙的人与事的态度的叫“史序”。

③伶官：古称演戏的人为伶，在宫廷中授有官职的伶人叫作伶官。

④二十四史：是中国古代二十四部正史的总称，即《史记》《汉书》《后汉书》《三国志》《晋书》《宋书》《南齐书》《梁书》《陈书》《魏书》《北齐书》《周书》《隋书》《南史》《北史》《旧唐书》《新唐书》《旧五代史》《新五代史》《宋史》《辽史》《金史》《元史》《明史》。

⑤太庙：天子的祖庙。

⑥太牢、少牢：古代祭祀用牛、羊、猪各一头叫太牢，用羊、猪各一头叫少牢。由于祭祀者和祭祀对象不同，所用牺牲（古代祭祀用的猪、牛、羊等）的规格也有所区别，天子祭祀社稷用太牢，诸侯祭祀用少牢。牢，祭祀用的牲畜。

（2）名句积累

①满招损，谦得益：告诫人们自满会招致损失，而谦虚则会带来益处。它强调了谦虚谨慎的重要性。

②忧劳可以兴国，逸豫可以亡身：忧虑劳苦可以振兴国家，而贪图安逸则会导致自身灭亡。强调了勤勉和警惕对于国家和个人发展的重要性。

③祸患常积于忽微：祸患往往是由于对细节的忽视而逐渐积累起来的。提醒人们要关注细节，防止小问题演变为大麻烦。

④智勇多困于所溺：聪明勇敢的人往往因为沉迷于某些事物而陷入困境。告诫人们要理性对待自己的喜好和欲望，避免因为过度沉迷而失去理智和判断力。

（三）理解性默写及易错字词矫正

1. 理解性默写

①《五代史伶官传序》中，“____________，____________”两句写出了当李存勖强盛的时候，天下无人能抗衡的气势。

②《五代史伶官传序》中，从“____________，____________”可以知道盛衰之理在于人事。

③欧阳修在《五代史伶官传序》结尾指出后唐庄宗身死国灭，为天下人耻笑的原因的一个名句是“____________，____________”。

④《过秦论》中，贾谊用“斩木为兵，揭竿为旗，天下云集响应，赢粮而影从”写反抗暴秦之势。《五代史伶官传序》中，欧阳修用“____________，____________”写晋因伶人而“千里之堤毁于蚁穴”之态。

⑤《五代史伶官传序》中，晋王告诉庄宗，契丹和自己订立盟约结为兄弟，但后来背叛晋的契丹却归顺了梁，文中体现这一意思的句子是“____________，____________”。

⑥《五代史伶官传序》中，叙述“世人说晋王临死时，把三支箭赐给庄宗”的句子是“____________，____________”。

⑦《五代史伶官传序》中，叙述庄宗执行其父遗命的事例以及在庄宗极盛和极衰两种情形的对比中，得出“____________，____________”的结论。

2. 易错字词矫正（写三遍）

遣　囊　雠　逸豫　溺

（四）重要句子翻译

①及仇雠已灭，天下已定，一夫夜呼，乱者四应，仓皇东出，未及见贼而士卒离散，君臣相顾，不知所归。

②忧劳可以兴国，逸豫可以亡身，自然之理也。

③夫祸患常积于忽微，而智勇多困于所溺，岂独伶人也哉？

④其后用兵，则遣从事以一少牢告庙，请其矢，盛以锦囊，负而前驱，及凯旋而纳之。

⑤岂得之难而失之易欤？抑本其成败之迹，而皆自于人欤？

⑥方其系燕父子以组，函梁君臣之首，入于太庙，还矢先王，而告以成功，其意气之盛，可谓壮哉！

（五）品读随笔

中国有句古话：成者为王，败者为寇。可见自古以来就有许多人把成败当成定义英雄的首要条件，但也有不少人认为“不以成败论英雄”，认为生活中有许多悲剧英雄，他们身上也有很多可歌可泣的品质。

对此，你有怎样的思考？

请选择一位历史上的英雄人物，以“叹 ××”或“赞 ××”（×× 为人名）为题，思考从他身上汲取的精神力量或获得的经验教训，写一则 300 字以上的短文，表达你的认识和评价。

五、《燕歌行 并序》《李凭箜篌引》《锦瑟》《书愤》品读

（一）原文挖空

燕歌行 并序（高适）

汉家（　　）烟尘（　　）在东北，汉将辞家破残贼。男儿本自重横行，天子非常赐颜色（　　）。摐（　　）金伐（　　）鼓下榆关，旌旆（　　）逶迤（　　）碣石间。校尉羽书（　　）飞瀚海，单于猎火照狼山。山川萧条极边土，胡骑凭陵（　　）杂风雨。战士军前半死生，美人帐下犹歌舞。大漠穷秋（　　）塞草腓（　　），孤城落日斗兵稀。身当（　　）恩遇（　　）常轻敌，力尽关山未解围。铁衣（　　）远戍辛勤久，玉箸（　　）应啼别离后。少妇城南欲断肠，征人蓟北空回首。边庭飘飖（　　）那可

度（　　），绝域苍茫无所有。杀气三时作阵云，寒声一夜传刁斗（　　）。相看白刃血纷纷，死节从来岂顾勋！君不见沙场征战苦，至今犹忆李将军。

李凭箜篌引（李贺）

吴丝蜀桐张（　　）高秋（　　），空山凝云颓（　　）不流。江娥啼竹素女愁，李凭中国（　　）弹箜篌。昆山玉碎凤凰叫，芙蓉泣露（　　）香兰笑（　　）。十二门前融冷光，二十三丝动紫皇。女娲炼石补天处，石破天惊逗秋雨。梦入神山教神妪，老鱼跳波瘦蛟舞。吴质不眠倚桂树，露脚斜飞湿寒兔。

锦瑟（李商隐）

锦瑟无端（　　）五十弦，一弦一柱思华年（　　）。庄生晓梦迷蝴蝶，望帝春心托杜鹃。沧海月明珠有泪，蓝田日暖玉生烟。此情可待成追忆，只是当时已惘然（　　）。

书愤（陆游）

早岁（　　）那（　　）知世事艰，中原（　　）北望气如山。楼船夜雪瓜洲渡，铁马秋风大散关。塞上长城空（　　）自许，镜中衰鬓已先斑（　　）。出师一表真名世（　　），千载谁堪伯仲间（　　）！

（二）夯实基础

1. 典故积累

①江娥啼竹素女愁：娥，尧帝之女。投于湘水，成为湘水女神。因为丈夫舜的去世，她伤心欲绝，泪水落在竹子上化为斑竹。听了李凭弹奏的箜篌，她又泪洒斑竹。素女，古代神话中的女神，善鼓瑟。素女被这乐声触动了愁怀，潸然泪下。极力烘托箜篌声愁苦郁闷，神奇美妙。

②二十三丝动紫皇：紫皇，道教传说中地位最高的神仙。“紫皇”是双关语，兼指天帝和当时的皇帝。天帝和皇帝都听过天上和人间最美妙的音乐，如今，李凭的箜篌曲把他们打动了，可见非同凡响。

③梦入神山教神妪：神妪，就是成夫人，身份——仙人，职业——箜篌顶尖高手。

④吴质不眠倚桂树：吴质即吴刚，他因学仙有过，被罚在月宫中砍桂树，树随砍随合。听了李凭的箜篌声，吴刚忘记了自己的本职工作，倚着桂树静听，彻夜不眠。

⑤露脚斜飞湿寒兔：寒兔，月宫中嫦娥的宠物。蹲伏在一旁，任凭露水斜飞滴在身上，把毛浸湿，也不肯离开。

⑥庄周梦蝶：庄周梦见自己变成了一只翩翩起舞的蝴蝶，非常快乐，悠然自得，但梦醒后，却是僵卧在床。不知是自己做梦变成了蝴蝶呢，还是蝴蝶做梦变成了自己呢？庄子认为人们如果能打破生死、物我的界限，则无往而不快乐。“庄周梦蝶”是诗人美好却又十分虚缈的心灵寄托。

⑦望帝啼鹃：周朝末年蜀国君主的称号，传说他死后，魂魄化为鸟，名杜鹃，啼声哀凄，暮春而鸣。伤感春去，也哀痛亡国。春心是伤春之心，比喻对美好事物的怀念。“杜鹃啼血”表现诗人无限的悲感、难言的愁绪与怨愤。

⑧南海鲛人：传说珠生于蚌，蚌生于海，每当月明宵静，蚌则向月张开，以养其珠，珠得月华，始极光莹。又一传说，南海鲛人，水居如鱼，有泣泪，颗颗成珠。沧海、明月、明珠、泪珠构成了一个朦胧、哀婉的可望而不可即的妙境。

⑨暖玉生烟：传说蓝田美玉深埋地下，不为人所见，但它那温润的精气却能透过泥土，烟雾般升腾到空中，代表了一种只可远观的异常美好的理想景色。

⑩塞上长城空自许，镜中衰鬓已先斑：南朝时刘宋名将檀道济曾自称为“万里长城”。皇帝要杀他，他说：“自毁汝万里长城。”陆游以此自许，可见其少时之磅礴大气，捍卫国家，扬威边地，舍我其谁？

⑪出师一表真名世，千载谁堪伯仲间：《出师表》是三国时期蜀汉丞相诸葛亮在决定北上伐魏、夺取长安之前给后主刘禅上书的表文。诸葛亮以恳切委婉的言辞劝勉后主要广开言路、严明赏罚、亲贤远佞，同时表达自己以身许国、忠贞奉献的思想。

（三）理解性默写及易错字词矫正

1. 理解性默写

①《燕歌行》中，“______________，______________”两句写战士拼死作战，流血牺牲，而将帅却美人歌舞，纵情声色，贪图享乐。

②《燕歌行》中，“______________，______________”两句古今对比，李广勇猛善战，作风朴实，能善待部将，与士卒同甘共苦。而唐将只知寻欢作乐，不思报效国家。

③《书愤》中，“______________，______________”两句诗人以诸葛亮自况，以此自勉，表明他敬仰诸葛亮、渴望建功立业，至死也不会放弃恢复中原之志。

④《燕歌行》中，“______________，______________”，貌似赞扬汉将去国时的威武荣耀，实则已隐含讥讽，预伏下文。

⑤所谓“列锦”，就是全部用名词或名词性短语，经过选择组合，巧妙地排列在一起，构成生动可感的图像，用以烘托气氛，创造意境，表达情感的一种修辞手法。例如马致远的《天净沙·秋思》：“枯藤老树昏鸦，小桥流水人家，古道西风瘦马”，而陆游《书愤》中的诗句“______________，______________”，也同样以几个名词组成而不着虚字。

⑥《燕歌行》中，“______________，______________”二句，有力地展现了塞外古战场艰苦的自然环境和渲染了爱国战士殊死奋战的悲凉气氛。

⑦《书愤》中，“______________，______________”两句塑造了一个雄心勃勃、豪情满怀，以为驱逐侵略者、收复失地指日可待的早年的诗人形象。

⑧杜鹃，是我国古诗词中最常见的意象之一。因其啼声甚哀，往往用来传达一种凄凉之情或思念之意。《琵琶行》中有这样两句“其间旦暮闻何物，杜鹃啼血猿哀鸣”,《锦瑟》也有一联提到杜鹃“______________，______________”。

⑨《锦瑟》表达“聆听锦瑟之繁弦，勾起对华年往事之追思，音繁而绪乱，怅惘以难言”的诗句是：______________，______________。

⑩《锦瑟》一诗中回环曲折地表达了自己的惆怅苦痛，让人为之哀惋不已的句子是：______________，______________。

⑪《锦瑟》中感叹“才华被弃如沧海遗珠，追求向往终归飘渺虚幻”的千古名句是：______________，______________。

⑫在高适的《燕歌行》中，“______________，______________”两句一实一虚，既写出了战士们打仗的辛苦，又写出了家中妻子对远征战士的思念之情。

⑬《李凭箜篌引》中“______________，______________”两句，写成天伐桂、劳累不堪的吴刚，任凭深夜的露水不停洒落在身上的玉兔，这些饱含思想感情的优美形象，深深印在读者心中。

⑭《李凭箜篌引》中写美妙绝伦的乐声传入神山，令神妪也为之感动不已的诗句是“______________”。乐声感物至深，致使“______________”。诗人用“老”和“瘦”这两个似平且干枯的字眼修饰鱼龙，却有着完全相反的艺术效果，使音乐形象更加丰满。

2. 易错字词矫正（写三遍）

旌旆　逶迤　碣　瀚　腓　箸　蓟　箜篌　惘　衰鬓

（四）品读随笔

从《燕歌行 并序》《李凭箜篌引》《锦瑟》《书愤》等诗词中任选一篇，仔细品味，写一篇微型文学评论，300 字左右。

第二节 涵养底蕴

一、素养提升

（一）文言素养提升

阅读文言文，完成下面小题。

材料一：

长子顷襄王立，以其弟子兰为令尹。楚人既咎子兰以劝怀王入秦而不反也。屈平既嫉之，虽放流，眷顾楚国，系心怀王，不忘欲反，冀幸君之一悟，俗之一改也。其存君兴国而欲反覆之，一篇之中三致志焉。然终无可奈何，故不可以反。卒以此见怀王之终不悟也。……

令尹子兰闻之，大怒，卒使上官大夫短屈原于顷襄王，顷襄王怒而迁之。

屈原至于江滨，被发行吟泽畔，颜色憔悴，形容枯槁。渔父见而问之曰："子非三闾大夫欤？何故而至此？"屈原曰："举世混浊而我独清，众人皆醉而我独醒，是以见放。"渔父曰："夫圣人者，不凝滞于物，而能与世推移。举世混浊，何不随其流而扬其波？众人皆醉，何不餔其糟而啜其醨？何故怀瑾握瑜，而自令见放为？"屈原曰："吾闻之，新沐者必弹冠，新浴者必振衣，人又谁能以身之察察，受物之汶汶者乎？宁赴常流而葬乎江鱼腹中耳，又安能以皓皓之白，而蒙世俗之温蠖乎！"乃作《怀沙》之赋。……于是怀石，遂自投汨罗以死。

屈原既死之后，楚有宋玉、唐勒、景差之徒者，皆好辞而以赋见称；然皆祖屈原之从容辞令，终莫敢直谏。其后楚日以削，数十年，竟为秦所灭。自屈原沉汨罗后百有余年，汉有贾生，为长沙王太傅，过湘水，投书以吊屈原。

材料二：

贾生名谊，洛阳人也。年十八，以能诵诗属书闻于郡中。吴廷尉为河南守闻其秀才召置门下甚幸爱。孝文皇帝初立，闻河南守吴公治平为天下第一，故与李斯同邑而常学事焉，乃征为廷尉。廷尉乃言贾生年少，颇通诸子百家之书。文帝召以为博士。是时贾生年二十余，最为少。每诏令议下，诸老先生不能言，贾生尽为之对，人人各如其意所欲出。诸生于是乃以为能不及也。孝文帝说之，超迁，一岁中至太中大夫。贾生以为汉兴至孝文二十余年，天下和洽，而固当改正朔，易服色，法制度，定官名，兴礼乐，乃悉草具其事仪法，色尚黄，数用五，为官名，悉更秦之法。孝文帝初即位，谦让未遑也。诸律令所更定，及列侯悉就国，其说皆自贾生发之。于是天子议以为贾生任公卿之位。绛、灌、东阳侯、冯敬之属尽害之，乃短贾生曰："洛阳之人，年少初学，专欲擅权，纷乱诸事。"于是天子后亦疏之，不用其议，乃以贾生为长沙王太傅。贾生既辞往行，及渡湘水，为赋以吊屈原。为长沙王太傅三年。后岁余，贾生征见。孝文帝方受釐，坐宣室，上因感鬼神事，而问鬼神之本。贾生因具道所以然之状。至夜半，文帝前席。既罢，曰："吾久不见贾生，自以为过之，今不及也。"居顷之，拜贾生为梁怀王太傅。梁怀王，文帝之少子，爱，而好书，故令贾生傅之，文帝复封淮南厉王子四人皆为列侯。贾生谏，以为患之兴自此起矣，贾生数上疏，言诸侯或连数郡，非古之制，可稍削之。文帝不听。居数年，怀王骑，堕马而死，无后。贾生自伤为傅无状，哭泣岁余，亦死。（节选自《史记·屈原贾生列传》，有删改）

1. 文中画波浪线的部分有三处需要断句，请选出相应位置（　　）

吴廷尉[A]为河南[B]守[C]闻其秀[D]才[E]召置[F]门[G]下[H]甚幸爱。

2. 下列对文中加点的词语及相关内容的解说，不正确的一项是（　　）

A. "是以见放"与"见犯乃死，重负国"（《苏武传》）两句中的"见"含义相同。

B. "贾生因具道所以然之状"与"君因我降"（《苏武传》）两句中的"因"含义不同。

C. 博士，文中指掌管书籍文典、通晓史事的官职，现在一般指学位名，二者的意思不同。

D. "以为患之兴自此起矣"与"以为桂林、象郡"（《过秦论》）两句中的"以为"含义相同。

3. 下列对原文有关内容的概括和分析，不正确的一项是（　　）

A. 屈原对后世的影响，包括文学和政治两个方面。他自沉之后，"宋玉、唐勒、景差之徒"继承了他的文学主张创作辞赋，同时也继承了他的高洁志向和政治主张。

B. 贾谊热心政事，遭到权要忌恨。他认为汉朝建立二十余年，政通人和，应当全盘改变秦朝法令，因此触及权贵利益，受到诋毁，文帝后来也疏远了他。

C. 屈原自沉汨罗江后一百多年，贾谊去担任长沙王太傅时，路过汨罗江，写下了《吊屈原赋》，以表达对屈原的崇敬。这一年，贾谊还不到三十岁。

D. 贾谊劝止封侯，文帝未予采纳。文帝封淮南厉王四个儿子为侯，贾谊认为祸患将自此兴起。数年之后，梁怀王堕马死，贾谊觉得未能尽责，悲泣而死。

4. 请将文中画横线的句子翻译成现代汉语

①宁赴常流而葬乎江鱼腹中耳，又安能以晧晧之白，而蒙世俗之温蠖乎！

②诸律令所更定，及列侯悉就国，其说皆自贾生发之。

5. 请简要分析太史公把屈原和贾谊两人的列传合二为一的原因。

（二）古诗素养提升

阅读下面的诗歌，完成下列小题。

蜀相　杜甫

丞相祠堂①何处寻？锦官城②外柏森森。映阶碧草自春色，隔叶黄鹂空好音。
三顾频烦天下计，两朝开济老臣心。出师未捷身先死，长使英雄泪满襟。

书愤　陆游

早岁那知世事艰，中原北望气如山。楼船夜雪瓜洲渡，铁马秋风大散关。
塞上长城空自许，镜中衰鬓已先斑。出师一表真名世，千载谁堪伯仲间！

【注】①丞相祠堂：诸葛武侯祠，现在成都。②锦官城：成都的别名。

1. 不列对这两首诗的理解和赏析，不恰当的一项是（　　）

A.《蜀相》首联的“何处寻”，以问引起，以锦官城外松柏处作答，一问一答，流露出钦慕之感。

B.《蜀相》尾联，表现出诗人对诸葛亮的崇高景仰和对他事业未竟的痛惜心情，“英雄泪满襟”中的“英雄”指不包括诗人自己在内的有志未遂的英雄人物。

C.《书愤》颔联采用意象组合的方式，简洁却巧妙地回忆了作者亲历的瓜洲渡、大散关的抗金经历，洋溢着爱国热情。

D.《书愤》围绕“愤”字，抒发年华老去、功业难成的悲愤之气，但悲愤而不颓废。

2.《蜀相》和《书愤》都有对诸葛亮的追怀，也都有作者因难以实现理想抱负的感慨，说说两首诗在主要表现手法上有哪些异同，结合诗句简要分析。

二、底蕴作文

阅读下面的材料，根据要求写作。

我还见过许多年迈的、辛劳一生的哈萨克妇人，她们枯老而扭曲的双手上戴满硕大耀眼的宝石戒指，这些夸张的饰物令她们黯淡的生命充满尊严，闪耀着她们朴素一生里全部的荣耀与傲慢——这里毕竟是荒野啊，单调、空旷、沉寂、艰辛，再微小的装饰物出现在这里，都忍不住用心浓烈、大放光彩。

——节选自李娟《冬牧场》

每个人都以自己的方式展现出生命的尊严。对此，你有怎样的体验与思考？请写一篇文章，阐述自己的观点。

要求：选好角度，确定立意，自拟标题。不要套作，不得抄袭。不得泄露个人信息。不少于 800 字。

【附】第四章答案详解

第一节　品读经典

一、《屈原列传》品读

（一）原文挖空

屈原列传

①闻：学识。志：记。明：明晓。娴：熟悉。图议：谋划计议。接遇：接待。任：信任。

②列：朝列。害：嫉妒。为：制定。宪令：国家法令。属：撰写。夺：占为己有。与：同意。谗：做动词，谗毁。伐：炫耀。曰以为："曰"和"以为"同义连用。疏：疏远。

③疾：痛心。听：动词做名词，听觉。聪：明察。谗谄：形容词做名词，说人坏话、奉承谄媚的小人。蔽明：蒙蔽。邪曲：形容词做名词，奸佞小人。害：损害。方正：形容词做名词，正直的人。容：容纳。幽思：苦闷深思。离忧：遭遇忧患，"离"同"罹"，遭受。穷：处境困顿。反：同"返"，返回。倦极：疲倦困苦。惨怛：忧伤，悲痛。间：离间。穷：处境困窘。信：诚信。见：表被动。盖：大概。自：由。好色：喜好描写男女恋情。淫：过度，无节制。怨诽：怨愤，发牢骚。称：称述，称说。道：提及。刺：讥讽。明：形容词做动词，阐明。广崇：广大崇高。治乱：太平、作乱。条贯：条理。靡：没有。见：同"现"，显现。约：简约。微：含蓄隐晦。廉：正直，方正。称文：所称述的文字，所使用的文字。小：形容词做名词，寻常事物。指：同"旨"，意旨。类：事物。迩：近。见：表达。称物：描述事物。濯：同"浊"，污浊。蝉蜕：名词做状语，像蝉蜕壳一样。浊秽：形容词做名词，污浊的环境。获：被辱。滋：黑。皭然：洁白的样子。泥：同"涅"，染黑。滓：污染。推：推赞，推许。志：志向、品行。虽：即使。

④绌：同"黜"，被罢免官职。从：同"纵"，合纵。详：同"佯"，假装。厚币：名词做状语，用丰厚的礼物。委：呈献。质：同"贽"，见面礼。诚：确实，果真。绝：与……断绝关系。使使：派使者。如：到。悉：尽，全部。

⑤明年：第二年。当：相抵，抵得上。因：趁机。用事：当权。诡辩：说假话。顾反：回来。

⑥破：打败。

⑦婚：名词做动词，结为婚姻关系。虎狼：名词做状语，像虎狼一样。欢：友好关系。卒：终于，最终。听：听从，接受。走：跑。内：同"纳"，接纳。

⑧咎：责怪。嫉：恨。眷顾：眷念。系心：挂念。幸：希望。存：思念。反覆：回归。致志：表达意愿。无：无论。忠：形容词做名词，忠心的人。自为：帮助自己。贤：名词

做状语，贤明的人。自佐：辅佐自己。相随属：接连出现。治国：安定太平的国家。累世：许多代。其：大概，或许。分：职分，资质。内：名词做状语，在国内。外：名词做状语，在国外。

⑨短：诋毁。迁：放逐。

⑩至于：到了。被：同“披”，披散。颜色：脸色，面容。憔悴：忧愁困顿的样子。形：身形。容：面容。枯槁：憔悴，消瘦。见：被。凝滞：拘泥，执着。与世推移：随世道变化而变化。扬其波：推波助澜。餔：吃。啜：喝。怀瑾握瑜：比喻保持高洁美好的节操志向。瑾、瑜，都是美玉。弹冠：弹去帽子上的灰尘。察察：洁净的样子。汶汶：浑浊的样子。常流：即“长流”，指江水。皓皓之白：比喻品德的高尚纯洁。

⑪之徒：这一类人。辞：文辞，这里指文学。祖：效法。从容：委婉得体。

⑫适：到。垂涕：落泪，哭泣。吊：凭吊。同：把……看成一样。轻：意动用法，以……为轻，看清。去就：离官去职或在朝任职。爽然自失：茫然若有所失。

（二）夯实基础

1. ①“离”同“罹”，遭受。②“指”同“旨”，意旨。③“绌”同“黜”，指被罢免官职。④“质”同“贽”，见面礼。⑤“从”同“纵”，合纵。⑥“详”同“佯”，假装。⑦“泥”同“涅”，染黑。⑧“反”同“返”，返回。⑨“见”同“现”，显现。⑩“内”同“纳”，接纳。⑪“被”同“披”，披散。⑫脸色。⑬外貌，模样。⑭委婉得体。

2. ①名词做状语，一天天地。②蝉，名词做状语，像蝉那样。浊秽，形容词做名词，污秽的境地。③名词做状语，对内、对外。④形容词做名词，端方正直的人。⑤形容词做名词，品行不正的小人。⑥形容词做动词，阐明。⑦名词做动词，效法，继承。⑧使动用法，使……离开。⑨形容词做动词，诋毁。

3.（1）微：①含蓄隐晦。②没有。③稍微，略微。④一寸的百万分之一。⑤地位卑微。（2）被：①同“披”，披散。②表示被动。③覆盖，遮盖。（3）靡：①无，没有。②倒下。③浪费。（4）称：①称述，称说。②称赞，赞扬。③声称。④称作，号称。

4. ①判断句，标志词“……者，……也”。②被动句，“容”，为……所容。③被动句，“见”，被。④被动句，“被”，表被动。⑤被动句，“为”，表被动。⑥被动句，“为”，表被动。⑦状语后置句，正常语序为“而于怀王之宠姬郑袖设诡辩”。⑧状语后置句，正常语序为“于治乱明，于辞令娴”。⑨状语后置句，正常语序为“楚人既以劝怀王入秦而不反也咎子兰”。

（三）理解性默写及易错字词矫正

1. ①屈平疾王听之不聪也，谗谄之蔽明也。②“离骚”者，犹离忧也。③邪曲之害公也，方正之不容也。④其称文小而其指极大，举类迩而见义远。⑤信而见疑，忠而被谤。⑥故劳苦倦极，未尝不呼天也。⑦疾痛惨怛，未尝不呼父母也。⑧《国风》好色而不淫，《小雅》怨诽而不乱。⑨其志洁，故其称物芳。⑩其文约，其辞微。⑪其称文小而其指极大，举类迩而见义远。⑫推此志也，虽与日月争光可也。

（四）重要句子翻译

①屈原痛心楚怀王听信谗言，不能分辨是非，谄媚国君的人遮蔽了楚怀王的明见，品行不正的小人损害国家，端方正直的人不被昏君谗臣所容，所以忧愁深思，就创作了《离骚》。②诚信而被怀疑，尽忠却被诽谤，能没有怨愤吗？屈原作《离骚》，是从怨愤引起的。③他的文章简约，语言含蓄，他的志趣高洁，行为正直。就其文字来看，不过是寻常事情，但是它的旨趣是极大的，列举的是近事，而表达的意思却十分深远。④他自动远离污泥浊水，像蝉脱壳那样摆脱污秽环境，以便超脱世俗之外，不沾染尘世的污垢，出于污泥而不染，依旧保持高洁的品德。推赞这种志行，即使同日月争光都可以。⑤谁能让自己清白的身躯，蒙受外物的污染呢？

二、《苏武传》品读

（一）原文挖空

苏武传

①任：被任用。并：都。稍：渐渐。迁：升迁，升任。数：屡次。通使：互派使者。窥观：窥探观察。留：扣留。当：抵押。丈人：对长辈的尊称。行。辈。归：使动用法，使……回归。嘉：夸奖，赞许。义：做事合乎情理。以中郎将：以中郎将的身份。因：于是。厚赂：赠送丰厚的礼物。答：答谢。假：临时委任。俱：一同前往。币：财物。遗：赠与。益：渐渐。

②方：正要。会：适逢，恰巧。没：陷入而不能脱身。将：率领。阴：暗中。相与：互相，一起。素：一向。相知：相熟识，有交情。私：私下。候：拜访。弩：名词做状语，用弓弩。幸：希望。蒙：受到。货物：财物。

③发：动手。亡：逃跑。告：告发。生得：被活捉。治：审理。发：暴露。状：情况。如：到。及：牵连。见犯：受到侵犯、侮辱。重：更加。引：牵扯。即：假如。降：使动用法，使……投降。

④受辞：听取供词。虽：即使。驰：骑马。坎：坑。蹈：同“掐”，拍打。绝：断绝。舆：名词做动词，用车载送。壮：意动用法，认为……豪壮。朝夕：名词做状语，从早到晚。收系：逮捕监禁。

⑤益：渐渐。使：派遣。晓：告知，通知。会：会同。论：判罪。因：趁机。时：机会，时机。剑：名词做状语，用剑。当：判处。当：应当。相坐：相连坐，治罪。拟：比画。蒙：蒙受。弥山：满山。然：这样。膏：名词做动词，滋润。因：通过。虽：即使。畔：同“叛”，背叛。斗：使动用法，使……相斗。若：你。

⑥益：更加。幽：囚禁。绝：断绝。雨：名词做动词，下雨。旃：同“毡”，毛织的

毡毯。乳：名词做动词，生子。廪食：公家发给的粮食。去：同“弆”，收藏。杖：名词做动词，拄着。网：名词做动词，结网。檠：名词做动词，用檠矫正。穷：失意。厄：困窘。

⑦明年：第二年。求：访求。素厚：一向关系很好。虚心：诚心。亡：同“无”，没有。见：同“现”，显现。除：台阶。劾：弹劾。祠：祭祀。不幸：对去世的委婉说法。更：更改。女弟：妹妹。苦：使动用法，使……受苦。忽忽：失意的样子。如：像。系：拘禁，关押。春秋：年纪。亡常：没有定规。亡：同“无”。灭：杀害。亡：同“无”。成就：栽培。亲近：亲近之臣。虽：即使。蒙：遭受。诚：的确。乐：意动用法，以……为乐。事：名词做动词，侍奉。恨：遗憾。

⑧壹：一定。分：料想。降：使动用法，使……投降。毕：结束。欢：欢聚。效：献出。至：极，最。上：名词做状语，向上。通：达。因：于是。衿：同“襟”，衣襟。决：同“诀”，辞别。

⑨求：寻求。诡言：欺骗。具：详细。陈道：陈述说明。如：按照。让：责备。谢：道歉。实在：确实存在。

⑩以：同“已”，已经。物故：死亡。以：在……的时候。及：等到。

（二）夯实基础

1. ①“畔”同“叛”，背叛。②“旃”同“毡”，毛织品。③“去”同“弆”，收藏。④“决”同“诀”，诀别。⑤“以”同“已”，已经。⑥“见”同“现”，显现。⑦“亡”同“无”，没有。⑧“亡”同“无”，没有。⑨“亡”同“无”，没有。⑩“亡”同“无”，没有。⑪古义：相抵；今义：副词，很，十分，极。⑫古义：提拔；今义：业绩。⑬古义：对男子长辈的尊称；今义：岳父。⑭古义：趁这时；今义：相当于“所以”。⑮古义：年纪；今义：春秋战国时期或指季节。⑯古义：确实存在；今义：形容词，诚实、老实。⑰古义：名词，皇帝亲近之臣；今义：动词，靠近。⑱古义：去世；今义：不幸运，使人失望、伤心、痛苦等灾祸。⑲古义：“操”和“持”同义词连用，“拿着”的意思；今义：料理，办理，筹划。

2. ①名词做动词，下雨。②名词做动词，生育。③名词做动词，拄着。④名词做动词，告诉。⑤名词做动词，结网。⑥名词做动词，用檠矫正。⑦名词做动词，祭祀。⑧名词做状语，用车子载。⑨名词做状语，用剑。⑩名词做状语，在夜里。⑪名词做状语，在夜里。⑫名词做状语，在早上和晚上。⑬名词做状语，向上。⑭意动用法，认为……豪壮。⑮意动用法，以……为乐。⑯使动用法，使……投降。⑰使动用法，使……争斗。⑱使动用法，使……投降。⑲使动用法，使……受苦。⑳使动用法，使……投降。㉑使动用法，使……归。㉒使动用法，使……受屈、使……受辱。㉓使动用法，使……投降。

3.（1）会：①副词，适逢，恰巧。②动词，会同。③动词，会见。（2）当：①动词，抵押。②动词，判处。③副词，应当。（3）使：①名词，使者。②动词，派。③动词，出使。（4）及：①连词，连同。②动词，牵连。③介词，等到。（5）始：①动词，开始。②副词，刚刚。③副词，当初。（6）发：①动词，派遣。②动词，起事。③动词，出动。④动词，泄露，暴露。⑤名词，头发（7）食：①动词，给吃的。②动词，吃。③名词，粮食。④名词，食物。⑤动词，喂。

4. ①判断句，标志“……者，……也”。②判断句，标志“非……也”。③判断句，标志“……也”。④状语后置（介词结构后置），标志“于”，正常语序是“于蛮夷为降虏”。⑤定语后置，正常语序“送留在汉匈奴使”。⑥宾语前置句，正常语序“何以见汝为”。⑦宾语前置句，正常语序为“以何复加”。⑧宾语前置句，正常语序“引佩刀刺自”。⑨宾语前置句，正常语序“子卿尚复为谁乎”。⑩宾语前置句，正常语序“信义所见安乎”。⑪被动句，“见”表被动。⑫被动句，标志“……为……所”。⑬无标志的被动句；定语后置句，“亡罪夷灭者”为“大臣”的定语，后置。⑭无标志的被动句。⑮定语后置句，“百余人”为“士、斥候”的定语，后置。⑯定语后置句，“数十头”为“牛羊”的定语，后置。

（三）重要句子翻译

①当时汉朝接连讨伐匈奴，屡次互派使者窥探观察对方的情况。匈奴扣留了汉使郭吉、路充国等，先后十几批人。②汉武帝很赞许他这种合乎情理的做法，就派苏武以中郎将的身份持节出使匈奴，护送留在汉朝的匈奴使者，并赠送单于丰厚的礼物，回报他的好意。③苏武说：“事情已经这样了，必然会牵涉到我，被凌辱后才死，更加对不起国家。”④你本是汉朝臣子，不顾恩德道义，背叛主上，背弃双亲，在异族那里做俘虏，要见你干什么？⑤我们父子没有什么功业德行，全靠皇帝的栽培，官职升到列将，爵位封为通侯，兄弟三人都是皇上的亲近之臣，常常希望以身许国。⑥现在能有机会献出自己的生命，即使被杀，也确实心甘情愿。臣子侍奉君主，就像孩子侍奉父亲一样。孩子为父亲而死，没有什么怨恨的，希望您不要再说了。

三、《过秦论》品读

（一）原文挖空

过秦论

①固：险固的地势。固：牢固。窥：窥视。席：名词做状语，像席子一样。包：名词做状语，像包裹一样。囊：名词做状语，像口袋一样。内：在国内。务：从事。具：器械。外：对外。连衡：施行连横策略。斗：使……相斗。拱手：两手合抱，形容毫不费力。

②没：通“殁”，死。蒙：继承。因：沿袭。南：名词做状语，向南。举：攻取。膏腴：肥沃。弱：使……弱，削弱。爱：吝惜。致：招致，招引。合从：采用合纵的策略。

相与：互相援助。贤：形容词做名词，贤能的人。约从：结为合纵。离：使离散。之属：这一类人。之徒：这一类人。之伦：这一类人。制：统领、统率。兵：军队。叩：攻打。延：迎接。师：军队。逡巡：有所顾忌而徘徊不前。亡：丢失。遗：丢失。镞：箭头。费：损失。弊：弱点。亡：动词做名词，逃走的人。北：动词做名词，溃败的军队。因：凭借。延及：延续到。

③奋：振作，发展。烈：功业。振：举起。策：马鞭子。御：驾驭，统治。亡：使……灭亡。履：名词做动词，登上。至尊：帝位。六合：天地四方。敲扑：刑具。鞭笞：奴役。以为：以之为，把它当作。委：托付。下：下级。乃：于是。藩篱：篱笆，喻边疆上的屏障。却：使退却。怨：仇恨。道：治世的方法。言：著作。愚：使……变愚蠢。黔首：百姓。隳：毁坏。名城：高大的城墙。兵：兵器。镝：箭头。弱：使……变弱。践：踏，据守。因：依靠，凭借。河：黄河。池：护城河。以为：以之为，把它作为。固：坚固的防御工事。信臣：可靠的大臣。精：精锐。陈：拿着。谁何：稽查盘问。固：险固的地势。金城：坚固的城池。千里：方圆千里。帝王：名词做动词，称帝称王。

④殊俗：不同的风俗，指边远地区。瓮：名词做动词，用瓮做。牖：窗户。绳：名词做动词，用草绳系。枢：门扇开关的枢轴。中人：平常人。蹑足：参加，这里有“置身于……”的意思。行伍：军队。倔起：突然奋起。阡陌：田野。将：率领。揭：举。云：名词做状语，像云一样。响：名词做状语，像回声一样。赢：担负。景：同“影”，名词做状语，像影子一样。山东：崤山以东。亡：使……灭亡。

⑤天下：一统天下的秦王朝。小弱：形容词做动词，变小变弱。固：险固。若：还像从前那个样子。铦：锋利。抗：匹敌，相当。道：方法。及：比得上。乡时：先前，“乡”同“向”。试使：假使。度长絜大：量量长短，比比大小。语：相提并论。区区：小小的。致：发展到。序：排列座次。朝：使……朝见。有：同“又”。宫：宫墙。难：起事。隳：毁灭。

（二）夯实基础

1. ①何，同“呵”，盘问。②景，同“影”，影子。③ 櫌，同“耰”，碎土平田用的农具。④乡时，“乡”同“向”，先前。⑤古义：指崤山以东，代指东方诸国；今义：指山东省。

2. ①名词做动词，指出……的过失。②名词做动词，登上。③名词做动词，率领。④名词做动词，使有序，引申为“统辖”。⑤名词做状语，像席子一样，像包裹一样，像口袋一样。⑥名词做状语，对内。⑦名词做状语，对外。⑧名词做状语，用瓮做，用草绳做。⑨名词做状语，像云一样，像影子一样。⑩动词做名词，逃跑的士兵。⑪动词的使动用法，使……相斗。⑫动词的使动用法，使……漂浮。⑬动词的使动用法，使……朝拜。⑭形容词做动词，变小变弱。⑮形容词做动词，敬重，看重。⑯形容词的使动用法，使……愚昧。⑰形容词的使动用法，使……弱，削弱。

3.（1）遗：①形容词，前代的。②动词，遗失，丢失。③名词，遗失、遗漏的东西。④动词，遗漏，忽略。⑤动词，给予，赠送。（2）亡：①动词，丢失，失去。②名词，逃跑的士兵。③动词，灭亡。④动词，逃跑。⑤动词，死。⑥副词，同“无”，没有。（3）举：①动词，攻取。②动词，举起，抬起。③动词，发动。④动词，拿。⑤动词，推荐，推举。⑥动词，提出，举出。⑦副词，全。

4. ①判断句，“也”表判断。②省略句，“之”后省略“于”。③省略句，“以”后省略“之”。④省略句，“足”后省略“于”。⑤宾语前置句，名词“仁义”做动词“施”的宾语，宾语“仁义”提前。正常语序为“不施仁义而攻守之势异也”。⑥状语后置句，介词“于”组成介宾短语“于钩戟长铩”后置。正常语序为“非于钩戟长铩铦也”。⑦定语后置句，“中心词＋定语”。正常语序为“铸以为十二金人”。⑧定语后置句，“中心词＋定语”。正常语序为“千里金城”。⑨被动句，“为”表被动。

（三）理解性默写及易错字词矫正

1. ①秦孝公据崤函之固，拥雍州之地。②良将劲弩守要害之处，信臣精卒陈利兵而谁何。③胡人不敢南下而牧马，士不敢弯弓而报怨。④履至尊而制六合，执敲扑而鞭笞天下。⑤于是废先王之道，焚百家之言。⑥锄櫌棘矜，非铦于钩戟长铩也。

（四）重要句子翻译

①在那时候，商鞅辅佐他，对内订立法规制度，从事耕作纺织，修治防守和进攻的器械，对外实行连衡策略，使山东诸侯相互争斗。②诸侯恐慌害怕，会聚结盟，谋求削弱秦国，不吝惜奇珍贵重的器物和肥沃富饶的土地，用来招引天下的优秀人才，采用合纵的策略缔结盟约，互相援助，成为一体。③秦国有余力利用他们的弱点制服他们，追逐败逃的军队，杀死百万人，流血多得甚至能漂起大盾牌。④到秦始皇的时候，他奋力发展六世遗留下来的功业，用武力来统治各国，吞并东、西二周，消灭各诸侯国，登上皇帝的宝座控制天下，用严酷的刑罚奴役天下的百姓，威风震慑四海。⑤于是废除先王的治国之道，焚烧各学派的著作，以便愚化百姓；毁坏著名的城池，杀掉英雄豪杰。⑥一个戍卒起事而宗庙毁灭，自己也死在人家手里，被天下人耻笑，是什么原因呢？就因为不施行仁义而攻和守的形势不同了啊。⑦天下的人如同云一样聚集起来，如同回声似的应和他，担着粮食如影随形地跟着他。东方诸国的英雄豪杰就一齐起事，灭了秦朝。

四、《五代史伶官传序》品读

（一）原文挖空

五代史伶官传序

①人事：人的作为。原：推究。所以：……的原因。

②世言：世人说。以：把。矢：箭。归：归附。遗恨：遗憾。与：给。其：副词，表示祈使语气，相当于“应当”“一定”。无：同“毋”，不要。乃：你的。从事：官员。少牢：羊、猪各一头。负：背着。前：名词做状语，向前。驱：奔驰，快跑。纳：收进，收藏。

③方：正。系：捆绑。组：绳索。函：名词做动词，用木匣子装。意气：气势。盛：强盛。仇雠：仇人。一夫：一个人。夜：在夜里。乱：形容词做动词，作乱。四：名词做状语，在四面。应：响应。仓皇：急急忙忙的样子。东：名词做状语，向东。至于：直到。何其：多么。抑：或者。本：名词做动词，推究。迹：事迹。兴：使动用法，使……兴盛。逸豫：安乐。亡：使动用法，使……灭亡。

④举：全。为：被。忽微：极小的事。所溺：所溺爱的事物。独：只是。

（二）夯实基础

1. ①“雠”同“仇”，仇敌。②“无”同“毋”，不要。③古义：官名，文中泛指一般属官；今义：做，投身到（事业中去）。④古义：人的作为；今义：关于工作人员的录用、培养、调配、奖惩等工作。

2. ①名词做状语，向东。②名词做状语，在夜里。③名词做动词，订立盟约。④名词做动词，用匣子装。⑤名词做动词，考察，探究。⑥动词做名词，成功的消息。⑦形容词做名词，有才智有勇气的人。⑧形容词做动词，作乱。⑨动词的使动用法，使……兴盛，使……灭亡。

3.（1）盛：①形容词，读 shèng，兴盛。②动词，读 chéng，装着。③形容词，读 shèng，强烈，旺盛。④形容词，读 shèng，充足，多。（2）原：①动词，推其根本。②名词，源泉。③名词，原野，平原。（3）归：①动词，归顺。②动词，归向。③动词，回去。④动词，归还。⑤动词，出嫁。（4）本：①动词，考察，探究。②副词，本来，原来。③名词，根本。④名词，底稿，版本。（5）衰：①形容词，衰微。②形容词，衰老。③名词，同“缞”，读 cuī，丧服。

4. ①判断句，“也”表判断。②判断句，“……者，……也”表判断。③状语后置句，正常语序为“以锦囊盛”。④状语后置句，正常语序为“方其以组系燕父子”。⑤状语后置句，正常语序为“而以成功告”。⑥被动句，“于”表被动。⑦状语后置句，正常语序为“庄宗受而于庙藏之”。⑧省略句，省略介词，应为“以三矢赐（于）庄宗而告之曰”。⑨省略句，省略介词和宾语，应为“而告（之）以成功”。⑩被动句，“灭”，被灭。

（三）理解性默写及易错字词矫正

①举天下豪杰，莫能与之争。②原庄宗之所以得天下，与其所以失之者。③夫祸患常积于忽微，而智勇多困于所溺。④一夫夜呼，乱者四应。⑤契丹与吾约为兄弟，而皆

背晋以归梁。⑥世言晋王之将终也，以三矢赐庄宗而告之。⑦忧劳可以兴国，逸豫可以亡身。

（四）重要句子翻译

①等到仇人已经消灭，天下已经平定，一人在夜里呼喊，作乱的人四方响应，他匆忙往东逃，还没见到乱贼，手下的士卒就溃散了，君臣面面相觑，不知道到哪里去。②忧劳可以使国家兴盛，安乐可以使自身灭亡，这是自然的道理啊。③人生的祸患常常在极小的事上积累而成，而智勇之人往往被自己所溺爱的人或物困住，难道只有伶人才如此吗？④其后庄宗出兵的时候，便派属官用羊、猪各一头祭告祖庙，恭敬地取出他父亲留下的箭，用锦囊装着，背着在军前开路，等凯旋时再把箭收藏在祖庙里。⑤难道是取得天下难，而失去天下容易吗？或者说推究他成功与失败的原因，都出自人的原因吗？⑥当庄宗用绳索捆绑着刘仁恭、刘守光父子，用木匣子装着后梁皇帝、大臣的头，进入祖庙，把箭交还到先王的灵位前，向先王禀告成功的消息时，他意骄气盛，可以说豪壮极了！

五、《燕歌行 并序》《李凭箜篌引》《锦瑟》《书愤》品读

（一）原文挖空

燕歌行 并序

汉家：指代唐朝。烟尘：烽烟尘土，指代战争。赐颜色：指给予褒奖恩宠。摐：撞击。伐：敲击。旌旆：旗帜。逶迤：舒展的样子。羽书：即羽檄，古代军事文书，插鸟羽以示紧急，必须迅速传递。凭陵：逼压。穷秋：晚秋，深秋。腓：枯萎。当：承受。恩遇：天子的知遇之恩。铁衣：用铁片制作的战衣，借指战士。玉箸：玉制筷子，比喻思妇的眼泪。飘飖：随风飘动，形容动荡。那可度：过不下去，没法生活。刁斗：三足长柄的锅，古代军中兼用于炊煮和巡更敲击的铜制用具。

李凭箜篌引

张：弹奏。高秋：深秋九月。颓：下垂、堆积的样子。中国：即国中，指在国都长安城里。泣露：指滴露。笑：指花盛开。

锦瑟

无端：无缘由。华年：指青年时代。惘然：模糊不清的样子。

书愤

早岁：早年。那：同“哪”。中原：指淮河以北沦陷在金人手中的地区。空：白白。斑：指黑发中夹杂了白发。名世：名显于世。伯仲间：指不相上下。

（三）理解性默写及易错字词矫正

1. ①战士军前半死生，美人帐下犹歌舞。②君不见沙场征战苦，至今犹忆李将军。③出师一表真名世，千载谁堪伯仲间！④男儿本自重横行，天子非常赐颜色。⑤楼船夜雪瓜洲渡，铁马秋风大散关。⑥大漠穷秋塞草腓，孤城落日斗兵稀。⑦早岁那知世事艰，中原北望气如山。⑧庄生晓梦迷蝴蝶，望帝春心托杜鹃。⑨锦瑟无端五十弦，一弦一柱思华年。⑩此情可待成追忆，只是当时已惘然。⑪沧海月明珠有泪，蓝田日暖玉生烟。⑫铁衣远戍辛勤久，玉箸应啼别离后。⑬吴质不眠倚桂树，露脚斜飞湿寒兔。⑭梦入神山教神妪，老鱼跳波瘦蛟舞。

第二节 涵养底蕴

一、素养提升

（一）文言素养提升

1.CEH。句意：吴廷尉做河南太守时，听说他才学优异，就召请他到自己的门下，非常宠幸喜爱（他）。“吴廷尉”做“为河南守”的主语，中间不断开，应在后面 C 处断开。“闻其秀才”做“吴廷尉”的谓语，中间不断开，应在后面 E 处断开。“门下”做“召置”的宾语，中间不断开，应在后面 H 处断开。故选 CEH。

2. D。A. 正确。都是“被”。句意：因此被流放。/ 被侵犯才去死，更加对不起国家。B. 正确。前一句意为“因此”，后一句意为“经由、通过”。句意：贾生因此详细说明了这里面的道理。/ 您通过我投降。C. 正确。D. 错误。前一句意为“认为”，后一句意为“把……设为”。句意：认为国家祸患的兴起从此时开始。/ 把它设置为桂林郡、象郡。

3. A。“同时也继承了他的高洁志向和政治主张”错，屈原自沉之后，“然皆祖屈原之从容辞令，终莫敢直谏”，“宋玉、唐勒、景差之徒”继承了他的文学主张创作辞赋，但无人继承他的高洁志向和政治主张，无人敢于直言劝谏，也就无人能挽狂澜于既倒。

4. ①我宁可投入江水，葬身于江中的鱼腹，又哪能拿自己高洁的品德，去蒙受世俗的尘垢呢！ ②各项法令修改审定，让列侯都住到自己的封国去，这些主张都是由贾生提出来的。

5. ①因为屈贾二人都为人正直，不与世俗同流合污。②因为屈贾二人都怀才不遇，才华横溢却被权贵排挤。③因为屈贾二人都忧国忧民，忠君爱国。

【参考译文】

材料一：

怀王的长子顷襄王即位，任用他的弟弟子兰为令尹。楚国人都抱怨子兰，因为他劝怀王入秦而最终未能回来。屈原也为此怨恨子兰，虽然流放在外，仍然眷恋着楚国，心里挂念着怀王，念念不忘返回朝廷。他希望国君总有一天醒悟，世俗总有一天改变。屈原关怀君王，想振兴国家改变楚国的形势，一篇作品中，再三表现出这种想法。然而终于无可奈何，所以不能够返回朝廷。由此可以看出怀王始终没有觉悟啊。……

令尹子兰得知屈原怨恨他，非常愤怒，最终让上官大夫在顷襄王面前说屈原的坏话。顷襄王发怒，就放逐了屈原。

屈原到了江滨，披散头发，在水泽边一面走，一面吟咏着。脸色憔悴，形体面貌像枯死的树木一样毫无生气。渔父看见他，便问道："您不是三闾大夫吗？为什么来到这儿？"屈原说："整个世界都是混浊的，只有我一人清白。众人都沉醉，只有我一人清醒。因此被放逐。"渔父说："聪明贤哲的人，不受外界事物的束缚，而能够随着世俗变化。整个世界都混浊，为什么不随大流并且推波助澜呢？众人都沉醉，为什么不吃点酒糟，喝点薄酒？为什么要怀抱美玉一般的品质，却使自己被放逐呢？"屈原说："我听说，刚洗过头的一定要弹去帽上的灰沙，刚洗过澡的一定要抖掉衣上的尘土。谁能让自己清白的身躯，蒙受外物的污染呢？宁可投入长流的大江而葬身于江鱼的腹中，又哪能使自己高洁的品质，去蒙受世俗的尘垢呢？"于是他写了《怀沙》赋。……因此抱着石头，自投汨罗江而死。

屈原死了以后，楚国（还）有宋玉、唐勒、景差一些人，都爱好文学，由于擅长写赋受到人们称赞；然而都效法屈原的委婉文辞，始终没有人敢于直谏。从这以后，楚国一天比一天缩小，几十年后，终于被秦国所灭亡。自从屈原投身汨罗江死后经过了一百多年，汉朝出了一位贾谊，出任长沙王太傅，来到湘水边上，就写了一篇赋投入江水中凭吊屈原。

材料二：

贾生名谊，是洛阳人。十八岁时，因为博通诗书、会写文章而在郡中闻名。吴廷尉做河南太守时，听说他才学优异，就召请他到自己的门下，非常宠幸喜爱（他）。孝文皇帝刚刚即位时，听说河南太守吴公的政绩是天下第一，以前还和李斯是同乡，并曾经向李斯学习，就调任他做廷尉。廷尉于是（向文帝推荐贾生）说贾生年纪很轻，但对诸子百家的典籍非常精通。孝文帝征召贾生为博士。当时贾生年仅二十多岁，是博士中最年轻的。每当诏令交下来讨论时，各位老先生都不能说什么，贾生却一一对答，每个人都感到他说出了他们想说的话。博士们在这时才认为（自己的）才能比不上贾生。孝文帝很喜欢他，越级提拔，一年之内（贾生）就做到了太中大夫。贾生认为从汉朝建立到孝文帝有二十多年了，天下和平融洽，就应该改定历法，改变车马服饰的颜色，制定法令制度，确立官职名称，振兴礼乐，于是详细起草准备上述各项仪式法度的草案，色彩崇尚黄色，官印字数采用五，确定官职名称，全都改变了秦朝的旧制。孝文帝刚刚即位，谦虚礼让，没来得及实行。各项法令修改审定，让列侯都住到自己的封国去，这些主张都是由贾生提出来的。因此天子提议想让贾生任公卿的职位。绛、灌、东阳侯、冯敬等人都忌恨他，于是毁谤贾谊道："洛阳之人，年轻学浅，一味想独揽大权，使事情变得复杂混乱。"因此天子后来也疏远了他，不采用他的建议，便任命贾生为长沙王太傅。贾生便辞别京城前往长沙，等到渡湘江时，写了一篇赋来悼念屈原。任长沙王太傅三年。一年多以后，贾生被皇帝召见。孝文帝正在接受神的赐福，坐在宣室里（接见贾生）。孝文帝因为对鬼神的事有所感触，就（向贾生）询问鬼神的原本。贾生因此详细说明了这里面的道理。一直谈到深夜，孝文帝（听得入神）移坐向前。接见之后,（文帝）说："我很久没有见到贾生了，自以为超过了他，现在（才知道）还是不如他。"过了不久，任命贾生为梁怀王太傅。梁怀王，是孝文帝的小儿子，很受宠爱，又喜欢读书，所以（孝文帝）让贾生做他的老师。孝文帝又封淮南厉王的四个儿子都为列侯。贾生进谏，认为国家祸患的兴起从此时开始。贾生屡次上奏，说诸侯封地有的接连数郡，不合古代制度，可以逐渐削减其封地。文帝没有听从。过了几年，怀王骑马，从马上掉下来摔死了，没有后代。贾生感伤自己做太傅不称职，哭了一年多，也死了。

（二）古诗素养提升

1. B。"指不包括诗人自己在内的有志未遂的英雄人物"错误。这里的"英雄"指的是惋惜崇敬诸葛亮的后辈英雄，也包括诗人自己。故选 B。

2. 相同点：都运用典故。《蜀相》"三顾频烦""出师未捷身"用刘备三顾茅庐和诸葛亮出师伐魏的典故，写出了诸葛亮的雄才大略，表现对诸葛亮献身精神的敬仰。《书愤》"出师一表真名士"用典明志，包含诗人对诸葛亮的仰慕之情，并以此自勉。（或"塞上长城空自许"，借用刘宋名将檀道济自比为"万里长城"的典故，抒发诗人年老力衰、大志落空的无奈和悲愤。）

不同点：《蜀相》借乐景抒哀情（或情景交融、反衬），"映阶碧草自春色，隔叶黄鹂空好音"以乐景写哀情，衬托荒凉之境，写诗人的寂寞之心。《书愤》主要用了对比手法，诗歌前两联回忆过去，写自己抗敌的抱负。后两联写现在，年迈衰颓，今昔对比，理想和现实对比，表达诗人蹉跎岁月、壮志难酬的感慨。

二、底蕴作文

1. 这是一道引语式材料作文题。材料节选自李娟的散文集《冬牧场》，讲的是在天高地迥、物质匮乏的冬牧场，在单调、空旷、沉寂、艰辛的荒野里，哈萨克妇人用硕大耀眼的夸张饰物，展现自己在自然面前的尊严。宝石戒指的耀眼与妇人枯老扭曲的双手形成巨大反差，这反映哈萨克妇人在单调、艰辛的生活中，在黯淡的生命中，仍以自己的方式坚守自己的荣耀与傲慢，这是人在自然面前的生命尊严。引导语"每个人都以自己的方式展现出生命的尊严"，这句话提示考生要围绕"生命的尊严"和"展现生命尊严的方式"两方面来写。这一句也将尊严归结为生命的尊严，由此打开考生对生命尊严的发散思维。那么什么是尊严呢？王小波说："尊严就是你走在任何地方，都被当作一个人物而不是一个东西来看待。"这是人的尊严。席勒说："一个国家如果不能勇于不惜一切地去维护自己的尊严，那么，这个国家就一钱不值。"这是国家的尊严。屠格涅夫说："自尊自爱，作为一种力求完善的动力，却是一切伟大事业的渊源。"这是尊严的力量。卢梭说："每一个正直的人都应该维护自己的尊严。"可见，尊严是生命的必须。考生可以对哈萨克妇人展现生命尊严的行为和方式做出评价，并思考什么是生命的尊严、为什么要维护生命的尊严以及不同个体如何展现生命的尊严。

具体写作时，可概述材料，提出观点：寻找装点生命的"饰物"。接着简单阐述对材料哈萨克妇人展现生命尊严的做法的评价，肯定她们在艰难的生存环境下仍然不忘追求美好，绽放光彩的积极心态，并由此引出对"生命尊严"的理解。然后阐述为什么要维护生命的尊严，比如生命的尊严是人作为灵长类动物立身的根本，是一个人灵魂所在的地方。最后阐述个体如何用自己的方式展现生命的尊严，考生可以结合自身青年的身份，可以谈谈以何种方式展现出生命的尊严。比如大量阅读，与高贵的灵魂对话，提升自己对尊严的深刻理解，形成自己对尊严的态度和认识，从而让尊严扎根自己的心田；努力学习，从知识上丰富自己，占领知识的高峰，在知识的话语权中获得尊严；有高远之志，并矢志不渝，努力追梦，让充实的人生展露尊严；修身养性，"善养吾浩然之气"，获得让人尊敬的人格魅力……当然，考生可以列举古今中外的例子来证明，比如《老人与海》中圣地亚哥与鲨鱼的战斗，比如《百年孤独》中马孔多居民与失眠症的对抗等。

2. 参考立意：①坚守生命的尊严。②寻找装点生命的"饰物"。③让生命的尊严在人生中大放光彩。④生命如花，尊严如香。

【参考范文】

生命如花，尊严如香

"宁可枝头抱香死，何曾吹落北风中"，"零落成泥碾作尘，只有香如故"。这些花朵，能够赢得众人的喜爱，源自于它们对花香的珍惜与坚守。花如此，人亦如此。所谓生命如花，尊严如香。

尊严如菊香，浩气满乾坤。孟子"吾善养吾浩然之气""舍生而取义"，有守住尊严的骨气，有捍卫尊严的勇气，一如菊花，在萧瑟的秋风中，傲然独立，赢得文人雅士为之倾倒，正义之士为之击节。于是有了谭嗣同"我自横刀向天笑，去留肝胆两昆仑"的悲壮，"公无渡河，公竟渡河"的执着。生命如菊，尊严如香，他们为我们谱写出一曲曲荡气回肠的尊严之歌，赢得后人的敬仰。

尊严如荷香，出淤泥而不染。总有那么一些人，生于乱世，出于凡尘，但是却坚守内心之志，不随波逐流，出淤泥而不染，濯清涟而不妖。譬如海瑞，坚守为官之道，心有黎民百姓，于乌烟瘴气的官场，坚守自己的原则，守住自己的本心，在腐朽糜烂的封建王朝中，捍卫了自己如荷香的尊严。生命如荷，尊严如香，源自于心有百姓，忠于社稷。

尊严如兰香，淡淡出幽谷。兰花生于山谷，不慕名利，不慕虚荣，在山野之中自在开放，只留一段芳香，馨香天地间。犹如陶渊明，一个人中之兰，辞官归隐，息交绝游，抚孤松，种黄花，早出晚归，默默释放兰花般的馨香。他赢得了自己淡雅如兰的尊严。梅妻鹤子的林逋，不为名利所动，只为那疏影横斜水清浅之梅，翩若惊鸿之鹤，迎朝阳，送夕阳，守住了如兰之清香的尊严。生命如兰，尊严如香，他们的人生之花也因此有了别样的璀璨。

生命之花常开不败，生命之花各色各态，生命的尊严也以不同的芳香，随风传递，芬芳后人。作为逐梦中国的青年一代，我们应该怎样守住我们如花香般的尊严呢？

大量阅读，与高贵的灵魂对话，提升自己对尊严的深刻理解，形成自己对尊严的态度和认识，从而让尊严扎根自己的心田。努力学习，从知识上丰富自己，占领知识的高峰，在知识的话语权中获得尊严。有高远之志，并矢志不渝，努力追梦，让充实的人生展露尊严；修身养性，"善养吾浩然之气"，获得让人尊敬的人格魅力……果真如此，我们的生命之花就会更加灿烂。

可惜的是，有不少人，没有是非原则，最终让自己的生命之花枯萎凋谢，失去尊严的花香。近来成为网红的某书记之流，违背大原则，心中没有大是大非，屈从官位特权意识，最终丧失了做人的尊严；某市委书记打市政府秘书长一耳光，丧失共产党员应有的人格魅力和党性原则，从而丧失了自己如花香般的尊严。可见没有守住自己的尊严，生命之花就会暗淡，甚至凋谢。

总之，我们行走于天地间，心中有国家和人民，有是非原则，珍爱尊严之香，才能让自己的生命之花常开不败。

第五章 选择性必修下册

中国的古典诗歌源远流长，名家辈出，体裁多样，风格各异。《诗经》和《楚辞》是古典诗歌的源头，分别开启了现实主义和浪漫主义两大文学传统。汉乐府继承《诗经》开创的现实主义传统。唐诗是古典诗歌发展史上的又一高峰，李白和杜甫各领风骚。词是古典诗歌的新发展。到了宋代，词境逐渐拓展，技巧日臻成熟。本章围绕“诗意的探寻”展开研习。我们要了解我国古典诗歌的发展脉络，并比较不同体裁的诗歌在节奏韵律、表现手法、艺术风格等方面的异同。还要学会让自己的阅读体验与生活经验相印证，感受诗人创作时的心灵与世界的碰撞、激荡，学会从千变万化的社会生活中发现诗意，体认诗歌的意义与价值。

魏晋到明代的经典散文，有的以情见长，至情至性，感人肺腑。有的以理取胜，理趣盎然，发人深思。这些作品体裁不一，风格各异，呈现了我国古代散文的多样面貌。在学习中，要学会积累文言文的学习经验，要把握课文的思想情感及其承载的文化观念，领会不同作者在审美上的独特追求。要反复诵读，涵泳品味，把握文意。要理解作者如何通过特有的语言形式去抒发情志，形成独特的美感。还要做些梳理和评点，领会章法之妙和细节之美，培养自我的审美趣味，增进对中华优秀传统文化的理解与认同。

第一节 品读经典

一、《氓》品读

（一）原文挖空

氓（《诗经·卫风》）

①氓（　　）之蚩蚩（　　），抱布贸（　　）丝。匪（　　）来贸丝，来即（　　）我谋（　　）。送子涉淇，至于顿丘。匪我愆期（　　），子无良媒。将（　　）子无怒，秋以为期。

②乘（　　）彼垝垣（　　），以望复关（　　）。不见复关，泣涕涟涟（　　）。既见复关，载（　　）笑载言。尔卜尔筮，体无咎言（　　）。以尔车来，以我贿（　　）迁。

③桑之未落，其叶沃若（　　）。于嗟（　　）鸠兮，无（　　）食桑葚！于嗟女兮，无与士耽（　　）！士之耽兮，犹可说（　　）也。女之耽兮，不可说也！

④桑之落矣，其黄而陨（　　）。自我徂（　　）尔，三岁食贫。淇水汤汤（　　），渐（　　）车帷裳。女也不爽（　　），士贰（　　）其行。士也罔极（　　），二三（　　）其德。

⑤三岁为妇，靡（　　）室劳矣。夙兴夜寐，靡有朝（　　）矣。言（　　）既遂（　　）矣，至于暴矣。兄弟不知，咥（　　）其笑矣。静言思之，躬自悼（　　）矣。

⑥及（　　）尔偕老，老使我怨。淇则有岸，隰则有泮（　　）。总角（　　）之宴（　　），言笑晏晏（　　）。信誓旦旦（　　），不思其反（　　）。反是不思，亦已（　　）焉哉！

（二）夯实基础

1. 找出下列句子中的通假本字并注释

①无食桑葚（　　）　　②犹可说也（　　）

③隰则有泮（　　）

2. 写出下列句中加点词的活用类型及释义

①夙兴夜寐（　　）　　②士贰其行（　　）

③二三其德（　　）　　④三岁食贫（　　）

3. 一词多义

（1）将

①将子无怒（　　）　　②项燕为楚将（　　）

③出郭相扶将（　　）　　④上使外将兵（　　）

（2）言

①载笑载言（　　）　　②体无咎言（　　）

③言既遂矣（　　）

（3）遂

①言既遂矣（　　）　　②无望而不遂，无至而不通（　　）

③及反，市罢，遂不得履（　　）　　④寻向所志，遂迷（　　）

（4）乘

①乘彼垝垣（　　）　　②命子封帅车二百乘以伐京（　　）

（5）德

①士也罔极，二三其德（　　）　　②愿伯具言臣之不敢倍德也（　　）

③以功受赏，臣不德君（　　）

（6）载

①既见复关，载笑载言（　　）　　②怨声载道（　　）

③载舟覆舟（　　）　　④五载而成帝业（　　）

4. 古今异义

①氓之蚩蚩　古义（　　）今义：流氓。

②泣涕涟涟　古义（　　）今义：鼻涕。

③总角之宴　古义（　　）今义：宴会。

④三岁食贫　古义（　　）今义：三岁的年龄。

5. 指出下面句子的句式特点

①匪来贸丝，来即我谋。

②乘彼垝垣，以望复关。

③将子无怒，秋以为期。

6. 文化常识

①《诗经》是我国最早的诗歌总集。原本只称《诗》，汉代时被尊为经典，始称《诗经》。收录了从西周初年到春秋中期约五百年间的诗歌305篇，也称“诗三百”，这些诗歌分为“风”“雅”“颂”三大类。“风”又叫“国风”，是由不同地区的人民口头创作的歌谣，是《诗经》中的精华部分。其中有不少篇章揭露了贵族统治集团对人民的压迫和剥削，也反映了人们的劳动生产情况和爱情生活。常用复沓的手法来反复咏叹，表现了

民歌的特色。“雅”分大雅和小雅，是宫廷乐歌。“颂”分周颂、鲁颂、商颂，是宗庙祭祀的乐歌。

②《诗经》“六义”，指的是风、雅、颂，赋、比、兴。其中“风”“雅”“颂”是就其体例分类来说的，“赋”“比”“兴”是就其表现手法而言的。

风：不同地区的地方音乐。“风”诗是从周南、召南、魏、唐、秦、陈、桧、曹等15个地区采集来的土风歌谣，共160篇，大部分是民歌。

雅：周王朝直辖地区的音乐，即所谓正声雅乐。“雅”诗是宫廷宴享或朝会时的乐歌，按音乐的不同又分为“大雅”31篇、“小雅”74篇，共105篇。

颂：宗庙祭祀的舞曲歌辞，内容多是歌颂祖先功业的。

赋：赋者，敷陈其事而直言之者也。直陈其事，铺陈，排比。

比：比者，以彼物比此物也。打比方，做比喻。

兴：兴者，先言他物以引起所咏之辞也。托物起兴，先言他物，然后借以联想，引出诗人所要表达的事物、思想、感情。

（三）理解性默写及易错字词矫正

1. 理解性默写

①《氓》中男女主人公有过愉悦的往昔，“____________，____________”两句就是对他们小时候欢乐相处的描写。

②《氓》中女主人公自诉在夫家早起晚睡，辛勤劳作，没有一天不是如此的两句是“____________，____________”。

③《氓》中“____________，____________”两句，运用比兴的手法，以桑叶之润泽有光，比喻女子的容颜亮丽。

④《氓》中沉痛地指出女子没有什么过错，而男子感情不专一的两句是“____________，____________”。

⑤《氓》中“____________，____________”两句，表现女子下决心与那负心男子割断感情上的联系，从此后不再希望他回心转意。

⑥《氓》中“____________，____________”两句，运用比兴的手法，以桑叶的枯黄飘落，比喻女子的憔悴和被弃。

⑦《诗经》善用比兴。《氓》以桑叶起兴，以“__________”写女子年轻时的美貌，以“______________”写女子年长色衰，用桑叶由鲜嫩到枯黄来比喻爱情生活由幸福到痛苦的变化。

⑧《氓》中“____________，____________”两句，运用比兴的手法，以斑鸠为喻，奉劝年轻女子不要迷恋爱情。

⑨成语有“望穿秋水”，《氓》中“____________，____________”两句通过登高远

望的动作描写，表现出女子对男子的思念之情，意境与之相仿。

⑩《击鼓》(《诗经·邶风》) 中有“执子之手，与子偕老”，而《氓》中的“____________，____________”则表达了相反的意思，写出了女子遭受婚变后的心酸。

2. 易错字词矫正（写三遍）

蚩蚩　愆期　垝垣　筮　咎　鸠　耽　于嗟　徂　帷裳　罔极　靡　夙　咥　隰则有泮

（四）重要句子翻译

①匪来贸丝，来即我谋。

②乘彼垝垣，以望复关。

③匪我愆期，子无良媒。将子无怒，秋以为期。

④女也不爽，士贰其行。

⑤三岁为妇，靡室劳矣。夙兴夜寐，靡有朝矣。

（五）品读随笔

学者鲍鹏山说：“《诗经》中最完美的女性，我认为便是那位卫国的女子（《氓》中女主人公）。”请问你是否同意这种观点？请结合诗句谈一谈。（200 字以内）

二、《离骚》品读

（一）原文挖空

离骚（节选）（屈原）

①帝高阳之苗裔（　　）兮，朕（　　）皇考（　　）曰伯庸。摄提贞（　　）于孟陬（　　）兮，惟庚寅吾以降（　　）。皇览（　　）揆（　　）余初度兮，肇（　　）锡（　　）余以嘉名。名余曰正则兮，字余曰灵均。

②纷（　　）吾既有此内美兮，又重（　　）之以修能（　　）。扈（　　）江离与辟（　　）芷兮，纫（　　）秋兰以为佩。汩（　　）余若将不及（　　）兮，恐年岁之不吾与（　　）。朝搴（　　）阰之木兰兮，夕揽（　　）洲之宿莽。日月忽其不淹（　　）兮，春与秋其代序（　　）。惟草木之零落兮，恐美人（　　）之迟暮。不抚壮（　　）而弃秽兮，何不改此度（　　）？乘骐骥以驰骋兮，来吾道（　　）夫先路！

…………

③长太息以掩涕（　　）兮，哀民生（　　）之多艰。余虽好修姱（　　）以鞿羁（　　）兮，謇（　　）朝谇（　　）而夕替（　　）。既替余以蕙纕兮，又申（　　）之以揽茝。亦余心之所善兮，虽九死其犹未悔。怨灵修（　　）之浩荡（　　）兮，终不察夫民心。众女（　　）嫉余之蛾眉（　　）兮，谣诼（　　）谓余以善淫（　　）。固（　　）时俗之工巧兮，偭（　　）规矩而改错（　　）。背绳墨（　　）以追曲兮，竞周容（　　）以为度。忳（　　）郁邑（　　）余侘傺（　　）兮，吾独穷困乎此时也。宁溘（　　）死以流亡兮，余不忍为此态也！鸷鸟（　　）之不群兮，自前世而固然。何方圜之能周（　　）兮，夫孰（　　）异道而相安？屈（　　）心而抑（　　）志兮，忍尤（　　）而攘（　　）诟。伏（　　）清白以死直兮，固前圣之所厚（　　）。

④悔相道（　　）之不察兮，延（　　）伫（　　）乎吾将反。回（　　）朕车以复路兮，及（　　）行迷（　　）之未远。步（　　）余马于兰皋（　　）兮，驰椒丘且焉止息（　　）。进不入以离尤（　　）兮，退将复修（　）吾初服（　　）。制（　　）芰荷以为衣兮，集芙蓉以为裳。不吾知(　　)其亦已兮，苟(　　)余情其信芳(　　)。高（　　）余冠之岌岌（　　）兮，长（　　）余佩之陆离（　　）。芳与泽其杂糅兮，唯（　　）昭质其犹未亏。忽反顾以游目（　　）兮，将往观乎四荒。佩缤纷（　　）其繁饰兮，芳菲菲（　　）其弥章（　　）。民生各有所乐兮，余独好修以为常（　　）。虽体解吾犹（　　）未变兮，岂余心之可惩（　　）？

（二）夯实基础

1. 找出下列句子中的通假本字并注释

①扈江离与辟芷兮（　　）　②来吾道夫先路（　　）

③偭规矩而改错（　　）　④何方圜之能周兮（　　）

⑤芳菲菲其弥章（　　）

2. 写出下列句中加点词的活用类型及释义

①名余曰正则兮（　　）　②字余曰灵均（　　）

③朝搴阰之木兰兮（　　）　④夕揽洲之宿莽（　　）

⑤余虽好修姱以鞿羁兮（　　）　⑥纫秋兰以为佩（　　）

⑦伏清白以死直兮（　　）　⑧屈心而抑志兮（　　）

⑨回朕车以复路兮（　　）　⑩步余马于兰皋兮（　　）

⑪不抚壮而弃秽兮（　　）（　　）　⑫纷吾既有此内美兮（　　）

⑬固前圣之所厚（　　）　⑭高余冠之岌岌兮（　　）

⑮长余佩之陆离（　　）

3. 一词多义

（1）度

①皇览揆余初度兮（　　）　②何不改此度（　　）

③关山度若飞（　　）　④众里寻他千百度（　　）

⑤予自度不得脱（　　）　⑥而死固付之度外矣（　　）

（2）名

①肇锡余以嘉名（　　）　②名余曰正则兮（　　）

③故虽有名马（　　）　④不能名其一处也（　　）

（3）与

①扈江离与辟芷兮（　　）　②恐年岁之不吾与（　　）

③与嬴而不助五国也（　　）　④当与秦相较（　　）

（4）为

①纫秋兰以为佩（　　）　②故今之墓中全乎为五人也（　　）

③为巡船所物色（　　）　④为国者无使为积威之所劫哉（　　）

（5）修

①余独好修以为常（　　）　②退将复修吾初服（　　）

③乃重修岳阳楼（　　）　④邹忌修八尺有余（　　）

（6）信

①苟余情其信芳（　　）　②弗敢加也，必以信（　　）

③愿陛下亲之信之（　　）　④欲信大义于天下（　　）

⑤信言不美，美言不信（　　）　⑥信赏必罚（　　）

（7）相

①悔相道之不察兮（　　）　②苟富贵，无相忘（　　）

③而相泣于中庭（　　）　④杂然相许（　　）

（8）固

①自前世而固然（　　）　②汝心之固（　　）

③而戍死者固十六七（　　）　④固国不以山溪之险（　　）

⑤君子固穷（　　）

4. 古今异义

①纫秋兰以为佩　古义（　　）　今义：认为。

②春与秋其代序　古义（　　）　今义：代替序言的文章（多自有标题）。

③恐美人之迟暮　古义（　　）　今义：美貌的女子。

④长太息以掩涕兮　古义（　　）　今义：鼻涕。

⑤怨灵修之浩荡兮 古义（ ） 今义：形容水势壮阔浩大。

⑥固时俗之工巧兮 古义（ ） 今义：形容工艺品或诗文书画细致精巧。

⑦吾独穷困乎此时也 古义（ ） 今义：指经济状况不好。

⑧宁溘死以流亡兮 古义（ ） 今义：因灾害或政治原因被迫离开家乡或祖国。

⑨自前世而固然 古义（ ） 今义：表示承认某个事实，引起下文转折。

⑩长余佩之陆离 古义（ ） 今义：形容色彩繁杂。

5. 指出下面句子的句式特点

①肇锡余以嘉名。 ②纫秋兰以为佩。

③恐年岁之不吾与。 ④来吾道夫先路。

⑤又申之以揽茝。 ⑥高余冠之岌岌兮。

⑦长余佩之陆离。 ⑧虽体解吾犹未变兮。

⑨謇朝谇而夕替。

6. 文化常识

①屈原（前340—前278），名平，字原，又字灵均，战国时期楚国人。因受小人陷害，两次被流放，最后投汨罗江而死。屈原是楚辞体的创立者和代表作家，代表作品有《离骚》《天问》《九歌》《九章》等。屈原是我国文学史上第一个伟大的浪漫主义诗人。

②楚辞体：战国中晚期产生于南方长江流域楚地，由楚国的诗人吸收南方民歌的精华，融合上古神话传说，创造出的一种新体诗。楚辞体打破了《诗经》四字一句的格式，是对中国古代诗歌发展的一次大解放，后世称这种诗体为“楚辞体”或“骚体”。

③蛾眉：形容女子姿色美好，喻指美好的品德。也借指美女，还可以指女子长而美的眉毛。

④冠：帽子的总称。古代官吏的礼服通称冠服，所以做官叫“弹冠”，辞官叫“挂冠”。

⑤楚辞：西汉刘向辑，收录了战国时期楚国屈原、宋玉等人的作品。这些作品运用楚地的诗歌形式、方言声韵，描写楚地风土人情，具有浓郁的地方色彩，故名“楚辞”。

（三）理解性默写及易错字词矫正

1. 理解性默写

①《离骚》中“＿＿＿＿＿＿＿，＿＿＿＿＿＿＿”两句对古代服饰的“上衣下裳制”有所反映。

②在《离骚》中，屈原诉说自己曾因佩草而遭到贬逐，也曾被加上采摘白芷的罪名，但他坚定地表示：“＿＿＿＿＿＿＿，＿＿＿＿＿＿＿。”

③屈原在《离骚》中表现自己同情百姓的苦难生活，并因此流泪叹息的名句是“＿＿＿＿＿＿＿，＿＿＿＿＿＿＿”。

④在《离骚》中，屈原用比喻手法写自己因才能出众而招致小人嫉妒诽谤的句子是“______________，______________”。

⑤屈原《离骚》中“______________，______________”两句写自己在黑暗混乱的社会中烦闷失意，走投无路。

⑥屈原《离骚》中“______________，______________”两句以“鸷鸟”为喻，表明自己绝不同流合污。

⑦屈原在《离骚》中，用“______________，______________”两句表明自己宁死也不与世俗同流合污的坚决态度。

⑧屈原《离骚》中“______________，______________”两句，表现诗人忍受委屈，压抑意志，忍受着责骂和侮辱。

⑨屈原在《离骚》中，用“______________，______________”两句写虽然崇尚美德而约束自己，可早上进谏晚上即遭贬黜。

⑩屈原在《离骚》中四次以死明志：第一次，“______________，______________”两句表明为追求美好的理想，即使多次死亡也不后悔的态度。第二次，“______________，______________”两句表明自己宁愿突然死去而随流水消逝，也不愿与奸佞之人同流合污的心愿。第三次，“______________，______________”两句表明诗人以先贤为榜样，保持清白为正道而死的决心。第四次，“______________，______________”两句表达自己即使粉身碎骨，也不会改变内心追求的坚决。

2. 易错字词矫正（写三遍）

苗裔 孟陬 揆 肇 锡 扈 搴 阰 修姱 靰羁 謇 谇 蕙纕 揽茝 谣诼 忳 侘傺 溘 鸷 方圜 皋 杂糅

（四）重要句子翻译

①肇锡余以嘉名。 ②纫秋兰以为佩。 ③恐年岁之不吾与。

④来吾道夫先路。 ⑤又申之以揽茝。 ⑥高余冠之岌岌兮。

⑦长余佩之陆离。 ⑧虽体解吾犹未变兮。 ⑨謇朝谇而夕替。

（五）品读随笔

屈原是我国古代伟大的爱国主义诗人，请你结合屈原的生平遭遇与文学成就，为屈原写一则300字左右的“爱国人物评选”颁奖词。

三、《孔雀东南飞 并序》品读

（一）原文挖空

孔雀东南飞 并序

①汉末建安中，庐江府小吏焦仲卿妻刘氏，为仲卿母所遣（句式：　　），自誓不嫁。其家逼之，乃投水而死。仲卿闻之，亦自缢于庭树（句式：　　）。时人伤之，为诗云尔（　　）。

②孔雀东南飞，五里一徘徊（　　）。

③“十三能织素（　　），十四学裁衣，十五弹箜篌，十六诵诗书（　　）。十七为君妇，心中常苦悲。君既为府吏，守节（　　）情不移，贱妾留空房，相见常日稀。鸡鸣入机织，夜夜不得息。三日断（　　）五匹，大人（　　）故嫌迟。非为织作迟，君家妇难为！妾不堪（　　）驱使，徒（　　）留无所施（　　），便可白（　　）公姥（　　），及时相（　　）遣归。”

④府吏得闻之，堂上启阿母：“儿已薄禄相（　　），幸复得此妇，结发（　　）同枕席，黄泉共为友。共事二三年，始尔（　　）未为久，女行无偏斜，何意致不厚（　　）？”

⑤阿母谓府吏：“何乃太区区（　　）！此妇无礼节，举动自专由（　　）。吾意久怀忿（　　），汝岂得自由！东家有贤（　　）女，自名秦罗敷。可怜（　　）体无比，阿母为汝求。便可速遣之，遣去慎莫留！”

⑥府吏长跪告：“伏惟（　　）启阿母。今若遣此妇，终老不复取（　　）！”

⑦阿母得闻之，槌床（　　）便大怒：“小子无所畏，何敢助妇语！吾已失恩义，会不（　　）相（　　）从许！”

⑧府吏默无声，再拜还入户，举言（　　）谓新妇（　　），哽咽不能语：“我自不驱卿（　　），逼迫有阿母。卿但暂还家，吾今且报府（　　）。不久当归还，还必相迎取。以此下心意（　　），慎勿违吾语。”

⑨新妇谓府吏：“勿复重纷纭（　　）。往昔初阳岁（　　），谢（　　）家来贵门。奉事（　　）循公姥，进止（　　）敢自专？昼夜勤作息（　　），伶俜（　　）萦（　　）苦辛。谓言（　　）无罪过，供养卒（　　）大恩；仍更被驱遣，何言复来还！妾有绣腰襦（　　），葳蕤（　　）自生光；红罗复斗帐，四角垂香囊；箱帘六七十，绿碧青丝绳，物物各自异，种种在其中。人贱物亦鄙，不足迎后人（　　），留待作遗施（　　），于今无会因（　　）。时时为安慰，久久莫相忘！”

⑩鸡鸣外欲曙，新妇起严妆（　　）。著我绣夹裙，事事四五通（　　）。足下蹑（　　）丝履，头上玳瑁光。腰若流纨素，耳著明月珰（　　）。指如削葱根，口如含朱丹。纤纤作细步，精妙世无双。

⑪上堂拜阿母，阿母怒不止。“昔作女儿时，生小出野里（　　），本自无教训（　　），兼愧（　　）贵家子。受母钱帛多，不堪母驱使。今日还家去，念母劳家里。”却（　　）与小姑别，泪落连珠子。“新妇初来时，小姑始扶床；今日被驱遣，小姑如我长。勤心养公姥，好自相扶将（　　）。初七及下九（　　），嬉戏莫相忘。”出门登车去，涕落百余行。

⑫府吏马在前，新妇车在后。隐隐（　　）何（　　）甸甸，俱会大道口。下马入车中，低头共耳语：“誓不相隔卿，且暂还家去，吾今且赴府，不久当还归。誓天不相（　　）负！”

⑬新妇谓府吏：“感君区区（　　）怀！君既若见录（　　），不久望君来。君当作磐石，妾当作蒲苇，蒲苇纫（　　）如丝，磐石无转移。我有亲父兄（　　），性行暴如雷，恐不任我意，逆（　　）以煎我怀。”举手长劳劳（　　），二情同依依。

⑭入门上家堂，进退无颜仪（　　）。阿母大拊掌（　　），不图子自归（　　）：“十三教汝织，十四能裁衣，十五弹箜篌，十六知礼仪，十七遣汝嫁，谓言无誓违（　　）。汝今何罪过，不迎而自归？”兰芝惭阿母：“儿实无罪过。”阿母大悲摧（　　）。

⑮还家十余日，县令遣媒来。云有第三郎，窈窕（　　）世无双。年始十八九，便言（　　）多令才（　　）。

⑯阿母谓阿女：“汝可去应之。”

⑰阿女含泪答：“兰芝初还时，府吏见丁宁（　　），结誓不别离。今日违情义，恐此事非奇（　　）。自可断来信（　　），徐徐更谓之（　　）。”

⑱阿母白媒人：“贫贱有此女，始适（　　）还家门。不堪（　　）吏人妇，岂合令郎君？幸可广问讯，不得便相许。”媒人去数日，寻遣（　　）丞请还，说有兰家女，承籍（　　）有宦官（　　）。云有第五郎，娇逸（　　）未有婚。遣丞为媒人，主簿通语言。直说太守家，有此令郎君，既欲结大义，故遣来贵门。

⑲阿母谢媒人：“女子先有誓，老姥岂敢言！”

⑳阿兄得闻之，怅然心中烦，举言谓阿妹：“作计（　　）何不量（　　）！先嫁得府吏，后嫁得郎君，否泰（　　）如天地，足以荣（　　）汝身。不嫁义郎（　　）体，其往欲何云（　　）？”

㉑兰芝仰头答：“理实如兄言。谢（　　）家事夫婿，中道还兄门。处分（　　）适（　　）兄意，那得自任专！虽与府吏要（　　），渠会（　　）永无缘。登即（　　）相许和，便可作婚姻。”

㉒媒人下床去。诺诺复尔尔（　　）。还部白府君：“下官奉使命，言谈大有缘（　　）。”府君得闻之，心中大欢喜。视历（　　）复开书，便利此月内，六合（　　）正相应。良吉三十日，今已二十七，卿可去成婚。交语（　　）速装束，络绎如浮

云。青雀白鹄舫（　　），四角龙子幡（　　）。婀娜（　　）随风转。金车玉作轮，踯躅（　　）青骢马（　　），流苏（　　）金镂鞍。赍（　　）钱三百万，皆用青丝穿。杂彩（　　）三百匹，交广市鲑（　　）珍。从人四五百，郁郁（　　）登郡门。

㉓阿母谓阿女："适（　　）得府君书，明日来迎汝。何不作衣裳？莫令事不举（　　）！"

㉔阿女默无声，手巾掩口啼，泪落便如泻。移我琉璃榻（　　），出置前窗下。左手持刀尺，右手执绫罗。朝成绣夹裙，晚成单罗衫。晻晻（　　）日欲暝，愁思出门啼。

㉕府吏闻此变，因求假暂归。未至二三里，摧藏（　　）马悲哀。新妇识马声，蹑履相逢迎。怅然遥相望，知是故人来。举手拍马鞍，嗟叹使心伤："自君别我后，人事不可量（　　）。果不如先愿，又非君所详。我有亲父母（　　），逼迫兼弟兄（　　）。以我应他人，君还何所望！"

㉖府吏谓新妇："贺卿得高迁！磐石方且厚，可以卒千年；蒲苇一时纫，便作旦夕间。卿当日胜贵（　　），吾独向黄泉！"

㉗新妇谓府吏："何意出此言！同是被逼迫，君尔（　　）妾亦然。黄泉下相见，勿违今日言！"执手分道去，各各还家门。生人作死别，恨恨（　　）那可论？念与世间辞，千万不复全！

㉘府吏还家去，上堂拜阿母："今日大风寒，寒风摧树木，严霜结庭兰（句式：　　）。儿今日冥冥（　　），令母在后单（　　）。故（　　）作不良计（　　），勿复怨鬼神！命如南山石，四体（　　）康且直（　　）！"

㉙阿母得闻之，零泪应声落："汝是大家子，仕宦于台阁（　　），慎勿为妇死，贵贱情何薄（　　）！东家有贤女，窈窕艳城郭，阿母为汝求，便复在旦夕（　　）。"

㉚府吏再拜还，长叹空房中，作计乃尔立（　　）。转头向户里，渐见愁煎迫（　　）。

㉛其日牛马嘶，新妇入青庐（　　）。奄奄（　　）黄昏（　　）后，寂寂人定（　　）初。"我命绝今日，魂去尸长留！"揽裙脱丝履，举身赴清池。

㉜府吏闻此事，心知长别离，徘徊庭树下，自挂东南枝。

㉝两家求合葬，合葬华山傍。东西植松柏，左右种梧桐。枝枝相覆盖，叶叶相交通（　　）。中有双飞鸟，自名为鸳鸯，仰头相向鸣，夜夜达五更。行人驻足（　　）听，寡妇起彷徨。多谢（　　）后世人，戒之慎勿忘！

（二）夯实基础

1. 找出下列句子中的通假本字并注释

①吾今且报府（　　）　　②箱帘六七十（　　）

③蒲苇纫如丝（　　）　　④摧藏马悲哀（　　）

2. 写出下列句中加点词的活用类型及释义

①孔雀东南飞（　　）　②手巾掩口啼（　　）
③晚成单罗衫（　　）　④卿当日胜贵（　　）
⑤槌床便大怒（　　）　⑥交广市鲑珍（　　）
⑦自名秦罗敷（　　）　⑧仕宦于台阁（　　）
⑨头上玳瑁光（　　）　⑩逆以煎我怀（　　）
⑪ 足以荣汝身（　　）　⑫ 千万不复全（　　）

3. 一词多义

（1）谢
①谢家来贵门（　　）　②阿母谢媒人（　　）
③多谢后世人（　　）

（2）适
①始适还家门（　　）　②处分适兄意（　　）
③适得府君书（　　）

（3）遣
①为仲卿母所遣（　　）　②县令遣媒来（　　）
③十七遣汝嫁（　　）

（4）取
①终老不复取（　　）　②还必相迎取（　　）
③自取灭亡（　　）

（5）会
①会不相从许（　　）　②于今无会因（　　）
③会天大雨（　　）

（6）相
①相见常日稀（　　）　②儿已薄禄相（　　）
③誓不相隔卿（　　）　④及时相遣归（　　）
⑤好自相扶将（　　）　⑥还必相迎取（　　）
⑦会不相从许（　　）　⑧蹑履相逢迎（　　）
⑨登即相许和（　　）　⑩不得便相许（　　）

（7）为
①十七为君妇（　　）　②为仲卿母所遣（　　）
③阿母为汝求（　　）　④始尔未为久（　　）
⑤慎勿为妇死（　　）

（8）见

①府吏见丁宁（　　）　②黄泉下相见（　　）

③远见卓识（　　）　④臣诚恐见欺于王而负赵（　　）

4. 古今异义

①共事二三年　古义（　　）　今义：一起工作。

②可怜体无比　古义（　　）　今义：值得怜悯和同情。

③汝岂得自由　古义（　　）　今义：不受拘束。

④槌床便大怒　古义（　　）　今义：睡觉的地方。

⑤再拜还入户　古义（　　）　今义：又一次。

⑥本自无教训　古义（　　）　今义：教育训诫。

⑦自可断来信　古义（　　）　今义：寄来的书信。

⑧处分适兄意　古义（　　）　今义：对有错之人做出处罚决定。

⑨便可作婚姻　古义（　　）　今义：结为夫妻。

⑩便利此月内　古义（　　）　今义：方便。

⑪叶叶相交通　古义（　　）　今义：指往来通达。

⑫郁郁登郡门　古义（　　）　今义：不高兴。

⑬蹑履相逢迎　古义（　　）　今义：常指奉承、故意迎合（含贬义）。

5. 指出下面句子的句式特点

①汝是大家子。　②非为织作迟。

③为仲卿母所遣。　④今日被驱遣。

⑤渐见愁煎迫。　⑥何言复来还。

⑦誓天不相负。　⑧君既若见录。

⑨亦自缢于庭树。　⑩仕宦于台阁。

6. 文化常识及成语积累

（1）文化常识

①《孔雀东南飞》是汉乐府中最有名的诗篇，也是我国文学史上第一部长篇叙事诗，与北朝的《木兰诗》并称“乐府双璧”。清代沈德潜称之为“古今第一首长诗”。它继承了《诗经》《楚辞》的优良传统，是现实主义和浪漫主义结合的代表作，明代胡应麟称之为“百代而下，当无继者”的“古今绝唱”。

②汉乐府是汉武帝时设立的一个官署，后来搜集整理的诗歌就叫“乐府诗”，是继《诗经》《楚辞》而起的一种新的诗体。汉代《孔雀东南飞》、北朝《木兰诗》和唐代《秦妇吟》并称“乐府三绝”。

③床、榻：都是坐具。先秦时，人们在日常生活中普遍采用跪坐形，很早就有用席

子来铺垫的习惯，就是所谓的席地而坐，即以席为坐具。秦汉时，床榻开始成为坐具。汉时的床榻比较低。床一般较笨重，多是室内固定家具。榻一般较轻便，多是待客的临时用具，过后收藏。

④结发：古代成婚之夕，男左女右共髻束发。后称原配为结发夫妻。

⑤黄昏：十二时辰之一，即戌时，相当于现在的 19 时至 21 时。

⑥人定：十二时辰之一，即亥时，相当于现在的 21 时至 23 时。

天色纪时法：古人最初是根据天色的变化将昼夜划分为十二个时辰，它们的名称分别是：夜半、鸡鸣、平旦、日出、食时、隅中、日中、日昳、晡时、日入、黄昏、人定。

地支纪时法：十二时辰制，西周时就已使用，汉代命名为夜半、鸡鸣、平旦、日出、食时、隅中、日中、日昳、晡时、日入、黄昏、人定。又用十二地支来表示，以夜半即现在的 23 点至 1 点为子时，1 点至 3 点为丑时，3 点至 5 点为寅时，依次递推。

五更或五夜：古代夜晚分为五个时段，一更为现在的 19 点至 21 点，二更为现在的 21 点至 23 点，三更为现在的 23 点至 1 点，四更为现在的 1 点至 3 点，五更为现在的 3 点至 5 点。我国古代把夜晚分成五个时段，用鼓打更报时，所以叫作五更、五鼓，或称五夜。

⑦初七：农历七月初七，传说这天牛郎织女鹊桥相会。又称七夕节、七巧节、七姐节、女儿节、乞巧节、七娘会、七夕祭 、牛公牛婆日、巧夕等，是中国民间的传统节日。

⑧下九：农历每月的十九日。古人以农历每月的二十九为上九，初九为中九，十九为下九。在汉代，每月十九日是妇女欢聚的日子。

⑨伏惟：下级对上级或晚辈对长辈说话，表示恭敬的习惯用语。

⑩六合：古人结婚要选好日子，要年、月、日的干支合起来共六个字（例如甲子年，乙丑月，丙寅日）都相合，叫六合。古人常用十天干和十二地支循环相配来表示年月日的次序。干：十天干，指甲、乙、丙、丁、戊、己、庚、辛、壬、癸。支：十二地支，指子、丑、寅、卯、辰、巳、午、未、申、酉、戌、亥。又指东、西、南、北、天、地。

⑪青庐：青布搭成的帐篷，是举行婚礼的地方。东汉至唐，北方一带拜堂在“青庐”中举行。

⑫建安：汉献帝年号。中国古代的帝王除有姓名之外，往往还有庙号、谥号、年号和尊号。这些称号多见于史书。

庙号：庙号始于西汉，止于清朝，是封建皇帝死后，在太庙立室奉祀时的名号。一般开国的皇帝称祖，后继者称宗。如宋朝赵匡胤称太祖，其后的赵光义称太宗。

谥号：谥号是后人根据死者生前事迹评定的一种称号，有褒贬之意。谥号有帝王之谥，由礼官议上；有臣属之谥，由朝廷赐予。还有私谥，是门徒弟子或是乡里、亲朋为其师友上的谥号。

年号：年号是皇帝纪年的名号，由西汉武帝首创，他的第一个年号为“建元”。以后每个朝代的每一个新君即位，一般都改变年号，叫作改元。明朝以前，封建皇帝每遇军国大事或重大祥瑞灾异，常常改元。明朝自第一代皇帝朱元璋开始，包括明、清两代，每一个皇帝不论在位时间长短，只用一个年号，如明太祖只用洪武，清高宗只用乾隆。

尊号：尊号是为皇帝加的全由尊崇褒美之词组成的特殊称号。或生前所上，或死后追加。追加者亦可视为谥号。

⑬公姥：偏义复词，这里指刘兰芝的婆婆。偏义复词指由两个近义词或反义词做词素构成一个词，其中的一个词素表示意义，另一个词素只做陪衬，不表示意义，这样的词称为偏义复词。如：我有亲父母，逼迫兼弟兄。

（2）成语积累

①兰心蕙质：比喻女子心地“蕙心”似的纯洁，品质“兰花”似的高雅。

②坚如磐石：像大石头一样坚固。比喻不可动摇。

③结发夫妻：年轻时结成的夫妻。指原配夫妻。

④踟蹰不前：踟蹰，徘徊、犹豫不决的样子。形容拿不定主意，不敢前进。

⑤否极泰来：逆境达到极点，就会向顺境转化。指坏运到了头好运就来了。

⑥葳蕤繁祉：花木繁盛，枝叶下垂的样子。

⑦区区此心：区区，意为“微小，微薄”，常用作谦辞，用来形容微不足道的一点心意或想法。

⑧络绎不绝：络绎，前后相连、连续不断的样子。形容行人、车马、船只等来往频繁，连续不断。

⑨碧落黄泉：指宇宙的各个角落。

⑩福齐南山：祝颂之辞。指福分如南山一样高。

（三）理解性默写及易错字词矫正

①“____________，____________”两句托物起兴，引出了焦仲卿和刘兰芝的爱情故事。

②写刘兰芝毅然赴死的句子是：“____________，____________。”

③写焦仲卿赴死的句子是：“____________，____________。”

④“____________，____________”两句，写出了刘兰芝和焦仲卿告别时忧愁伤感的样子。

⑤说明兰芝与小姑关系融洽，表现她的懂礼仪、易相处的句子是“______，______”，这同焦母的不容恰成对照。

⑥“______，______”两句写出了作者劝告后人莫要重蹈刘兰芝、焦仲卿的覆辙。

⑦写刘兰芝离开焦家时，焦仲卿发誓不离开兰芝，不辜负兰芝的两句诗分别是：“______”“______”。

2. 易错字词矫正（写三遍）

箜篌　榻床　伶俜　腰襦　葳蕤　香囊　玳瑁　珰　嬉戏　蒲苇　白鹄舫　踯躅　青骢马　金镂鞍　赍　鲑珍　晻晻　蹑履　鸳鸯　彷徨

（四）重要句子翻译

①汝是大家子。

②非为织作迟。

③为仲卿母所遣。

④今日被驱遣。

⑤渐见愁煎迫。

⑥何言复来还！

⑦誓天不相负！

⑧君既若见录。

⑨亦自缢于庭树。

⑩仕宦于台阁。

（五）品读随笔

《孔雀东南飞》是我国古代文学史上有名的长篇叙事诗，给我们描述了一个凄美的爱情故事，是一曲哀情的悲歌。在历史的长河中，这首诗以其浓厚的悲剧意蕴感染过无数的读者，带来强烈的艺术效果。鲁迅先生也说过：“悲剧就是把有价值的东西毁灭给人看。”

请同学们结合你的理解，谈谈你对本诗焦刘爱情悲剧价值性的理解。

四、《蜀道难》品读

（一）原文挖空

蜀道难（李白）

①噫吁嚱（　　），危乎（　　）高哉！蜀道之（　　）难，难于（　　）上青天！蚕丛及鱼凫，开国何（　　）茫然（　　）！尔来（　　）四万八千岁，不与秦塞通人烟。西当（　　）太白有鸟道，可以横绝（　　）峨眉巅。地崩山摧（　　）壮士死，

然后天梯（　　）石栈（　　）相钩连。上有六龙回日之高标（　　），下有冲波（　　）逆折（　　）之回川（　　）。黄鹤之飞尚（　　）不得（　　）过，猿猱欲度愁攀援。青泥何（　　）盘盘（　　），百步九折（　　）萦（　　）岩峦。扪（　　）参历（　　）井仰胁息（　　），以手抚膺（　　）坐（　　）长叹。

②问君西游（　　）何时还？畏途巉岩（　　）不可攀。但见（　　）悲鸟号古木（句式：　　），雄飞雌从（　　）绕林间。又闻子规（　　）啼夜月，愁空山。蜀道之难，难于上青天，使人听此凋（　　）朱颜！连峰去（　　）天不盈（　　）尺，枯松倒挂倚绝壁。飞湍（　　）瀑流争喧豗（　　），砯崖（　　）转石万壑（　　）雷。其险也如此，嗟（　　）尔（　　）远道之人胡为乎（　　）来哉！

③剑阁峥嵘（　　）而崔嵬（　　），一夫当关（　　），万夫莫开。所守（　　）或匪亲，化为狼与豺。朝（　　）避猛虎，夕避长蛇，磨牙吮血（　　），杀人如麻。锦城虽云乐，不如早还家。蜀道之难，难于上青天，侧身西望长咨嗟（　　）！

（二）夯实基础

1. 找出下列句子中的通假本字并注释

①所守或匪亲（　　）　　②黄鹤之飞尚不得过（　　）

2. 写出下列句中加点词的活用类型及释义

①砯崖转石万壑雷（　　）　　②西当太白有鸟道（　　）

③上有六龙回日之高标（　　）　　④下有冲波逆折之回川（　　）

⑤问君西游何时还（　　）　　⑥侧身西望长咨嗟（　　）

⑦朝避猛虎，夕避长蛇（　　）（　　）　　⑧使人听此凋朱颜（　　）

⑨砯崖转石万壑雷（　　）　　⑩猿猱欲度愁攀援（　　）

3. 一词多义

（1）当

①西当太白有鸟道（　　）　　②一夫当关，万夫莫开（　　）

③木兰当户织（　　）　　④募有能捕之者，当其租入（　　）

⑤诚不足以当之（　　）

（2）绝

①枯松倒挂倚绝壁（　　）　　②以绝秦望（　　）

③率妻子邑人来此绝境（　　）　　④而绝江河（　　）

⑤以为妙绝（　　）　　⑥佛印绝类弥勒（　　）

（3）坐

①以手抚膺坐长叹（　　）　　②停车坐爱枫林晚（　　）

③坐法去官（　　）　　④项王、项伯东向坐（　　）

（4）或

①云霞明灭或可睹（　　）　　②左右或欲引相如去（　　）

③一食或尽粟一石（　　）　　④所守或匪亲（　　）

（5）去

①连峰去天不盈尺（　　）　　②沛公已去（　　）

③为汉家除残去秽（　　）

4. 指出下面句子的句式特点

①蜀道之难，难于上青天。　　②嗟尔远道之人胡为乎来哉！

③但见悲鸟号古木。

5. 文化常识及成语积累

（1）文化常识

①《蜀道难》这首诗可能是天宝元年至三年，李白在长安时为送友人王炎入蜀而写的，目的是规劝王炎不要羁留蜀地，早日回归长安，避免遭到嫉妒小人不测之手。

②锦城：成都古代以产棉闻名，朝廷曾经设官于此，专收棉织品，故称“锦城”或“锦官城”。

③参、井：是二星宿名，古人把天上的星宿分别指配于地上的州国，叫作“分野”，以便通过观察天象来占卜地上所配州国的吉凶，参星为蜀之分野，井星为秦之分野。

④五丁开山：是关于古蜀国五位大力士的传说，传说当时蜀国有五个大力士，蜀王叫他们去凿山开路，把金牛拉回来。

（2）成语积累

一夫当关，万夫莫开：山势又高又险，一个人把着关口，一万个人也打不进来。形容地势十分险要。

（三）理解性默写及易错字词矫正

1. 理解性默写

①《蜀道难》中，“________________，________________”两句借用两种动物，分别用夸张和比拟的手法写蜀道的山势高险。

②李白的《蜀道难》中，写出蜀道青泥岭弯路极多，山路盘旋曲折的句子是：“________________，________________”

③在《蜀道难》一诗中，开篇以蜀地方言咏叹点出主题，为全诗奠下雄浑感情基调的句子是：“________________，________________。”

④李白的《蜀道难》中，通过神话传说写出蜀国有着久远的历史的句子是：“________________，________________。”

⑤李白引用神话传说为《蜀道难》增添了浪漫气息，如引用“五丁开山”神话

歌颂一代又一代的蜀国人不畏艰险最终成功打通蜀道的句子是：“______________，______________。”

⑥《蜀道难》一诗中借助一些细节动作摹写，寥寥数语，便把行人艰难的步履、惶恐的神情，绘声绘色地刻画出来了，困危之状如在眼前，体现这一内容的句子是：“______________，______________。”

⑦《蜀道难》中，运用夸张的修辞手法，写出秦、蜀之间为崇山峻岭所阻、只有飞鸟才能跨越的句子是：“______________，______________。”

⑧《蜀道难》中“______________，______________”两句化用了张载《剑阁铭》中“形胜之地，匪亲勿居”的句子。

2. 易错字词矫正（写三遍）

鱼凫　相钩连　萦岩峦　扪参历井　抚膺　巉岩　喧豗　砯崖　万壑雷　峥嵘

（四）重要句子翻译

①蜀道之难，难于上青天！

②嗟尔远道之人胡为乎来哉！

③但见悲鸟号古木。

④剑阁峥嵘而崔嵬，一夫当关，万夫莫开。所守或匪亲，化为狼与豺。

⑤青泥何盘盘，百步九折萦岩峦。扪参历井仰胁息，以手抚膺坐长叹。

（五）品读随笔

李白写诗不落窠臼，浑然天成，开创崭新的浪漫主义诗风。他善用夸张手法，诸如“白发三千丈，缘愁似个长”“君不见黄河之水天上来，奔流到海不复回”“扪参历井仰胁息，以手抚膺坐长叹”等。

请你描写一个人物（父母、同学、朋友等），要求运用夸张的手法，200字左右。写作时运用夸张手法要注意：（1）夸张不是浮夸。（2）夸张不能和事实距离过近。（3）夸张要注意文体特征。

五、《蜀相》《望海潮》《扬州慢》品读

（一）原文挖空

蜀相（杜甫）

丞相祠堂（　　）何处寻？锦官城外柏森森（　　）。映阶碧草自春色（　　），隔

叶黄鹂空(　　)好音。三顾频烦(　　)天下计，两朝开济(　　)老臣心。出师(　　)未捷身先死，长使英雄泪满襟。

望海潮（柳永）

①东南形胜，三吴都会，钱塘自古繁华。烟柳（　　）画桥（　　），风帘（　　）翠幕（　　），参差（　　）十万人家。云树（　　）绕堤沙，怒涛卷霜雪，天堑（　　）无涯。市列珠玑（　　），户盈罗绮，竞豪奢。

②重湖叠巘（　　）清嘉（　　），有三秋（　　）桂子，十里荷花。羌管弄（　　）晴，菱歌泛（　　）夜，嬉嬉钓叟莲娃。千骑拥高牙（　　），乘醉听箫鼓，吟赏（　　）烟霞（　　）。异日（　　）图（　　）将好景，归去凤池（　　）夸。

扬州慢（姜夔）

①淳熙丙申至日（　　），予过维扬。夜雪初霁，荠麦弥望（　　）。入其城则四顾萧条，寒水自碧。暮色渐起，戍角（　　）悲吟。予怀怆然，感慨今昔，因自度此曲。千岩老人以为有黍离之悲（　　）也。

②淮左(　　)名都，竹西佳处，解鞍少驻(　　)初程。过春风十里。尽荠麦青青。自胡马窥江（　　）去后，废池乔木，犹厌言兵。渐（　　）黄昏，清角（　　）吹寒，都在空城。

③杜郎俊赏（　　），算而今，重到须惊。纵（　　）豆蔻（　　）词工（　　），青楼梦好，难赋深情。二十四桥仍在，波心荡，冷月无声。念桥边红药，年年知为谁生？

（二）夯实基础

1. 解释下列句子中加点的词

①两朝开济老臣心（　　）　②参差十万人家（　　）

③市列珠玑，户盈罗绮（　　）　④夜雪初霁，荠麦弥望（　　）

⑤解鞍少驻初程（　　）　⑥渐黄昏，清角吹寒（　　）

2. 一词多义

（1）弥

①是以其曲弥高，其和弥寡（　　）　②荠麦弥望（　　）

③弥缝其阙，而匡救其灾（　　）

（2）过

①有过于江上者（　　）　②不过二十里耳（　　）

③花过而采（　　）　④不宜有所过，今公子故过之（　　）

⑤人恒过，然后能改（　　）　⑥无乃尔是过与（　　）

⑦群臣吏民能面刺寡人之过者（　　）

3. 文化常识及成语积累

（1）文化常识

①杜甫，字子美，自号少陵野老。河南巩县（今河南巩义西南）人。唐代伟大的现实主义诗人，与李白合称“李杜”，被后人称为“诗圣”，他的诗被称为“诗史”。后世称其杜拾遗、杜工部，杜甫创作了《春望》《北征》《三吏》《三别》等名作。

②咏史怀古诗：一般以古代历史事件或人物为题材，或借古讽今，或寄寓个人怀才不遇的感伤，或表达昔盛今衰的兴替之感。

③柳永，北宋著名词人，婉约派代表人物。字耆卿，又称柳七，世称柳屯田。以毕生精力作词，并以“白衣卿相”自诩。其词多描绘城市风光和歌妓生活，尤长于抒写羁旅行役之情，创作慢词独多。

③三秋：秋季，亦指秋季第三月，即农历九月。

④姜夔，南宋鄱阳人，因曾居邻溪白石洞天而自号“白石道人”，人称姜白石。他年轻时在诗、词、音乐、书法等方面都有较深的造诣，尤以妙解音律填词著名。

⑤慢词是宋词的主要体式之一，它与小令一起成为宋代词人最为常用的曲调样式。慢词的名称从“慢曲子”而来，指依慢曲所填写的调长拍缓的词。

⑥淮左：淮河以东地区。宋在苏北和皖北（江淮及沿淮地区）分别设淮南东路和淮南西路，淮南东路又称淮左，淮南西路称淮右。淮右多山，淮左多水。

⑦婉约派：婉约派为宋词流派。婉约，即婉转含蓄。其特点主要是内容侧重儿女风情，结构深细缜密，音律婉转和谐，语言圆润清丽，有一种柔婉之美。婉约派的代表人物有柳永、张先、欧阳修、李清照等。

（2）成语积累

①参差错落：形容各种不同的事物错综复杂、交错相间的样子。

②桂子三秋：桂子的味道可以保留三个秋季。这个成语常用来比喻文艺作品、人才等具有持久影响力和价值，能够经受时间的考验。也可以用来形容一些事物、技能、经验等具有长期稳定性和价值。

③高牙大纛：古代军队里的大旗，比喻声势显赫。

④黍离之悲：指对国家残破、今不如昔的哀叹，也指国破家亡之痛。

⑤豆蔻词工：古文中用以表示文字功底好的优雅词汇，常用于书面语。

⑥满目疮痍：眼前看到的都是创伤，比喻到处是遭受破坏或灾害的景象。疮痍，创伤。

⑦豆蔻年华：比喻少女。指少女十三四岁的妙龄年代。出自唐杜牧《赠别》诗：“娉娉袅袅十三余，豆蔻梢头二月初。”

（三）理解性默写及易错字词矫正

1. 理解性默写

①《蜀相》中，借对祠堂庭宇景色的描写衬托出的庄严肃穆气氛，并抒发凭吊情怀的句子是：“______________，______________。”

②《蜀相》中高度概括、评价诸葛亮一生伟大功业的句子是：“______________，______________。”

③《蜀相》中，将对诸葛亮的崇敬、仰慕和叹惋之情跟自己壮志难酬的苦痛熔铸成的千古名句是：“______________，______________。”

④《扬州慢》中“______________”虚写扬州十里长街繁华景况，“______________”实写现在扬州的凄凉情形。

⑤《扬州慢》中既写杜郎才智又写扬州荒凉的词句是：“__________，__________。”

2. 易错字词矫正（写三遍）

祠堂　三顾频烦天下计　黍离之悲　胡马窥江　荠麦青青　竞豪奢　罗绮　凤池

（四）品读随笔

在《扬州慢》中，诸如“过春风十里，尽荠麦青青”“念桥边红药，年年知为谁生”之类的词句用了“乐景写哀情”手法，请细加品读，感受其中彰显的艺术魅力。请写一则品读随笔，300字左右。

六、《陈情表》品读

（一）原文挖空

陈情表（李密）

①臣密言：臣以（　　）险衅（　　），夙（　　）遭闵（　　）凶（　　）。生孩六月，慈父见（　　）背；行年（　　）四岁，舅夺（　　）母志。祖母刘愍（　　）臣孤弱，躬亲（　　）抚养。臣少多疾病，九岁不行（　　），零丁（　　）孤苦，至于（　　）成立（　　）。既无伯叔，终鲜（　　）兄弟。门（　　）衰祚（　　）薄，晚有儿息（　　）。外（　　）无期（　　）功（　　）强（　　）近之亲，内（　　）无应门（　　）五尺之僮，茕茕（　　）孑（　　）立，形影相吊（　　）。而刘夙（　　）婴（　　）疾病，常在床蓐（　　），臣侍汤药，未曾废离（　　）。

②逮（　　）奉（　　）圣朝，沐浴（　　）清化（　　）。前太守（　　）臣逵察（　　）臣孝廉（　　），后刺史（　　）臣荣举（　　）臣秀才（　　）。臣以（　　）供养无

主（　　），辞（　　）不赴命（　　）。诏书特下（　　），拜（　　）臣郎中，寻（　　）蒙国恩，除（　　）臣洗马（　　）。猥（　　）以（　　）微贱（　　），当（　　）侍东宫（　　），非臣陨首（　　）所能上报（　　）。臣具（　　）以（　　）表闻（　　），辞不就职。诏书切峻（　　），责臣逋（　　）慢（　　）；郡县逼迫，催臣上道；州司临门，急于（　　）星火（　　）。臣欲奉诏奔驰（　　），则刘病日（　　）笃（　　）；欲苟（　　）顺私情，则告诉（　　）不许（　　）：臣之进退，实为狼狈。

③伏惟（　　）圣朝以（　　）孝治天下，凡在故老，犹蒙矜（　　）育，况臣孤苦，特为尤甚（　　）。且臣少仕（　　）伪朝（　　），历职（　　）郎署（　　），本图（　　）宦达（　　），不矜（　　）名节。今臣亡国贱俘，至微至陋（　　），过（　　）蒙拔擢（　　），宠命优渥（　　），岂（　　）敢盘桓（　　），有所希冀（　　）。但（　　）以（　　）刘日薄（　　）西山，气息奄奄（　　），人命危浅（　　），朝不虑夕。臣无祖母，无以（　　）至今日；祖母无臣，无以终余年。母、孙二人，更相（　　）为命，是以（　　）区区（　　）不能废（　　）远（　　）。

④臣密今年四十有（　　）四，祖母今年九十有六，是（　　）臣尽节（　　）于（　　）陛下之日长，报养（　　）刘之日短也。乌鸟私情（　　），愿（　　）乞终养（　　）。臣之辛苦（　　），非独（　　）蜀之人士及二州牧伯（　　）所见明知（　　），皇天后土实所共鉴（　　）。愿陛下矜愍（　　）愚诚（　　），听（　　）臣微志，庶（　　）刘侥幸，保卒（　　）余年。臣生当陨首，死当结草（　　）。臣不胜（　　）犬马（　　）怖惧之情，谨拜表（　　）以闻（　　）

（二）夯实基础

1. 找出下列句子中的通假本字并注释

①夙遭闵凶（　　）　　②零丁孤苦（　　）

③臣密今年四十有四（　　）　　④常在床蓐（　　）

2. 写出下列句中加点词的活用类型及释义

①非臣陨首所能上报（　　）　　②臣不胜犬马怖惧之情（　　）

③则刘病日笃（　　）　　④外无期功强近之亲（　　）

⑤内无应门五尺之僮（　　）　　⑥臣少多疾病（　　）

⑦且臣少仕伪朝（　　）　　⑧历职郎署（　　）

⑨臣具以表闻（　　）　　⑩保卒余年（　　）

⑪谨拜表以闻（　　）　　⑫臣之进退，实为狼狈（　　）

⑬夙遭闵凶（　　）　　⑭猥以微贱（　　）

⑮凡在故老（　　）　　⑯愿陛下矜愍愚诚（　　）

⑰是以区区不能废远（　　）

3. 一词多义

（1）行

①行年四岁（　　）　②九岁不行（　　）

③余嘉其能行古道（　　）

（2）矜

①犹蒙矜育（　　）　②不矜名节（　　）

③愿陛下矜愍愚诚（　　）

（3）至

①至微至陋（　　）　②无以至今日（　　）

（4）见

①慈父见背（　　）　②二州牧伯所见明知（　　）

③臣诚恐见欺于王而负赵（　　）

（5）亲

①躬亲抚养（　　）　②外无期功强近之亲（　　）

（6）日

①日薄西山（　　）　②报养刘之日短也（　　）

③则刘病日笃（　　）

（7）当

①当侍东宫（　　）　②死当结草（　　）

（8）薄

①日薄西山（　　）　②门衰祚薄（　　）

（9）拜

①拜臣郎中（　　）　②谨拜表以闻（　　）

（10）应

①内无应门五尺之僮（　　）　②其人弗能应也（　　）

（11）夙

①夙遭闵凶（　　）　②夙兴夜寐（　　）

（12）卒

①保卒余年（　　）　②卒成帝业（　　）

③信臣精卒陈利兵而谁何（　　）　④卒然边境有急（　　）

（13）除

①除臣洗马（　　）　②登自东除（　　）

③攘除奸凶（　　）

4. 古今异义

①九岁不行 古义（ ） 今义：不可以。

②举臣秀才 古义（ ） 今义：读书人的通称。

③除臣洗马 古义（ ） 今义：不包括在内。

④除臣洗马 古义（ ） 今义：给马洗身子。

⑤臣欲奉诏奔驰 古义（ ） 今义：（车、马等）很快地跑。

⑥臣之辛苦 古义（ ） 今义：身心劳苦。客套话，用于求人做事。

⑦则告诉不许 古义（ ） 今义：说给别人听，使人知道。

⑧是以区区不能废远 古义（ ） 今义：（数量）少；（人或事物）不重要。

⑨至于成立 古义（ ） 今义：副词，表示事情达到某种程度；连词，表示另提一事或另一情况。

⑩至于成立 古义（ ） 今义：组织机构开始存在；理论意见，站得住脚；创立、建立。

⑪急于星火 古义（ ） 今义：微小的火。

5. 指出下面句子的句式特点

①而刘夙婴疾病。

②州司临门，急于星火。

③是以区区不能废远。

④臣少仕伪朝。

⑤是臣尽节于陛下之日长。

6. 文化常识及成语积累

（1）文化常识

①“表”是古代的一种奏章，多用于臣子向国君陈请谢贺。“动之以情”是这种文体的一个基本特征。此外，这种文体还有自己的特殊格式，如开头要说“臣某言”，结尾常有“臣某诚惶诚恐，顿首顿首，死罪死罪”之类的话。典范之作如诸葛亮的《出师表》、李密的《陈情表》。一般来说，“章”是用来谢恩的；“奏”是用来弹劾，即揭发别人的；“表”是用来陈述衷情的；“议”是用来表示不同意见的。

②外无期功强近之亲：“期”指穿一年孝服的亲族，“功”指穿大功服（9个月）、小功服（5个月）的亲族，都指关系比较近的亲属。

③前太守臣逵察臣孝廉，后刺史臣荣举臣秀才：太守，郡的最高行政长官。察孝廉，汉代实行的官员推荐制度。孝廉，汉代所设荐举人才的一种科目，推举孝顺父母、品行方正的人。刺史，州的最高行政长官。

④古代官职的升降任免

表示任职：任、征、授、拜、举、起、简、进、拔、辟、赐、选、复、仕、迁、除（左除表降级）。

表示升官：升、陟、擢、徙、加、提、晋、迁（升级、降级、平调三种情况）。

表示降职免职：贬、谪、出、罢、黜、放、夺、免、窜。

表示调动：调、转、徙、改、补、累迁（多次）、出、放、入。

表示兼职：领、判（高位兼低职）、摄、权、假（暂时代理）、行、署（代理官职）、兼（同时掌管）、知、主（无官职变动，表掌管、执掌）。

表示退休辞官：告老、请老、乞骸骨、致仕、解官、乞身、移病、谢病。

⑤结草：《左传·宣公十五年》记载，晋大夫魏武子临死时，嘱咐他儿子魏颗把自己的爱妾杀了殉葬。魏颗没有照办而把她嫁了出去。后来魏颗与秦将杜回作战，看见一个老人结草，把杜回绊倒，因此擒获杜回。魏颗夜间梦见这个老人，自称是那个再嫁之妾的父亲，特来报恩。因此，后世用“结草”代指报恩。

（2）成语积累

①茕茕孑立：孤零零一人站在那里。形容孤单，无依无靠。

②日薄西山：太阳快要落山了，比喻衰老的人或腐朽的事物临近死亡。

③乌鸟私情：古时传说乌鸦长成之后衔食反哺其母，因以“乌鸟私情”比喻奉养长辈的孝心。

④孤苦伶仃：形容孤独困苦，无依无靠。

⑤急如星火：形容非常急迫。

⑥结草衔环：比喻感恩图报。结草，用草打成草结；衔环，嘴里衔着玉环。

（三）理解性默写及易错字词矫正

①李密《陈情表》中“______________，______________”两句，用乌鸟作比，向皇帝提出奉养祖母的请求，情深意切，措词得体。

②“表”是一种应用文体，不容易写出真情实感。李密的《陈情表》却写得极为感人。“______________，______________”借助典故，表达了他对晋武帝生死都要相报的忠心。

③《陈情表》中李密用“______________，______________”两句从时间的角度表达了暂不赴命的请求，巧妙地解决了尽忠和尽孝的矛盾。

④李密《陈情表》中“______________，______________”两句，通过计算年龄说服晋武帝允许自己暂不应命。

⑤为了打消晋武帝可能有的猜忌，李密在《陈情表》中表明自己很想官职显达的句子是“______________，______________”。

⑥《陈情表》中面对皇帝征召，李密进退两难：想遵从皇上的旨意赴京就职，“______________”。想要姑且顺从自己的私情，“______________”。

⑦察举制是中国古代选拔官吏的一种制度。李密《陈情表》中“______________，

______________”就是这种制度的体现。

⑧《陈情表》中“______________，______________”两句，既是祖母躬亲抚养作者的原因之一，也是下文作者“区区不能废远”的原因，可谓一笔双关。

⑨《陈情表》中，面对太守和刺史的举荐，李密的回应是：“______________，______________。”

⑩《陈情表》中写家庭“外无亲、内乏人”的句子是“______________，______________”。

2. 易错字词矫正（写三遍）

夙遭闵凶 茕茕孑立 猥 陨 拔擢 优渥 盘桓 希冀 矜愍

（四）重要句子翻译

①而刘夙婴疾病，常在床蓐，臣侍汤药，未曾废离。

②郡县逼迫，催臣上道。州司临门，急于星火。

③母、孙二人，更相为命，是以区区不能废远。

④臣少仕伪朝，历职郎署，本图宦达，不矜名节。

⑤是臣尽节于陛下之日长，报养刘之日短也。

（五）品读随笔

《古文观止》言《陈情表》“历叙情事，俱从天真写出，无一字虚言假饰……至性之言，自尔悲恻动人”。历史上曾有“读李密《陈情表》不流泪者不孝”之说。

请你从文中找出你认为最情真意切的句子进行品读，写出让你感动的原因，300字左右。

七、《项脊轩志》品读

（一）原文挖空

项脊轩志（归有光）

①项脊轩，旧（　　）南阁子也。室仅方丈（　　），可容一人居。百年老屋，尘泥渗漉（　　），雨泽（　　）下（　　）注；每移案（　　），顾视（　　）无可置（　　）者。又北向（　　），不能得日，日过午已昏（　　）。余稍为修葺（　　），使不上（　　）漏。前辟（　　）四窗，垣墙（　　）周庭，以当（　　）南日，日影反照，室始（　　）

洞然（　　）。又杂植兰桂竹木于庭，旧时栏楯（　　），亦遂增胜（　　）。借（　　）书满架，偃仰（　　）啸歌（　　），冥然兀坐（　　），万籁（　　）有声；而庭阶寂寂，小鸟时来啄食，人至不去。三五（　　）之夜，明月半墙，桂影斑驳（　　），风移影动，珊珊（　　）可爱。

②然余居于此，多可喜，亦多可悲。先是（　　）庭中通南北为一。迨（　　）诸父（　　）异爨（　　），内外多置小门墙，往往（　　）而（　　）是。东犬西（　　）吠，客逾庖（　　）而（　　）宴（　　），鸡栖于厅。庭中始为篱，已（　　）为墙，凡再（　　）变矣。家有老妪，尝居于此。妪，先（　　）大母婢也，乳（　　）二世，先妣（　　）抚（　　）之甚厚。室西连于中闺，先妣尝一至。妪每谓余曰："某所（　　），而（　　）母立于兹（　　）。"妪又曰："汝姊在吾怀，呱呱而（　　）泣；娘以指叩门扉曰：'儿寒乎？欲食乎？'吾从板外相为应答。"语未毕（　　），余泣，妪亦泣。余自束发（　　）读书轩中，一日，大母过（　　）余曰："吾儿，久不见若（　　）影，何竟日（　　）默默在此，大类（　　）女郎也？"比（　　）去，以手阖（　　）门，自语曰："吾家读书久不效（　　），儿之（　　）成，则可待乎！"顷之（　　），持一象笏至，曰："此吾祖太常公宣德间执此以（　　）朝，他日汝当用之！"瞻顾（　　）遗迹，如在昨日，令人长号（　　）不自禁。

③轩东故尝为厨，人往，从轩前过（　　）。余扃（　　）牖（　　）而（　　）居，久之（　　），能以足音辨人。轩凡四遭火，得不焚，殆（　　）有神护者。

…………

④余既（　　）为此志，后五年，吾妻来归（　　），时至轩中，从余问古事，或凭（　　）几（　　）学书（　　）。吾妻归宁（　　），述诸（　　）小妹语曰："闻姊家有阁子，且（　　）何谓阁子也？"其后六年，吾妻死，室坏不修。其后二年，余久卧病无聊（　　），乃使人复葺南阁子，其制（　　）稍异于前。然自后余多在外，不常居。

⑤庭有枇杷树，吾妻死之年所手（　　）植也，今已亭亭（　　）如盖（　　）矣。

（二）夯实基础

1. 找出下列句子中的通假本字并注释

①垣墙周庭，以当南日（　　）　　②而母立于兹（　　）

2. 写出下列句中加点词的活用类型及释义

①雨泽下注（　　）　　②使不上漏（　　）

③前辟四窗（　　）　　④垣墙周庭（　　）

⑤乳二世（　　）　　⑥执此以朝（　　）

⑦庭中通南北为一（　　）

3. 一词多义

（1）顾

①顾视无可置者（ ） ②三顾臣于草庐之中（ ）

③顾不如蜀鄙之僧哉（ ） ④顾吾念之（ ）

（2）稍

①余稍为修葺（ ） ②稍出近之（ ）

（3）置

①每移案，顾视无可置者（ ） ②日与其徒置酒酣歌达曙（ ）

③沛公则置车骑，脱身独骑（ ）

（4）去

①比去，以手阖门（ ） ②去今之墓而葬焉（ ）

③去死肌，杀三虫（ ）

（5）归

①后五年，吾妻来归（ ） ②皆归刑部（ ）

③壮士十年归（ ） ④不迎而自归（ ）

⑤臣请完璧归赵（ ）

（6）效

①吾家读书久不效（ ） ②愿陛下托臣以讨贼兴复之效（ ）

③斯用兵之效也（ ） ④莫效此儿形状（ ）

（7）所

①某所，而母立于兹（ ） ②吾妻死之年所手植也（ ）

③此先汉所以兴隆也（ ） ④师者，所以传道受业解惑也（ ）

⑤若属皆且为所虏（ ）

（8）而

①客逾庖而宴（ ） ②呱呱而泣（ ）

③某所，而母立于兹（ ） ④余扃牖而居（ ）

（9）故

①轩东故尝为厨（ ） ②公问其故（ ）

③温故而知新（ ）

4. 古今异义

①室仅方丈 古义（ ） 今义：寺院的住持。

②往往而是 古义（ ） 今义：在一定条件下时常存在或经常发生。

③三五之夜 古义（ ） 今义：约数，表示数目不多。

5. 指出下面句子的句式特点

①项脊轩，旧南阁子也。

②妪，先大母婢也。

③鸡栖于厅。

④其制稍异于前。

⑤而母立于兹。

⑥余自束发读书轩中。

⑦以当南日。

⑧语未毕，余泣。

⑨轩凡四遭火，得不焚。

5. 文化常识及成语积累

（1）文化常识

①志：古代记叙事物、抒发感情的一种文体。

②归有光（1506—1571 年），字熙甫，号震川，明朝昆山人，著名散文家。作者自幼苦读，少能文，通读“五经”和“四史”，在文学史上他上承唐宋，下启桐城，但仕途不顺，一生坎坷。

（2）成语积累

①偃仰啸歌：形容随世俗沉浮或进退，安居自得的状态。

②亭亭如盖：高高挺立，树冠像伞盖一样。亭亭：直立的样子；盖：古称伞。

（三）理解性默写及易错字词矫正

1. 理解性默写

①在《项脊轩志》中写妻子归宁回来时转述小妹们充满稚气的问话，并传神地表现了小妹们的娇憨之态的句子是：“____________，____________？”

②在《项脊轩志》中，描写了北向的项脊轩修葺之前采光不好的情况的句子是：“____________，____________。”

③在《项脊轩志》中，描写了项脊轩庭阶上人与自然和谐相处的景象的句子是：“____________，____________。”

④《项脊轩志》结尾，作者把悲痛之情寄寓庭中的枇杷树，“____________，____________”表现了睹物思人而物是人非，不言情而情无限，言有尽而意无穷。

⑤在《项脊轩志》中，作者的感情基调由“喜”转“悲”的过渡句是：“____________，____________。”

⑥在《项脊轩志》中，通过描写老妪转述的作者母亲在门外对子女嘘寒问暖的话语，从而表达作者对母亲的怀念之情的句子是：“____________？____________？”

⑦《项脊轩志》中，描写项脊轩的大小和面积的句子是：“____________，____________。”

⑧《项脊轩志》中，描写项脊轩在修葺前又旧又破的句子是：“____________，____________。”

2. 易错字词矫正（写三遍）

渗漉　偃仰啸歌　冥然兀坐　万籁　象笏　扃牖

（四）重要句子翻译

①妪，先大母婢也，乳二世，先妣抚之甚厚。

②比去，以手阖门，自语曰："吾家读书久不效，儿之成，则可待乎！"

③余扃牖而居，久之，能以足音辨人。

④庭有枇杷树，吾妻死之年所手植也，今已亭亭如盖矣。

（五）品读随笔

"借书满架，偃仰啸歌，冥然兀坐，万籁有声；而庭阶寂寂，小鸟时来啄食，人至不去。三五之夜，明月半墙，桂影斑驳，风移影动，珊珊可爱。"这是明代散文大家归有光对自己曾经读书生活的庭院的回忆。我们中国人对于故乡的感情，对于亲情的怀念，对于家国的眷恋，往往寄托在一些老宅子上面，也就是祖屋。祖屋是情感落足的具体物质基础。

请以"家"为话题，自拟题目，写一段不少于300字的文段，表达你对故乡家园的情感。

八、《兰亭集序》品读

（一）原文挖空

兰亭集序（王羲之）

①永和九年，岁在癸丑，暮春（　　）之初，会于会稽山阴之兰亭（句式：　　），修禊（　　）事也。群贤（　　）毕（　　）至，少长（　　）咸（　　）集。此地有崇山峻岭，茂林修竹（　　），又有清流激湍，映（　　）带（　　）左右，引以为流（　　）觞（　　）曲水，列（　　）坐其次（　　）。虽无丝竹管弦（　　）之盛（　　），一觞（　　）一咏（　　），亦足以畅叙幽情。

②是（　　）日也，天朗气清，惠风（　　）和畅。仰观宇宙之大（句式：　　），俯察品类之盛（句式：　　），所以（　　）游目骋怀（　　），足以极（　　）视听（　　）之娱，信（　　）可（　　）乐也。

③夫人之（　　）相与，俯仰（　　）一世。或（　　）取诸（　　）怀抱，悟（　　）

言一室之内；或因（ ）寄所托，放浪形骸之外。虽趣（ ）舍万殊（ ），静躁不同，当其欣于所遇（ ），暂（ ）得（ ）于己，快然（ ）自足（ ），不知老之将至；及（ ）其所之（ ）既倦，情随事迁，感慨系（ ）之矣。向（ ）之所欣，俯仰之间，已为陈迹，犹不能不以（ ）之（ ）兴怀，况修短随化（ ），终期（ ）于尽！古人云："死生亦大矣。"岂不痛哉！

④每览昔人兴感之由（ ），若合一契（ ），未尝不临（ ）文嗟悼（ ），不能喻（ ）之于怀（句式：）。固（ ）知一（ ）死生为虚诞，齐（ ）彭殇（ ）为妄作（ ）。后之视今，亦犹（ ）今之视昔，悲夫！故列（ ）叙时人，录其所述，虽（ ）世殊事异，所以（ ）兴怀，其致一（ ）也。后之览者，亦将有感于斯文（ ）（句式：）。

（二）夯实基础

1. 找出下列句子中的通假本字并注释

①悟言一室之内（ ） ②虽趣舍万殊（ ）

2. 写出下列句中加点词的活用类型及释义

①映带左右（ ） ②一觞一咏（ ）

③引以为流觞曲水（ ） ④犹不能不以之兴怀（ ）

⑤群贤毕至（ ） ⑥少长咸集（ ）

⑦死生亦大矣（ ） ⑧齐彭殇为妄作（ ）

⑨不知老之将至（ ） ⑩固知一死生为虚诞（ ）

3. 一词多义

（1）临

①未尝不临文嗟悼（ ） ②把酒临风，其喜洋洋者矣（ ）

③故临崩寄臣以大事也（ ） ④身临其境（ ）

（2）致

①所以兴怀，其致一也（ ） ②家贫，无从致书以观（ ）

③听妇前致词（ ） ④专心致志（ ）

（3）期

①终期于尽（ ） ②期年之后（ ）

③不期而遇（ ）

（4）次

①列坐其次（ ） ②又间令吴广之次所旁丛祠中（ ）

③全国为上，破国次之（ ） ④余船以次俱进（ ）

⑤其次不辱身（ ） ⑥陈胜、吴广皆次当行（ ）

（5）之

①所之既倦（　　）　②以之兴怀（　　）

③夫人之相与（　　）

（6）犹

①犹不能不以之兴怀（　　）　②亦犹今之视（　　）

4. 古今异义

①列坐其次　古义（　　）今义：第二，次要的地位。

②俯察品类之盛　古义（　　）今义：种类。

③或取诸怀抱　古义（　　）今义：抱在怀里；胸前；心里存有。

④所以游目骋怀　古义（　　）今义：表因果关系的连词。

⑤少长咸集　古义（　　）今义：像盐那样的味道。

⑥亦将有感于斯文　古义（　　）今义：文雅；文化或文人。

5. 指出下面句子的句式特点

①固知一死生为虚诞，齐彭殇为妄作。

②会于会稽山阴之兰亭。　③悟言一室之内。

④仰观宇宙之大，俯察品类之盛。　⑤虽无丝竹管弦之盛。

⑥亦将有感于斯文。　⑦欣于所遇。

6. 文化常识及成语积累

（1）文化常识

①序：分为书序、赠序、诗序等。

书序，是对一篇文章或一部著作的内容介绍、评述的文字，可以在正文的前面，也可以附于后。列于书后的称为“跋”或“后序”，自己写的称自序，他人写的叫他序。

赠序，是惜别赠言的文字，内容多是对于所赠亲友的赞许、推崇或勉励之辞，是临别赠言性质的文体，如宋濂《送东阳马生序》即作者写给同乡晚辈的赠序。

诗序，写在诗歌前面的序，多交代所咏故事的有关内容或作诗的缘起。

②王羲之（303—361年），字逸少，琅邪临沂（今属山东）人，后迁居会稽山阴（今浙江绍兴），东晋书法家。因曾任右军将军，世称“王右军”。

③修禊：古代民俗，于农历三月上旬的巳日（三国魏以后始固定为三月初三）到水边嬉戏，以消除不祥，称为“修禊”。禊，即符契，古代符信的一种，以金玉竹木等制成，上刻文字，分成两半，合在一起可为凭验。

④暮春：春季的最后一个月。古诗文中多以孟春（初春）、仲春、暮春（晚春）称春季的三个月份。

⑤癸丑：古人常用“天干”（甲乙丙丁等）十个字和“地支”（子丑寅卯等）十二个

字循环相配来表示年、月、日的次序。

天干：甲、乙、丙、丁、戊、己、庚、辛、壬、癸。

地支：子、丑、寅、卯、辰、巳、午、未、申、酉、戌、亥。

⑥古代纪年的方法。

王公即位年次纪年法：以王公在位年数来纪年。如“赵惠文王十六年，廉颇为赵将”。

年号纪年法：汉武帝起开始有年号。此后每个皇帝即位都要改元，并以年号纪年。如《琵琶行》“元和十年”，《石钟山记》“元丰七年”。

干支纪年法：用“天干”十个字和“地支”十二个字循环相配来表示年。如《与妻书》“辛未三月念六夜四鼓”。

⑦丝竹管弦：均指代乐器。箫笛用竹制成，属管乐器；琴瑟的弦用丝制成，属弦乐器。

（2）成语积累

①群贤毕至：指贤能者齐集，济济一堂，都会聚在这里。

②游目骋怀：指纵眼四望，心胸开阔。游目，随意观看；骋，放任。

③崇山峻岭：形容高大而陡峭的山。

④放浪形骸：行为放纵，不受世俗礼节拘束。放浪，放纵；形骸，形体。

⑤情随事迁：情况变了，思想感情也随着起了变化。

⑥少长咸集：年轻的年长的都聚在一起，形容聚会的人很多。

⑦曲水流觞：把酒杯放在弯弯曲曲的水道中顺水漂流，酒杯停在谁的面前，谁就取杯喝酒。后形容春游宴会。觞，古代酒器；曲水，弯曲的水道。

⑧惠风和畅：指柔和的风，使人感到温暖、舒适。

⑨源清流清：源头的水清，下游的水自然就清。比喻因果相连，事物的本原好，其发展和结局也就好；或领导贤明，其下属也廉洁。

⑩茂林修竹：指茂密高大的竹林，多形容幽雅秀丽的风景胜地。

⑪感慨系之：有所感触，慨叹不已。

⑫快然自足：感到高兴和满足。

⑬丝竹管弦：琴瑟箫笛等乐器的总称，也指音乐。

⑭一觞一咏：一边饮酒，一边赋诗。旧指文人喝酒吟诗的聚会。

⑮天清气朗：形容天空晴朗，空气清新。一作“天朗气清”。

⑯修短随化：指人的寿命长短随造化而定。

⑰金相玉映：同“金相玉质”，比喻文章的形式和内容都完美。也形容人相貌端美。

⑱仰观俯察：指多方或仔细观察。

⑲老之将至：意思是多用作自称衰老之语。

⑳寄兴寓情：指作品中寄托、饱含了作者的兴致与情怀。

（三）理解性默写及易错字词矫正

1. 理解性默写

①《兰亭集序》中交代集会地点的句子是：“________________”，表明集会地点周围有高峻的山峰的句子是“________________”。

②《兰亭集序》中交代集会目的的句子是“________________”，直接表明作者参加集会时的心情的句子是“________________”。

③《陋室铭》中“谈笑有鸿儒，往来无白丁”两句描绘宾客尽是文人雅士、贤德之人，《兰亭集序》中表达类似意思的句子是“________________，________________”。

④王羲之的《兰亭集序》中表现兰亭气候宜人的句子是“________________，________________”。

⑤我们在感叹时光流逝时，往往会说“光阴似箭，日月如梭”，《兰亭集序》中与此句意义相近的句子是“________________，________________”。

⑥《兰亭集序》中，王羲之认为人在美好的时光中总会“________________，________________”，而在事过境迁之后又不免感慨横生。

⑦王羲之在《兰亭集序》中写每个人的寿命长短听凭造化，最后都归结于消亡的句子是“________________，________________”。

⑧针对魏晋名士崇尚虚无的思想，王羲之在《兰亭集序》中批评这一思想的句子是“________________，________________”。

⑨《兰亭集序》中，作者描写兰亭的“山”的句子是“________________，________________”；描写兰亭的“水”的句子是“________________，________________”。

2. 易错字词矫正（写三遍）

修禊事也　流觞曲水　游目骋怀　放浪形骸　趣舍万殊　嗟悼　虚诞　彭觞

（四）重要句子翻译

①固知一死生为虚诞，齐彭殇为妄作。

②会于会稽山阴之兰亭，修禊事也。

③或取诸怀抱，悟言一室之内。

④仰观宇宙之大，俯察品类之盛。

⑤虽无丝竹管弦之盛，一觞一咏，亦足以畅叙幽情。

（五）品读随笔

王羲之在《兰亭集序》中写道：“固知一死生为虚诞，齐彭殇为妄作。”司马迁在《报任安书》中写道：“人固有一死，或重于泰山，或轻于鸿毛，用之所趋异也。”

请你根据二人的“生死观”，结合自己的认知，谈谈自己的看法，不少于300字。

九、《归去来兮辞》品读

（一）原文挖空

归去来兮辞（陶渊明）

①余家贫，耕植不足以自给。幼稚盈室，瓶无储粟，生生所资，未见其术（　　）。亲故多劝余为长吏，脱然（　　）有怀，求之靡（　　）途。会（　　）有四方之事，诸侯以惠爱为德，家叔以余贫苦，遂见（　　）用于小邑。于时风波未静，心惮（　　）远役，彭泽去（　　）家百里，公田之利，足以为酒。故便求之。及少日，眷然（　　）有“归欤”之情。何则（　　）？质性（　　）自然，非矫厉所得。饥冻虽切（　　），违己交病（　　　　）。尝从（　　）人事，皆口腹自役。于是怅然（　　）慷慨，深愧平生之志。犹望一稔，当敛裳宵（　　）逝。寻（　　）程氏妹丧于武昌，情在骏奔，自免去职。仲秋至冬，在官八十余日。因事顺心，命篇曰《归去来兮》。乙巳岁十一月也。

②归去来兮，田园将芜胡（　　）不归？既自以（　　）心为形（　　）役（　　），奚（　　）惆怅（　　）而独悲？悟已往之不谏（　　），知来者之可追（　　）。实迷途其未远，觉今是而昨非（　　）。舟遥遥以轻飏（　　），风飘飘而吹衣。问征夫以前路，恨（　　）晨光之熹微。

③乃（　　）瞻衡宇，载欣载奔（　　）。僮仆欢迎，稚子候门。三径（　　）就荒，松菊犹存。携幼入室，有酒盈樽。引壶觞以自酌，眄（　　）庭柯以怡（　　）颜。倚南窗以寄傲，审容膝之易安（　　）。园日涉（　　）以成趣，门虽设而常关。策（　　）扶老以流憩，时矫（　　）首而遐观。云无心以出岫（　　），鸟倦飞而知还。景（　　）翳翳（　　）以将入，抚孤松而盘桓（　　）。

④归去来兮，请息（　　）交以绝游。世与我而相违（　　），复驾言（　　）兮焉求？悦亲戚（　　）之情话，乐（　　）琴书以消忧。农人告余以春及，将有事于西畴（　　）。或命巾车，或棹（　　）孤舟。既窈窕（　　）以寻壑，亦崎岖而经丘。木欣欣以（　　）向荣，泉涓涓而始流。善万物之得时，感吾生之行休（　　）。

⑤已矣乎！寓（　　）形宇内复几时？曷（　　）不委（　　）心任去留？胡为乎

遑遑（ ）欲何之（ ）？富贵非吾愿，帝乡（ ）不可期（ ）。怀良辰以孤往，或植杖而耘（ ）耔（ ）。登东皋以舒啸，临清流而赋诗。聊乘化以归尽，乐夫天命复奚疑（ ）！

（二）夯实基础

1. 找出下列句子中的通假本字并注释

①乃瞻衡宇（ ） ②曷不委心任去留（ ）

③景翳翳以将入（ ）

2. 写出下列句中加点词的活用类型及释义

①乐琴书以消忧（ ） ②或棹孤舟（ ）

③园日涉以成趣（ ） ④当敛裳宵逝（ ）

⑤审容膝之易安（ ） ⑥倚南窗以寄傲（ ）

⑦携幼入室（ ） ⑧眄庭柯以怡颜（ ）

⑨审容膝之易安（ ） ⑩乐琴书以消忧（ ）

⑪悦亲戚之情话（ ） ⑫善万物之得时（ ）

3. 一词多义

（1）乘

①聊乘化以归尽（ ） ②因利乘便，宰割天下（ ）

③公与之乘，战于长勺（ ） ④致万乘之势（ ）

（2）绝

①请息交以绝游（ ） ②非能水也，而绝江河（ ）

③枯松倒挂倚绝壁（ ） ④率妻子邑人来此绝境（ ）

（3）引

①引壶觞以自酌（ ） ②将军夜引弓（ ）

③引喻失义（ ） ④引无数英雄竞折腰（ ）

（4）以

①既自以心为形役（ ） ②不以物喜，不以己悲（ ）

③余船以次俱进（ ） ④舟遥遥以轻飏（ ）

（5）策

①策扶老以流憩（ ） ②振长策而御宇内（ ）

③策之不以其道（ ）

（6）行

①感吾生之行休（ ） ②则知明而行无过矣（ ）

③汉天子我丈人行也（ ） ④三人行，必有我师焉（ ）

4. 古今异义

①尝从人事　古义（　　）今义：常指人的离合、境遇、存亡等情况，或关于工作人员的录用、培养、调配、奖惩等工作。

②悦亲戚之情话　古义（　　）今义：跟自己家庭有婚姻关系或血统关系的家庭或它的成员。

③悦亲戚之情话　古义（　　）今义：男女间表示爱情的话。

④于是怅然慷慨　古义（　　）今义：充满正气，情绪激昂；大方，不吝惜。

⑤幼稚盈室　古义（　　）今义：年纪小，形容头脑简单或缺乏经验。

⑥问征夫以前路　古义（　　）今义：指出征的人。

5. 指出下面句子的句式特点

①皆口腹自役。

②富贵非吾愿。

③遂见用于小邑。

④既自以心为形役。

⑤复驾言兮焉求。

⑥胡为乎遑遑欲何之?

⑦乐夫天命复奚疑!

⑧农人告余以春及。

⑨将有事于西畴。

⑩寻程氏妹丧于武昌。

⑪寓形宇内复几时?

6. 文化常识及成语积累

（1）文化常识

①陶渊明（约 365—427 年），名潜，字渊明，又字元亮，东晋诗人、辞赋家、散文家。曾著《五柳先生传》以自况，卒后朋友私谥“靖节”，故后人称其为“靖节先生”。

②辞：是介于散文与诗歌之间的一种文体，因起源于战国时期的楚国，又称“楚辞”“楚辞体”。又因屈原所作《离骚》为这种文体的代表作，故又称“骚体”。汉代以后，人们常把“辞”和“赋”统称为辞赋。辞是一种形式比较自由灵活的古体韵文，篇幅长短不限，句式散文化，大体上以四句为一小节，两句为一组。以四言、六言为主，间有长短句，在整齐之中有参差，错落有致，韵脚的转换和押韵的方式也灵活而富于变化。

③长吏：指县丞、县尉，是县吏中职位较高的官吏。

④壶：深腹，敛口，用以盛酒浆或粮食。新石器时代已有陶壶，商、周时代青铜壶往往有盖，多为圆形，也有方形或椭圆形的。汉代，方形的叫“钫”，圆形的叫“钟”。

⑤巾车：外面覆盖着帷幕的小车。

⑥家叔：对人称自己的叔父。“家”字一般用于对别人称比自己辈分高或年纪大的亲人。如称父亲为“家父”“家君（家尊、家严）”，称母亲为“家母”“家慈”，称兄长为“家兄”，称姐姐为“家姐”。对别人称比自己辈分低或年纪小的亲人一般用“舍”字。如称弟弟为“舍弟”，称妹妹为“舍妹”。

⑦三径：西汉末，兖州刺史蒋诩隐居后，在院中开辟三径，只与求仲、羊仲来往。后以“三径”代指隐士住处。

⑧公田：指由政府控制的田地，与“私田”相对。

（2）成语积累

①迷途知返：迷失了道路而知道返回。比喻犯了错误而知道改正。

②事与愿违：事情的发展跟主观愿望相反。

③欣欣向荣：形容草木茂盛，也形容事业蓬勃发展。

④乐天知命：乐于天道的安排，安于自己的命运。后指顺其自然，满足于现状。

（三）理解性默写及易错字词矫正

1. 理解性默写

①何以解忧？曹操说有杜康，李白说访名山，陶渊明则在《归去来兮辞》中以“______________，______________”两句做出了自己的回答。

②电视剧《甄嬛传》中，皇帝为废妃甄嬛回宫拟定“熹”作为封号，并释义“往事暗沉不可追，来日之路光明灿烂”，这与陶渊明在《归去来兮辞》中“______________，______________”两句有异曲同工之妙。

③《归去来兮辞》中，用平淡质朴的语言描写自然景物，以寄寓诗人个性与情操的诗句是“______________，______________”。

④陶渊明的《归去来兮辞》中，“______________，______________”两句巧妙地运用叠词，表现春景的美好和自己对自然的热爱。

⑤陶渊明《归去来兮辞》“______________，______________”两句描写作者弃官归乡的畅快心情。

⑥陶渊明在《归去来兮辞》中用“______________，______________”两句表达了顺应自然、乐天安命的决心。

⑦有同学因几次考试成绩不理想而产生悲观失望情绪，你可以用《归去来兮辞》“______________，______________”劝他不要沉溺于过去，应勇敢地面向未来。

⑧陶渊明《归去来兮辞》中，“______________，______________”两句省察生命之有限，生年无多，何不顺从心愿而行？

⑨陶渊明《归去来兮辞》中，作者描摹自己端起酒杯自斟自饮，观赏着庭树露出愉快的神色情状的两句是“______________，______________”。

⑩《归去来兮辞》中陶渊明用“______________，______________”两句，以自然形象贴切地概括了自己的入仕和出仕，对仕宦道路做了适当的总结。

2. 易错字词矫正（写三遍）

轻飏　壶觞　自酌　眄　庭柯　怡颜　流憩　出岫　翳翳　窈窕　遑遑　东皋

（四）重要句子翻译

①皆口腹自役。　②富贵非吾愿。

③遂见用于小邑。　④既自以心为形役。

⑤复驾言兮焉求？　⑥胡为乎遑遑欲何之？

⑦乐夫天命复奚疑！　⑧农人告余以春及。

⑨将有事于西畴。　⑩寻程氏妹丧于武昌。

⑪寓形宇内复几时？

（五）品读随笔

南宋著名女词人李清照自号“易安居士”，据说是出自陶渊明的《归去来兮辞》“倚南窗以寄傲，审容膝之易安”句，以表达自己对诗中生活的向往之情。我们也常说：“宁让心宽，不让屋宽。”

请你结合自我认知，谈谈对此问题的看法，不少于300字。

十、《种树郭橐驼传》品读

（一）原文挖空

种树郭橐驼传（柳宗元）

①郭橐驼，不知始（　　）何名（　　）。病（　　）偻（　　），隆然（　　）伏行，有类（　　）橐驼者，故乡人号（　　）之“驼”。驼闻之曰：“甚善。名（　　）我固当（　　）。”因（　　）舍（　　）其名，亦自谓“橐驼”云（　　）。

②其乡曰丰乐乡，在长安西。驼业（　　）种树，凡（　　）长安豪富人为（　　）观游（　　）及卖果者（句式：　），皆争迎取养（　　）。视驼所种树，或（　　）移徙，无不活；且（　　）硕茂（　　），早实（　　）以（　　）蕃。他植者虽（　　）窥伺（　　）效慕（　　），莫（　　）能如（　　）也。

③有问之，对曰：“橐驼非能使木寿（　　）且孳（　　）也，能顺（　　）木之天（　　），以（　　）致（　　）其性（　　）焉尔（　　）。凡（　　）植木之性（　　），其本（　　）欲舒，其培（　　）欲平，其土欲故（　　），其筑（　　）欲密（　　）。既然（　　）已（　　），勿动勿虑，去（　　）不复（　　）顾（　　）。其莳（　　）也若（　　）子（　　），其置（　　）也若弃，则其天者全（　　）而（　　）其性得矣。故吾不害其长而已，非有能硕茂（　　）之也（句式：　）；不抑耗其实（　　）

而已，非有能早（　　）而蕃（　　）之也。他植者则不然。根拳（　　）而土易（　　），其培之也，若不过（　　）焉则不及。苟（　　）有能反是（　　）者，则又爱之太恩（　　），忧之太勤。旦（　　）视而暮（　　）抚，已去而复顾。甚者，爪（　　）其肤以（　　）验其生枯，摇其本以观其疏密，而木之性日（　　）以离（　　）矣。虽（　　）曰爱之，其实（　　）害之；虽曰忧之，其实仇之；故不我若也（句式：　　）。吾又何能为哉！”

④问者曰：“以子之道（　　），移之官（　　）理（　　），可乎？”驼曰：“我知种树而已，理，非吾业也。然（　　）吾居（　　）乡，见长人（　　）者好烦（　　）其令，若（　　）甚怜焉，而（　　）卒（　　）以祸（　　）。旦暮（　　）吏来而（　　）呼曰：‘官命促（　　）尔（　　）耕，勖（　　）尔植，督尔获（　　），早缫而绪，早织而缕，字（　　）而幼孩，遂（　　）而鸡豚。’鸣鼓而聚（　　）之，击木而召之。吾小人（　　）辍飧饔（　　）以劳吏者，且（　　）不得暇，又何以蕃（　　）吾生而（　　）安（　　）吾性耶？故病（　　）且（　　）怠（　　）。若是，则与吾业者其亦有类乎？”

⑤问者曰：“嘻，不亦善夫！吾问养树，得养人术。”传（　　）其事以为（　　）官戒也。

（二）夯实基础

1. 找出下列句子中的通假本字并注释

①既然已（　　）

②早缫而绪，早织而缕，字而幼孩，遂而鸡豚（　　）

2. 写出下列句中加点词的活用类型及释义

①名我固当（　　）

②早实以蕃（　　）

③病偻，隆然伏行（　　）

④故乡人号之“驼”（　　）

⑤爪其肤以验其生枯（　　）

⑥旦视而暮抚（　　）

⑦而木之性日以离矣（　　）

⑧驼业种树（　　）

⑨鸣鼓而聚之（　　）

⑩则其天者全而其性得矣（　　）

⑪非有能硕茂之也（　　）

⑫非有能早而蕃之也（　　）

⑬又何以蕃吾生而安吾性耶（　　）

3. 一词多义

（1）固

①名我固当（　　）

②固国不以山溪之险（　　）

③汝心之固，固不可彻（　　）

（2）当

①名我固当（　　）

②好雨知时节，当春乃发生（　　）

③今当远离，临表涕零（　　）

④当奖率三军，北定中原（　　）

（3）故

①故不我若也（　　）

②其培欲平，其土欲故（　　）

（4）本

①凡植木之性，其本欲舒（　　）

②王欲行之，则盍反其本矣（　　）

③今存其本不忍废（　　）

④本在冀州之南（　　）

⑤父母者，人之本也（　　）

⑥臣本布衣（　　）

（5）伏

①隆然伏行（　　）

②惧有伏焉（　　）

③骑皆伏曰："如大王言。"（　　）

（6）致

①以致其性焉尔（　　）

②非利足也，而致千里（　　）

（7）病

①故病且怠（　　）

②君之病在肠胃（　　）

（8）顾

①勿动勿虑，去不复顾（　　）

②君臣相顾，不知所归（　　）

（9）实

①不抑耗其实而已（　　）

②其实仇之（　　）

③早实以蕃（　　）

（10）且

①橐驼非能使木寿且孳也（　　）

②且不得暇（　　）

③若属皆且为所虏（　　）

④北山愚公者，年且九十（　　）

4. 古今异义

①他植者虽窥伺效慕　古义（　　）今义：暗中观望动静，等待机会（多含贬义）。

②以致其性焉尔　古义（　　）今义：连词，用在下半句话的开头，表示下文是上述原因所形成的结果（多指不好的结果）。

③不抑耗其实而已　古义（　　）今义：表示所说的是实际情况（承上文，多含转折意）。

④既然已　古义（　　）今义：连词，用在上半句，下半句往往有"就、也、还"跟 它呼应，表示先对现实或已有的结论予以承认，而后进一步做出判断。

⑤若不过焉则不及　古义（　　）今义：连词，表转折，跟"只是"相同。

⑥吾小人辍飧饔以劳吏者 古义（ ） 今义：指人格卑鄙的人。

⑦传其事以为官戒也 古义（ ） 今义：认为。

5. 指出下面句子的句式特点

①理，非吾业也。 ②不知始何名。

③故不我若也。 ④吾又何能为哉？

⑤又何以蕃吾生而安吾性耶？ ⑥凡长安豪富人为观游及卖果者。

⑦苟有能反是者。 ⑧然吾居乡。

⑨传其事以为官戒。

6. 文化常识及成语积累

（1）文化常识

①柳宗元，字子厚（773—819年），曾任礼部员外郎，和刘禹锡一同参加王叔文领导的“永贞革新”，失败后被贬为永州司马，晚年居官柳州刺史，也称柳柳州。他提倡古文运动，唐宋散文八大家之一，被推为“游记之祖”。柳宗元与韩愈共同倡导唐代古文运动，并称为“韩柳”，与刘禹锡并称“刘柳”，与韦应物并称“韦柳”。

②传：传记，文体名，亦单称传，是一种常见的文学形式。主要记述人物的生平事迹，根据各种书面的、口述的回忆、调查等相关材料，加以选择性的编排、描写与说明而成。本文虽名为传记，但实际上是一篇兼具寓言和政论色彩的讽喻性极强的寓言式说理文。

③寓言：用比喻性的故事来寄托意味深长的道理，给人以启示的文学体裁，带有讽刺或劝诫的性质。孟子、庄子等先贤就经常用寓言来说理。深受庄子影响的柳宗元也喜欢写寓言，贬谪永州时期作过三篇一组的寓言《三戒》，包括《临江之麋》《黔之驴》《永某氏之鼠》。

④长安：西安的古称，地处关中平原中部，素有“金城千里”的美誉，是华夏文明的发祥地之一。

⑤筑：捣土用的杵。

⑥爪牙：鸟兽有尖甲的脚；指甲或趾甲；像爪的东西。

⑦长人者：为人之长者，指当官治民的地方官。大县的长官称令，小县的长官称长。

⑧缫：煮茧抽丝。绪：丝线的头。缕：麻线。

⑨飧，晚饭。饔，早饭。飧饔：古时招待宾客的两种礼宴。

⑩豚：小猪。也泛指猪。豕：从甲骨文和金文字形上来看，豕就是一只耳大嘴长、身体滚圆、小短尾巴的猪。彘：本指大猪。

⑪小人：一指人格卑鄙的人；二指平民百姓；三指旧时男子对地位高于己者的谦

称；四指对平辈自称的谦词；五指古时老师对学生的称呼；六指小孩子；七指小一辈的人。

⑫养人：养民，唐人避唐太宗李世民名讳，改民为人。

⑬避讳，旧时为了维护等级制度的尊严，在说话写文章时遇到君主或尊亲的名字都不直接说出或写出，以表尊重。

国讳：指举国臣民，甚至包括皇帝本人，都必须遵循的避讳。

家讳：家族内部遵守的避父祖名的做法。

圣讳：即“为贤者讳”，对封建社会所推崇的圣人贤者名讳的规避。

宪讳：对上司官员名讳的规避。

⑭官理：为官治民。理，治理，唐人避高宗李治名讳，改治为理。

（2）成语积累

①橐驼之技：指高明的栽培技艺。

②过犹不及：事情做过了头就跟做得不够一样，都是不好的。指做事要恰如其分。

③名我固当：叫我这个名字实在很恰当。

④名副其实：名声或名称与实际完全一致。也说名符其实。

⑤窥伺效慕：偷看并仿效。窥，从小孔中偷看；伺，探察。

⑥顺天应人：顺应天命，合乎人心。旧时常用于颂扬建立新的朝代。

⑦保全天性：保持原本的性格和品质，不要被环境改变。

⑧本末倒置：比喻颠倒了事物的轻重主次。本，树根；末，树梢。

⑨好烦其令：不断发号施令。

⑩勖勉有加：指一再加以勉励。勖勉，勉励。

⑪饔飧不继：形容生活十分穷困。饔，早饭。飧，晚饭。

⑫自顾不暇：照顾自己都来不及。

⑬实蕃有徒：确实有许多这样的人。实，实在；蕃，多；徒，众人。

⑭师法自然：以大自然为师加以效法。

⑮劳民动众：动用众多民力去做某件事。

⑯生事扰民：制造事端，扰乱民众；指故意寻衅闹事，侵害人民。

⑰以售其伎：用来推行他的奸计。售，销售。

⑱背道而驰：向着相反的方向奔驰；形容背离正确目标，朝反方向走。

⑲不亦善夫：不也很好吗！

（三）理解性默写及易错字词矫正

1. 理解性默写

①《种树郭橐驼传》中，郭橐驼有佝偻病，这导致他“________________”，因此被

乡人称为“驼”。寥寥数字，就写出了人物的形象特征。

②《种树郭橐驼传》中，郭橐驼虽身份低微，但内心强大。别人称他为“驼”，他不仅不在意，甚至认为“______________，______________”，索性舍去名字，自称“橐驼”。既表现了人物的性格，也体现了顺其自然的思想。

③《种树郭橐驼传》中，以长安人争相迎接、雇佣侧面烘托郭橐驼精于种树的两句是“______________，______________”。

④《种树郭橐驼传》中，以同行难以相比反衬郭橐驼种树技艺高超的两句是“______________，______________”。

⑤《种树郭橐驼传》中，“______________，______________”两句，直接写郭橐驼种树成活率高，与后文“寿”字相呼应。

⑥《种树郭橐驼传》中，“______________，______________”两句，直接写郭橐驼种的树具有全优的品质，枝繁叶茂，早熟多果，与后文“孳”字相呼应。

⑦《种树郭橐驼传》中，郭橐驼表示，自己并没有能够让树长寿繁茂的才能，只是“______________，______________”。这既是总括种树经验，也委婉含蓄地类比“顺民之天，以致民之性”的道理。

⑧《种树郭橐驼传》中，通过“他植者”与郭橐驼种树方法的层层对比，阐述了郭橐驼的种树经验的核心思想是“______________，______________”。

⑨《种树郭橐驼传》中，郭橐驼讲述自己种树的秘诀时，说到要让树根得到充分的舒展，还要做到培土要培平的两句是“______________，______________”。

⑩《种树郭橐驼传》中，郭橐驼讲述自己种树的秘诀时，说到土要用旧土，捣土要紧密的两句是“______________，______________”。

⑪寓言《揠苗助长》讽刺那些违反事物发展规律的行为，《种树郭橐驼传》中的“他植者”“______________，______________”也犯了同样的错误。

⑫在《种树郭橐驼传》中，郭橐驼在介绍自己种树经验的时候说，为了保持树木的天性，种树人要做到“______________，______________”这个比喻十分恰当，对于育人也颇有启发意义。

⑬《种树郭橐驼传》中的郭橐驼在总结自己的种树经验时说自己并不能让树“硕茂”，只是“______________”；也不能让树“早而蕃之”，只是能“______________”。

⑭郭橐驼在介绍自己种树经验的同时，也一针见血地指出有些人在种树的“易土”与“培土”方面存在不够，其具体表现在换土时“__________________”和培土时“__________________”。

⑮在柳宗元《种树郭橐驼传》中，官府对百姓在纺织上提出的要求是“______________，______________”。

2. 易错字词矫正（写三遍）

病偻　橐驼　孳　勖　缫　缕　豚　辍飧饔　暇　蕃

（四）重要句子翻译

①我知种树而已，理，非吾业也。

②又何以蕃吾生而安吾性耶？

③传其事以为官戒也。

④凡长安豪富人为观游及卖果者。

（五）品读随笔

事例一：作家林清玄小时候读书很差，考试常常不及格，他的父亲并没有因为他的成绩而着急，后来林清玄也认为孩子不用那么努力。

事例二：央视主持人董卿的父亲对董卿却是"魔鬼教育"，董卿稍微能识字就要每天抄成语、抄古诗，不仅如此，天还没亮，董卿就被从床上提溜起来跑一千米，除此之外，董卿的父亲还不准董卿照镜子。

对于这两种教育孩子的方式，你怎么看？是赞同林清玄父亲的"放手"式教育，还是赞同董卿父亲的"魔鬼"式教育？还是认为两种教育方式折中一下更合适？请结合以上材料谈谈自己的看法，不少于300字。

十一、《石钟山记》品读

（一）原文挖空

石钟山记（苏轼）

①《水经》云："彭蠡之口有石钟山焉（　　）。"郦元以为下（　　）临（　　）深潭，微风鼓（　　）浪，水石相搏（　　），声如洪（　　）钟。是（　　）说也，人常疑之。今以（　　）钟磬置（　　）水中，虽（　　）大风浪不能鸣（　　）也，而况石乎！至唐李渤始（　　）访（　　）其遗（　　）踪，得（　　）双石于潭上（句式：　　），扣（　　）而（　　）聆（　　）之，南声函胡（　　），北音清越，桴止响腾（　　），余韵徐（　　）歇。自以为得之（　　）矣。然（　　）是（　　）说也，余尤疑之。石之铿然有声者（句式：　　），所在皆是也，而此独（　　）以（　　）钟名（　　），何哉？

②元丰七年六月丁丑，余自（　　）齐安舟（　　）行适（　　）临汝，而长子迈将赴（　　）饶之德兴尉，送之至湖口，因（　　）得（　　）观所谓石钟者。寺僧使（　　）小童持斧，于乱石间择其（　　）一二扣之，硿硿焉（　　）。余固（　　）笑而（　　）不信也。至暮（　　）夜月明，独（　　）与迈乘小舟，至绝壁下。大石侧（　　）立千尺，如猛兽奇鬼，森然欲搏（　　）人；而山上栖鹘，闻人声亦惊起（句式：　　），磔磔云霄间；又有若老人咳且笑于山谷中（句式：　　）者，或曰此鹳鹤也。余方心动（　　）欲还，而大声发于水上（句式：　　），噌吰（　　）如钟鼓不绝。舟人大恐。徐而察之，则山下皆石穴罅（　　），不知其浅深（　　），微波入焉（　　），涵澹（　　）澎湃（　　）而为此也。舟回至两山间，将入港口，有大石当中流，可坐百人，空中（　　）而多窍，与风水相吞吐，有窾坎镗鞳（　　）之声，与向之噌吰者相应，如乐作焉。因（　　）笑谓迈曰："汝识（　　）之乎？噌吰者，周景王之无射也；窾坎镗鞳者，魏庄子之歌钟也。古之人不余欺也！"（句式：　　）

③事不目（　　）见耳（　　）闻，而臆断（　　）其有无，可乎？郦元之所见闻，殆（　　）于余同，而言之不详；士大夫终不肯以小舟夜（　　）泊绝壁之下，故莫能知；而渔工水师虽知而不能言（　　）。此世所以（　　）不传也。而陋者（　　）乃以斧斤考（　　）击而求之，自以为得其实（　　）。余是以（　　）记之，盖（　　）叹郦元之简，而笑李渤之陋也。

（二）夯实基础

1. 找出下列句子中的通假本字并注释

①南声函胡，北音清越（　　）　②汝识之乎（　　）

③乃以斧斤考击而求之（　　）

2. 写出下列句中加点词的活用类型及释义

①余自齐安舟行适临汝（　　）　②事不目见耳闻（　　）

③而此独以钟名（　　）　④大石侧立千尺（　　）

⑤士大夫终不肯以小舟夜泊绝壁之下（　　）

⑥虽大风浪不能鸣也（　　）

3. 一词多义

（1）鼓

①噌吰如钟鼓不绝（　　）　②微风鼓浪（　　）

③一片神鸦社鼓（　　）　④公将鼓之（　　）

⑤虎鼓瑟兮鸾回车（　　）

（2）自

①自以为得之矣（　　）　②余自齐安舟行适临汝（　　）

③自是指物作诗立就（　　）　　④蚤自来谢项王（　　）

（3）得

①得双石于潭上（　　）　　②因得观所谓石钟者（　　）

③往往有得（　　）　　④暂得于己，快然自足（　　）

⑤此言得（　　）

（4）而

①扣而聆之（　　）　　②徐而察之（　　）

③空中而多窍（　　）　　④而言之不详（　　）

⑤涵澹澎湃而为此也（　　）

4. 古今异义

①自以为得其实　古义（　　）　今义：实际上，副词。

②空中而多窍　古义（　　）　今义：天空中。

③余方心动欲还　古义（　　）　今义：内心有所触动。

④而渔工水师虽知而不能言　古义（　　）　今义：水军。

5. 指出下面句子的句式特点

①噌吰者，周景王之无射也。　　②此世所以不传也。

③得双石于潭上。　　④而大声发于水上。

⑤古之人不余欺也。　　⑥石之铿然有声者，所在皆是也。

⑦士大夫终不肯以小舟夜泊绝壁之下。

6. 文化常识及成语积累

（1）文化常识

①苏轼（1037—1101 年），字子瞻，号东坡居士，宋代文学成就的代表。其诗题材广阔，清新豪健，善用夸张比喻，独具风格，与黄庭坚并称“苏黄”。词开豪放一派，与辛弃疾同是豪放派代表，并称“苏辛”。

②游记：作为古代散文文体的一种，前人多把它归入“杂记体”中。它是模山范水、专门记游的文章，以描绘山川自然、风景名胜为内容，写旅途的见闻和对大自然风光之美的感受。

③元丰七年六月丁丑：“元丰”为宋神宗年号，“丁丑”此处为干支纪日法。

④《水经》：三国时的桑钦写了《水经》一书，北魏郦道元作注，故名《水经注》。《水经注》是中国古代的地理名著，原书有四十卷，后有散失。

⑤磬：古代打击乐器，形状像曲尺，用玉或石制成。钟、磬是古代两种重要的击打乐器，它们各有不同的形制。磬是用石头磨制的，其起源时间可以上溯到石器时代。在古代乐器中，与磬相比，钟的地位更为重要。八音齐鸣，赖金以动声，钟是众乐之首。

“钟鸣鼎食”成为权势、地位的标志。钟的尺度和音律又与历算、权衡密切相关。钟又是古代朝聘、祭祀等礼仪活动的必备乐器，深受古人重视。

⑥无射:《国语》记载，周景王二十三年（前）铸成无射钟。

⑦歌钟:《左传》记载，鲁襄公十一年（前）郑人以歌钟和其他乐器献给晋侯，晋侯分一半赐给晋大夫魏绛。

⑧渔工：从事渔业生产的工人。工，古代对从事各种技艺的劳动者的总称。

⑨水师：船工。师，掌握某种专门知识或精通某种技艺的人。

（2）成语积累

①躬行践履：亲自实行、亲自去做。

②不知深浅：原义是不知道水的深浅，后多用以形容不懂得事情的利害。

③目见耳闻：指亲眼看见，亲耳听到。

④声如洪钟：形容说话、唱歌底气足，声音洪亮。洪钟，大钟。

⑤余韵悠悠：形容韵味未尽。余韵，传留的韵致、气韵。

⑥自以为是：认为自己一定是正确的，而对方是不正确的。

⑦森然耸立：繁密、高高地直立。

⑧森然可怖：形容阴沉可怕。

⑨涵澹澎湃：形容水波动荡，波浪冲击。

⑩主观臆断：指自我意识方面的凭臆测来评定。

⑪风平浪静：没有风浪，比喻平安无事。

⑫簪笔磬折：古代插笔备礼，像磬一样弯着腰作揖，以示恭敬。

⑬遗音余韵：前人作品的余音和韵致，形容作品美妙。

⑭锵金铿玉：音节响亮，诗句优美。

⑮迤逦不绝：形容曲曲折折，连绵不断。迤逦，曲折连绵。

⑯所在皆是：到处都是，指某种人或事物普遍存在。

⑰鄙俚浅陋：多形容文章或言谈粗俗浅薄。鄙俚，粗俗；浅陋，见闻不多。

（三）理解性默写及易错字词矫正

1. 理解性默写

①《石钟山记》中，作者听到水上巨响的句子是“______________，______________”。

②《石钟山记》一文，苏轼用一个定语后置句“______________，______________”来否定唐代李渤对石钟山名字来历的看法。

③《石钟山记》中，苏轼非常欣喜自己的发现，他引用典故向苏迈描摹石钟山发出的动人声响，其中跟周景王有关的是：“噌吰者，周景王之无射也”。和晋大夫魏绛有关的是“______________，______________”。

④《石钟山记》中，对于郦道元和李渤的说法，作者的看法是“______________，______________”。

⑤《石钟山记》中，苏轼实地考察，深夜乘小舟至绝壁下，看到大石侧立千尺，用比喻手法写出石头形态的句子是“______________，______________”。

⑥《石钟山记》中，苏轼指出鄙陋之人只从表面去解释石钟山得名理由，却得不到它实际情况的句子是“______________，______________”。

⑦苏轼在《石钟山记》末尾自述他写作此文的原因是“______________，______________”。

⑧从苏轼的《石钟山记》我们可以得到一个启示：治学做事要有严谨的态度，而“______________，______________”的态度是不可取的。

⑨《石钟山记》中，苏轼描写通过实地考察发现石钟山下全是石穴罅，当水波动荡时发出声音的句子是“______________”。而描写处于水流中心、中间是空的、窟窿遍布的大石与风水相吞形成声音的句子是“______________”。

⑩在《石钟山记》中，“______________，______________”两句表明苏轼写《石钟山记》的目的是传播自己的见解，并证实、补充郦道元的观点，纠正李渤的观点。

⑪《石钟山记》中，苏轼乘小舟将进入港口时，发现水中大石能发出窾坎镗鞳之声的原因是“______________，______________”。

⑫《石钟山记》中，苏轼对郦道元关于石钟山得名的理由持怀疑态度，他的理由是“______________，______________”，更何况是石头呢？

⑬《石钟山记》里郦道元认为石钟山得名的原因是：石钟山靠近深潭，“______________，______________”，才发出洪钟一样的声音。

⑭《石钟山记》中，苏轼告诉苏迈，绝壁之下听到的“噌吰之声”和“窾坎镗鞳之声”，分别是“______________”和“______________”。

⑮《石钟山记》中，作者和苏迈夜里乘船到绝壁之下后，写宿巢的老鹰受惊动而飞鸣的句子是“______________，______________”。

⑯《石钟山记》中，作者和苏迈夜里乘船到绝壁之下后，作者用拟人的手法写鹳鹤奇异叫声的句子是“______________，______________”。

⑰《石钟山记》中，回船途中，写正对着水中央的大石，面积颇大且有许多空洞的句子是“______________，______________”。

2. 易错字词矫正（写三遍）

彭蠡　钟磬　桴　铿然　硿硿　暮夜　栖鹘　磔磔　鹳鹤　噌吰　穴罅　涵澹澎湃　窾坎镗鞳　臆断　殆

（四）重要句子翻译

①噌吰者，周景王之无射也。

②此世所以不传也。

③得双石于潭上，扣而聆之，南声函胡，北音清越，桴止响腾，余韵徐歇。

④而大声发于水上，噌吰如钟鼓不绝。

⑤古之人不余欺也！

⑥石之铿然有声者，所在皆是也。

⑦士大夫终不肯以小舟夜泊绝壁之下。

（五）品读随笔

在《石钟山记》中，苏轼强调“事不目见耳闻，而臆断其有无”的做法是不可取的。故而文章在写其登山临水之时，始终萦绕着求真辨伪的旨趣。而求真辨伪的过程，大抵要经历“质疑、求实、反思”三个阶段。这无论是对我们的学习、求知，还是成长，都是大有裨益的。

请你结合以上材料，联系生活实际，写一篇简短的发言稿，在班级与同学们分享，不少于300字。

十二、《拟行路难》（其四）、《客至》、《登快阁》、《临安春雨初霁》品读

（一）原文挖空

拟行路难（其四）（鲍照）

泻水（　　）置平地，各自东西南北流。人生亦有命，安能行叹复坐愁！酌酒以自宽（　　），举杯断绝（　　）歌《路难》。心非木石岂无感？吞声（　　）踯躅（　　）不敢言。

客至（杜甫）

舍（　　）南舍北皆春水，但见（　　）群鸥日日来。花径（　　）不曾缘客扫，蓬门（　　）今始为君开。盘飧市远无兼味（　　），樽酒家贫只旧醅（　　）。肯（　　）与邻翁相对饮，隔篱呼取尽余杯（　　）。

登快阁（黄庭坚）

痴儿（　　）了却（　　）公家事，快阁东西（　　）倚（　　）晚晴。落木（　　）千山天远大，澄（　　）江一道月分明。朱弦（　　）已为佳人（　　）绝，青眼（　　）

聊因美酒横。万里归船弄（　　）长笛，此心吾与白鸥盟（　　）。

临安春雨初霁（　　）（陆游）

世味（　　）年来薄似纱，谁令骑马客（　　）京华（　　）。小楼一夜听春雨，深巷（　　）明朝卖杏花。矮纸（　　）斜行（　　）闲作草，晴窗细乳戏分茶（　　）。素衣（　　）莫起风尘叹（　　），犹及清明可到家。

（二）夯实基础

1. 解释下列加点的词

①泻水置平地（　　）　②举杯断绝歌路难（　　）

③吞声踯躅不敢言（　　）　④但见群鸥日日来（　　）

⑤盘飧市远无兼味（　　）　⑥肯与邻翁相对饮（　　）

⑦青眼聊因美酒横（　　）　⑧万里归船弄长笛（　　）

⑨此心吾与白鸥盟（　　）　⑩世味年来薄似纱（　　）

⑪谁令骑马客京华（　　）　⑫素衣莫起风尘叹（　　）

2. 一词多义

（1）但

①但见群鸥日日来（　　）　②老相公有话但说不妨（　　）

③但使龙城飞将在（　　）　④不但往来之苦（　　）

（2）绝

①举杯断绝歌路难（　　）　②非能水也，而绝江河（　　）

③楚诚能绝齐（　　）

3. 文化常识

①门阀制度：封建等级制中的一种特殊形式。形成于东汉，魏晋南北朝时盛行。中国古代官宦人家的大门外有两根柱子，左边的称“阀”，右边的叫“阅”，用来张贴功状。后人就把世代为官的人家称为“阀阅”“门阀世族”“士族”，与之对应的是“庶族”，也称“寒门”。

②《行路难》：乐府杂曲，本为汉代歌谣，篇幅短长不一，声律、韵脚也较为自由，句式比较灵活，平仄亦不拘泥，主要是抒发世路艰难和离别悲伤的感情。

③《拟行路难》：摹拟汉乐府杂曲歌辞《行路难》而作的诗。《拟行路难》共十八首，是南朝宋诗人鲍照创作的一组乐府诗，有五言、七言及杂言各体，主要是抒写人生感慨及表达寒门士人的仕途坎坷，也有描写游子和思妇之作。

④陆游（1125—1210 年），字务观，号放翁。南宋时越州山阴（今浙江绍兴）人，我国古代著名的爱国诗人。存诗 9000 多首，是中国现有存诗最多的诗人，生前即有“小李白”之称，不仅成为南宋一代诗坛领袖，而且在中国文学史上享有崇高地位，为

中兴四大诗人（陆游、杨万里、范成大、尤袤）之一。

⑤黄庭坚（1045—1105年），字鲁直，自号山谷道人，北宋文学家、书法家。黄庭坚出于苏轼门下，与张耒、秦观、晁补之并称为“苏门四学士”，后与苏轼齐名，世称“苏黄”。提出“无一字无来处”和“脱胎换骨，点铁成金”之诗学理论，开创了江西诗派。

⑥鸥鸟意象内涵：高洁孤傲、潇洒自由、睥睨天下的形象；远离心机、思想单纯、与世无争的形象；淡泊寡欲，闲适归隐的形象；漂泊无依，凄凉孤独的形象。

（三）理解性默写及易错字词矫正

1. 理解性默写

①鲍照的《拟行路难》中“______________，______________”两句将其忍辱负重、矛盾痛苦的精神状态表现得淋漓尽致。

②杜甫在《客至》中用“______________，______________”两句写客至之后的情形，描绘主人待客之简、家境之贫。

③《登快阁》中实写辽远阔大之景的语句是“______________，______________”。

④《临安春雨初霁》中“______________，______________”两句用讽喻手法表明诗人罢官闲居山阴之“闲”。

⑤古代以“水”为意象烘托意境或表情达意的诗数不胜数，如杜甫《客至》中的“______________，______________”。

⑥黄庭坚在《登快阁》中借鉴杜甫“无边落木萧萧下”和谢朓“澄江静如练”，写出的名句是“______________，______________”。

⑦陆游《临安春雨初霁》中既道出了羁旅风霜之苦，又寓有京中恶浊，久居为其所化的句子是“______________，______________”。

2. 易错字词矫正（写三遍）

踯躅　群鸥　犹及　樽酒　盘飧　兼味　旧醅　澄江

（四）品读随笔

陆游的“小楼一夜听春雨，深巷明朝卖杏花”是个传诵千古的名句。这句诗用虚实结合的艺术手法为我们创造了一个优美的意境：窗外春雨淅沥，下个不停，作者夜不能寐，遥想雨打杏花落，明天早上，在幽深的江南小巷子里，该会回荡起卖花姑娘叫卖杏花的声音来……

请从我们学习过的诗歌中选取1～2句，分析虚实结合手法在营造意境上的高妙，不少于300字。

第二节　涵养底蕴

一、素养提升

（一）文言素养提升

阅读文言文，完成下列小题。

材料一：

屈原者，名平，楚之同姓也。为楚怀王左徒。博闻强志，明于治乱，娴于辞令。入则与王图议国事，以出号令；出则接遇宾客，应对诸侯。王甚任之。

上官大夫与之同列，争宠而心害其能。怀王使屈原造为宪令，屈平属草稿未定，上官大夫见而欲夺之，屈平不与，因谗之曰："王使屈平为令，众莫不知。每一令出平伐其功曰以为'非我莫能为'也。"王怒而疏屈平。

屈平疾王听之不聪也，谗谄之蔽明也，邪曲之害公也，方正之不容也，故忧愁幽思而作《离骚》。"离骚"者，犹离忧也。夫天者，人之始也；父母者，人之本也。人穷则反本，故劳苦倦极，未尝不呼天也；疾痛惨怛，未尝不呼父母也。屈平正道直行，竭忠尽智，以事其君，谗人间之，可谓穷矣。信而见疑，忠而被谤，能无怨乎？屈平之作《离骚》，盖自怨生也。《国风》好色而不淫，《小雅》怨诽而不乱，若《离骚》者，可谓兼之矣。上称帝喾，下道齐桓，中述汤、武，以刺世事。明道德之广崇，治乱之条贯，靡不毕见。其文约，其辞微，其志洁，其行廉。其称文小而其指极大，举类迩而见义远。其志洁，故其称物芳；其行廉，故死而不容。自疏濯淖污泥之中，蝉蜕于浊秽，以浮游尘埃之外，不获世之滋垢，皭然泥而不滓者也。推其志也，虽与日月争光可也。

材料二：

长太息以掩涕兮，哀民生之多艰。余虽好修姱以鞿羁兮，謇朝谇而夕替。既替余以蕙纕兮，又申之以揽茝。亦余心之所善兮，虽九死其犹未悔。怨灵修之浩荡兮，终不察夫民心。众女嫉余之蛾眉兮，谣诼谓余以善淫。固时俗之工巧兮，偭规矩而改错。背绳墨以追曲兮，竞周容以为度。忳郁邑余侘傺兮，吾独穷困乎此时也。宁溘死以流亡兮，余不忍为此态也！鸷鸟之不群兮，自前世而固然。何方圜之能周兮，夫孰异道而相安？屈心而抑志兮，忍尤而攘诟。伏清白以死直兮，固前圣之所厚。（节选自《离骚》）

1. 材料一画波浪线的部分有三处需要断句，请标出相应位置（　　）

每一A令出B平伐C其功D曰E以为F非我G莫能H为也。

2. 下列对材料中加点的词语及相关内容的解说，不正确的一项是（　　）

A. 之，代词，文中指代屈原，“庄宗受而藏之于庙”的“之”也做代词用，两者用法相同。

B. 疾，是“痛心”的意思，与《劝学》中“声非加疾也”的“疾”词义不相同。

C. 灵修，表示有灵智远见的人，用以比喻国君。文中指楚怀王。

D. 流亡，文中指被迫离开家乡或祖国，流落逃亡在外，和现在所说的“流亡海外”一样。

3. 下列对材料有关内容的概述，不正确的一项是（　　）

A. “离骚”的意思是“遭遇忧愁”，这正是屈原写作《离骚》的缘由。

B. 屈原的作品语言简练，语意含蓄，善于用平常的词语表现宏大的意旨，用浅近的事例表现深远的意义。

C. 屈原在《离骚》中称述远古、中古帝王及春秋时期诸侯的事迹，用以讽刺楚国的时政。

D. 屈原因才能出众而遭小人嫉妒和造谣中伤，这在《离骚》中表述为“既替余以蕙纕兮，又申之以揽茝”。

4. 把材料中画横线的句子翻译成现代汉语。

①明道德之广崇，治乱之条贯，靡不毕见。

②背绳墨以追曲兮，竞周容以为度。

5. 作者认为屈原之志“可与日月争光”，依据材料一，用自己的话概括其理由。

（二）古诗素养提升

阅读下面的诗歌，完成下列小题。

白头吟[1]　汉乐府

皑如山上雪，皎若云间月。闻君有两意，故来相决绝。

今日斗酒会，明旦沟水头。躞蹀[2]御沟[3]上，沟水东西流[4]。

凄凄复凄凄，嫁娶不须啼。愿得一心人，白头不相离。

竹竿[5]何嫋嫋，鱼尾何簁簁[6]。男儿重意气，何用钱刀[7]为！

【注】①白头吟：乐府《楚调曲》调名。②躞蹀 xiè dié：小步行走，往来徘徊。③御沟：流经御苑或环绕宫墙的沟。④东西流：东流。“东西”是偏义复词。⑤竹竿：指

钓竿。⑥簁簁：形容鱼尾像濡湿的羽毛。在中国歌谣里钓鱼是男女求偶的象征隐语。⑦钱刀：古时的钱有铸成马刀形的，叫作“刀钱”。所以钱又称为“钱刀”。

1. 下列对诗歌内容的理解分析不正确的一项是（　　）

A. 诗歌开头两句是反面起兴，用“雪”“月”的纯洁，比喻爱情的纯洁。此处欲抑先扬，为后面的诗句做了铺垫。

B.“有两意”，既与开头两句“雪”“月”相承，构成转折，又与下文“一心人”相反，形成对比，前后不仅照应自然，而且谴责之意也彰显了出来。

C.“愿得一心人，白头不相离”表达了女主人公对爱情的渴求。

D.“竹竿何嫋嫋，鱼尾何簁簁”两句运用了比兴手法，以鱼竿的轻柔细长和鱼尾的滋润鲜活比喻男女求偶，两情欢洽。

2. 本诗塑造了一个什么样的女性形象？

（三）理解性默写

①屈原在《离骚》中直抒胸臆，表白心志，表达自己对美好德行的追求至死不悔的句子是“______________，______________”。

②李白在《蜀道难》中用“______________，______________”两句十四个字借景抒情，把读者带进一个古木荒凉、鸟声悲凄的境界。

③《蜀相》一诗中，杜甫用“______________，______________”两句高度概括了蜀相诸葛亮一生的主要事迹。

④柳永在《望海潮》中用“______________，______________”两句描写了茂密如云的树木、浪涛汹涌的海潮。

⑤《扬州慢》中描写红药自生自灭无人欣赏的情形的诗句是“______________，______________”。

⑥姜夔在《扬州慢》中用“______________，______________”两句，描绘了战争洗劫后扬州城的荒芜景象，令人感叹。

二、底蕴作文

阅读下面的材料，根据要求写作。

随着年龄的增长，青少年会逐步走向更广阔的天地，会和更多经历不同、个性各异的人相遇。这时，同理心强的人，更能在差异中拓宽视野，结交朋友，丰富自己。这不仅关乎个人成长，对促进社会和谐与文化交流也有重要意义。

以上材料引发了你怎样的联想和思考？请写一篇文章。

要求：选准角度，确定立意，明确文体，自拟标题。不得套作，不得抄袭。不得泄露个人信息。不少于800字。

【附】第五章答案详解

第一节　品读经典

一、《氓》品读

（一）原文挖空

氓

①氓：民，这里指诗中的男主人公。蚩蚩：憨厚、老实的样子。贸：交易。匪：同“非”，不是。即：就。谋：商量。愆期：拖延婚期。将：愿，请。

②乘：登上。垝垣：倒塌的墙壁。复关：卫国地名，指“氓”所居之地。涟涟：涕泪下流的样子。载：助词，无实义。咎言：不祥之语。贿：财物，指嫁妆。

③沃若：润泽的样子。于嗟：皆表感叹。无：同“毋”不要。耽：迷恋，沉溺。说：同“脱”，摆脱、解脱。

④陨：坠落、掉下。徂：往。汤汤：水势浩大的样子。渐：浸湿。爽：差错。贰：不专一，有二心。罔极：没有标准。二三：反复无常，感情不专一。

⑤靡：无。朝：日，天。言：助词，无实义。遂：如愿。咥：讥笑。悼：感伤，哀伤。

⑥及：和。泮：同“畔”，边、岸。总角：古代男女未成年时把头发扎成丫髻，这里指代少年时代。宴：快乐。晏晏：欢乐、和悦的样子。旦旦：诚恳的样子。反：违背。已：了结，终止。

（二）夯实基础

1. ①“无”同“毋”，不要。②“说”同“脱”，摆脱、脱身。③“泮”同“畔”，边、岸。

2. ①名词做状语，在早晨；在夜里。②数词做动词，不专一，有二心。③数词做动词，反复无常。④形容词做名词，贫苦的生活。

3.（1）将：①动词，愿，请。②名词，将领。③动词，扶持。④动词，率领。（2）言：①动词，说。②名词，言论。③助词，无实义。（3）遂：①动词，如愿。②动词，通达。③副词，终究，最终。④副词，终于。（4）乘：①动词，登上。②读shèng，量词，用以计算车、马、舟等。（5）德：①名词，心意。②名词，恩德，恩惠。③动词，感激。（6）载：①助词，用在句首或句中，起加强语气的作用，无实义。②形容词，满、充满。③动词，负荷、承受。④名词，年。

4. ①民，这里指诗中的男主人公。②眼泪。③快乐。④多年。

5. ①判断句，“匪”，不是，表否定判断。②省略句，省略主语“我”。③宾语前置句，“秋”是介词“以”的宾语，应为“以秋为期”。

（三）理解性默写及易错字词矫正

1.①总角之宴，言笑晏晏。②夙兴夜寐，靡有朝矣。③桑之未落，其叶沃若。④女也不爽，士贰其行。⑤反是不思，亦已焉哉。⑥桑之落矣，其黄而陨。⑦其叶沃若；其黄而陨。⑧于嗟鸠兮，无食桑葚。⑨乘彼垝垣，以望复关。⑩及尔偕老，老使我怨。

（四）重要句子翻译

①其实不是真的找我来换丝，而是找个机会谈婚事。②我登上那垛破土墙，向复关方向久久凝望。③不是我愿意耽误婚期，是你无媒人又失礼仪。我希望你不要发脾气，就把秋天当成我们的婚期。④我做妻子言行上没差错，是你这个男人言行不一太奸滑。⑤婚后多年恪守妇道，繁重家务不辞辛劳。起早睡晚不叫苦嫌累，忙里忙外非一日一朝。

二、《离骚》品读

（一）原文挖空

离骚（节选）

①苗裔：远代子孙。朕：我。皇考：指已故父亲。贞：正当。孟陬：孟春正月。降：出生。览：观察。揆：揣度。肇：开始。锡：赐给。

②纷：盛多。重：加。修能：优秀的才能。扈：披挂。辟：同“僻”，偏僻、幽静。纫：连缀，连接。汩：水疾流的样子。及：赶上。与：等待。搴：拔取。揽：采摘。淹：久留。代序：时序更迭。美人：有才德有作为的人。抚壮：把握壮年。度：法度、准则。道：同“导”，引导。

③掩涕：掩面哭泣。民生：人生。修姱：美好（品德）。鞿羁：约束、束缚（鞿，马缰绳；羁，马辔头）。謇：助词。谇：谏诤。替：废弃。申：重复，加上。灵修：神仙，此处指楚怀王。浩荡：荒唐。众女：小人。蛾眉：高尚的德行。谣诼：诋毁，诽谤。善淫：做淫邪的事。固：本来。偭：违背。错：措施、举措。绳墨：准绳，准则。周容：迎合讨好。忳：郁闷。郁邑：忧愁苦闷。侘傺：失意的样子。溘：突然。鸷鸟：凶猛的鸟。周：相合。孰：何，怎么。屈：使……委屈。抑：使……压抑。尤：责骂。攘：容忍，忍受。伏：同“服”，保持。厚：推崇。

④相道：观看，观察。延：长久。伫：站立。回：调转。及：趁着。行迷：走入迷途。步：缓行。皋：水边高地。止息：停下来休息。离尤：遭受责罚（离，同“罹”，遭受）。修：整理。初服：出仕的衣服，喻原先的志向。制：裁制、剪裁。不吾知：宾语前置，不了解我。苟：只要。信芳：确实美好。高：增高，用作动词。岌岌：高耸的样子。长：加长，用作动词。陆离：修长而美好的样子。唯：只有。游目：放眼观看。缤纷：繁多。菲

菲：香气浓烈。弥章：更加明显；章，同“彰”。以为常：认为是常规，习以为常。犹：仍然。惩：因受创而戒止。

（二）夯实基础

1. ①“辟”同“僻”，僻静，幽静。②“道”同“导”，引导。③“错”同“措”，举措。④“圜”同“圆”，圆凿。⑤“章”同“彰”，明显，显著。

2. ①名词做动词，给……起名。②名词做动词，给……表字。③名词做状语，在早上。④名词做状语，在晚上。⑤名词做动词，束缚，约束。⑥动词做名词，佩戴在身上的饰物。⑦为动用法，为……死。⑧使动用法，使……受委屈，使……受抑制。⑨使动用法，使……返回。⑩使动用法，使……步行。⑪形容词做名词，壮盛之年，污秽的东西。⑫形容词做名词，美好的品质。⑬形容词做动词，推崇、赞许。⑭使动用法，使……高。⑮使动用法，使……长。

3.（1）度：①名词，情况。②名词，法度。③动词，过、越过。④量词，回、次。⑤读 duó，动词，揣度、估量。⑥名词，考虑、心意。（2）名：①名词，名字。②动词，给……起名。③形容词，有名的、名贵的。④动词，说出。（3）与：①连词，和。②动词，等待。③动词，结交、亲附。④介词，和、跟。（4）为：①动词，作为。②动词，是。③介词，表被动。④动词，治理。（5）修：①形容词，美好。②动词，整理。③动词，修建、修造。④形容词，长，指身高。（6）信：①副词，确实。②名词，实情。③动词，信任。④动词，同“伸”，伸张。⑤形容词，真实的、诚实的。⑥动词，讲信用。（7）相：①动词，观察、选择。②动词，相互。③副词，共同、一起。④副词，表示动作偏指一方。（8）固：①副词，本来。②形容词，顽固、固执。③副词，一定、必定。④动词，巩固。⑤动词，安守、固守。

4. ①把……作为。②时序更替。③代指有才德、有作为的人。一说是屈原自指，一说指楚怀王。④眼泪。⑤荒唐。⑥善于取巧。⑦阻塞不通，引申为走投无路。⑧随流水消逝。⑨本来就是这样。⑩修长的样子。

5. ①状语后置句，锡余以嘉名，即“以嘉名锡余”。②省略句，应为“以之为佩”。③宾语前置句，不吾与，即“不与吾”。④省略句，应为“道夫于先路”。⑤状语后置句，“以揽茝”，介宾短语做状语，应放在动词谓语“申”前。⑥定语后置句，“之”为定语后置的标志，即“岌岌冠”。⑦定语后置句，“之”为定语后置的标志，即“陆离佩”。⑧被动句，“体解”中包含被动，被体解。⑨被动句，“替”中包含被动，被废弃、贬斥。

（三）理解性默写及易错字词矫正

1. ①制芰荷以为衣兮，集芙蓉以为裳。②亦余心之所善兮，虽九死其犹未悔。③长太息以掩涕兮，哀民生之多艰。④众女嫉余之蛾眉兮，谣诼谓余以善淫。⑤忳郁邑余侘偞兮，吾独穷困乎此时也。⑥鸷鸟之不群兮，自前世而固然。⑦宁溘死以流亡兮，余不忍为此态也。⑧屈心而抑志兮，忍尤而攘诟。⑨余虽好修姱以鞿羁兮，謇朝谇而夕替。⑩亦余心之所善兮，虽九死其犹未悔。宁溘死以流亡兮，余不忍为此态也。伏清白以死直兮，固前圣之所厚。虽体解吾犹未变兮，岂余心之可惩。

（四）重要句子翻译

①一出生就赐给我美好的名字。②把秋兰结成饰物挂在身上。③心忧岁月不等待我。④我愿为君在前面带路。⑤又因为我采集白芷为饰而给我加上罪名。⑥加高我高高的帽子啊。⑦加长我长长的佩带。⑧即使被肢解我仍然不会改变啊。⑨早上进谏而晚上即遭贬黜。

三、《孔雀东南飞 并序》品读

（一）原文挖空

孔雀东南飞 并序

①为仲卿母所遣：被动句，“为……所”表被动。亦自缢于庭树：状语后置句。云尔：句末语气词。

②徘徊：来回走动；汉代乐府诗常以飞鸟徘徊起兴，以写夫妇离别。

③素：白绢。诗书：原指《诗经》和《尚书》，这里泛指儒家的经书。守节：遵守府里的规则。断：织成一匹截下来。大人：对长辈的尊称，这里指婆婆。不堪：不能胜任。徒：徒然，白白地。施：用。白：告诉。公姥：公公婆婆，这里是偏义复词，专指婆婆。相：表示一方对另一方的动作，可翻译为“我”。

④相：官禄微薄的相貌。结发：成婚，成婚之夕，男女共髻束发。始尔：刚开始；尔，助词，无义。致不厚：招致不喜欢；致，招致；厚，厚待、喜欢。

⑤区区：小，这里指见识短浅，愚拙。自专由：自作主张。忿：怨气。贤：聪明贤惠。可怜：可爱。

⑥伏惟：趴在地上想。古代下级对上级或小辈对长辈说话表示恭敬的习惯用语。取：同“娶”，娶妻。

⑦槌床：拍击着座位。会不：决不。相：表示一方对另一方的动作。

⑧举言：发言，开口。新妇：汉代末年对已嫁妇女的通称。卿：这里指丈夫对妻子的爱称。报府：赴府，指回到庐江太守府。下心意：低心下意，受些委屈。

⑨重纷纭：再添麻烦。初阳岁：农历冬末春初。谢：辞别。奉事：行事。进止：行动。作息：工作和休息，这里是偏义复词，专指工作。伶俜：孤孤单单。萦：缠绕。谓言：总以为。卒：完成，引申为报答。绣腰襦：绣花的齐腰短袄。葳蕤：草木繁盛的样子，这里指短袄上刺绣的花叶繁多而美丽。后人：指府吏将来再娶的妻子。遗施：赠送，

施与。会因：会面的机会。

⑩严妆：整妆，郑重地梳妆打扮。通：次，遍。蹑：踩，踏，这里指穿鞋。珰：耳坠。

⑪野里：乡间。教训：教养。兼愧：更有愧于。却：从堂上退下来。扶将：扶持，搀扶。初七及下九：七月七日和每月的十九日（初七，指农历七月七日，称为“乞巧节”。下九，古人以每月的二十九为上九，初九为中九，十九为下九。在汉朝，每月十九日是妇女欢聚的日子）。

⑫隐隐：和下面的“甸甸”都是象声词，指车声。何：助词，无实义。相：表示一方对另一方的动作。

⑬区区：情意深挚。见录：记住我。见，表示一方对另一方的动作。纫：同“韧”，柔韧牢固。父兄：偏义复词，指兰芝的兄长。逆：预料，想到将来。劳劳：怅惘若失的样子。

⑭颜仪：脸面，面子。拊掌：拍手，这里表示惊异。子自归：你自己回来（古代女子出嫁以后，一定要得到婆家的同意，娘家派人迎接，才能回娘家。下文“不迎而自归”，也是按这种规矩说的责备的话）。誓违：过失。悲摧：悲痛，伤心。

⑮窈窕：容貌体态美好的样子。便言：很会说话。令才：美好的才能。

⑰丁宁：同“叮咛”，嘱咐。非奇：不宜，不妥。断来信：回绝来做媒的人。断，回绝；信，使者，指媒人。更谓之：再谈它。之，指再嫁之事。

⑱适：出嫁。不堪：这里是“不能做”的意思。寻遣：随即，不久。承籍：承继先人的仕籍。宦官：即“官宦”，指做官的人。娇逸：娇美文雅。

⑳作计：拿主意，打算。量：考虑。否泰：这里指运气的好坏。否，坏运气；泰，好运气。荣：使……荣耀。义郎：男子的美称，这里指太守的儿子。其往欲何云：往后打算怎么办？其往，其后、将来；何云，这里指怎么办。

㉑谢：辞别。处分：处置。适：依照。要：相约。渠会：同他相会。渠，他。一说是那种相会。渠，那。登即：立即。

㉒尔尔：如此如此。缘：缘分。视历：翻看历书。六合：古时候迷信的人，结婚要选好日子，要年月日的干支合起来都相合。交语：交相传话。舫：船。龙子幡：绣龙的旗帜。婀娜：轻轻飘动的样子。踯躅：缓慢不进的样子。青骢马：青白杂毛的马。流苏：用五彩羽毛做的下垂的缨子。赍：赠送。杂彩：各种颜色的绸缎。鲑：这里是鱼类菜肴的总称。郁郁：繁盛的样子。

㉓适：刚才。不举：办不成。

㉔榻：坐具。晻晻：日色昏暗无光的样子。

㉕摧藏：摧折心肝。藏，脏腑。人事不可量：人间的事不能预料。父母：这里偏指

母。弟兄：这里偏指兄。

㉖日胜贵：一天比一天高贵。

㉗尔：这样。恨恨：抱恨不已，这里指极度无奈。

㉘严霜结庭兰：省略句。日冥冥：原义是日暮，这里用太阳下山来比喻生命的终结。单：孤单。故：有意，故意。不良计：不好的打算（指自杀）。四体：四肢，这里指身体。直：意思是身子骨硬朗。

㉙台阁：原指尚书台，这里泛指大的官府。情何薄：怎能算是薄情。旦夕：很短时间。

㉚乃尔立：就这样决定。煎迫：煎熬。

㉛青庐：用青布搭成的篷帐，举行婚礼的地方。奄奄：同“晻晻”，日色昏暗无光的样子。黄昏：戌时，相当于现在的 19 时至 21 时。人定：亥时，相当于现在的 21 时至 23 时。

㉝交通：交错，这里指挨在一起。驻足：停步。谢：告诫。

（二）夯实基础

1. ①“报”同“赴”。②“帘”同“奁”，女子梳妆用的镜匣。③“纫”同“韧”，坚韧。④“藏”同“脏”，脏腑。

2. ①方位名词做状语，向东南。②名词做状语，用手巾。③名词做状语，在晚上。④名词做状语，一天天地。⑤名词做动词，拍，敲击。⑥名词做动词，购买、采办。⑦名词做动词，取名。⑧名词做动词，任官。⑨名词做动词，发光。⑩动词的使动用法，使……像受煎熬一样。⑪形容词的使动用法，使……享受荣华。⑫形容词做动词，保全。

3.（1）谢：①动词，辞别。②动词，谢绝。③动词，告诉。（2）适：①动词，出嫁。②动词，顺从，依照。③副词，刚才。（3）遣：①动词，被夫家休掉，返回娘家。②动词，派。③动词，送。（4）取：①动词，娶妻。②动词，与“迎”同义。③动词，得到，招致。（5）会：①副词，当，决。②动词，相会，聚会。③副词，适逢，正赶上。（6）相：①副词，互相，表示双方互相对待的关系。②名词，相貌，命相。③指代性副词，表示一方对另一方有所动作，是偏指一方，不译。④指代性副词，“我”，偏指一方，指兰芝。⑤指代性副词，“老人家”，偏指一方，指焦母。⑥指代性副词，“你”，偏指一方，指兰芝。⑦指代性副词，表示一方对另一方的行为、态度。⑧指代性副词，“他”，偏指一方，指仲卿。⑨指代性副词，“她”，偏指一方，指媒人。⑩指代性副词，“你”，偏指一方，指媒人。（7）为：①动词，作为，成为。②与“所”构成“为……所……”结构，表示被动，可译为“被”。③介词，替，给。④动词，算，算作。⑤介词，为了。

（8）见：①放在动词前，表示对自己怎么样。②动词，见面。③名词，见解。④介词，表示被动，相当于“被”。

4. ①一起生活。②可爱。③自作主张。④古代坐具。⑤第二次。⑥教养。⑦派来的使者，指媒人。⑧处理、处置。⑨结为亲家。⑩适合。⑪交错相通。⑫繁多的样子。⑬迎接。

5. ①判断句，“是”表示判断。②判断句，“非为”表否定判断。③被动句，“为……所……”，表示被动。④被动句，以“被”为标志。⑤被动句，以“见”为标志。⑥宾语前置句，“何言”即“言何”，疑问代词做宾语，宾语提至动词前。⑦宾语前置句，“相”偏指“你”，做“负”的宾语。⑧宾语前置句，“见”用在动词前，表示对自己怎么样，“见录”即“记着我”。⑨状语后置句，介宾短语“于庭树”应置于动词“缢”前。⑩状语后置句，介宾短语“于台阁”应置于动词“仕宦”前。

（三）理解性默写及易错字词矫正

1. ①孔雀东南飞，五里一徘徊。②揽裙脱丝履，举身赴清池。③徘徊庭树下，自挂东南枝。④举手长劳劳，二情同依依。⑤却与小姑别，泪落连珠子。⑥多谢后世人，戒之慎勿忘。⑦誓天不相负，誓不相隔卿。

（四）重要句子翻译

①你是大户人家的子弟。②不是我纺织得慢。③被仲卿的母亲驱赶回娘家。④今日被休弃时。⑤渐渐地被忧愁煎熬压迫。⑥还说什么再回来的话呢！⑦我向天发誓永远不会辜负你！⑧你既然如此记着我。⑨也自己在庭院中的树上吊死。⑩在大官府任职。

四、《蜀道难》品读

（一）原文挖空

蜀道难

①噫吁嚱：感叹词。乎：形容词词尾，……的样子。之：用在主谓之间，取消句子独立性。于：比。何：多么。茫然：完全不知道的样子。尔来：从那时以来。西当：在西边的。横绝：横越。摧：倒塌。天梯：非常陡峭的山路。石栈：栈道。高标：指蜀山中可做一方之标识的最高峰。冲波：水流冲击腾起的波浪。逆折：水流回旋。回川：有漩涡的河流。尚：尚且。得：能。何：多么。盘盘：曲折回旋的样子。百步九折：百步之内拐九道弯。萦：盘绕。扪：用手摸。历：经过。胁息：屏气不敢呼吸。膺：胸。坐：徒，空。

②西游：指入蜀。巉岩：高而险的山岩。但见：只听见。号古木：省略句，在古树中大声啼鸣。从：跟随。子规：杜鹃鸟。凋：使动用法，使……凋谢，这里指脸色由红润变成铁青。去：距离。盈：满。飞湍：飞奔而下的急流。喧豗：喧闹声，这里指急流和瀑布发出的巨大响声。砯崖：水撞石之声。砯，水冲击石壁发出的响声，这里做动词用，

“冲击”的意思。壑：山谷。嗟：感叹声。尔：你。胡为乎：为什么。

③峥嵘、崔嵬：都是形容山势高大雄峻的样子。当关：守关。所守：指把守关口的人。朝：早上。吮血：吸血。咨嗟：叹息。

（二）夯实基础

1. ①“匪”同“非”，“不是”的意思。②“鹤”同“鹄，善高飞的大鸟。

2. ①名词做动词，冲击。②名词做状语，在西面。③名词做状语，在上面。④名词做状语，在下面。⑤名词做状语，向西。⑥名词做状语，向西。⑦名词做状语，在早上；在晚上。⑧动词的使动用法，使……凋谢，这里指脸色由红润变成铁青。⑨动词的使动用法，使……滚动。⑩动词的为动用法，为……发愁。

3.（1）当：①介词，在。②动词，阻挡，把守。③介词，对着。④动词，两者相抵。⑤动词，承担。（2）绝：①形容词，极高的。②动词，断绝。③形容词，与世隔绝的。④动词，横渡。⑤形容词，极点。⑥副词，很，非常。（3）坐：①形容词，空，徒。②介词，因为，由于。③动词，触犯。④动词，坐下，坐着。（4）或：①副词，也许，或许。②代词，有人。③副词，有时，偶尔。④连词，倘若。（5）去：①动词，距离。②动词，离开。③动词，除去，除掉。

4. ①状语后置句，“于上青天”为介词短语做状语。②宾语前置句，“胡”相当于“什么”，做“为”的宾语。③省略句、状语后置句，“号”后面省略介词“于”，“于古木”为介词短语做状语。

（三）理解性默写及易错字词矫正

1. ①黄鹤之飞尚不得过，猿猱欲度愁攀援。②青泥何盘盘，百步九折萦岩峦。③噫吁嚱，危乎高哉！④蚕丛及鱼凫，开国何茫然。⑤地崩山摧壮士死，然后天梯石栈相钩连。⑥扪参历井仰胁息，以手抚膺坐长叹。⑦但见悲鸟号古木，雄飞雌从绕林间。⑧所守或匪亲，化为狼与豺。

（四）重要句子翻译

①蜀道难行，真比登天还难！②唉，你这远方的人为什么到这里来呢！③只见悲伤的鸟（在）古树上哀号。④更不消说那峥嵘而险要的剑阁了，在这里一夫当关，万夫莫开。如果在这里把守关隘的人不是朝廷的亲臣忠士，他们就会据险作乱，化为豺狼一般的匪徒。⑤青泥岭的泥路曲曲弯弯，百步九折萦绕着山峦。行人攀至高山之顶，伸手可以摸得着天上的参星和井星，紧张得透不过气来，只得坐下来抚着胸口长吁短叹。

五、《蜀相》《望海潮》《扬州慢》品读

（一）原文挖空

蜀相

祠堂：诸葛武侯祠。森森：柏树茂盛繁密的样子。自春色：自为春色。空：白白的。

频烦：也作“频繁”，多次。开济：开创，扶助。出师：出兵。

望海潮

①烟柳：如烟一般的柳色。画桥：装饰华美的桥。风帘：挡风用的帘子。翠幕：青绿色的帷幕。参差：高低不齐的样子。云树：高耸入云的树。天堑：天然沟壑，这里借指钱塘江。珠玑：指珍贵的商品。

②叠巘：层层叠叠的山峦。清嘉：清秀佳丽。三秋：指秋季第三月，即农历九月。弄：吹奏。泛：漂流。高牙：古代行军的牙旗，旗很高，故称“高牙”。吟赏：歌咏和观赏。烟霞：指山水林泉等自然景色。异日：他日，指日后。图：描绘。凤池：此处代指朝廷。

扬州慢

①至日：冬至。弥望：满眼。戍角：军营中的号角。黍离之悲：表示故国之思。

②淮左：淮水的东面。少驻，稍作停留。胡马窥江：指金军进犯长江北岸。渐：向，到。清角：凄清的号角。

③俊赏：快意游赏。纵：即使。豆蔻：形容少女美艳。工：精良。

（二）夯实基础

1. ①开创，扶助。②高低不齐的样子。③陈列，摆放；充满。④雨（雪）后天色放晴；满。⑤稍作停留。⑥向、到。

（1）弥：①副词，更加，越发。②形容词，满。③动词：充满，填满。（2）过：① 动词，走过，经过。②超出。③过去，过后。④前往拜访，探望。⑤犯错误。⑥动词，怪罪、责难。⑦名词，无意的犯法或作恶行为。

（三）理解性默写及易错字词矫正

1. ①丞相祠堂何处寻，锦官城外柏森森。②三顾频烦天下计，两朝开济老臣心。③出师未捷身先死，长使英雄泪满襟。④过春风十里；尽荠麦青青。⑤杜郎俊赏，算而今重到须惊。

六、《陈情表》品读

（一）原文挖空

陈情表

①以：因为。险衅：艰难祸患，指命运不好。夙：早时，指幼年。闵：同“悯”，指可忧患的事，多指疾病死丧。凶：不幸。见：偏指性代词“我”。行年：经历的年岁。夺：强行改变。愍：怜惜。躬亲：亲自。不行：不能走路。零丁：孤独的样子。至于：直到。成立：成人自立。鲜：少，这里指没有。门：家门。祚：福分。儿息：儿子。外：名词做状语，在门外。期：穿一周年孝服的人，指关系较近的亲属。功：穿 9 个月大功服和 5

个月小功服的亲族，指关系较近的亲属。强：勉强。内：名词做状语，在家里。应门：照应门户。茕茕：孤单的样子。孑：孤单。吊：安慰。夙：早时。婴：被缠绕。蓐：同“褥”，垫子。废离：停止侍奉而离开。

②逮：到了。奉：承奉。沐浴：蒙受。清化：清明的教化。太守：一郡最高行政长官。察：考察和推举。孝廉：汉代察举制度的一种科目，自下而上举荐孝顺父母、品行廉洁的人。刺史：汉武帝时为监察官，东汉以后成为州郡最高军政长官。举：举荐。秀才：优秀人才，与科举制度中的秀才不同。以：因为。无主：没人来尽孝。辞：辞谢。赴命：接受任命。特下：特地下达。拜：任命。寻：不久。除：任命。洗马：即太子洗马，太子的侍从官。猥：自谦之词，我。以：凭借。微贱：形容词活用为名词，低微卑贱的身份。当：充当，担任。东宫：借指太子，因太子居东宫，但东宫不是只借指太子。陨首：杀身。上报：向上报答。具：详尽。以：把。闻：使……听到。切峻：急切严厉。逋：逃脱。慢：怠慢。于：比。星火：流星的光。奔驰：奔走效劳。日：名词做状语，一天比一天。笃：病重。苟：暂且。告诉：报告申诉。不许：不被允许。

③伏惟：俯伏思量，古代书信和奏疏下级对上级表示恭敬的常用语。以：用。矜：怜惜。尤甚：更加严重。仕：做官。伪朝：被晋朝灭掉的蜀国。职：任职。郎署：郎官的衙署。图：希图。宦达：官职显达。矜：自夸。至微至陋：最微小，最鄙陋。过：过分。拔擢：提拔。优渥：优厚。岂：怎么。盘桓：犹疑不决的样子。希冀：希望，指非分的愿望。但：只是。以：因为。薄：迫近。奄奄：微弱。危浅：微弱不长。无以：没有……的办法。更相：相互。是以：因此。区区：我内心的私情。废：废止奉养。远：形容词活用为动词，远离。

④有：同“又”，表示整数后面还有零数。是：这样。尽节：尽忠。于：对。报养：报答奉养。乌鸟私情：乌鸦反哺之情，比喻人的孝心。愿：希望。终养：奉养祖母到最后。辛苦：辛酸悲苦。独：仅仅。牧伯：州的长官，又称方伯，所以后代以牧伯称刺史。明知：明白知道。共鉴：都能审察。矜愍：怜恤。愚诚：愚拙的诚心。听：准许。庶：或许。卒：终。结草：代指报恩。胜：承受。犬马：名词做状语，像犬马一样。拜表：拜上表章。闻：使……听到。

（二）夯实基础

1. ①闵，同“悯”，可忧患的事。②零丁，同“伶仃”，孤独的样子。③有，同“又”，表示整数后面还有零数。④蓐，同“褥”，垫子、草席。

2. ①名词做状语，向上。②名词做状语，像犬马一样。③名词做状语，一天天地。④名词做状语，在家外。⑤名词做状语，在家里。⑥名词做动词，生病。⑦名词做动词，做官。⑧名词做动词，任职。⑨使动用法，使上闻、报告。⑩使动用法，使……

保全。⑪使动用法，使上闻、报告。⑫动词做名词，指是否出来做官之事。⑬形容词做名词，忧患凶丧之事。⑭形容词做名词，卑微低贱的身份。⑮形容词做名词，元老，旧臣。⑯形容词做名词，诚心、诚意、衷情。⑰形容词做动词，远离。

3.（1）行：①动词，经历。②动词，走路。③动词，遵行。（2）矜：①动词，怜悯。②动词，看重，推崇。③动词，怜恤。（3）至：①副词，最。②动词，到达。（4）见：①用在动词前，表示他人对自己怎么样。②介词，表被动。③介词，表被动，相当于“被”。（5）亲：①副词，亲自。②名词，亲戚。（6）日：①名词，太阳。②名词，日子。③名词做状语，一天比一天。（7）当：①动词，担任，充当。②动词，应当。（8）薄：①动词，迫近。②形容词，微薄，少。（9）拜：①动词，授官。②动词，奉上。（10）应：①动词，照应。②动词，回答。（11）夙：①名词，早年。②名词做状语，在早晨。（12）卒：①副词，终。②副词，终于。③名词，士兵。④同“猝”，副词，突然。（13）除：①动词，授官。②名词，台阶。③动词，清除。

4. ①不会走路，这里形容柔弱。②汉代所设选拔人才的一种科目，推举优秀人才。③授官。④即太子洗马，太子的侍从官。⑤奔走效劳，这里指赴京就职。⑥辛酸悲苦。⑦申诉（苦衷）。⑧自己的私情。⑨一直到。⑩成人自立。⑪ 流星。

5. ①被动句，“婴”语义上表被动。②状语后置句，状语“于星火”置于形容词“急”之后。③宾语前置句，宾语“是”置于介词“以”之前。④省略句，“仕”与“伪朝”之间省略了介词“于”。⑤状语后置句，状语“于陛下”置于动词“尽节”之后。

（三）理解性默写及易错字词矫正

1. ①乌鸟私情，愿乞终养。②乌鸟私情，愿乞终养。③是臣尽节于陛下之日长，报养刘之日短也。④臣密今年四十有四，祖母今年九十有六。⑤本图宦达，不矜名节。⑥则刘病日笃，则告诉不许。⑦前太守臣逵察臣孝廉，后刺史臣荣举臣秀才。⑧外无期功强近之亲，内无应门五尺之僮。⑨臣以供养无主，辞不赴命。⑩外无期功强近之亲，内无应门五尺之僮。

（四）重要句子翻译

①但祖母刘氏又早被疾病缠绕，常年卧床不起，我侍奉她吃饭喝药，从来就没有离开她。②郡县长官催促我立刻上路。州县的长官登门督促，比流星坠落还要急迫。③祖孙二人，互相依靠而维持生命，因此我不能停止侍养祖母而远离。④况且我年轻的时候曾经做过蜀汉的官，担任过郎官职务，本来就希望做官显达，并不顾惜名声节操。⑤这样看来我在陛下面前尽忠尽节的日子还很长，而在祖母刘氏面前尽孝尽心的日子很短。

七、《项脊轩志》品读

（一）原文挖空

项脊轩志

①旧：旧日的。方丈：一丈见方。渗漉：漏下。雨泽：雨水。下：方位名词做状语，向下。案：书桌。顾视：向周围看。置：放置。北向：方位朝北。昏：昏暗。修葺：修补。上：从上。辟：新开。垣墙：砌上围墙。当：阻挡。始：才。洞然：明亮的样子。栏楯：栏杆。增胜：增加光彩。借：积存。偃仰：俯下仰起，休息、安居的意思。啸歌：长啸或吟唱。冗坐：静静地独坐。万籁：自然界万物发出的响声。三五：指望日。斑驳：杂乱的样子。珊珊：美好的样子。

②先是：从前。迨：等到。诸父：伯父叔父们。异爨：分家。往往：到处。而：表修饰关系。西：名词做状语，向西边。庖：厨房。而：表承接。宴：吃饭。已：已而，然后。凡再：总共两次。先：故去的。乳：哺乳，抚养。先妣：去世的母亲。抚：对待。某所：那个地方。而：你的。兹：这。而：表修饰。毕：完毕。束发：15 岁左右，束发成髻，表示已成童。过：来到，看望。若：你的。竟日：整天。大类：很像。比：到，等到。阖：关。效：取得成效。之：取消句子独立性，不翻译。顷之：一会儿，“之”为音节助词。以：来，表目的连词。瞻顾：瞻仰，看。长号：大哭。

③过：经过。扃：关闭。牖：窗户。而：表修饰关系。之：音节助词，无实义。殆：大概。

④既：已经。来归：女子出嫁，指嫁到我家来。凭：伏，靠。几：书桌。书：写字。归宁：出嫁的女子回娘家省亲。诸：各位。且：那么。聊：依靠，依赖。制：规制，形式。

⑤手：亲手。亭亭：直立的样子。盖：伞盖。

（二）夯实基础

1. ①“当”同“挡”，阻挡。②“而”同“尔”，你的。

2. ①名词做状语，向下。②名词做状语，从上面。③名词做状语，指阁子北面。④名词做动词，砌上垣墙。⑤名词做动词，喂奶、哺育。⑥名词做动词，上朝。⑦数词做名词，一体。

3.（1）顾：①动词，环顾。②动词，拜访。③副词，难道。④副词，只是，不过。（2）稍：①副词，稍微。②副词，逐渐。（3）置：①动词，安放。②动词，置办。③动词，放弃，丢下。（4）去：①动词，离开。②动词，距离。③动词，除掉，去掉。（5）归：①动词，女子出嫁。②动词，属于。③动词，返回。④动词，妇女被休回娘家。⑤动词，归还。（6）效：①动词，产生效果。②名词，任务。③名词，效果。④动词，仿效。（7）所：①名词，地方。②用在动词前，构成名词性词组，指代人或事物。③与“以”连用，表原因，……的原因。④与“以”连用，表手段、方法、目的，意为“用来……的”。⑤用在动词前，与前面的“为”字构成“为……所”的被动句，表被动。（8）而：①连词，表顺承。②连词，表修饰。③代词，你的。④连词，表修饰。（9）故：①名词，原来、从前。②名词，原因、缘故。③名词，旧的、原来的知识。

4. ①一丈见方。②到处。③指农历每月十五。

5. ①判断句，无标志词。②判断句，“也”表判断。③状语后置句，“鸡栖于厅”即“鸡于厅栖”。④状语后置句，“异于前”即“于前异”。⑤状语后置句，“立于兹”即“于兹立”。⑥状语后置句，省略句。⑦省略句。⑧省略句。⑨被动句，“得不焚”包含被动。

（三）理解性默写及易错字词矫正

1. ①闻姊家有阁子，且何谓阁子也？②不能得日，日过午已昏。③鸟时来啄食，人至不去。④吾妻死之年所手植也，今已亭亭如盖矣。⑤多可喜，亦多可悲。⑥儿寒乎？欲食乎？⑦室仅方丈，可容一人居。⑧尘泥渗漉，雨泽下注。

（四）重要句子翻译

①这个老婆婆，是我死去的祖母的婢女，给两代人喂过奶，先母对她很好。②等到离开时，用手关上门，自言自语地说：“我们家读书人很久没有得到功名了，（我）孩子的成功，就指日可待了啊！③我关着窗子住在里面，时间长了，能够根据脚步声辨别是谁来了。④庭院中有一株枇杷树，是我妻子去世那年她亲手种植的，如今已经高高挺立着，枝叶繁茂像伞一样了。

八、《兰亭集序》品读

（一）原文挖空

兰亭集序

①暮春：春季的末一个月，三月。会于会稽山阴之兰亭：状语后置句。修禊：举行一种祭礼。贤：形容词做名词，贤才。毕：都。少长：形容词做名词，年轻人和长者。咸：都。修竹：高高的竹子。映：映衬。带：名词做动词，围绕左右。流：使……流动。觞：酒杯。列：排列。次：旁边。管弦：乐器。盛：繁盛。觞：名词做动词，饮酒。咏：作诗。

②是：这。惠风：和风。仰观宇宙之大：定语后置。俯察品类之盛：定语后置。所以：表示“凭借”。骋怀：抒发胸臆。极：穷尽。视听：动词用作名词，眼睛、耳朵。信：实在。可：值得。

③之：取消句子独立性，不译。俯仰：一俯一仰之间。或：有的人。诸：兼词，之于。悟：同“晤”。因：随着。趣：取向。殊：不一样。所遇：遇见的事物。暂：一时。得：自得。快然：高兴的样子。自足：满足。及：等到。之：求得。系：附着。向：过去。

以：因。之：指“向之……”句。化：自然。期：到、及。

④由：原因。契：符契。临：面对。嗟悼：叹息哀伤。喻：明白。不能喻之于怀：状语后置句。固：本来。一：用作动词，把……看作一样。齐：用作动词，把……看作相等。殇：未成年而死去的人。妄作：无根据地肆意胡为。犹：如同，好像。列：一个个。虽：纵使。所以：……的原因。一：用作动词，是一样的。斯文：这次集会的诗文。亦将有感于斯文：状语后置句。

（二）夯实基础

1. ①“悟”同“晤”，面对。②“趣”同“取，得到。”

2. ①名词做动词，围绕。②名词做动词，喝酒。③动词的使动用法，使……流。④动词的使动用法，使……发生，使……引起。⑤形容词做名词，贤士。⑥形容词做名词，年纪小的人，年纪大的人。⑦形容词做名词，大事。⑧形容词的意动用法，把……看作相等。⑨形容词做名词，老年。⑩数词的意动用法，把……看作一样。

3.（1）临：①动词，面对，引申为“阅读”。②动词，面对，引申为“迎着”。③副词，将要。④动词，到。（2）致：①名词，意态、情趣。②动词，得到。③动词，表达、表述。④动词，集中（力量、意志等）。（3）期：①动词，至、及，引申为“归结”。②名词，一周年。③动词，约定。（4）次：①名词，旁边。②动词，驻扎。③形容词，次一等。④名词，次序。⑤形容词，次一等。⑥动词，编次。（5）之：①动词，求得。②代词，指“向之所欣……已为陈迹”。③结构助词，用在主谓之间，取消句子独立性。（6）犹：①副词，尚且。②副词，好像。

4. ①指（曲水）旁边。②自然界的万物。③心怀。④用来。⑤全，都。⑥这次集会的诗文。

5. ①判断句，“为”表判断。②省略句、状语后置句，省略主语“众人”，应为“（众人）于会稽山阴之兰亭会”。③省略句、状语后置句，省略介词“于”，应为“（于）一室之内悟言”。④定语后置句，由“之”构成定语后置的标志，应为“仰观大之宇宙，俯察盛之品类”。⑤定语后置句，由“之”构成定语后置的标志，应为“虽无盛之丝竹管弦”。⑥状语后置句，应为“于斯文有感”。⑦状语后置句，应为“于所遇欣”。

（三）理解性默写及易错字词矫正

1. ①会于会稽山阴之兰亭；此地有崇山峻岭。②修禊事也；信可乐也。③群贤毕至，少长咸集。④天朗气清，惠风和畅。⑤夫人之相与，俯仰一世。⑥快然自足，不知老之将至。⑦况修短随化，终期于尽。⑧固知一死生为虚诞，齐彭殇为妄作。⑨此地有崇山峻岭，茂林修竹；又有清流激湍，映带左右。

（四）重要句子翻译

①就知道把死和生等同起来的说法是不真实的，把长寿和短命等同起来的说法是虚妄之谈。②我们在会稽郡山阴城的兰亭会集，为了做禊事。③有的人从自己的志趣思想中取出一些东西，在室内（跟朋友）面对面地交谈。④抬头纵观广阔的宇宙，低头俯视地上繁多的万物。⑤虽然没有演奏音乐的盛况，但喝点酒，作点诗，也足够来畅快叙述幽深内藏的感情了。

九、《归去来兮辞》品读

（一）原文挖空

归去来兮辞

①生生所资，未见其术：维持生活所需的一切，没有办法解决。脱然：轻快的样子。靡：没有门路。会：恰逢。见：表被动。惮：害怕。去：距离。眷然：思念的样子。何则：什么道理呢？质性：本性。切：急迫。违己交病：违反自己的意志，身心都感到痛苦。从：顺随。怅然：失意的样子。宵：星夜。寻：不久。

②胡：为什么。以：让。形：身体。役：奴役。奚：为什么。惆怅：失意。谏：挽回。追：补救。觉今是而昨非：认识到今天回家是正确的，昨天做官是错误的。轻飏：飞扬、轻快。恨：遗憾。

③乃：于是。载欣载奔：高兴地奔跑。眄：随便看看。怡：使……愉快。审容膝之易安：觉察到住在小屋里反而容易安适。涉：走。策：拄着。矫：抬。岫：有洞穴的山。景：日光。翳翳：阴暗的样子。盘桓：徘徊。

④息：断绝。相违：不合。言：助词，无意义。亲戚：亲戚和朋友。乐：以……为乐。西畴：田地。棹：用桨划。窈窕：深远曲折的样子。以：相当于“而”，表修饰。行休：将要结束。

⑤寓：寄托。曷：为什么？委：顺从。遑遑：心神不定的样子。之：到……去。帝乡：仙境。期：期望。耘：除草。耔：培苗。乐夫天命复奚疑：乐天安命，还有什么可疑虑的呢？

（二）夯实基础

1. ①衡，同“横”，横木。②曷，同“何”，为什么？③景，同“影”，日光。

2. ①名词做动词，弹琴、读书。②名词做动词，用桨划。③名词做状语，每天。④名词做状语，在晚上。⑤动词做名词，仅能容纳双膝的小屋。⑥形容词做名词，傲世的情怀。⑦形容词做名词，儿童、小孩。⑧形容词的使动用法，使……愉快。⑨形容词的使动用法，使……安适。⑩形容词的意动用法，以……为快乐。⑪形容词的意动用法，以……为喜悦。⑫形容词做动词，羡慕。

3.（1）乘：①动词，顺随。②动词，趁着。③动词，乘车。④量词，辆。（2）绝：①动词，断绝。②动词，横渡。③形容词，走不通的。④形容词，与世隔绝的。（3）引：①动词，端起。②动词，拉。③动词，引用。④动词，吸引、引来。（4）以：①介词，使。②介词，因为。③介词，按照。④连词，相当于“而”，表修饰。（5）策：①动词，拄着。②名词，马鞭子。③动词，用马鞭驱赶。（6）行：①副词，将要。②名词，行为。③名词，辈。④动词，走路。

4.①指做官。②内外亲属，包括父母和兄弟。③知心话。④感叹。⑤小孩。⑥行人。

5.①判断句，“皆”表判断。②判断句，“非”表判断。③被动句，“见”表被动。④被动句，“为”表被动。⑤宾语前置句，宾语“焉”前置。⑥宾语前置句，宾语“何”前置。⑦宾语前置句，宾语“奚”前置。⑧状语后置句，状语“以春及”后置。⑨状语后置句，状语“于西畴”后置。⑩状语后置句，状语“于武昌”后置。⑪ 省略句，“寓形”后省略介词“于”。

（三）理解性默写及易错字词矫正

1.①悦亲戚之情话，乐琴书以消忧。②悟已往之不谏，知来者之可追。③三径就荒，松菊犹存。④木欣欣以向荣，泉涓涓而始流。⑤舟遥遥以轻飏，风飘飘而吹衣。⑥聊乘化以归尽，乐夫天命复奚疑。⑦悟已往之不谏，知来者之可追。⑧寓形宇内复几时，曷不委心任去留。⑨引壶觞以自酌，眄庭柯以怡颜。⑩云无心以出岫，鸟倦飞而知还。

（四）重要句子翻译

①都是为了谋生糊口而役使自己。②享受荣华富贵不是我的愿望。③于是被委任到小县做官。④已经使自己的精神被形体役使。⑤还要驾车出去追求什么？⑥为什么心神惶惶不安，到底想要到哪里去？⑦乐天安命，还有什么可疑虑的呢？⑧农夫把春天到了的消息告诉了我。⑨将要到西边的田里去春耕。⑩不久，嫁到程家的妹妹在武昌去世。⑪ 人寄身于天地间能有多长时间？

十、《种树郭橐驼传》品读

（一）原文挖空

种树郭橐驼传

①始：原来。名：名字。病：动词，患病、得病。偻：佝偻病。然：形容词词尾，……的样子。类：似，好像。号：动词，称、叫。名：名词做动词，起名。当：恰当。因：于是。舍：放弃。云：句末语气词。

②业：名词的意动用法，以……为业。凡：凡是。为：作为。观游：观赏游玩。为观游及卖果者：定语后置句。养：雇用。或：即或、即使。且：表递进关系，而且。硕茂：硕大茂盛。实：名词做动词，结果。以：连词，相当于“而”，表并列关系。虽：连词，

虽然。窥伺：暗中观察。效慕：效仿羡慕。莫：没有人。如：比得上。

③寿：名词做动词，活得长久。孳：滋长、繁殖。顺：顺着。天：天性，指自然生长规律。以：表因果关系，从而。致：尽。性：本性。焉尔：助词，罢了。凡：大凡、大概。性：性质、方法。本：根。培：培土。故：旧，指原来培育树苗的土。筑：名词做动词，捣土。密：结实。既然：已经这样。已：同“矣”。去：离开。复：再。顾：看。莳：种植，移植。若：像。子：名词做动词，对待孩子。置：置之不理。全：保全。而：表并列关系。硕茂：形容词的使动用法，使……硕茂。非有能硕茂之也：判断句。其实：它的果实。早：形容词的使动用法，使……结果实早。蕃：形容词的使动用法，使……结果实多。拳：拳曲，伸展不开。易：更换。过：过多。苟：假使。是：这样。太恩：情深，这里指用心。旦：名词做状语，早晨。暮：名词做状语，晚上。爪：名词做动词，用指甲划。以：目的连词，“来”。日：名词做状语，一天天。离：背离，远去。虽：连词，虽然。其实：实际上。故不我若也：宾语前置句。

④道：方法、经验。官：名词做动词，做官。理：统治。然：然而。居：居住。长人：做官的人。烦：繁多。若：好像。而：连词，表转折。卒：终于。祸：名词做动词，造成了灾祸。旦暮：名词做状语，从早到晚。而：连词，顺承关系。促：催促。尔：你们。勖：勉励。获：收割。字：名词做动词，养育。遂：顺利成长。聚：动词的使动用法，使……聚集。小人：小民。飧饔：晚饭和早饭。且：连词表让步，尚且。蕃：动词使动用法，使……繁衍。而：连词，表递进。安：使动用法，让……安乐。病：穷困。且：表并列，相当于“又”。怠：懈怠。

⑤传：名词做动词，传播，记载。以为：把……作为。

（二）夯实基础

1.①已，同“矣”，了。②而，同“尔”，你们。

2.①名词做动词，称呼。②名词做动词，结果实。③名词做动词，患……病。④名词做动词，称呼。⑤名词做动词，用指甲抠、掐。⑥名词做状语，在早上；在晚上。⑦名词做状语，一天天。⑧名词的意动用法，以……为业。⑨动词的使动用法，使……聚集。⑩形容词做动词，保全。⑪形容词的使动用法，使……高大；使……茂盛。⑫形容词的使动用法，使……结果实早；使……结果实多。⑬形容词的使动用法，使……繁盛；使……安定。

3.（1）固：①副词，确实。②动词，安定，巩固。③形容词，坚定。（2）当：①形容词，恰当。②介词，处在某个时候。③副词，将要。④助动词，应当。（3）故：①连词，所以。②形容词做名词，旧土，指原来培育树苗的土。（4）本：①名词，根。②名词，根本、基础。③名词，稿本、底本；④副词，本来。⑤名词，根源、本源。

⑥副词，原来。（5）伏：①动词，趴，此处指弯着腰。②名词，伏兵。③动词，同“服”，敬佩，佩服。（6）致：①动词，使达到。②动词，达到。（7）病：①形容词，困苦。②名词，病症。（8）顾：①动词，照看。②动词，看，对视。（9）实：①名词，果实。②名词，实际。③动词，结果实。（10）且：①连词，并且。②连词，尚且。③副词，将要。④副词，将近。

4. ①暗中观察。②来达到（目的）。③它的果实。④已经这样。⑤不是过多。⑥小民，百姓。⑦把……作为。

5. ①判断句，“也”表判断。②宾语前置，“何名”应为“名何”，叫什么。③宾语前置，“不我若”应为“不若我”，不如我。④宾语前置，“何能为”应为“能为何”，能够做什么。⑤宾语前置，“何以”应为“以何”，凭什么。⑥定语后置，“为观游及卖果”做“豪富人”的定语。⑦省略句，苟有能反（于）是者。⑧省略句，然吾居（于）乡。⑨省略句，传其事以（之）为官戒。

（三）理解性默写及易错字词矫正

1. ①隆然伏行，有类橐驼者。②甚善，名我固当。③凡长安豪富人为观游及卖果者，皆争迎取养。④他植者虽窥伺效慕，莫能如也。⑤或移徙，无不活。⑥且硕茂，早实以蕃。⑦能顺木之天，以致其性焉尔。⑧能顺木之天，以致其性焉尔。⑨其本欲舒，其培欲平。⑩其土欲故，其筑欲密。⑪爪其肤以验其生枯，摇其本以观其疏密。⑫其莳也若子，其置也若弃。⑬不害其长而已；不抑耗其实而已。⑭根拳而土易，若不过焉则不及。⑮早缫而绪，早织而缕。

（四）重要句子翻译

①我只知道种树罢了，治民，不是我的职业。②又怎么能使我们人口增多、生活安定呢？③我把这件事记下来，把（它）作为对官吏们的警戒。④凡是长安城里经营观赏游览和做种树卖果买卖的豪富人。

十一、《石钟山记》品读

（一）原文挖空

石钟山记

①焉：兼词，“于之”，在那里。下：名词做状语，在下面。临：靠近。鼓：振动、吹起。搏：撞击。洪：大。是：这。以：把。置：放在。虽：即使。鸣：使……发出声音。始：才。访：寻访。遗：遗留。得：找到。双石于潭上：状语后置。扣：敲打。而：连词，表承接关系。聆：仔细听。函胡：同“含糊”。腾：传播。徐：慢。之：石钟山命名的真正原因。然：但是。是：这。石之铿然有声者：定语后置句。独：唯独。以：用。名：命名，名词做动词。

②自：从。舟：用船，名词做状语。适：到……去。赴：赴任、就职。因：因而。得：能够。使：派。其：其中的。焉：形容词词尾，……的样子。固：仍旧、还是。而：连词，表修饰关系。暮：晚上。独：单独。侧：倾斜。搏：抓，扑。闻人声亦惊起：被动句式。咳且笑于山谷中：状语后置句。心动：心惊。大声发于水上：状语后置句。噌吰：钟声洪亮。罅：裂缝。浅深：形容词做名词，深度。焉：兼词，可译为“到那里”。涵澹：水波动荡。澎湃：波浪相激。空中：中间是空的。窾坎镗鞳：击物声和钟鼓声。因：于是。识：同“志”，记住。古之人不余欺也：宾语前置。

③目：亲眼。耳：名词做状语，亲耳。臆断：主观猜测去推断。殆：大概。夜：名词做状语，在夜里。言：指用文字表述、记载。所以：……的原因。陋者：浅陋的人。考：敲击。其实：那事情真相。以：因此。盖：推测原因、目的。

（二）夯实基础

1. ①“函胡”同“含糊”，重浊模糊。②“识”同“志”，记住。③“考”同“拷”，敲打。

2. ①名词做状语，乘船、坐船。②名词做状语，用眼睛、亲眼；用耳朵，亲耳。③名词做动词，命名。④名词做状语，在旁边。⑤名词做状语，在夜里。⑥使动用法，使……发出声响。

3.（1）鼓：①名词，鼓乐声。②动词，激荡、掀动。③名词，鼓声。④动词，击鼓进军。⑤动词，弹奏、敲击。（2）自：①代词，自己。②介词，从。③介词，由，从。④副词，亲自。（3）得：①动词，得到。②动词，能够。③名词，心得、收获。④形容词，得意、满足。⑤形容词，合适、恰当。（4）而：①连词，表顺接。②连词，表修饰。③连词，表并列。④连词，表转折。⑤连词，表因果。

4. ①那事情真相。②中间是空的。③内心惊恐。④船工。

5. ①判断句，“……者，……也”表判断。②判断句，“也”表判断。③状语后置句，即“于潭上得双石”。④状语后置句，即“而大声于水上发”。⑤宾语前置句，不余欺，即“不欺余”。⑥定语后置句，“之”为定语后置标志，即“铿然有声之石者”。⑦省略句，省略介词“于”。

（三）理解性默写

①而大声发于水上，噌吰如钟鼓不绝。②石之铿然有声者，所在皆是也。③窾坎镗鞳者，魏庄子之歌钟也。④然是说也，余尤疑之。⑤如猛兽奇鬼，森然欲搏人。⑥而陋者乃以斧斤考击而求之，自以为得其实。⑦盖叹郦元之简，而笑李渤之陋也。⑧事不目见耳闻，而臆断其有无。⑨涵澹澎湃而为此也，有窾坎镗鞳之声。⑩盖叹郦元之简，而笑李渤之陋也。⑪空中而多窍，与风水相吞吐。⑫今以钟磬置水中，虽大风浪不能鸣

也。⑬微风鼓浪，水石相搏。⑭周景王之无射也；魏庄子之歌钟也。⑮闻人声亦惊起，磔磔云霄间。⑯又有若老人咳且笑于山谷中者，或曰此鹳鹤也。⑰可坐百人，空中而多窍。

（四）重要句子翻译

①那钟鼓的声音，是周景王无射钟的声音。②这就是世上没有流传（石钟山得名由来）的缘故。③在深潭边找到两块山石，敲击它们，聆听它们的声音，南边那块山石的声音重浊而模糊，北边那块山石的声音清脆而响亮，鼓槌停止了敲击，声音还在传播，余音慢慢地消失。④忽然从水上发出巨大的声音，声音洪亮像不断地敲钟击鼓。⑤古代的人(称这山为“石钟山”)没有欺骗我啊！⑥敲击后能发出响亮声音的石头，到处都有。⑦士大夫终究不愿乘小船在夜里停泊（在）悬崖绝壁的下面。

十二、《拟行路难》(其四)、《客至》、《登快阁》、《临安春雨初霁》品读

（一）原文挖空

拟行路难（其四）

泻水：倒水。自宽：自我宽慰。断绝：停止。吞声：声将发又止。踯躅：徘徊不前。

客至

舍：指杜甫的家。但见：只见。花径：长满花草的小路。蓬门：用蓬草编成的门户，以示房子的简陋。兼味：多种美味佳肴。无兼味，谦言菜少。旧醅：隔年的陈酒。肯：能否允许，这是向客人征询。余杯：余下来的酒。

登快阁

痴儿：作者自指。了却：完成。东西：指在阁中四处周览。倚：倚靠。落木：落叶。澄：澄澈、清澈。朱弦：这里指琴。佳人：美人，引申为知己、知音。青眼：青眼看人是表示对人的喜爱、重视或尊重，指正眼看人。弄：演奏。白鸥盟：指无利禄之心，借指归隐。

临安春雨初霁

霁：雨后或雪后转晴。世味：人世间的滋味，社会人情。客：客居。京华：京城之美称。深巷：幽深的巷道。矮纸：短纸、小纸。斜行：倾斜的行列。分茶：指宋人沏茶、饮茶之法。素衣：原指白色的衣服，这里代称诗人自己。风尘叹：因风尘而叹息。

（二）夯实基础

1. ①泻：倾，倒。②断绝：停止。③踯躅：徘徊不前。④但见：只见。⑤兼味：两种以上的菜肴。⑥肯：能否允许，这是向客人征询。⑦青眼：黑色的眼珠在眼眶中间，青眼看人表示对人的喜爱、重视或尊重。⑧弄：演奏。⑨白鸥盟：指无利禄之心，借指归隐。⑩世味：人世间的滋味，社会人情。⑪客：客居。⑫风尘叹：因风尘而叹息，暗指不必担心京城的不良风气会污染自己的品质。

2.（1）但：①副词，只。②副词，尽管、只管。③连词，只要。④同“惮”，害怕。（2）绝：①断开。②横渡。③断绝两国关系。

（三）理解性默写及易错字词矫正

①心非木石岂无感，吞声踯躅不敢言。②盘飧市远无兼味，樽酒家贫只旧醅。③落木千山天远大，澄江一道月分明。④矮纸斜行闲作草，晴窗细乳戏分茶。⑤舍南舍北皆春水，但见群鸥日日来。⑥落木千山天远大，澄江一道月分明。⑦素衣莫起风尘叹，犹及清明可到家。

第二节　涵养底蕴

一、素养提升

（一）文言素养提升

1. BDE。句意：每一项法令发出，屈原就夸耀自己的功劳说：“除了我，没有人能做。”

2.D。“和现在所说的‘流亡海外’一样”错误，文中指“随水消逝”。句意：宁愿突然死去，随水流逝。

3.D。“这在《离骚》中表述为‘既替余以蕙纕兮，又申之以揽茝’”说法错误，“既替余以蕙纕兮，又申之以揽茝”是被贬黜的原因，应为“众女嫉余之蛾眉兮，谣诼谓余以善淫”。

4. ①阐明广大崇高的道德，国家治乱兴亡的道理，无不透彻明白。②违背准绳而追随邪佞，竞相把迎合讨好奉作法度。

5. ①志趣高洁。②行为端正。③洁身自好。依据原文“其志洁”可知，作者认为屈原志趣高洁。依据原文“其行廉”可知，作者认为屈原行为端正。依据原文“自疏濯淖污泥之中，蝉蜕于浊秽，以浮游尘埃之外，不获世之滋垢，皭然泥而不滓者也”可知，作者认为屈原洁身自好，出淤泥而不染。

【参考译文】

材料一：

屈原名平，与楚国的王族同姓。他曾担任楚怀王的左徒。见闻广博，记忆力很强，通晓治理国家的道理，熟悉外交应对辞令。对内与怀王谋划商议国事，发号施令。对外接待宾客，应酬诸侯。怀王很信任他。

上官大夫和他同在朝列，想争得怀王的宠幸，心里嫉妒屈原的才能。怀王让屈原制订法令，屈原起草尚未定稿，上官大夫见了就想强行更改它（想邀功），屈原不赞同，他就在怀王面前诋毁屈原说：“大王叫屈原制订法令，大家没有不知道的。每一项法令发出，屈原就夸耀自己的功劳说：‘除了我，没有人能做’。”怀王很生气，就疏远了屈原。

屈原痛心怀王惑于小人之言，不能明辨是非，小人混淆黑白，使怀王看不明白，邪恶的小人妨碍国家，端方正直的君子则不为朝廷所容，所以忧愁苦闷，写下了《离骚》。“离骚”，就是遭到忧愁的意思。天是人类的原始，父母是人的根本。人处于困境就会追念本源，所以到了极其劳苦疲倦的时候，没有不叫天的。遇到病痛或忧伤的时候，没有不叫父母的。屈原行为正直，竭尽自己的忠诚和智慧来辅助君主，谗邪的小人来离间他，可以说到了困境了。诚信却被怀疑，忠实却被诽谤，能够没有怨恨吗？屈原之所以写《离骚》，其原因大概是从怨愤引起的。《国风》虽然多写男女爱情，但不过分而失当，《小雅》虽然多讥讽指责，但并不宣扬作乱，像《离骚》，可以说是兼有二者的特点了。它对远古上溯到帝喾，近世称述齐桓公，中古称述商汤和周武王，用来讽刺当时的政事。阐明道德的广阔崇高，国家治乱兴亡的道理，无不完全表现出来。他的文笔简约，词意精微，他的志趣高洁，行为廉正。就其文字描写来看，不过寻常事物，但它的旨趣是极大的（因为关系到国家的治乱），举的是近事，而表达的意思却十分深远。由于志趣高洁，所以文章中称述的事物也是透散着芬芳的，由于行为廉正，所以到死也不为奸邪势力所容。他独自远离污泥浊水之中，像蝉脱壳一样摆脱浊秽，浮游在尘世之外，不受浊世的玷辱，保持皎洁的品质，出污泥而不染。推赞屈原的志向，即使和日月争辉，也是可以的。

材料二：

我揩着眼泪啊声声长叹，可怜人生道路多么艰难。我虽爱好修洁严于责己，早晨被辱骂晚上又丢官。他们弹劾我佩带蕙草啊，又指责我爱好采集茝兰。这是我心中追求的东西，就是多次死亡也不后悔。怨就怨楚王这样糊涂啊，他始终不体察别人心情。那些女人妒忌我的丰姿，造谣诬蔑说我妖艳好淫。庸人本来善于投机取巧，背弃规矩而又改变政策。违背是非标准追求邪曲，争着苟合取悦作为法则。忧愁烦闷啊我失意不安，现在孤独穷困多么艰难。宁可马上死去随流水消逝，媚俗取巧啊我坚决不干。雄鹰不与那些燕雀同群，原本自古以来就是这般。方和圆怎能够互相配，志向不同何能彼此相安？宁愿委曲心志压抑情感，宁把斥责咒骂统统承担。保持清白节操死于直道，这本为古代圣贤所称赞。

（二）古诗素养提升

1. D。“两句运用了比兴手法”错误，此处只用了比喻，没用比兴手法。

2. 本诗通过描写女主人公的言行，塑造了一个个性爽朗、感情强烈的女性形象。

（三）理解性默写

①亦余心之所善兮，虽九死其犹未悔。②但见悲鸟号古木，雄飞雌从绕林间。③三

顾频烦天下计，两朝开济老臣心。④云树绕堤沙，怒涛卷霜雪。⑤念桥边红药，年年知为谁生。⑥废池乔木，犹厌言兵。

二、底蕴作文

【提示】这是一道有关青少年成长话题的材料感悟型作文，引导青少年拥有和增强同理心，从而做到正确处事和处世，让心灵和个性得到健康成长，促进社会和谐，促进文化交流。语料部分由三句话组成，三者之间紧密衔接、层递推进，最后一句表达材料的主旨意。第一句话是情境设置，阐述了青少年成长过程中环境以及交际对象的变化，强调环境的拓宽和对象的差异，这是同理心之重要的客观因素。第二句话是具体说明同理心强之于青少年成长的重要作用：拓宽视野，丰富自己。第三句话则是从青少年的个体成长拓展到从社会和谐与文化交流的层面去阐述“同理心”的重要意义。“以上材料引发了你怎样的联想和思考”，“联想和思考”暗示写作时应由此及彼，深入探究，个性阐发。命题者希望考生围绕“同理心”，从个人成长、社会和谐与文化交流等几个方面深入开掘，合理生发。文章可以阐释对同理心的理解，同理心是一种情感和认知能力，它让我们能够站在他人角度思考、深入理解他人的内心世界，从而建立更深刻的情感链接，做出更体贴的行为（理解、包容、接纳，或泛指换位思考、将心比心等）。教材中也有涉及，如孔子“己所不欲，勿施于人”、孟子“四端说”等，都是同理心的体现。

考生可以分析缺乏同理心的原因，培养同理心的意义、价值和措施。例如：①可以选择一个角度（如交友或文化交流）深入探究，分析增强同理心的重要意义，从时代要求层面提倡广大青少年增强同理心。②可以针对当代青年同理心强弱的现状，重点探究其缺乏同理心的原因，从家庭和学校以及社会多个层面探究，寻找加强同理心的可行路径，最终落实到促进青少年健康成长这一基点上。③可以深入探究增强青少年同理心的方法，如运用“己所不欲，勿施于人”等传统文化加强对青少年的同理心教育，如运用角色体验培养青少年的共情力，学会倾听。当然，学会关爱与尊重是前提。

【参考范文】

一颗星点亮另一颗星

“灿烂的星，我欣赏独属于你的异彩，却不羡慕，你独垂夜空，独放光彩。”诗人济慈如是说。观星如识人，我欣赏个体的独具差异、异彩纷呈，也呼唤同理心，让一颗心触碰另一颗心，一如一颗星点亮另一颗星。

何为同理心？我想，这是人类与生俱来的，与他人同频共振、搭建共鸣的心底的柔软；是孟子所言“人皆有此四心”的仁爱之心的一种体现；是无关人之善恶的能力和意愿。

曾在淘宝上看到一家网店，专门售卖“单只鞋”，每一只都造型精美、工艺精巧，其广告标语“真正的文明，是穿两只鞋的人能记得穿一只鞋的人”，瞬间击中了我心底的柔软，大概也可触碰抚慰残疾朋友们的心吧！

人人生而不同，差异是客观存在的、不容破解的个性。但不可否认，人们有着相同的生理结构与心理机制，有着相似的沟通方式和情感通道。因而，同理心作为纽带，维系着群落的向心力和凝合力，能够也必须勾连起、支撑住彼此，结成社群的安全绳、缓冲网。

英国诗人说：“我们必须相爱，否则就会死亡。”共情力是相爱的前提，是理解的基础，一旦有所动摇，文明的大厦便摇摇欲坠，斜而将倾。

如若王阳明赣南剿匪时不曾转换立场，如何能理解赋役重压下只能悲嚎哀歌的底层百姓。正是多了一分理解两分支持，我们方能看见更多残疾朋友正视、拥抱自己的独特，融入社会的多元温暖。同理心的旗子扬起，所有冰冷的心都会放下岗哨，任温泉热浪席卷艰涩清寒。

放眼当下，亲子矛盾、婆媳争端层出不穷，大到种族歧视、性别议题“经久不衰”。我们不无痛心地说：由个体身份而束缚着的“差异心理”，固矣！归根究底需要一次身份的卸除、立场的转换、同理心的挖掘。待人之根本的共情力完全释放，方可冰释前嫌。

然而，同理并不是趋同，共情不是忍让。坚守个性的光彩与尝试弥合差异追求共性并不冲突！切莫以“理解”为名，抛下个体的美，丧失独特性与生命力！

美国高校师生铸起的人道主义人墙，生动诠释了人类幽深的美好人性与精神，让我想起了教育学家的一句名言：“教育是一朵云唤醒另一朵云。”现在，不妨旧瓶装新酒：让一颗星点亮另一颗心！

第六章　古诗文知识梳理

古诗文作为中华文化的瑰宝，不仅承载着深厚的历史文化底蕴，更是我们语文学习的重要内容。然而，面对繁多的古诗文篇目和复杂的知识点，同学们往往感到无从下手，难以形成清晰的知识脉络。因此，本章旨在通过梳理古诗文的基础知识，帮助同学们建立起一个完整的知识体系，使大家能够更加有条理、有重点地进行学习。具体来说，本章将围绕文言实词、文言虚词、文言句式、古代文化常识等方面，进行系统的梳理和归纳。

学习要求：①全面系统。要求学生在阅读本章内容时，要全面系统地掌握古诗文的基础知识，不遗漏重点，通过系统的梳理和归纳，建立起完整的知识体系。②深入理解。在掌握基础知识的基础上，要求学生深入理解古诗文的内涵和精髓。传承和弘扬中华优秀传统文化，增强文化自信。③结合实际。要求学生将所学知识与实际相结合，能在具体情境中灵活运用所学知识来解决问题，在学习生活中涵养文化底蕴。

第一节 知识梳理

一、文言实词

文言实词主要指名词、动词、形容词、数量词。文言实词是构成文言文的主体，掌握文言实词是学好文言文的基础，是阅读浅易文言文的前提。掌握文言实词，首先要掌握通假字、一词多义、古今异义词、偏义复词和词类活用这五大知识点。

（一）通假字

通假字的基本规律是同音或近音通假，可分为三大类：

①本字的声旁形体与借字的形体相同，二者音同或音近通假。如“夙遭闵凶”中的“闵”同“悯”、“齐与楚从亲”中的“从”同“纵”，再如“项王则受璧，置之坐上”的“坐”同“座”。

②本字的声旁形体与借字的声旁形体相同，二者音同或音近通假。如“大底圣贤发愤之所为作也”中的“底”同“抵”，再如“距关，毋内诸侯”中的“距”同“拒”。

③本字和借字的形体不同，二者音同或音近通假。如“令将军与臣有郤”中的“郤”同“隙”。

（二）一词多义

古代汉语以单音节词为主，很多文言词具有两个或者两个以上的义项，即一个词具有多种含义。这就是一词多义现象。一词多义现象在文言文中相当普遍。把握一词多义，要注意了解词的本义、引申义等。以“引”为例：

本义：拉开弓，例如“丁壮者引弦而战”。

引申义：①拉，例如“左右或欲引相如”。②拉长，例如“引吭高歌”。③抽、拔出，例如“引佩刀刺马杀之”。④伸长，例如“狼奄至，引首顾曰”。⑤拿，例如“引绳而束缚之”。⑥带领，例如“燕引兵东围即墨”。⑦承担，例如“公卿各引咎自责”。⑧举荐、提拔，例如“奖引后进，如恐不及”。⑨延请，例如“乃设九宾礼于廷，引赵使者蔺相如”。⑩援引，例如“不宜妄自菲薄，引喻失义”。⑪掉转，例如“引车避匿”。⑫引导，例如“引火烧身、引人入胜”。

【微积累】类义词

表示庄稼收成不好的有：凶、俭、歉、饥、馑。

表示责备的有：让、过、望、谴、非、尤、咎、责、诛、折。

表示赞许的有：多、称、誉、许、道、与、嘉、褒。

表示暗地的有：阴、潜、间、私、窃、微、暗、密、偷、窥、伺、蔽、觇、匿、隐、黑、秘、藏、伏。

表示掌管的有：典、当、知、守、掌、职、执、序、司。

表示去、到、往的有：之、适、如、造、诣、徂、至、趋。

表示轻视的有：小、易、轻、少、鄙。

表示代理的有：假、权、摄、署、守。

表示兼任的有：行、领、判、兼、加。

表示等到的有：及、至、逮、迨、洎、俟。

表示嫉恨的有：恶、厌、憎、衔、怨、患、疾、恨、诅。

表示授予官职的有：辟、荐、举、知、拜、选、除、授、起、察、仕。

表示官职升降的有：升、擢、拔、迁、陟、晋、加，罢、黜、免、谪、左迁、窜、放。

（三）古今异义词

文言文中有很多词的字形与现代汉语相同，由于词义的演变，我们不能轻易地依照现代词义去解读。因此，我们应该掌握这种词义的演变情况：

1. 词义扩大

如“皮”，本义指“兽皮”，现指“人或生物体表面的一层组织”，如“树皮”。有利用通感方法扩大词义的，如“甘”，原义是“美”“甜”，现在除了“味美”之外，还有“心里乐意”的意思，如“心甘情愿”。有由专名扩大到通用名的，如“江”“河”，原指“长江”“黄河”，现指“一般的大江大河”。

2. 词义缩小

有表示范围缩小的，如“丈夫”，古代指“男子”，现在专指“妻子的配偶”。有词义义项减少的，如“劝”，古代有“鼓励”“劝说”的意思，如今只剩下“劝说”这一个义项；“让”字在文言文中既可表示“辞让、谦让”之意，又可表示“责备”之意，现只用前一个义项了。

3. 词义转移

主要涉及事物的转移、动作的转移、范围的转移和词性的变化等。如“币”古代指“礼物”，现在指“钱”。“慢”古代是“怠慢”之意，今义与“快”相对。“假”古代是“借”的意思，今义与“真”相对。

4. 词义弱化

如“饿”字，古义指严重的饥饿，已达到受死亡威胁的程度，今义指肚子空，与“饱”相对。“怨”，古义表示“仇恨、怀恨”，现在表示“埋怨、责备”。

5. 词义强化

如“恨”，古代多表示“遗憾、不满意”，现在则表示“仇恨、怀恨”。“诛”最初只表示“责备”，后来强化为“杀戮”的意思。

6. 感情色彩变化

如诸葛亮的《出师表》中“先帝不以臣卑鄙”中的“卑鄙”，在古代表示“社会地位低下，见识浅陋”，本来没有贬义，但现在却用来表示“道德败坏、品行恶劣”，变成纯粹的贬义词了。

（四）偏义复词

古汉语中，有的合成词是由两个同义或反义的单音语素合成，而意义却偏在其中一个语素上，另一个语素只起陪衬作用。

1. 两个语素意义相对

如“宫中府中，俱为一体，陟罚臧否，不宜异同”句中的“异同”为偏义复词，意义偏在“异”，不在“同”。

2. 两个语素意义相近

如“今有一人，入人园圃，窃其桃李”一句中，“园”是种树的地方，“圃”是种菜的地方，在句中只有“园”这个语素意义，“圃”只做陪衬。

需注意的是，两个语素意义相近的偏义复词和同义复词要区别开来。如《孔雀东南飞》中“举动自专由”“会不相从许”，“专由”，指“自专”或“自由”，“从许”即是“相从”“相许”，此为同义复词。

（五）词类活用

词类活用就是指某些实词在特定的语言环境中，临时具有的某种新的语法功能，而这种语法功能与现代汉语相比具有明显的不同。判断时要参照现代汉语的一般用法去推断。以下以《烛之武退秦师》为例，全面了解“词类活用”。

1. 名词活用

①名词做状语。例如：夜（表时间，在晚上）缒而出；朝济而夕（表时间，在早上，在晚上）设版焉；既东（表处所，在东边）封郑。

②名词做动词。例如：晋军函陵；秦军（驻扎）氾南；与郑人盟（结盟、订立同盟）。

③名词的使动与意动用法。例如：既东封（名词的使动用法，使……成为疆界）郑；阙秦以利（名词的使动用法，使……得利）晋；越国以鄙（名词的意动用法，把……当作边邑）远。

2. 动词活用

①动词做名词。例如：且君尝为晋君赐（恩惠）矣。

②动词的使动用法。例如：若不阙（使……削减）秦；若亡（使……灭亡）郑而有

益于君；烛之武退（使……退却）秦师。

3. 形容词活用

①形容词做名词。例如：越国以鄙远（远地）；共其乏困（缺少的东西）。

②形容词做动词。例如：因人之力而敝（损害）之，不仁。

4. 数词活用

且贰（数词活用为动词，从属二主）于楚也。

二、文言虚词

1. 而

（1）用作连词

可连接词、短语和分句，表示多种关系。

①表示并列关系。一般不译，有时可译为“又”。如：蟹六跪而二螯。

②表示递进关系。可译为“并且”“而且”。如：君子博学而日参省乎己。

③表示承接关系。可译为“就”“接着”，或不译。如：余方心动欲还，而大声发于水上。

④表示转折关系。可译为“但是”“却”。如：青，取之于蓝，而青于蓝。

⑤表示假设关系。可译为“如果”“假如”。如：诸君而有意，瞻予马首可也。

⑥表示修饰关系，即连接状语，可不译。如：吾尝终日而思矣。

（2）用作代词

只用作第二人称，一般做定语，译为“你的”。偶尔也做主语，译为“你”。如：而翁长铨，迁我京职，则汝朝夕侍母。

（3）用作名词

同“能”，才能。如：故夫知效一官，行比一乡，德合一君，而征一国者。

（4）复音虚词“而已”

放在句末，表示限止的语气助词，相当于“罢了”。如：闻道有先后，术业有专攻，如是而已。

2. 何

（1）用作疑问代词

①单独做谓语，问原因，且常有语气助词“哉”“也”，可译为“为什么”“什么原因”。如：予尝求古仁人之心，或异二者之为，何哉？

②做宾语，主要代处所和事物，可译为“哪里”“什么”。译时，“何”要后置。如：大王来何操？

③做定语，可译为“什么”“哪”。如：然则何时而乐耶？

（2）用作副词

①用在句首或动词前，常表示反问，可译为“为什么”“怎么”。如：徐公何能及君也？

②用在形容词前，表示程度深，可译为“怎么”“多么”“怎么这样”。如：至于誓天断发，泣下沾襟，何其衰也！

（3）用作动词

译为“喝问”。如：信臣精卒陈利兵而谁何。

（4）复音虚词“何如”“何以”

①“何如”常用于疑问句中，表疑问或诘问，相当于“怎么样”或“什么样”。如：樊哙曰：“今日之事何如？”

②“何以”即“以何”，介宾短语，用于疑问句中做状语，根据“以”的不同用法，分别相当于“拿什么”“凭什么”等。如：何以战？

3. 乎

（1）用作助词

①表疑问语气，可译为“呢”。如：然，胡不已乎？

②表反问，可译为“吗”。如：学而时习之，不亦说乎？

③表推测，可译为“吧”。如：览物之情，得无异乎！

④表感叹，可译为“啊”。如：嗟乎！燕雀安知鸿鹄之志哉！

（2）用作介词

引出动作行为发出的处所，相当于“于”。如：醉翁之意不在酒，在乎山水之间也。

4. 乃

（1）用作副词

①表示前后两事在情理上的顺承或时间上的紧接，可译为“就”“于是”“这才”等。如：乃令张良留谢。

②表示前后两事在情理上是逆转相悖的，可译为“却”“竟（然）”“反而”“才”等。如：巫医乐师百工之人，君子不齿，今其智乃反不能及。

③表示对事物范围的一种限制，可译为“才”“仅”等。如：必以长安君为质，兵乃出。

（2）用作代词

只用作第二人称，常做定语，译为“你的”。也做主语，译为“你”。不能做宾语。如：王师北定中原日，家祭无忘告乃翁。

（3）用作动词

在判断句中，起确认作用，可译为“是”“就是”等。如：若事之不济，此乃天也。

5. 其

（1）用作代词

①第三人称代词，相当于“他（们）”“她（们）”“它（们）”。如：其志洁，其行廉。

②活用为第一人称，相当于“我（的）”“自己（的）”。如：并自为其名。

③指示代词，相当于“那”“这”之类的词。如：其人视端容寂，若听茶声然。

④指示代词，表示“其中的”，后面多为数词。如：蜀之鄙有二僧，其一贫，其一富。

（2）用作副词

①在句中表示反问语气，相当于“难道”“怎么”。如：其真无马邪？

②表示揣测语气，译为“恐怕、或许、大概、可能”。如：圣人之所以为圣，愚人之所以为愚，其皆出于此乎？

③表示祈使语气，译为“应当、一定”。如：与尔三矢，尔其无忘乃父之志！

④表示商量语气，译为“还是”。如：失其所与，不知。以乱易整，不武。吾其还也。

（3）用作连词

①表示选择关系，常常是两个以上的分句中都用“其”，译为“是……还是……”。如：天之苍苍，其正色邪？其远而无所至极邪？

②表示假设关系，译为“如果，假如”。如：其业有不精，德有不成者，非天质之卑，则心不若余之专耳。

（4）用作助词

起调节音节的作用，可不译。如：静女其姝，俟我于城隅。

6. 且

（1）用作副词

①用在动词或数词前，表示动作行为将要发生，可译为“将”“将要”“将近”。如：北山愚公者，年且九十。

②表示行为的状态，可译为“姑且”“暂且”。如：存者且偷生，死者长已矣。

（2）用作连词

①表示递进，可译为“况且”。如：且焉置土石？

②表示让步，可译为“尚且”“还”。如：且欲与常马等不可得。

③表示并列或递进，可译为“和”“而且”“并且”。如：盖余之勤且艰若此。

④表示让步或假设关系，译为“尚且”“即使”。如：臣死且不避，卮酒安足辞！

⑤表转折关系，译为“反而”“却”。如：穷且益坚，不坠青云之志。

（3）复音虚词

“且夫”，句首助词，表示另提一事或进一步议论，译为“再说”。如：且夫天下非小弱也，雍州之地，崤函之固，自若也。

7. 若

（1）用作代词

①人称代词，译为“你”。如：若入前为寿，寿毕，请以剑舞。

②指示代词，译为“如此”“这样”。如：以若所为，求若所欲。

（2）用作连词

表假设关系，译为“假如，如果”。如：若使烛之武见秦君，师必退。

（3）用作动词

①译为“及”“比得上”。如：其实仇之。故不我若也。

②译为“像”“好像”“如同”。如：又有若老人咳且笑于山谷中者。

（4）用作虚词

“若夫”“至若”放于句首，表示意义的他转。如：若夫乘天地之正，而御六气之辩，以游无穷者，彼且恶乎待哉？

8. 所

（1）用作助词

①放在动词前，与动词相结合组成名词性词组。如：今入关，财物无所取，妇女无所幸，此其志不在小。

②用在被动句中，“为”和“所”呼应，组成“为……所……”的格式。如：为国者无使为积威之所劫哉！

（2）复音虚词

①“所以”，表示原因，译为“……的原因”。如：圣人之所以为圣，愚人之所以为愚，其皆出于此乎？

②“所以”，表示凭借的手段或方式等，译为“用来……的”或“……的凭借”。如：师者，所以传道受业解惑也。

9. 为

（1）用作介词

①表示动作、行为的对象，可译为“向”“对”等。如：不足为外人道也。

②表示动作、行为的替代，可译为“替”“给”等。如：公为我献之。

③表示动作、行为的时间，可译为“当”“等到”等。如：为其来也，臣请缚一人过王而行。

④表示动作、行为的目的，可译为“为了”“为着”。如：媪之送燕后也，持其踵为之泣。

⑤表示动作、行为的原因。可译为“因为”“由于”。如：非为织作迟，君家妇难为。

⑥表示被动关系，读阳平声，可译为“被”。“为”所引进的是动作行为的主动者。有时亦可不出现主动者。有时跟“所”结合，构成“为所”或“为……所”。如：不者，若属皆且为所虏！

（2）用作助词

读阳平声，放在疑问句末，表示诘问，前面有疑问代词跟它呼应。可译为“呢”。如：如今人为刀俎……何辞为？

（3）用作动词

①译为“是”，表判断。如：固知一死生为虚诞，齐彭殇为妄作。

②译为“做”“担任”。如：为楚怀王左徒。

10. 焉

（1）用作代词

①疑问代词，可译为“哪里”。如：且焉置土石？

②做宾语，相当于“之”。如：犹且从师而问焉。

（2）用作助词

①形容词或拟声词的词尾，相当于“然”。如：盘盘焉，囷囷焉，蜂房水涡。

②句末语气词，相当于“啊”。如：寒暑易节，始一反焉。

③用于句中，表停顿。如：句读之不知，惑之不解，或师焉，或不焉，小学而大遗，吾未见其明也。

（3）用作兼词

兼有介词和代词的功能，相当于“于＋之”。如：积土成山，风雨兴焉。

11. 也

①语气助词，表示判断语气，不译。如：张良曰：“沛公之参乘樊哙者也。”

②语气助词，表示反问语气，译为“呢”。如：使秦复爱六国之人，则递三世可至万世而为君，谁得而族灭也？

③语气助词，表示疑问语气，译为“呢”。如：何可废也？以羊易之。

④语气助词，表示陈述或解释语气，不译。如：上食埃土，下饮黄泉，用心一也。

⑤语气助词，表示感叹语气，译为“啊”。如：不吾知也！

⑥助词，通常用在主语和谓语之间，起舒缓语气的作用，无意义，不译。如：且夫水之积也不厚，则其负大舟也无力。

12. 以

（1）用作介词

①表使用，译为“拿”“用”。如：故以羊易之也。

②表处置，译为“把”。如：若舍郑以为东道主。

③表凭借，译为“凭”“凭借”“根据”“以……身份”。如：乃遣武以中郎将使持节送匈奴使留在汉者。

④表原因，译为“因为”“由于”。如：犹不能不以之兴怀。

（2）用作连词

①表修饰，表示动作行为的方式，相当于“而”。如：木欣欣以向荣，泉涓涓而始流。

②表原因，译为“因为”。如：以其无礼于晋，且贰于楚也。

③表结果，译为“因而”“以致”。如：恐托付不效，以伤先帝之明。

④表目的，译为“来”“用来”。如：作《师说》以贻之。

（3）复音虚词

①“是以”，即“以是”的倒装，译为“因此”。如：母、孙二人，更相为命，是以区区不能废远。

②“何以”，即“以何”的倒装，译为“用什么”“怎么”。如：不然，籍何以至此。

③“以为”，根据语境灵活翻译。译为“以……为”，即“把……作为……”。如：南取百越之地，以为桂林、象郡。

13. 因

（1）用作介词

①译为“因为”“由于”。如：恩所加，则思无因喜以谬赏。

②译为“趁着”“趁”。如：不如因善遇之。

③译为“经由”“通过”。如：君因我降，与君为兄弟。

④译为“依照”“根据”。如：罔不因势象形，各具情态。

⑤译为“凭借”“依靠”。如：因人之力而敝之，不仁。

（2）用作副词

①表顺承关系，可译为“就”“于是”“便”。如：项王即日因留沛公与饮。

②译为“趁机”。如：因击沛公于坐。

（3）用作动词

①译为“依顺”。如：批大郤，导大窾，因其固然。

②译为“沿袭”。如：蒙故业，因遗策。

14. 于

①用作介词，表示对象，译为“对，对于，向”。如：贫者语于富者曰。

②用作介词，表示处所，译为“在，从”。如：苟全性命于乱世，不求闻达于诸侯。

③用作介词，表示对象，译为“与，跟，同”。如：身长八尺，每自比于管仲、乐毅。

④用作介词，表示处所，译为“到”。如：指通豫南，达于汉阴。箕畚运于渤海之尾。

⑤ 用作介词，放在形容词之后，表示比较，一般可译为“比”。如：生亦我所欲，所欲有甚于生者，故不为苟得也。

⑥用作介词，表示被动，译为“被”。如：不拘于时，学于余。

15. 与

（1）用作介词

译为“和、跟、同”。如：沛公军霸上，未得与项羽相见。

（2）用作连词

译为“和、跟、同”。如：况吾与子渔樵于江渚之上。

（3）用作动词

①译为“给予，授予”。如：则与一生彘肩。

②译为“结交，亲附”。如：因人之力而敝之，不仁。失其所与，不知。

③译为“赞许，同意”。如：吾与点也。

④译为“参加”。如：蹇叔之子与师。

（4）用作助词

句末语气助词，同“欤”，表示感叹或疑问语气。如：唯赤则非邦也与？

16. 则

（1）用作连词

①表示承接关系，译为“就”“便”。如：故木受绳则直，金就砺则利。

②表示条件、假设关系。“则”如果出现在前一个分句中，译为“如果”。如果出现在后一个分句中，译为“那么”“就”。如：使秦复爱六国之人，则递三世可至万世而为君，谁得而族灭也？

③表示并列关系，这种用法都是两个或两个以上的“则”连用，每个“则”字都用在意思相对、结构相似的一个分句里，表示分句之间是并列关系。可译为“就”或不译。如：位卑则足羞，官盛则近谀。

④表示转折、让步关系。表示转折时，用在后一分句中，译为“可是”“却”。表示让步时，用在前一分句中，可译为“虽然”“但是”。如：欲苟顺私情，则告诉不许。

⑤表示选择关系，和“非”“不”连用，译为“不是……就是……”。如：其培之也，若不过焉则不及。

（2）用作副词

用在判断句中，起强调和确认作用，可译作“是”“就是”。如：此则岳阳楼之大观也。

17. 者

（1）用作代词

①用在形容词、动词、动词词组或主谓词组之后，组成“者”字结构，用以指代人、事、物，译为“的人”“的事”“的东西”。如：先破秦入咸阳者王之。

②用在数词之后，指代上文所说的几种人或几件事物，可译为“……种”“……样”。如：此三者，吾遗恨也。

③用在时间词语的后面，表示“……的时候”。如：今者项庄拔剑舞，其意常在沛公也。

（2）用作助词

①用于否定词之后，表示“……的话”。如：不者，若属皆且为所虏！

②做定语后置的标志。如：客有吹洞箫者，倚歌而和之。

③用在主语后，起提顿作用，引出判断。如：师者，所以传道受业解惑也。

④放在疑问句句末，表示疑问语气。如：谁为大王为此计者？

18. 之

（1）用作代词

指示代词，译为“这”“此”。如：士大夫之族。

（2）用作助词

①结构助词，用在定语和中心词之间，相当于现代汉语的助词“的”，有时可不译。如：古之圣人，其出人也远矣。

②结构助词，用在主语和谓语之间，取消句子的独立性。如：行李之往来，共其乏困。

③结构助词，做宾语前置的标志。如：句读之不知，惑之不解。

④结构助词，做定语后置的标志。如：蚓无爪牙之利，筋骨之强。

⑤音节助词，用以调整音节或表示提顿，没有实在意义。如：久之，能以足音辨人。

（3）用作动词

译为“往、到达”。如：项伯乃夜驰之沛公军。

三、文言句式

1. 判断句

判断句最显著的特点是基本上不用判断词“是”来表示，而往往让名词或名词性短语直接充当谓语，对主语进行判断。文言文中常用以下几种形式表示判断：

①“……者，……也”句。如：陈胜者，阳城人也。

②“……者也”句。如：予谓菊，花之隐逸者也。

③“……者，……”句。如：四人者：庐陵萧君圭君玉，长乐王回深父……

④“……，……也”句。如：和氏璧，天下所共传宝也。

⑤无标志句。如：刘备天下枭雄。

⑥“为”字句。如：如今人方为刀俎，我为鱼肉。

⑦用“乃、即、则、皆、必”等副词表判断，用“非”表否定判断。如：此则岳阳楼之大观也。

⑧“是”字句。如：巨是凡人，偏在远郡。

2. 被动句

被动句是指主语与谓语之间的关系是被动关系，主语是谓语动词所表示的行为的被动者、受事者，而不是主动者、施事者。被动句主要有以下几种形式：

①“于”字句：谓语＋于。如：夫赵强而燕弱，而君幸于赵王。

②“见”字句：见＋谓语。如：众人皆醉而我独醒，是以见放。

③“受”字句：受＋谓语。如：吾不能举全吴之地，十万之众，受制于人。

④“为”字句。如：身死国灭，为天下笑。

⑤“为……所”句。如：悲夫！有如此之势，而为秦人积威之所劫。

⑥“被”字句。如：舞榭歌台，风流总被，雨打风吹去。

⑦无标志句。如：而刘夙婴疾病。

3. 倒装句

文言文中，许多句子的语序与现代汉语语序不同，这就是古汉语中所谓的倒装句。倒装句有下面几种情况：

（1）主谓倒置

①甚矣，汝之不惠！

②贤哉，回也！

（2）宾语前置

①在否定句中，代词做宾语，句中有否定副词“不、弗、未、毋”，否定动词“无”，不定代词“莫”等。如：然而不王者，未之有也。

②在疑问句中，疑问代词做宾语，句中出现疑问代词“何、谁、孰、恶、安、焉、胡、奚、曷”等。如：沛公安在？

③以“之”或“是”为标志，以加重语气，“之”“是”无实义。如：句读之不知，惑之不解。

（3）定语后置

①中心词＋后置定语＋者。如：群臣吏民能面刺寡人之过者，受上赏。

②中心词＋之＋后置定语＋者。如：马之千里者。

③中心词＋之＋后置定语。如：居庙堂之高则忧其民，处江湖之远则忧其君。

④中心词＋而＋后置定语＋者。如：缙绅而能不易其志者。

（4）状语后置

①动词＋于＋宾语。如：佚之狐言于郑伯曰……

②……乎……。如：君子博学而日参省乎己。

③动词＋以＋宾语。如：私见张良，具告以事。

④形容词＋于＋宾语。如：青，取之于蓝，而青于蓝。

4. 省略句

在文言文语句中，省略某词或某种成分的句子叫省略句。省略句主要有五种形式：

①省略主语。如：廉颇为赵将，（廉颇）伐齐，大破之。

②省略谓语。如：择其善者而从之，（择）其不善者而改之。

③省略宾语。如：项伯乃夜驰之沛公军，私见张良，具告（之）以事。

④省略介词。如：荆州之民附操者，逼（于）兵势耳。

⑤省略兼语。如：以相如功大，拜（其）为上卿。

5. 固定句式

固定句式也叫固定结构或凝固结构。它的语法特点是：由一些不同词性的词凝结在一起，固定成为一种句法格式，表达一种新的语法意义，约定俗成，经久不变。熟练地掌握这些句式，对快速、正确地翻译文言文非常有帮助，可以收到事半功倍的效果。现将常见的固定句式汇总如下：

（1）表示一般疑问的固定句式

①奈何、奈……何，可译为：怎么办、把……怎么办、怎么、为什么。

②何如，可译为：怎么、怎么样、怎么办。

③何以……，可译为：根据什么……、凭什么……、为什么……、怎么会……。

④何所……，可译为：……的（人、物、事）干什么用。

⑤如……何，可译为：对（把）……怎么办。

⑥孰与……、与……孰……，可译为：跟……比较、哪一个……，与……相比、谁更……

⑦何故，可译为：什么原因、为什么、怎么。

（2）表示反问的固定句式

①何……哉（也），可译为：怎么能……呢。

②何……为，可译为：为什么要……呢、还要……干什么呢。

③何……之有，可译为：有什么……呢、怎么能……呢。

④如之何……，可译为：怎么能……呢。

⑤岂（其）……哉（乎、耶、邪），可译为：哪里……呢、难道……吗、怎么……呢。

⑥庸……乎、安……哉（乎），可译为：哪里……呢、怎么……呢。

⑦不亦……乎，可译为：不也是……吗。

⑧……非……欤，可译为：……不是……吗。

⑨顾……哉，可译为：难道……吗。

⑩岂独……耶（乎、哉），可译为：难道……吗。

（3）表示感叹的固定句式

①直……耳，可译为：只是……罢了。

②何，可译为：何等，多么。

（4）表示揣度的固定句式

①无乃……乎（与），可译为：恐怕……吧、只怕……吧。

②得无……耶、得无……乎，可译为：大概……吧、恐怕……吧、该不是……吧、能……吗。

③其……欤，可译为：岂不是……吗。

④……庶几……与（欤），可译为：……或许……吧。

（5）表示选择的固定句式

①与其……，孰若……，可译为：与其……，不如……。

②其……邪（耶）、其……邪（耶），可译为：是……呢，还是……呢。

（6）表示陈述语气的固定句式

①无以、无从，可译为：没有用来……的东西（办法）、没有什么用来……、没有办法、不能。

②有所……，可译为：有……的（人、物、事），有……的地方，有……的原因，有……的办法。

③无所……，可译为：没有……的（人、物、事），没有什么……，没有什么地方……，没有什么办法……，没有条件……。

④比及，可译为：等到……的时候

（7）其他常见的固定句式

①何乃，可译为：怎么这样。

②且夫，可译为：再说、而且。

③是故，可译为：所以、因此。

④是以，可译为：所以、因此、因而。

⑤所谓，可译为：所说的、所认为的。

⑥未尝，可译为：从来没有、不曾。

⑦何者、何则，可译为：为什么呢。

⑧谓之，可译为：称他是、说他是，称为、叫作。

⑨所以，可译为：……的原因、之所以……、为什么……；用来……的方法、用来……的东西、是用来……的、用来……的地方、用来……的人（事）、靠它来……的。

⑩以故、以……故，可译为：所以、因为……、……的缘故。

⑪以……为……，可译为：认为……是……、把……当作……；让……作……、任用……为……；用……作……、把……作（为）……。

⑫以为，可译为：认为他（它）是、认为；用它来。

⑬……之谓，可译为：叫作、就是、才算；这就叫作；就是、说的就是。

⑭至于，可译为：到了、一直到；竟至于、结果、终究、到……结局、到……时候。

四、古代文化常识

（一）纪年纪时

1. 古代纪年方法

天干地支纪年法，即十天干（甲、乙、丙、丁、戊、己、庚、辛、壬、癸）和十二地支（子、丑、寅、卯、辰、巳、午、未、申、酉、戌、亥）依次相配，组成六十个基本单位。如甲午年、辛丑年等。

2. 帝王年号纪年法

年号是中国封建王朝用来纪年的一种名号。一般由君主发起。先秦至汉初无年号，汉武帝即位后开始使用年号。中国历史上最初的年号为建元此后形成制度。历代帝王遇到“天降祥瑞”或内讧外忧等大事、要事，一般都要更改年号。一个皇帝所用年号少则一个，多则十几个。每个年号后再配上序数就成了一种纪年的形式。如：乾隆三十九年。

3. 古代纪时法

天色纪时法，即根据天色的变化将一天分为十二个时辰，一个时辰对应现在的两个小时，具体如下：夜半（23 点—1 点）、鸡鸣（1 点—3 点）、平旦（3 点—5 点）、日出（5 点—7 点）、食时（7 点—9 点）、隅中（9 点—11 点）、日中（11 点—13 点）、日昳（13 点—15 点）、晡时（15 点—17 点）、日入（17 点—19 点）、黄昏（19 点—21 点）、人定（21 点—23 点）。

4. 五更报鼓纪时法

我国古代将一夜分为五个阶段，分别为一更（19 点—21 点）、二更（21 点—23 点）、三更（23 点—1 点）、四更（1 点—3 点）、五更（3 点—5 点）。

（二）姓名称谓

1. 名

旧说婴儿出生三个月，由父亲为之命名，姓与名结合起来就是对一个人身份的确定。

2. 字

古人幼时命名，男子成年或女子出嫁前取字，字和名有意义上的联系。对平辈或尊辈称字则是出于礼貌和尊敬。

3. 号

号又叫别号。名、字与号的根本区别是：名由父亲或尊长取定，字与号由自己取定。

4. 谥号、庙号

古代王侯将相、著名文士等死后被追加的称号叫谥号。庙号是中国古代帝王死后在太庙里立室奉祀时追尊的名号。

5. 斋名

指用斋号或室号来称呼。如南宋诗人杨万里的斋名为诚斋，人们便称他为杨诚斋。

6. 谦称

谦称是表示谦虚的自称，如愚、鄙、敝、卑、窃、臣、仆、下官、末官、小吏、小生、晚生、晚学、不才、不佞、不肖等。

7. 伯（孟）仲叔季

兄弟行辈中长幼排行的次序。伯（孟）是老大，仲是老二，叔是老三，季是老四。

（三）职官沿革

1. 表官职变化

表任命：授、拜、除、封、征、辟、补。

表提升：擢、拔、陟、升、迁、进。

表调动：调、徙、转、改、放、出、出官。

表降职：左迁、迁谪、谪、逐、贬、诎（黜）。

表罢免：夺、黜、罢、免、去、废、蠲。

表恢复：复、还。

表辞去：辞、致政、告退、退、归故里、乞骸骨。

表兼代：兼（表兼任）、领（兼代）、权、行、假、署（代理）。

表推荐选拔：荐、选、察。

2. 六部

隋代正式确定了吏、户、礼、兵、刑、工六部，各部的正、副长官是尚书和侍郎，每一部下设四司，各司的正、副长官是郎中和员外郎。此后历代相沿，基本未变。六部的分工大致是：

吏部：主管文职官员的任免、考核等。

户部：主管全国户口、土地、赋税、钱粮、财政收支等。

礼部：主管礼仪、祭祀、学校、科举等。

兵部：主管全国军政。

刑部：主管全国刑法、狱讼。

工部：主管土木建筑、屯田、水利、交通等。

（四）教育和科举考试

1. 教育

学校在我国出现很早，传说夏代已经有了正式的学校，“夏曰校，殷曰序，周曰庠”。所以在古时，学校有时称为“庠序”。

中央官学：主要分为最高学府（太学、国子监），专科学校（书学、算学、律学、医学、画学、武学等）和贵族学校（弘文馆、崇文馆、宗学、旗学等）。

地方乡学：从汉代起，地方上普遍设立乡学，到唐代，乡学的各项要求已趋于完备，对学校的教师、学生名额、招生对象、学习内容等，都有明文规定。

书院：唐宋期间以私人创办、私人讲学为主，元明时官方加强了控制，到了清代基本官化。白鹿洞书院、岳麓书院、嵩阳书院和应天书院合称为我国古代四大书院。

私学：私学是古代民间私人办的学校，始于春秋时期。有家塾、经馆、精舍、私塾、村塾、冬学、蒙学等。

2. 科举考试

童试即童生试，是明、清两代取得生员资格的考试，是读书士子的晋升之始。应试者不论年龄大小统称童生。童试包括县试、府试、院试三阶段。院试录取者即可进入所在地的府、州、县学为生员，俗称“秀才”，生员分廪生、增生、附生三等。生员经科试合格，即取得参加乡试的资格，称“科举生员”。

乡试是地方考试。唐宋时称“乡贡”“解试”。考中者为“举人”，第一名称“解元”，第二名称“亚元”。中试者可于次年春进京参加会试，即便会试没取中，也具备了做官的资格。

会试，即乡试翌年由礼部举行的考试，又称“礼闱”“春闱”，考三场，每场三日。会试取中者为贡士，第一名称“会元”。

殿试，会试后由皇帝亲自出题的考试，只有取得贡士资格的人才能参加。殿试第一甲第一名，初称“榜首”，亦称“状元”，第二名称“榜眼”，第三名称“探花”。

（五）天文地理

星宿：古代把星座称作星宿。

分野：古代占星家为了用天象变化来占卜人间的吉凶祸福，将天上星空区域与地上的国州互相对应，称作分野。

六合：指天地四方（即上、下、东、南、西、北）。

九州：指冀州、青州、兖州、徐州、豫州、荆州、扬州、梁州、雍州。

八方：四方和四维的合称。四方指东、南、西、北；四维指东南、西南、西北、东北。

阴阳：阴，山北水南。阳，山南水北。

江河：古时的江专指长江，河专指黄河。

关内、关外：古代以西安为都城的王朝一般以函谷关来区别关内关外。明清时则称东北三省为关外，即以山海关为界线。

山东、山西：战国、秦、汉时称崤山或华山以东地区为山东，以西地区为山西。

江表：长江以外，指江南。

（六）礼仪风俗

1. 传统节日

元日：农历正月初一。

人日：农历正月初七。

上元：农历正月十五，即元宵节。

社日：古代农民祭祀土地神的日子。汉以前只有春社，汉以后开始有秋社。一般以立春、立秋后的第五个戊日为社日。

花朝节：俗称“花神节”“百花生日”等，汉族传统节日。节期因地而异，但都在每年的农历二月之内。

寒食节：在清明前一二天。在这一日，禁烟火，只吃冷食，所以叫作寒食节。在后世的发展中逐渐增加了祭扫、踏青、秋千等风俗。寒食节前后绵延两千余年，曾被称为民间第一大祭日。

端午节：农历五月初五，又称端阳节，是中国汉族人民纪念屈原的传统节日，有吃粽子、赛龙舟等习俗。

伏日：又称伏天，指一年中天气最热的时候。夏至后第三个庚日至第四个庚日叫初伏，第四个庚日入中伏，立秋后第一个庚日至第二个庚日叫终伏，也叫末伏。

中秋节：农历八月十五，赏月的佳节。

重阳节：农历九月初九，在这一天有登高、插茱萸、赏菊花的习俗。

冬至：农历中一个非常重要的节气，在每年的阳历 12 月 21 日至 23 日之间。这一天北半球全年中白天最短，夜间最长。

腊日：农历十二月初八，也叫腊八节，在我国有着极为悠久的历史。人们在这一天做腊八粥，吃腊八粥。

除夕：农历一年最后一天的夜晚，也指农历一年的最后一天。

2. 各类仪式

牺牲：古代祭祀用的牲畜。

太牢、少牢：古代祭祀社稷时，根据牺牲搭配的种类不同而有太牢、少牢之分。牛、羊、豕三牲全备为“太牢”。少牢只有羊、豕，没有牛。

揖让：一指古代宾主相见的礼节。一指让位于比自己更贤能的人。

顿首：一指古时一种拜礼，为“九拜”之一，俗称叩头。一指放于书信表奏的首尾，表示恭敬。

跪：两膝着地，挺直身子，臀不沾脚跟，以示庄重。

座次：古时座次尊卑有别，十分严格。官高为尊居上位，官低为卑处下位。古人尚右，以右为尊，“左迁”即表示贬官。古代建筑通常是堂室结构，前堂后室。在堂上举行的礼节活动是南向为尊。皇帝召见群臣，他的座位一定是坐北向南的。因此，古人常把称王称帝叫作“南面”，称臣叫作“北面”。室东西长而南北窄的，室内最尊的座次是坐西面东，其次是坐北面南，再次是坐南面北，最卑是坐东面西。

冠礼：古代男子成年时（二十岁）加冠的礼节。后世将男子二十岁称作“弱冠”。

斋戒：古代祭祀或举行重大事件时，事先要沐浴、更衣、独居，戒其嗜欲，以示心地诚敬，这些活动叫“斋戒”。

虚左：古代座次一般以右为尊，但在车上则以左为尊，空着车上左边的位置以待宾客称为“虚左”，是表示尊重的一种礼节。

再拜：先后拜两次，表示礼节之隆重。旧时书信的开头或末尾也常用“再拜”，以表示敬意。

秦晋之好：春秋时，秦、晋两国王室几代都互相通婚，后称两姓联姻为“秦晋之好”。

（七）文史典籍

四书：《大学》《中庸》《论语》《孟子》的合称。

五经：《诗》《书》《礼》《易》《春秋》五部儒家经典的简称。

六经：指六部儒家经典，即在“五经”外，另加《乐经》。也有称“六经”为“六艺”的。

诗文集的命名方式：①以作者姓名命名，如《孟浩然集》（孟浩然）。②以官爵命名，如《王右丞集》（王维）。③以谥号命名，如《范文正公集》（范仲淹）。④以书斋命名，如《七录斋集》（张溥）。⑤以作者字、号命名，如《李太白全集》（李白）。⑥以居官地或居住地命名，如《樊川文集》（杜牧）。⑦以出生地命名，如《临川先生文集》（王安石）。⑧以帝王年号命名，如《白氏长庆集》（白居易）。

（八）音乐文娱

五声：也称“五音”，即我国古代五声音阶中的宫、商、角、徵、羽五个音级，五声与古代的所谓阴阳五行、五味、五色、五官、五谷等朴素的理论形式一样，是我国早期整体化的美学观，被西方人看作整个东方音乐的基本形态。《战国策·荆轲刺秦王》："高渐离击筑，荆轲和而歌，为变徵之声，士皆垂泪涕泣。"文中的"变"是角、徵音之间接近徵音的声音，声调悲凉。

文房四宝：旧时对笔、墨、纸、砚四种文具的总称。文房，即书房。北宋苏易简著有《文房四谱》一书，叙述了四种文具的品类及故事等。这些文具，制作历史悠久，名手辈出，且品类丰富，风格独特。著名的有：安徽泾县的宣纸、安徽歙县的歙墨、广东端州的端砚、浙江吴兴的湖笔。

书法：中国传统艺术之一，是以汉字为表现对象、以毛笔为表现工具的一种线条造型艺术。从商周甲骨文、两周金文、秦篆、汉隶，以及魏晋到唐宋楷、行、草，书体繁复，流派众多，涌现了王羲之、颜真卿、怀素等伟大的书法家，留下了《兰亭序》《自叙帖》等珍贵书法遗产。

六书：古人分析汉字的造字方法而归纳出来的六种条例，即象形、指事、会意、形声、转注、假借。今人一般认为后两种与造字无关。象形字即描摹事物形状的造字法，如"日、月、山、羊、马"等，象形字全是独体字。指事字是以象任性的符号来表示意义的造字法，如上、下、本、末、中、刃"等，指事字也全是独体字。会意字是由两个或多个字合起来表达一个新的意义的造字法，如"明、旦、采、休"等，会意字是合体字。形声字由两部分组成，形旁（又称"义符"，表示字的意思或类属）和声旁（又称"音符"，表示字的相同或相近发音），如"樱、篮、涧、烂、娴"等，形声字是合体字。

（九）谦敬雅辞

1. 敬辞

"敬"字一族。敬告：告诉。敬贺：祝贺。敬候：等候。敬礼（用于书信结尾）：表示恭敬。敬请：请。敬佩：敬重佩服。敬谢不敏：表示推辞做某件事（不敏：没有才能）。

"屈"字一族。屈驾：委屈大驾（多用于邀请人）。屈就：多用于请人担任职务，委屈就任。屈居：委屈地处于（较低的地位）。屈尊：降低身份俯就。

"俯"字一族。俯察：称对方或上级对自己理解。俯就：用于请对方同意担任职务。俯念：称对方或上级体念。俯允：称对方或上级允许。

"光"字一族。光顾（多用于商家欢迎顾客）：称客人来到。光临：称宾客到来。

"雅"字一族。雅教：称对方的指教。雅量：称对方气度宽宏。雅兴：称对方的兴趣大。雅意：称对方的情意或意见。雅正：把自己的诗文书画等送给人时表示请对方指教或指正批评。

"芳"字一族。芳邻：对邻居的敬称。芳龄：称对方（多用于年轻女子）的年龄。芳名：称对方（多用于年轻女子）的名字。

“拜”字一族。拜辞：指告别对方。拜读：指阅读（对方的文章）。拜访：指访问对方（朋友）。拜服：指佩服对方。拜识：结识。拜贺：指祝贺对方。拜托：指托对方办事情。拜望：指探望（对方）。

“华”字一族。华诞：称对方生日。华翰：称对方的书信。华堂：称对方的房屋。华宗：称人同姓。

“令”字一族。令尊：尊称对方的父亲。令堂：尊称对方的母亲。令郎：尊称对方的儿子。令爱：尊称对方的女儿。令兄：尊称对方的兄长。令弟：尊称对方的弟弟。令婿：尊称对方的女婿。令侄：尊称对方的侄子。令亲：尊称对方的亲戚。

“叨”字一族。叨光：沾光（受到好处，表示感谢）。叨教：领教（受到指教，表示感谢）。叨扰：打扰（受到款待，表示感谢）。

“玉”字一族。玉成：成全。玉音：尊称对方的书信、言辞（多用于书信）。玉体：称对方身体。玉照：称对方的照片。

“垂”字一族。垂爱：称对方（多是长辈或上级）对自己的爱护（多用于书信）。垂念：称别人对自己的思念。垂青：称对方对自己的重视。垂问、垂询：称别人对自己的询问。

“大”字一族。大人：称长辈（多用于书信）。大驾：称对方。大师：尊称和尚。大名：称对方的名字。大庆：称老年人的寿辰。大作：称对方的著作。大札：称对方的书信。

“贤”字一族。贤弟：称自己的弟弟或比自己年龄小的男性。贤侄：称侄子。

“高”字一族。高见：高明的见解。高就：指人离开原来的职位就任较高的职位。高龄：称老人的年龄（多指七八十岁以上）。高论：称别人的议论。高寿：用于问老人的年纪。高足：称呼别人的学生。

“贵”字一族。贵干：问人要做什么。贵庚：问人年龄。贵国：称对方国家。贵姓：问人姓。贵校：称对方学校。贵恙：称对方的病。贵子：称对方的儿子（含祝福之意）。

“恭”字一族。恭贺：恭敬地祝贺。恭候：恭敬地等候。恭请：恭敬地邀请。恭迎：恭敬地迎接。恭喜：祝贺对方的喜事。

“惠”字一族。惠存：请保存（多用于送人相片、书籍等纪念品时所题的上款）。惠顾：惠临（多用于商店对顾客）。惠临：指对方到自己这里来。惠允：指对方允许自己（做某事）。惠赠：指对方赠予（财物）。

“宝”字一族。宝地：用于称对方所在的地方。宝号：用于称呼对方的店铺或名字。宝刹：用于称呼对方的寺庙。

“奉”字一族。奉达：告诉，表达（多用于书信）。奉复：回复（多用于书信）。奉告：告诉。奉还：归还。奉陪：陪伴或陪同做某事。奉劝：劝告。奉送、奉赠：赠送。奉托：拜托。奉迎：迎接。

“某下”一族。殿下：对帝王的尊称。阁下：称指有一定社会地位的人（多用于书信中，外交场合）。麾下：指将帅。膝下：给父母或祖父母写信时，常在开头的称呼下面加“膝下”。足下：尊称朋友。

其他常见敬辞。驾临：称对方到来。劳步：用于请人或感谢人来访。台端：旧时称对方（多用于机关、团体等给个人的函件）。台甫：旧时用于问人的表字。台驾：旧称对方。台鉴：旧时书信套语，用在开头的称呼之后，表示请对方看信。

2. 谦辞

“鄙”字一族。鄙人：谦称自己。鄙意：谦称自己的意见。鄙见：谦称自己的见解。鄙薄：谦称自己的浅陋微薄。

“愚”字一族。愚兄：向比自己年轻的人称自己。愚弟：向比自己年长的人称自己。愚见：称自己的见解。也可单独用“愚”谦称自己。

“敝”字一族。敝人：谦称自己。敝姓：谦称自己的姓。敝处：谦称自己的房屋、处所。敝校：谦称自己所在的学校。

“拙”字一族。拙笔：谦称自己的文字或书画。拙著、拙作：谦称自己的文章。拙见：谦称自己的见解。

“家”字一族。家父 / 家尊 / 家严 / 家君：称父亲。家母 / 家慈：称母亲。家兄：称兄长。家姐：称姐姐。家叔：称叔叔。

“舍”字一族。用于对别人称自己的家、比自己的辈分低或年纪小的亲戚。舍间 / 舍下：称自己的家。舍弟：称弟弟。舍妹：称妹妹。舍侄：称侄子。舍亲：称亲戚。

“老”字一族。老粗：谦称自己没有文化。老朽：老年人谦称自己。老脸：老年人指自己的面子。老身：老年妇女谦称自己。

“小”字一族。小弟：男性在朋友或熟人之间谦称自己。小儿：谦称自己的儿子。小女：谦称自己的女儿。小人：地位低的人自称。小生：青年读书人自称，多见于早期白话。小可：谦称自己，多见于早期白话。小店：谦称自己的商店。

“薄”字一族。薄技：微小的技能，常用来谦称自己的技艺。薄酒：味淡的酒，常用作待客时的谦辞。薄礼：不丰厚的礼物，多用于谦称自己送的礼物。薄面：为人求情时谦称自己的情面。

“不”字一族。不才：没有才能，常用作“我”的谦称。不佞：不才。不敢当：表示承担不起（对方的招待、夸奖等）。不敏：没有才能。不足挂齿：不值得说出来。谦称自己所做的事不值得别人称颂时可用此语。不情之请：谦称自己对人提出的要求不尽合乎情理。

“敢”字一族。敢问：用于问对方问题。敢请：用于请求对方做某事。敢烦：用于麻烦对方做某事。

“承”字一族。承乏：表示所在职位因没有适当的人选，只好暂由自己充任。承让：谦称自己的优势。

“一”字一族，多为成语。一知半解：知识浅薄，只知道一些皮毛，可作自谦学识不广博之用。一枝之栖：只求得到一个藏身的地方，自谦，不存奢望的求职用语。一得之愚：对某件事情，有一些见解，多用在提出意见方面，是开头或结尾时的自谦语。一孔之见：比喻狭隘片面的见解，只能用来指自己的见解。

3. 雅语

生活雅语。求人帮忙说“劳驾”。向人提问说“请教”。无暇陪同说“失陪”。归还物品说“奉还”。得人好处说“借光”。对方到场说“光临”。需要考虑说“斟酌”。请人接受说“笑纳”。祝人健康说“保重”。接受好意说“领情”。

“别”之雅语。分手辞别曰“告别”。握手告辞曰“握别”。拱手辞别曰“揖别”。挥手告辞曰“挥别”。亲吻离去曰“吻别”。叩拜辞行曰“拜别”。设宴送行曰“饯别”。致谢告辞曰“谢别”。临别赠礼曰“赠别”。离别留言曰“留别”。前往送行曰“送别”。丢开离去曰“抛别”。不愿分别曰“惜别”“恋别”。长久分别曰“阔别”“长别”。永久分别曰“永别”“诀别”。

“笔”之雅语。开始写作叫“动笔”。提笔撰文和作画叫“命笔”。轻松自如的文字叫“逸笔”。写作过程的中断叫“辍笔”。文章臃肿的文字叫“赘笔”。个人亲自动手写叫“亲笔”。对上写信的谦称叫“谨笔”。本人口授他人写叫“代笔”。对下写信的谦称叫“草笔”。文章韵味风格叫“文笔”。皇帝书写的文字叫“御笔”。在前段文章中为后段文章埋伏的线索叫“伏笔”。读后有感写的文字叫“随笔”。与题旨无关的话叫“闲笔”。结束后补充文字的话叫“余笔”。细致的文字绘画叫“工笔”。请人书画的稿酬叫“润笔”。无聊庸俗的文字叫“歪笔”。动手拟订集体名义的文稿叫“执笔”。文章写得好的地方叫“妙笔”。练习性的写作叫“练笔”。愉快地作文或作画叫“欣然命笔”。好的文章或语句叫“成功之笔”。

其他雅语。卫冕：指竞赛中保住上次获得的冠军称号。见教：客套话，指教（我），如“有何见教”。金兰：可用作结拜为兄弟姐妹的代称，如“义结金兰”。进言：向人提意见（尊敬或客气的口气），如“向您进一言”“大胆进言”。晋见：进见，前去会见（多指见首长）。觐见：朝见（君主）。问鼎：指图谋夺取政权（中性词）。伉俪：（书）夫妻，如“贤伉俪”。名讳：旧时指尊长或所尊敬的人的名字。赏脸：客套话，用于请对方接受自己的要求或赠品。泰山、泰水：岳父、岳母。托福：依赖别人的福气使自己幸运。割爱：放弃心爱的东西（婉辞）。更衣：（婉辞）上厕所。

五、古代诗歌常识

（一）诗歌基本知识

1. 诗歌题材、体裁

（1）诗歌题材

咏物诗、即事诗、边塞诗、题画诗、送别诗、干谒诗、羁旅诗、哲理诗、山水诗、贬谪诗、怀古诗等。

（2）诗歌体裁

古体诗（唐代以前）：四言古诗（《诗经》）、五言古诗（《古诗十九首》）、七言古诗（成熟于唐代）、杂言诗（《楚辞》）。

近体诗（唐代成就最高）：绝句（五言、七言），律诗（五言、七言）。

词（两宋成就最高）：小令（58字以内）、中调（59 ~ 90字）、长调（91字以上）。

曲（元散曲）：小令、套数。

2. 诗歌结构

1. 诗歌的一般结构

古体诗：以自然段为层。

近体诗：绝句前两句写景（次），后两句抒情（第四句最重要）。律诗前四句写景（次），后四句抒情（主）。

词：上阕（片）首句渲染气氛、写景（次），主句写景，尾句过渡。下阕（片）承接上阕（片），表达主旨、抒情（主）。

2. 近体诗（主要是律诗）的章法结构

起：即起句，紧承诗题，引出所叙、所描之事、物。

承：承接上一层而展开，包括顺接、反接和以类连比，是“起”的延伸、拓展。

转：接“承”而来，在内容上推进一层，转出他意，表明诗意的转折变换。

合：诗文的结尾，往往针对上面描述的内容做“集中”的表现，或议论，或抒情，或寓情于景等。往往是诗歌主旨或诗人感情的凝聚之处。

（二）古代诗歌常见典故含义

【斑竹】湘妃竹。舜死后他的妃子娥皇和女英，在湘水边上啼哭，眼泪洒在竹子上，竹竿上都生出斑纹。刘禹锡《泰娘歌》中有：“如何将此千行泪，更洒湘江斑竹枝。”

【采薇】商朝末年，周武王伐纣，孤竹国国君的儿子伯夷、叔齐认为这是以臣弑君，就拦马谏阻。商朝灭亡之后，两人不食周粟，隐居首阳山，采薇而食，终饿死。后以“采薇”喻隐居避世。王绩《野望》中有：“相顾无相识，长歌怀采薇。”

【尺素】语出古乐府《饮马长城窟行》：“客从远方来，遗我双鲤鱼。呼童烹鲤鱼，中有尺素书。”“尺素”后为书信的代称。秦观《踏莎行》中有：“驿寄梅花，鱼传尺素，砌成此恨无重数。”

【东山高卧】东晋谢安辞官隐居东山，后指隐居。李白《梁园吟》中有：“东山高卧时起来，欲济苍生未应晚。”

【杜康】传说杜康发明了酒，后以此作为酒的代称。曹操《短歌行》中有：“何以解忧，唯有杜康。”

【汗青】古时字写在竹简上，先用火烧竹简，使其干燥，叫“杀青”。因竹简被烘时出水如汗，故又叫“汗青”。后指书稿、史书。文天祥《过零丁洋》中有：“人生自古谁无死？留取丹心照汗青。”

【画眉】西汉张敞夫妻恩爱，曾为其妻画眉，后以此形容夫妻相爱。朱庆馀《近试上张水部》中有：“妆罢低声问夫婿，画眉深浅入时无？”

【金乌】传说太阳里有三足乌，后以“金乌”作为太阳的代称。韩愈《李花赠张十一署》中有：“金乌海底初飞来，朱辉散射青霞开。”

【劳歌】在劳劳亭送客时唱的歌。劳劳亭旧址在南京，是古代著名的送别之地。许浑《谢亭送别》中有：“劳歌一曲解行舟，红叶青山水急流。日暮酒醒人已远，满天风雨下西楼。”

【梦蝶】也称“化蝶”。战国时庄子有一次做梦，梦到自己变成了蝴蝶。后以“梦蝶”比喻做梦、梦幻。陆游《闲游》之三中有：“困卧幽窗身化蝶，醉题素壁字栖鸦。”

【青鸟】传说汉武帝七月七日在永华殿祭祀，忽有一只青鸟从西方飞来，东方朔说这是因为西王母要来了，后以青鸟为传信的使者。李商隐《无题》中有：“蓬山此去无多路，青鸟殷勤为探看。”

【洗耳】意谓以接触世俗的东西为耻辱。许由是古代传说中的隐士，相传尧晚年打算把君位让给他，他逃到箕山脚下，农耕而食。尧又请他出山做九州长官，他到颍水边洗耳朵，表示听都不想听。曹植《七启》中有：“河滨无洗耳之士，乔岳无巢居之民。”

【倒屣】急于迎客，把鞋穿倒，表示热情迎接宾客。《三国志·魏书·王粲传》中说，蔡邕十分赏识王粲的文才，听说王粲上门求见，他来不及穿好鞋子，倒穿着就出门迎接。王维《辋川别业》中有：“披衣倒屣且相见，相欢语笑衡门前。”又作“倒履”。

【青眼】《晋书·阮籍传》载，阮籍不拘礼教，能为青白眼。见凡俗之士，以白眼对之。嵇康赍酒挟琴造访，籍大悦，乃对以青眼。青眼，眼睛正视，黑眼珠在中间。后以“青眼”称对人的器重或喜爱。杜甫《短歌行》中有：“仲宣楼头春色深，青眼高歌望吾子。”

（三）古代诗歌常见意象分类梳理

1. 送别类意象

①杨柳。源于《诗经·小雅·采薇》“昔我往矣，杨柳依依。今我来思，雨雪霏霏”，

杨柳的依依之态和惜别的依依之情融合在一起。“柳”与“留”谐音，汉代以来，常以折柳相赠来表达依依惜别之情。如《送别》诗：“杨柳青青着地垂，杨花漫漫搅天飞。柳条折尽花飞尽，借问行人归不归。”此习俗始于汉盛于唐，唐代长安还有“灞桥折柳”以表送行的习俗。

②长亭。古代路旁置有亭子，供行旅停息休憩或饯别送行。如北周文学家庾信《哀江南赋》中有：“十里五里，长亭短亭。”“长亭”成为一个蕴含着依依惜别之情的意象，在古代送别诗词中不断出现。如柳永《雨霖铃》中也有“寒蝉凄切，对长亭晚”。

③南浦。南浦多见于南方水路送别的诗词中。南朝文学家江淹作《别赋》(春草碧色，春水渌波，送君南浦，伤如之何！)之后，南浦在送别诗中明显多了起来。到唐宋送别诗词中出现得则更为普遍，如白居易《南浦别》中的“南浦凄凄别，西风袅袅秋”等。

④酒。元代杨载说：“凡送人多托酒以将意，写一时之景以兴怀，寓相勉之词以致意。”酒在排解愁绪之外，还饱含着深深的祝福。将美酒和离情联系在一起的诗词多不胜举，如王维《渭城曲》中的“劝君更尽一杯酒，西出阳关无故人”，白居易《琵琶行》中的“醉不成欢惨将别，别时茫茫江浸月”等，都是以酒抒写别离之情。

2. 思乡类意象

①月亮。一般说来，古诗中的月亮是思乡的代名词。如李白的《静夜思》：“床前明月光，疑是地上霜。举头望明月，低头思故乡。”苏轼的《水调歌头·明月几时有》：“但愿人长久，千里共婵娟。”从良好的祝愿出发，写兄弟之情，意境豁达开朗，意味深长，用深邃无底而又美妙无边的自然境界体会人生。

②鸿雁。鸿雁是大型候鸟，每年秋季奋力飞回故巢的景象，常常引起游子思乡怀亲和羁旅伤感之情，因此诗人常常借雁抒情。有时借雁回而自己不能回来表达思乡之情，有时托鸿雁传书表达对亲人的牵挂。

③莼羹鲈脍。典出《晋书·张翰传》。传说晋朝的张翰当时在洛阳做官，因见秋风起，思家乡的美味“莼羹鲈脍”，便毅然弃官归乡，从此引出了“莼鲈之思”这个表达思乡之情的成语。后来文人以“莼羹鲈脍”“莼鲈秋思”借指思乡之情。

④双鲤。鲤鱼代指书信，这个典故出自汉乐府诗《饮马长城窟行》：“客从远方来，遗我双鲤鱼。呼儿烹鲤鱼，中有尺素书。”此外，古时人们多以鲤鱼形状的函套藏书信，因此不少文人也在诗文中以鲤鱼代指书信。如宋人晏几道的《蝶恋花》：“蝶去莺飞无处问，隔水高楼，望断双鱼信。”清人宋琬的《喜周华岑见过》：“不见伊人久，曾贻双鲤鱼。”

⑤捣衣。属于行为类意象，表达对亲人的牵挂。月下捣衣，风送砧声这种境界，不仅思妇伤情，也最易触动游子的情怀，因此捣衣意象也是思乡主题的传统意象之一。如

李白的《子夜吴歌·秋歌》："长安一片月，万户捣衣声。秋风吹不尽，总是玉关情。何日平胡虏，良人罢远征？"

3. 愁苦类意象

①梧桐。在中国古典诗歌中，梧桐是凄凉悲伤的象征。如李清照的《声声慢》："梧桐更兼细雨，到黄昏，点点滴滴。"元人徐再思的《双调水仙子·夜雨》："一声梧叶一声秋，一点芭蕉一点愁，三更归梦三更后。"都以梧桐叶落来写凄苦愁思。

②芭蕉。芭蕉在诗文中常与孤独忧愁特别是离情别绪相联系。如李清照的《添字丑奴儿》："窗前谁种芭蕉树，阴满中庭。阴满中庭，叶叶心心，舒卷有余情。"把伤心、愁闷一股脑儿倾吐出来。

③流水。水在我国古代诗歌里和绵绵的愁丝连在一起，多传达人生苦短、命运无常的感伤与哀愁。如李白的《宣州谢朓楼饯别校书叔云》："抽刀断水水更流，举杯消愁愁更愁。人生在世不称意，明朝散发弄扁舟。"刘禹锡的《竹枝词》："山桃红花满上头，蜀江春水拍山流。花红易衰似郎意，水流无限似侬愁。"

④猿猴。古诗词中常常借猿啼表达悲伤的感情。如杜甫的《登高》："风急天高猿啸哀，渚清沙白鸟飞回。"赵嘏的《忆山阳》："可怜时节堪归去，花落猿啼又一年。"

⑤杜鹃鸟。古代神话中，周朝末年蜀地的君主望帝，被迫让位给他的臣子，自己隐居山林，死后灵魂化为杜鹃鸟，暮春啼哭，至于口中流血，其声哀怨凄悲，动人肺腑。于是古诗中的杜鹃就成为凄凉、哀伤的象征。李白的《蜀道难》："又闻子归啼夜月，愁空山。"白居易的《琵琶行》:"其间旦暮闻何物？杜鹃啼血猿哀鸣。"秦观的《踏莎行》:"可堪孤馆闭春寒，杜鹃声里斜阳暮。"都以杜鹃鸟的哀鸣来表达哀怨、凄凉或思归的情思。

⑥乌鸦。在古诗词中有衰败荒凉之意。如李商隐的《隋宫》："于今腐草无萤火，终古垂杨有暮鸦。"秦观的《满庭芳》："斜阳外，寒鸦万点，流水绕孤村。"

⑦鹧鸪。在古诗词中，"鹧鸪"有两种意思：一是表达游子的离愁别绪。如辛弃疾的《菩萨蛮·书江西造口壁》："江晚正愁余，山深闻鹧鸪。"二是象征历史盛衰、沧桑变迁。如李白的《越中览古》："宫女如花满春殿，只今惟有鹧鸪飞。"

⑧西楼。"西楼"在古诗词中已经摆脱了字面"西边的楼"之意，而是孤苦和愁苦的代名词。如李清照的《一剪梅》："云中谁寄锦书来，雁字回时，月满西楼。"李煜的《相见欢》："无言独上西楼，月如钩，寂寞梧桐深院锁清秋。"

⑨斜阳（夕阳、落日）。多传达凄凉失落、苍茫沉郁之情。如李商隐的《乐游原》："夕阳无限好，只是近黄昏。"王维的《使至塞上》："大漠孤烟直，长河落日圆。"王安石的《桂枝香·金陵怀古》："征帆去棹残阳里，背西风，酒旗斜矗。"

4. 抒怀类意象

①菊花。菊花一直受到文人墨客的青睐，有人称赞它坚强的品格，有人欣赏它清高

的气质。东晋田园诗人陶渊明写了很多咏菊诗，将菊花素雅、淡泊的形象与自己不同流俗的志趣十分自然地联系在一起，如“采菊东篱下，悠然见南山”。宋人郑思肖的《寒菊》中“宁可枝头抱香死，何曾吹堕北风中”，宋人范成大的《重阳后菊花二首》中“寂寞东篱湿露华，依前金靥照泥沙”等诗句，都借菊花来寄寓诗人的精神品质。

②梅花。梅花在严寒中最先开放，然后引出春光中烂漫的百花，因此梅花傲雪、坚强、不屈不挠的品格，受到了诗人的敬仰与赞颂。宋人陈亮的《梅花》：“一朵忽先变，百花皆后香。”诗人抓住梅花最先开放的特点，写其不怕打击挫折、敢为天下先的品质，既是咏梅，也是咏自己。王安石的《梅花》：“遥知不是雪，为有暗香来。”诗句既写出了梅花的暗香幽远，又含蓄地表现了梅花的纯净洁白，收到了香色俱佳的艺术效果。陆游的著名词作《咏梅》：“零落成泥碾作尘，只有香如故。”借梅花来比喻自己备受摧残的不幸遭遇和不愿同流合污的高尚情操。元人王冕的《墨梅》：“不要人夸颜色好，只留清气满乾坤。”也是以冰清玉洁的梅花来写自己不愿同流合污的品质，言浅而意深。

③松柏。《论语·子罕》中说：“岁寒，然后知松柏之后凋也。”作者借赞扬松柏的耐寒来歌颂坚贞不屈的人格，形象鲜明，意境高远，引发了后世文人无尽的诗情画意。李白《赠书侍御黄裳》：“愿君学长松，慎勿作桃李。”韦黄裳一向谄媚权贵，李白写诗规劝他，希望他做一个正直的人。刘禹锡《将赴汝州，途出浚下，留辞李相公》诗中的“后来富贵已凋落，岁寒松柏犹依然”，也以松柏来象征孤直坚强的品格。

④竹。亭亭玉立，挺拔多姿，以其“遭霜雪而不凋，历四时而常茂”的品格，赢得古今诗人的喜爱和称颂。张九龄的《和黄门卢侍御咏竹》言简意赅地赞美道：“高节人相重，虚心世所知。”苏轼的《于潜僧绿筠轩》有咏竹名句：“宁可食无肉，不可居无竹。无肉令人瘦，无竹使人俗。人瘦尚可肥，士俗不可医。”将竹视为名士风度的最高标识。郑板桥一生咏竹画竹，留下了很多咏竹佳句，如：“咬定青山不放松，立根原在破岩中。千磨万击还坚劲，任尔东西南北风。”赞美了立于岩石之中的翠竹坚定顽强、不屈不挠的风骨。

⑤黍离。“黍离”常用来表示对国家昔盛今衰的痛惜伤感之情。典出《诗经·王风·黍离》。旧说周平王东迁以后，周大夫经过西周古都，悲叹宫廷宗庙毁坏，长满禾黍，就作了《黍离》这首诗寄托悲思。后世遂以“黍离”之思用作昔盛今衰等亡国之悲。如姜夔《扬州慢》中有：“予怀怆然，感慨今昔，因自度此曲。千岩老人以为有《黍离》之悲也。”

⑥冰雪。古代诗歌中，常以冰雪的晶莹比喻心志的忠贞、品格的高尚。如王昌龄的《芙蓉楼送辛渐》：“洛阳亲友如相问，一片冰心在玉壶。”以“冰心在玉壶”比喻个人光明磊落的心性。再如张孝祥《念奴娇》中的名句：“应念岭海经年，孤光自照，肝肺皆冰雪。”表明自己的襟怀坦荡和光明磊落。

⑦草木。古代诗歌常以草木繁盛反衬荒凉，以抒发盛衰兴亡的感慨。姜夔《扬州慢》:“过春风十里，尽荠麦青青。”春风十里，十分繁华的扬州路，如今长满了青青荠麦，一片荒凉。杜甫的《蜀相》:“映阶碧草自春色，隔叶黄鹂空好音。”一代贤相及其业绩都已消失，如今只有映绿石阶的青草，年年自生春色，黄鹂白白发出这婉转美妙的叫声，诗人慨叹往事空茫，深表惋惜。

5. 爱情类意象

①红豆。传说古代一位女子，因丈夫死在边疆，哭于树下而死，化为红豆，于是红豆又称“相思子”，常用以象征爱情或相思。如王维《相思》:“红豆生南国，春来发几枝。愿君多采撷，此物最相思。”诗人借生于南国的红豆，抒发了对友人的眷念之情。

②莲。与“怜”音同，所以古诗中有不少写莲的诗句，借以表达爱情。如南朝乐府《西洲曲》:“采莲南塘秋，莲花过人头。低头弄莲子，莲子清如水。”采用谐音双关的修辞，表达了一个女子对所爱男子的深长思念和纯洁爱情。

③连理枝、比翼鸟。连理枝，指根和枝交错在一起的两棵树。比翼鸟，传说中的一种鸟，雌雄老在一起飞，古典诗歌里用作恩爱夫妻的比喻。如白居易的《长恨歌》:“七月七日长生殿，夜半无人私语时。在天愿作比翼鸟，在地愿为连理枝。”

6. 战争类意象

①长城。《南史·檀道济传》记载，檀道济是南朝宋的大将，权力很大，受到君臣猜忌。后来宋文帝借机杀他时，檀道济大怒道:“乃坏汝万里长城！”很显然是指宋文帝杀害将领，瓦解自己的军队。后来就用“万里长城”指守边的将领。如陆游的《书愤》:“塞上长城空自许，镜中衰鬓已先斑。”

②楼兰。《汉书》载，楼兰国王贪财，多次杀害前往西域的汉使。后来傅介子被派出使西域，计斩楼兰王，为国立功。以后诗人就常用“楼兰”代指边境之敌，用“破（斩）楼兰”指建功立业。如王昌龄的《从军行》:“青海长云暗雪山，孤城遥望玉门关。黄沙百战穿金甲，不破楼兰终不还。”

③柳营。指军营。《史记·绛侯周勃世家》记载：汉文帝时，汉军分扎霸上、棘门、细柳以备匈奴，细柳营主将为周亚夫。周亚夫细柳军营纪律严明，军容整齐，连文帝及随从也得经周亚夫许可才可入营，文帝极为赞赏周亚夫治军有方。后代多以“柳营”称纪律严明的军营。

④羌笛。边塞诗中经常提到。如王之涣的《凉州曲》:“羌笛何须怨杨柳，春风不度玉门关。”岑参的《白雪歌送武判官归京》:“中军置酒饮归客，胡琴琵琶与羌笛。”李益的《夜上受降城闻笛》:“不知何处吹芦管，一夜征人尽望乡。”范仲淹的《渔家傲》:“浊酒一杯家万里，燕然未勒归无计，羌管悠悠霜满地。”羌笛发出的凄切之音，常让征夫怆然泪下。

7. 闲适类意象

①五柳。陶渊明的《五柳先生传》载:“宅边有五柳树，因以为号焉。”后来“五柳”就成了隐者的代称。如王维的《辋川闲居赠裴秀才迪》:“寒山转苍翠，秋水日潺湲。倚杖柴门外，临风听暮蝉。渡头余落日，墟里上孤烟。复值接舆醉，狂歌五柳前。”

②东篱。陶渊明的《饮酒》中有“采菊东篱下，悠然见南山”的句子，后来多用“东篱”表现辞官归隐后的田园生活或娴雅的情致。如李清照的《醉花阴》:“东篱把酒黄昏后，有暗香盈袖。”

③三径。陶渊明的《归去来兮辞》中有“三径就荒，松菊犹存”的句子，后来“三径”就用来指代隐士居住的地方。如白居易的《欲与元八卜邻，先有是赠》:“明月好同三径夜，绿杨宜作两家春。”

六、易误成语分类梳理

（一）易褒贬误用的成语

1. 贬义成语

彻头彻尾：从头到尾，完完全全。可用于人、思想观点、景物和做法等。

诚惶诚恐：原来是封建时代官员对皇帝上奏时常用的套话，表示他们既尊敬、服从又恐惧不安。现在泛用以形容尊敬、服从或恐惧不安到极点的样子，带有幽默或讽刺意味。

处心积虑：费尽心机谋划，考虑。

弹冠相庆：指一个人升官，他的同伙也互相庆贺将有官可做。

顶礼膜拜：形容对人特别崇敬。

翻云覆雨：指反复无常或玩弄手段。

粉墨登场：原指用粉墨化妆，上台演出，今多借指登上政治舞台（含讥讽意）。

改头换面：指只改形式不改内容。

高谈阔论：指不着边际地大发议论。

冠冕堂皇：形容表面上盛大庄严的样子。

过江之鲫：形容多而纷乱。

邯郸学步：比喻模仿人不到家反把自己原来会的东西忘了。

沆瀣一气：比喻气味相投者结合在一起。

好为人师：喜欢以教育者自居，不谦虚。

虎视眈眈：像老虎那样凶狠地盯着。形容心怀不善，伺机攫取。

连篇累牍：形容叙述的篇幅过多、过长。

买椟还珠：比喻没有眼光，取舍不当。

满城风雨：形容事情传遍各处，到处都在议论。

评头论足：指无聊的人随便谈论妇女的容貌，也比喻在小节上多方挑剔。

巧舌如簧：形容假话说得很动听。

巧言令色：形容花言巧语，虚伪讨好。

倾巢而动：巢里的鸟儿全部出来，比喻人员全部出动。

罄竹难书：形容事实（多指罪恶）很多，难以说完。

趋之若鹜：指争相追逐某一事物。

如丧考妣：像死了父母一样，形容非常伤心和着急。

如蚁附膻：像蚂蚁附着在有膻味的东西上，形容许多人纷纷追求某种恶劣的事物或依附有钱有势的人。

上下其手：比喻玩弄手法，串通作弊。

上行下效：指上面的人怎么做，下面的人就跟着怎么做。

师心自用：指固执己见，自以为是。

始作俑者：泛指恶劣风气的开创者。

守株待兔：比喻心存侥幸，坐等意外收获，也比喻死守狭隘经验，不知变通。

死灰复燃：比喻失势的人又重新得势。也比喻恶势力或坏思想等在消失后又重新活跃起来。

无独有偶：虽然罕见，但不只一个，还有一个可以成对儿。多指不好的事物。

无所不至：没有达不到的地方，也指凡能做的都做到了（用于坏事）。

一唱一和：比喻互相配合，互相呼应。

一团和气：多指态度温和而缺乏原则。

衣冠楚楚：衣帽穿戴得很整齐漂亮。

移天易日：比喻野心家篡夺政权。

以邻为壑：比喻只顾自己一方的利益，而把困难或祸害转嫁给别人。

亦步亦趋：比喻因缺乏主见，任何事都模仿、追随他人。

炙手可热：比喻气焰盛，权势大。

左右逢源：一是比喻做事得心应手，顺利无阻，属于褒义。二是比喻处世圆滑，属于贬义。现在以贬义用法较常见。

坐而论道：指空谈大道理而不见行动。

陈陈相因：多比喻沿袭老一套，没有改进。

以身试险：试着亲身去做触犯法律的事，指明知故犯。

2. 褒义成语

不刊之论：比喻不能改动或不可磨灭的言论，用来形容文章或言辞的精准得当，无懈可击。

不忍卒读：不忍心读完，多形容文章悲惨动人。往往被误解为“文章枯燥乏味而使人不想读”。

惨淡经营：指在文学创作上费尽心思、辛辛苦苦地经营筹划。后指在困难的境况中艰苦地从事某种事业。常被误用为“经营不善”。

东山再起：指隐退后复出任职，也比喻失败后重新上台或重整旧业。

凤毛麟角：比喻珍贵而稀少的人或事物。

侃侃而谈：形容说话理直气壮，从容不迫。

苦心孤诣：费尽心思钻研或经营，达到别人达不到的境地。孤诣，独自达到的境地。

目无全牛：比喻技艺达到十分纯熟的地步。往往被误解为“没有全局观念或看不到整体”。

如火如荼：比喻声势浩大而热烈。

死得其所：死得有意义、有价值。

叹为观止：赞美所看到的事物好到了极点。

危言危行：说正直的话，做正直的事。往往被误解为“散布危险言论，做危险之事”。

蔚然成风：形容一种事物逐渐发展流行，形成风气。

文不加点：文章一气写成，不用涂改。形容文思敏捷，下笔成章。

胸无城府：城府，城池和府库，借指人的心机。形容待人接物坦率真诚，心口如一。

指日可待：（事情、希望等）不久就可以实现。一般指好的事情。

重整旗鼓：指失败后重新聚集力量再干。

（二）易用错对象的成语

比翼连枝：比喻夫妇亲密不离。

比翼齐飞：比喻夫妻恩爱，朝夕相伴；也比喻互相帮助，共同前进。

敝帚自珍：家里的破扫帚也被自己珍惜，比喻自己的东西虽然不好，却非常珍爱。适用于对自己，而不能用于别人。

别出机杼：机杼，织布机，比喻诗文的构思和布局。指写作另辟途径，能够创新。

不同凡响：凡响，平凡的音乐。形容事物不平常，十分出色，多指文艺作品。

不瘟不火：指戏曲不沉闷乏味，也不急促，恰到好处。也可指表演既不沉闷，也不火爆。

不翼而飞：比喻东西突然不见了，也比喻事情传播得很迅速。

不知所云：不知说的是什么，指语言紊乱或空洞。往往被误解为“听话人听不懂”。

臭味相投：思想作风、兴趣等相同，很合得来。（专指坏的）

楚楚动人：形容女子容貌、仪态美好之极，足以动人之情。

穿云裂石：声音穿过云层，震裂石头。形容乐器声或歌声高亢嘹亮。

春秋鼎盛：比喻人正当壮年，精力充沛。

鼎力相助：敬辞，指别人对自己的帮助。常误用为表示自己对他人的帮助。

鼎足之势：指三方面对峙的局势，也作鼎足而立。

豆蔻年华：指十三四岁的少女。

耳提面命：形容长辈对晚辈教导热心恳切。

反戈一击：调转枪头向原来所属的阵营进攻。也比喻一旦觉悟，回过头来对自己一方的坏人坏事进行揭露和斗争。

改弦更张：比喻改革制度或变更方针、政策。

高高在上：形容领导者不深入实际，脱离群众。不能用于其他。

高山流水：比喻知音难遇或乐曲高妙。也比喻知音或知己。往往被误解为“高山和流水”。

功高不赏：功劳太高，无以赏赐。一般用于对别人的评价。

狗尾续貂：比喻拿不好的东西续接在好的东西后面。多用于文艺作品，也用于自谦之词。

鬼斧神工：形容建筑、雕塑等技艺的精巧。

海誓山盟：男女相爱时所立的誓言和盟约，表示爱情要像山和海一样永恒不变。一般用于爱情。

酣畅淋漓：形容非常痛快。常用来形容书法绘画、文艺作品感情饱满，笔意流畅，情感得到充分抒发。

含英咀华：嘴里含着花朵，品味花的芬芳。比喻品味、体会诗文中的精华。

汗牛充栋：形容藏书非常多。

浩如烟海：形容文献、资料非常丰富。

河东狮吼：比喻嫉妒而泼悍的妻子发怒撒泼。

呼之欲出：形容人像画得逼真，似乎叫一声就会从画中走出来。泛指文学作品中人物的描写十分生动。

挥洒自如：形容举止潇洒，从容不迫。也形容写字、写文章、画画运笔不拘束。

绘声绘色：把人物的声音、神色都描绘出来了。形容叙述或描写生动逼真，所形容的对象是文艺或作品。

祸起萧墙：萧墙，古代宫室内当门的屏风。指祸乱发生在家里，比喻内部发生祸乱。

江河日下：比喻事物日趋衰落，情况一天不如一天。对象为一个国家或一个集体。

津津有味：兴趣浓厚的样子。指吃得很有味道或谈得很有兴趣。

举案齐眉：形容夫妻俩互相尊敬。

慷慨解囊：毫不吝啬地拿出钱来帮助别人。一般是针对别人而不是自己。

可歌可泣：表示值得歌颂、赞美，使人感动流泪。形容英勇悲壮的感人事迹。

空谷足音：人迹罕至的山谷听到人的脚步声。比喻难得的事物、音信或言论。

扣人心弦：形容言论或表演深深地打动人心，或指因感动而引起内心的强烈共鸣。

脍炙人口：原来比喻美味人人爱吃，后来比喻美好的诗文人人称赞传颂。

劳燕分飞：比喻人别离。一般用于夫妻之间。

老气横秋：形容人摆老资格，自以为了不起的样子。也形容年轻人没有朝气、暮气沉沉的样子。

琳琅满目：琳琅：精美的玉石。满眼都是美玉，形容各种美好的东西（多指书籍或工艺品）很多。

鳞次栉比：像鱼鳞和梳子的齿一样，一个挨着一个地排列着，多形容房屋等密集。

鸾凤和鸣：鸾鸟与凤凰相应鸣叫，声音和悦。用来比喻夫妻和美。

络绎不绝：形容车马、船只、行人等往来不断。

美轮美奂：形容建筑物高大华丽。

评头品足：原来指无聊的人评论妇女的容貌。现在泛指对人对事说长道短，诸多挑剔。

平分秋色：指双方各得一半。

破镜重圆：比喻夫妻失散或离婚后重新团聚。

巧夺天工：人工的精巧胜过天然，形容技艺十分巧妙。

青梅竹马：形容男女小的时候天真无邪。

卿卿我我：形容夫妻或相爱的男女十分亲昵。

如履薄冰：指做事极为谨慎，存有戒心。强调主观心态之谨慎小心，而非客观情况之危急。

如坐春风：比喻受到良师的教育。只能是听者的感受。

十室九空：只能用来形容天灾人祸造成的悲惨场面。

石破天惊：原来形容箜篌（古乐器）的声音忽而高亢，忽而低沉，使人震惊，有不可名状的奇境。后用以形容事情或文章议论新奇惊人。

体无完肤：形容浑身受伤。比喻论点被全部驳倒或文章被删改得很多。

无稽之谈：指毫无根据的说法。

相敬如宾：指夫妻互相尊敬，如同对待客人一样。

相濡以沫：患难中互相救助，多用于夫妻。

宵衣旰食：天不亮就穿衣起床，天黑了才吃饭。形容勤于政务。

信笔涂鸦：形容字写得很潦草。信，听凭，随意。信笔，随意书写。涂鸦，比喻字写得很拙劣，随便乱涂乱画。也常用作自谦之词。

信手拈来：随手拿来。用来形容写文章时词汇或材料丰富，不费思索就能写出来。

秀色可餐：形容女子容貌美丽动人，也形容山林花木景色优美让人入迷忘饥。

栩栩如生：指艺术形象非常逼真，如同活的一样。

珠圆玉润：形容的对象是歌声优美或文字流畅。

擢发难数：形容坏事和罪恶多。

（三）易望文生义的成语

哀兵必胜：原义是力量相当的两军对阵，悲愤的一方获得胜利，后指因受欺侮而奋起抵抗的军队必定能取胜。

安土重迁：留恋故土，不肯轻易迁移。往往被误解为“喜欢和重视迁移”。

白头如新：白头，指老年，形容时间长。新，指初认识。相交时间虽久，但互不知心，还跟刚认识一样，指彼此交情不深。往往被误解为“友好到老”。

不孚众望：孚，信服。指没有使群众信服。往往被误解为“不辜负众人的期望”。

不寒而栗：不寒冷而发抖，形容非常恐惧。往往被误解为“天气不寒冷而身体发抖”。

不绝如缕：像细线一样连着，差点儿就要断了。多用来形容局势危急或声音细微悠长。往往被误解为“声音连续不断”。

不名一文：名，占有。一个钱也没有，形容极为贫困。往往被误解为“不出名，没有名声”。

不以为然：指不认为是对的，表示不同意，多含轻视意。往往被误解为“不在意”。

不赞一词：赞，添加。指文章写得很好，别人不能再添一句话；也指一言不发。往往被误解为“不说一句赞成的话”。

不足挂齿：表示不值得一提，含轻视或自谦之意。往往被误解为“数量太少”。

不足为训：训，法则。不能当作典范或法则。往往被误解为“不足以成为教训”。

侧目而视：心存畏惧，不敢正视，斜着眼看。也指愤怒或不满地看。往往被误解为“骄傲自满或仰慕对方”。

曾几何时：指时间过去没有多久。往往被误解为“在很久以前”。

差强人意：差，稍微。表示大体上还能使人满意。往往被误解为“不能使人满意”。

充耳不闻：悠闲得就像没听见一样。后用充耳不闻形容听不进或存心不听别人的意见。往往被误解为“听不见”。

触目惊心：也作“怵目惊心”，意思是看到某种严重的情况引起内心的震动，形容事态严重，引起轰动。往往被误解为“看到惊险刺激的动作而惊心动魄”。

春意阑珊：阑珊，将尽，衰落。春天就要过去了。往往被误解为“春意正浓”。

大方之家：大方，专家学者，内行人。原指懂得大道理的人，泛指见多识广或学问深厚的人。往往被误解为“大方的人”。

大快人心：指坏人受到惩罚或打击，使大家非常痛快。往往被误解为“一般的好事”。

登堂入室：比喻学问或技能由浅入深，循序渐进，达到更高的水平。往往被误解为“进入厅堂房屋之中”。

风声鹤唳：指溃逃的士兵听到风声和鹤叫都疑心为追兵，形容惊慌疑惧。往往被误解为“声音悦耳动听”。

付之一笑：一笑了之，表示毫不介意。往往被误解为“对着别人微微一笑”。

高山仰止：高尚的品德使人向往。往往被误解为“仰望高山因害怕而停止攀登”。

瓜田李下：泛指容易引起嫌疑的地方。易误用为“形容田园生活”。

海外奇谈：指没有根据的、稀奇古怪的谈论或传说。往往被误解为“奇异之事”。

涣然冰释：像冰遇热消融一般，形容嫌隙、疑虑、误会等完全消除。往往被误解为“冰雪融化”。

毁家纾难：捐献全部家产，帮助国家缓解危难。往往被误解为“毁家的灾难”。

火中取栗：比喻冒危险给别人出力，自己却上了大当，一无所得。往往被误解为“冒着危险做事，勇气可嘉或者收取渔翁之利”。

间不容发：两物中间容不下一根头发，形容事物之间距离极小，也形容与灾祸相距极近，情势极其危急。往往被误解为“时间不够做某事”。

紧锣密鼓：比喻正式或公开活动前紧张的舆论准备，也形容准备工作进行得紧张、急促。往往被误解为“行动正在紧张地进行”。

噤若寒蝉：噤，闭口不言。像寒秋的蝉不再鸣叫，形容不敢作声。往往被误解为“冻得受不了”。

久假不归：长期借去，不归还。往往被误解为“休很久的假，不去上班”。

慷慨解囊：毫不吝啬地拿出钱来帮助别人。往往被误解为“大方地掏出钱来消费”。

良莠不齐：指好的和坏的混杂在一起。往往被误解为“学习成绩参差不齐”。

屡试不爽：爽，差错。屡次试验都没有差错。往往被误解为“多次试验都不成功”。

马革裹尸：用马皮把尸体包裹起来，指军人战死于战场。往往被误解为“死得很惨，死后连埋葬的棺材和地方都没有”。

明日黄花：比喻已失去新闻价值的报道或已失去应时作用的事物。往往被误解为“未来的花朵”。

目不窥园：形容埋头读书。往往被误解为“眼睛不窥视他人的园子”。

三人成虎：比喻有时谣言可以掩盖真相。后比喻流言惑众，蛊惑人心。往往被误解为“只要团结合作就像老虎一样力量强大”。

身无长物：除自身外再也没有多余的东西了，形容贫困。往往被误解为“形容没有特长”。

首当其冲：比喻最先受到攻击或遭遇灾难。往往被误解为“冲在最前面的”。

万人空巷：家家户户的人都从巷子里出来（观看或参加某些大的活动等），多用来形容庆祝、欢迎等盛况。往往被误解为“指巷子里静悄悄的，空无一人”。

望其项背：能够望见别人的后颈和脊背，表示赶得上或比得上，多用于否定式。往往被误解为“比不上，差得远”。

五风十雨：五天刮一次风，十天下一次雨，形容风调雨顺。往往被误解为“风雨交加”。

细大不捐：指小的大的都不抛弃。往往被误解为“什么都不捐献”。

下里巴人：泛指通俗、普及的文学艺术，常跟“阳春白雪”对举。往往被误解为“平民百姓或下等人”。

（四）易谦敬错位的成语

不耻下问：指不以向地位比自己低、知识比自己少的人请教为可耻。赞美别人时使用，不用于自己。

不吝赐教：敬辞，用于自己向别人征求意见或请教问题。

不情之请：谦辞，客套话，不合情理的请求（向人求助时称自己的请求）。

才疏学浅：谦辞，才能低，学识浅。

德薄才疏：品行和才能都很差。用作自谦之词。

雕虫小技：比喻微不足道的技能，多指文字技巧。

高朋满座：敬辞，高贵的宾客坐满了席位，形容来宾很多。

高抬贵手：敬辞，客套话，多用于请求对方饶恕或通融。

绠短汲深：绠，打水用的绳子；汲，从下往上打水。吊桶的绳子很短，却要打很深的井里的水，比喻能力薄弱，任务重大，难以胜任，多用作谦辞。

姑妄言之：指姑且随便说说，所说的不一定可靠或不一定有道理。用作谦辞。

挂一漏万：挂，列举；漏，遗漏。提到一个，漏掉上万。形容列举不全，遗漏很多。一般用来自谦。

敬谢不敏：谦辞，敬，恭敬；谢，推辞；不敏，不聪明，没有才能。指恭敬地表示没有能力或不能接受。推辞做某事的客气话。

聊表寸心：聊，略微；寸心，微薄的心意。略微表示一下心意。谦辞，用于自己。

率先垂范：敬辞，带头给下级或晚辈做示范。

美芹之献：指地位低的人向地位高的人提建议。用于自谦。

抛砖引玉：谦辞，抛出砖去，引回玉来。比喻用粗浅的、不成熟的意见引出别人高明的、成熟的意见。

蓬荜生辉：谦辞，用以称谢别人来到自己家里或称谢别人题赠的字画送到自己家里。蓬荜，用蓬草、荆竹做门的草屋，比喻穷苦人家。

区区此心：区区，微小、微薄。形容微不足道的一点心意或想法。

容膝之安：指可以立足的安身之地，常用来谦称自己的居处狭小。

忝列门墙：谦辞，忝，表示辱没他人，自己有愧。表示自己愧在师门。

洗耳恭听：敬辞，洗清耳朵，专心地听。多用于请人讲话时说的客气话。

虚左以待：空着左边的位置等待客人，表示尊敬。也泛指留出位置恭候他人。

一得之愚：谦辞，一得，一点心得；愚，愚见。称自己对于某一问题的见解。

一孔之见：谦辞，比喻狭隘片面的见解。

一言九鼎：敬辞，别人说话顶用，受到大家尊重。

愚者一得：谦辞，愚笨的人多次思虑问题，也会有一次是正确的，并得到一定的收获。

（五）一词多义的成语

按图索骥：①比喻按照死规矩机械、呆板地做事。②泛指按照线索寻找目标。

暗送秋波：①原指暗中眉目传情。②泛指献媚取宠，暗中勾搭。

百花齐放：①比喻艺术上不同形式和风格的自由发展。②指各种花卉一起开放。

标新立异：①独创新意，立论与人不同，中性词。②为了显示自己，故意另搞一套，贬义。

不三不四：①用于人，指品行不正派。②指事物不像样子，不伦不类。

处之泰然：①形容对待事情或困难安然自得，毫不在乎。②对事情无动于衷。

垂涎三尺：①形容嘴馋。②形容特别羡慕，渴望得到。

灯红酒绿：①形容寻欢作乐的腐化生活。②形容都市或娱乐场所夜晚的繁华景象。

登峰造极：①比喻干坏事猖狂到了极点，贬义。②指学问、技能等达到最高的境界或成就。

短小精悍：①形容人个子矮小却精明强悍。②形容文章或发言简短而有力。

繁文缛节：①烦琐而不必要的礼节。②泛指烦琐多余的事项。

改换门庭：①改变门第出身，提高社会地位。②投靠新的主人或势力，以图维持、发展。

昏天黑地：①形容天色昏暗。②形容神志不清。③形容生活荒唐颓废。④形容打斗或吵闹得厉害。⑤形容社会黑暗或秩序混乱。

金玉满堂：①指占有很多财富。②比喻人很有才学，学识丰富。

可圈可点：①原指文章精彩，值得加以圈点。②现形容表现好，值得肯定或赞扬。

冷若冰霜：①形容人不热情、不温和。②形容态度很严肃，使人不易接近。

冷眼旁观：①指用冷淡的态度从旁观看，不愿参加。②指用冷静的态度从旁审视。

玲珑剔透：①形容器物精致，孔穴明晰。②形容人聪明伶俐。

另起炉灶：①比喻重新做起。②比喻另立门户或另搞一套。

另眼相看：①指看重和优待，褒义。②指用另外的眼光来看待，含有歧视的意思。

眉来眼去：①多用于男女示爱。②指坏人之间勾勾搭搭。

绵里藏针：①比喻柔中有刚。②比喻外貌柔和，内心狠毒。

明修栈道，暗度陈仓：①比喻用行动迷惑对方，实际上另有所图。②后来用“暗度陈仓”比喻暗中进行某种活动。

明珠暗投：①比喻怀才不遇或好人失足参加坏集团。②泛指珍贵的东西得不到赏识。

难分难解：①双方相持不下（多指竞争或争吵、打斗），难以分出胜负。②形容双方关系异常亲密，难以分离。

平铺直叙：①形容说话或写文章平平淡淡，没有起伏，重点不突出，含贬义。②指说话或写文章时不加修饰，直接简单地说出自己的意思，含褒义。

平易近人：①比喻态度和蔼，没有架子，使人容易接近。②形容文字深入浅出，通俗易懂。

穷形尽相：①指描写刻画十分细致生动。②指丑态毕露。

入木三分：①比喻议论深刻。②形容书法有力。

沙里淘金：①从沙子里淘出黄金，比喻从大量的材料中选取精华。②形容费力大而成效少。

水落石出：①水退落下去，石头就显露出来。②比喻事情的真相得以完全显露出来。

四平八稳：①形容身体各部位匀称、结实。②形容说话、做事、写文章稳当。③形容做事只求不出差错，缺乏创新精神。

天马行空：①比喻思想行为无拘无束。②形容文笔超逸流畅。

舞文弄墨：①指歪曲法律条文作弊。②指玩弄文字技巧。

想入非非：①用来形容胡思乱想，不切实际，多用于贬义。②形容思想进入虚幻境界，完全脱离实际。

洋洋洒洒：①形容说话或写文章才思充沛，长篇大论连绵不断。②形容规模盛大，气势磅礴。

一步登天：①比喻地位一下升得很高。②比喻一下子达到最高的境界或程度。

异曲同工：①比喻不同的人的辞章或言论同样精彩。②比喻不同的做法收到同样的效果。

应接不暇：①指美景繁多，来不及观赏。②形容来人或事情太多，应付不过来。

瞻前顾后：①形容做事以前考虑周密慎重。②形容顾虑过多，犹豫不决。

指手画脚：①形容轻率地指点，妄加评论指责、批评，贬义词。②形容说话时兼用手势示意，做中性词。

纵横捭阖：①形容在政治上运用各种手段进行联合或分化。②形容文章大开大合，不受拘束。

（六）易重复赘余的成语

爱莫能助：心里愿意帮助，但是力量做不到。含有“感到”之意，不能说“感到爱莫能助”。

变本加厉：指事情的状况变得比本来更加严重。含有“更加、愈加、越发”之意，不能说“更加变本加厉”。

遍体鳞伤：浑身受伤，伤痕像鱼鳞一样密，形容受伤很重。含有“浑身、全身”之意，不说“浑身 / 全身遍体鳞伤”。

不期而遇：没有约定而遇见。指意外碰见。含有“突然”“遇见”之意，不能说“突然不期而遇”“不期而遇地邂逅”。

不虞之誉：没有意料到或意想不到的赞扬。含有“没想到、没料到”之意，不能说“没想到的不虞之誉”“不虞之誉的称赞”。

出乎意料：指事先对情况与结果的估计，超出人们的料想猜测。含有“之外”之意，不能说“出乎意料之外”。

出奇制胜：比喻用奇兵或奇计取得胜利。含有“取得胜利”之意，不能说“出奇制胜获取胜利”。

弹丸之地：弹丸那么大的地方，形容极小的地方。含有“极小”之意，不能说“小小的弹丸之地”。

当务之急：指当前急切要办的事情。含有“当前、目前、现在”之意，不能说“现在 / 当前 / 目前的当务之急”。

方兴未艾：指事物正在发展，尚未达到止境。含有“正在”之意，不能说“正 / 正在方兴未艾”。

耿耿于怀：老放在心里，不能忘怀，牵萦回绕。含有“心里”“不能忘记”之意，不能说“心里一直耿耿于怀”“一直耿耿于怀，迄今也不能忘记”。

恍然大悟：形容人对某事一下子明白过来、突然醒悟、豁然开朗。含有“突然、猛然”之意，不能说“突然 / 猛然恍然大悟”。

记忆犹新：过去的事，至今印象还非常清楚，就像刚才发生的一样。含有“还”之意，不能说“还记忆犹新”。

孑然一身：指孤孤单单一个人。含有“独自”之意，不能说“独自孑然一身”。

斤斤计较：形容过分计较微小的利益或无关紧要的事情。含有“过分、过于”之意，不能说“过于斤斤计较”。

咎由自取：灾祸或罪过是自己招来的，指自作自受。含有“由于”之意，不能说“由于他咎由自取”。

举足轻重：指所处地位重要，一举一动都关系到全局。含有“重要”之意，不能说“举足轻重的重要作用”。

刻骨铭心：形容感受深切，永远不忘。含有“永远”之意，不能说“永远刻骨铭心”。

口若悬河：讲话像瀑布倾泻，滔滔不绝。形容能说会辩，口才很好，口齿伶俐。含有“说、讲”之意，不能说“口若悬河地说”。

历历在目：指远方的景物看得清清楚楚，或过去的事情清清楚楚地重现在眼前。含有“出现”之意，不能说“历历在目地出现在眼前”。

量力而行：按照自己能力的大小去做，不要勉强。含有“做”之意，不能说“量力而行地去做”。

茅塞顿开：原来心里好像有茅草堵塞着，现在忽然被打开了。形容思想忽然开窍，立刻明白了某个道理。含有“忽然、突然、顿时”之意，不能说“忽然/突然/立刻茅塞顿开”。

弥足珍贵：形容十分珍贵、非常珍贵。含有“更加、十分、非常”之意，不能说“非常弥足珍贵”。

民不聊生：指老百姓无法生活下去，形容人民生活困难。含有“百姓、人民”之意，不能说“人民/百姓民不聊生”。

民怨沸腾：人民的怨声就像开水在翻滚一样。形容人民对腐败黑暗的反动统治怨恨到了极点。含有“人民、百姓、群众”之意，不能说“人民/百姓/群众民怨沸腾”。

茕茕孑立：形容一个人无依无靠，孤苦伶仃。含有“一个人”之意，不能说“一个人茕茕孑立”。

忍俊不禁：指忍不住要发笑。含有“笑”之意，不能说“忍俊不禁地笑”。

日理万机：每天要处理非常多的事务。形容政务繁忙，工作辛苦。含有“每天”之意，不能说“每天日理万机”。

三令五申：多次命令和告诫。含有“多次”“强调”之意，不能说“多次三令五申”“三令五申地强调”。

闪烁其词：言语遮遮掩掩，吞吞吐吐。指不肯透露真相或回避要害问题。含有

"说"之意，不能说"说得闪烁其词"。

莘莘学子：众多的学子。含有"众多""们"之意，不能说"众多莘莘学子""莘莘学子们"。

生灵涂炭：形容人民处于极端困苦的境地。含有"人民、百姓"之意，不能说"人民/百姓生灵涂炭"。

水到渠成：比喻条件成熟，事情自然会成功。含有"自然"之意，不能说"自然水到渠成"。

妄自菲薄：过分看轻自己，形容自卑。含有"自己"之意，不能说"妄自菲薄自己"。

无动于衷：心里一点儿也没有触动，指对应该关心、注意的事情毫不关心，置之不理。含有"心里、心中"之意，不能说"心里无动于衷"。

相形见绌：指跟另一人或事物比较起来显得远远不足。含有"显得"之意，不能说"显得相形见绌"。

眼花缭乱：看着复杂纷繁的东西而感到迷乱；也比喻事物复杂，无法辨清。含有"看"之意，不能说"让人看得眼花缭乱"。

贻笑大方：指让内行人笑话。含有"让、使、被"之意，不能说"让人/使人/被人贻笑大方"。

溢美之词：过分赞美的言辞。含有"过分"之意，不能说"过分的溢美之词"。

有口皆碑：比喻人人称赞。含有"人人、大家"之意，不能说"大家有口皆碑"。

芸芸众生：泛指众多的平常人。含有"众多""平凡"之意，不能说"许多芸芸众生""平凡的芸芸众生"。

责无旁贷：指自己应尽的责任，不能推卸给别人。含有"责任"之意，不能说"责无旁贷的责任"。

真知灼见：正确而透彻的见解。含有"正确的见解、意见、看法"之意。

自惭形秽：因为自己不如别人而感到惭愧。含有"感到"之意，不能说"感到自惭形秽"。

（七）容易忽视语法功能的成语

1. 常用在否定句或疑问句中的成语

吹灰之力：比喻极微小的力量。

等量齐观：指不管事物的差异，都同等对待。

混为一谈：把不同的事物混在一起，说成是同样的事物。

尽如人意：事情完全符合人的心意。

灵丹妙药：指灵验有效的仙丹，能治百病的奇药。也指能解决一切问题的好办法。

鹿死谁手：鹿落入谁的手中，比喻天下为谁所得，后多比喻在争夺或竞争中不知谁能最后获胜。

青红皂白：比喻事情的是非曲直或原因。

善罢甘休：心甘情愿地罢休。指好好地了结纠纷，不再使事态持续下去。

视为儿戏：比喻不当一回事，极不重视。

天高地厚：像天那样高，像地那样厚，比喻恩情极为深厚，也比喻事物的复杂、深奥程度。

同日而语：放在同一时间谈论，指相提并论。

无时无刻：没有时刻。常用为“无时无刻不”，表示“每时每刻都”。

相提并论：把不同的人或不同的事物混在一起来谈论或看待。

一蹴而就：指一抬脚便成功。形容事情轻而易举，一下子就能成功。

一概而论：指对事物或问题不做具体分析，不加区别，用同一个标准来对待或处理。

2. 不能带宾语的成语

不期而遇：没有约定而遇见，指意外碰见。

不闻不问：人家说的不听，也不主动去问，形容对事情不关心。

不屑一顾：认为不值得一看，形容极端轻视。

蚕食鲸吞：像蚕吃桑叶那样一步步侵占，像鲸吞食那样一下子吞并。比喻用各种方式侵占吞并别国的领土。

等闲视之：把事情看得很普通平常，不加重视，毫不在意。

耳濡目染：形容见得多听得多了之后，容易受到影响。

耳闻目睹：指耳朵经常听到，眼睛经常看到，不知不觉地受到影响。

发扬光大：使好的作风、传统等得到发展和提高。

和盘托出：比喻全部说出或拿出来，没有保留。

胡言乱语：指没有根据，不合实际地瞎说，或说胡话。

浑然不觉：完全没有觉察到。

家喻户晓：每家每户都明白，人人皆知。

津津乐道：很有兴趣地说个不停。

精打细算：精密地计划，详细地计算，指在使用人力物力时计算得很精细。

夸夸其谈：形容说话、写文章浮夸不切实际。

漠不关心：形容对人或事物冷淡，一点也不关心。

漠然置之：指对人或事态度冷淡，放在一边不理。

念念不忘：形容牢记于心，时刻不忘。

求全责备：苛责别人，要求完美无缺。

身体力行：亲身体验，努力实行。

生死攸关：关系到生和死，指生死存亡的关键。

熟视无睹：虽然经常看见，还跟没看见一样，指对事极不关心。

司空见惯：看惯了就不觉得奇怪。

无可非议：没有什么可以指责的，表示做得妥当。

无可厚非：不能过分责备。指说话做事虽有缺点，但还有可取之处，应予谅解。

无人问津：比喻没有人来探问、尝试或购买。

嬉笑怒骂：指人的各种神情，常用来表示写作不拘题材形式，任意发挥。

喜闻乐见：喜欢听，喜欢看。形容很受大众欢迎。

心领神会：指对方没有明说，心里已经领会。

信手拈来：随手拿来，多形容写文章时词汇或材料丰富，不费思索就能写出来。

一窍不通：没有一窍是贯通的，比喻一点儿也不懂。

一无所知：什么也不知道。

置若罔闻：放在一边，好像没有听见似的，指不予理睬。

置之不顾：放在那儿不管。

谆谆告诫：恳切耐心地劝告。

谆谆教诲：恳切、耐心地教导。

自怨自艾：原义是悔恨自己的错误，自己改正。现多指悔恨自己的过错。

第二节　涵养底蕴

一、素养提升

（一）文言素养提升

阅读文言文，完成下面小题。

材料一：

唐姚、宋并称，而议者多优宋而劣姚，余谓不然。夫仡仡矜矜，万仞壁立，立于朝，使百辟消其邪心，此臣道之如山者也。宋璟是也。静深有谋，涵盖一切，“惟几也能成天下之务”，此臣道之如海者也。姚崇是也。然而山虽高，蛟龙不居；海虽浑，变化不测。余故曰崇胜也。

夫人主之愎谏而昵小人者，情也。所贵为大臣者，不逆其情，而善诱之以归于道。不必有排斥小人之迹，而能使之与人主日疏。崇之对幸东都[①]，与其黜姜皎、罢魏知古者，皆璟之所不屑为，而亦璟之所不能为者也。吾尝谓天宝之祸，宋璟在犹可忧，而姚崇在则无虑。何也？彼明皇者，英主也。其畏璟而爱崇也，素矣。源乾曜奏事称旨，必曰姚崇之谋；不合，则曰何不与姚崇议之。自崇死，而天下无如崇者，李林甫始得以才见用。然临轩之礼[②]，卒不相假者，终知林甫之非崇也。知其非崇而必用之者，太平日久而乐用才臣以自暇自逸，则姑任之为快。而张九龄者，宋璟俦也，有其道无其术，道不合则争，争不得则去。九龄去而天下无争之者，李林甫始得以才见用。使其时有若崇者，为之内娱主意于所甚安，而阴以计挤小人于外，则终玄宗之世，林甫不得专政，而禄山不得入宫矣。

（节选自袁枚《姚崇宋璟论》）

材料二：

春，正月癸卯，太庙四室坏，上素服避正殿。时上将幸东都，以问宋璟、苏，对曰：“陛下三年之制未终遽尔行幸恐未契天心灾异为戒。愿且停车驾。”又问姚崇，对曰：“太庙屋材，皆苻坚时物，岁久朽腐而坏，适与行期相会，何足异也！且王者以四海为家，陛下以关中不稔幸东都，百司供拟已备，不可失信，但应迁神主于太极殿，更修太庙，如期自行耳。”上大喜，从之，赐崇绢二百匹。己酉，上行享礼于太极殿，命姚崇五日一朝，仍入閤供奉，恩礼更厚，有大政辄访焉。

（节选自《资治通鉴·唐纪二十七》）

【注】①东都：唐代指洛阳。②临轩之礼：出自《资治通鉴》中"（姚、宋）二人每进见，上辄为之起，去则临轩送之"。

1. 材料二画波浪线的部分有三处需要断句，请选出相应位置（　　）

陛下三年[A]之制[B]未终[C]遽尔[D]行幸[E]恐未契[F]天心[G]灾异[H]为戒。

2. 下列对材料中加点的词语及相关内容的解说，不正确的一项是（　　）

A. 劣，文中指认为……不好，与《促织》中"成以其小，劣之"的"劣"意思相同。

B. 假，文中指给予，与《劝学》中"假舟楫者，非能水也"的"假"意思不同。

C. 稔，文中指庄稼成熟，与《归去来兮辞》中"犹望一稔"的"稔"意思相同。

D. 迁，文中指迁移，与《答司马谏议书》中"盘庚之迁"的"迁"意思不同。

3. 下列对材料有关内容的概述，不正确的一项是（　　）

A. 唐代姚崇、宋璟并称，但议论者多"优宋而劣姚"，不过袁枚更推崇姚崇。

B. 姚崇作为大臣，能做到不显露出排斥小人的迹象，但可以使君主日益疏远小人。

C. 袁枚认为，如果天宝年间姚崇仍然在世，或者有像他这样的宰相，就不会有安史之乱。

D. 姚崇对幸东都之后，玄宗命他每月五日朝见一次，仍像以往那样进入内殿任职。

4. 把材料中画横线的句子翻译成现代汉语。

①所贵为大臣者，不逆其情，而善诱之以归于道。

②九龄去而天下无争之者，李林甫始得以才见用。

5. 材料一袁枚认为宋璟臣道"如山"、姚崇臣道"如海"，材料二是如何佐证这个观点的？请简要分析。

（二）古诗素养提升

阅读下面这首诗，完成习题。

夏夜（孔平仲）

小雨初收深夜凉，杖藜徐步立回塘。一天星月清人意，四面芙蕖遗我香。

大隐尝闻在朝市，昔人何必濯沧浪。应官[1]粗了心无事，便是逍遥物外乡。

【注】①应官：当官。

1. 下列对这首诗的理解和赏析，不正确的一项是（　　）

A. 首联照应诗歌标题，小雨初停的夏夜，诗人拄着藜杖缓慢行走在曲折的水塘旁。

B. 颔联写夜晚的天空让心灵澄澈、清明，四面的荷花送来阵阵清香，令人愉悦。

C. 颈联中“濯沧浪”，是指在清水中洗涤冠缨，此处比喻诗人超脱尘俗，操守高洁。

D. 尾联直抒胸臆，道出诗人的心声，表明当官之人同样也可以超然物外，逍遥自在。

2. 本诗与黄庭坚的《登快阁》对“归隐”有不同的认识，请简要分析。

（三）理解性默写

1. 在《石钟山记》中，写苏轼认为“敲击后能发出声响的石头到处都有”的句子是“______________，______________”。

2. 在《石钟山记》中，苏轼用一个反诘句表明实践出真知的句子是：“____________，______________，______________？”

3. 在《石钟山记》中，苏轼用来表达自己知道石钟山得名的原因后轻松愉快的心情的句子是“______________”。

4. 王羲之的《兰亭集序》文笔洗练，自然有致。用“崇山峻岭，茂林修竹”写山，以“______________，______________”写水，短短16个字就将兰亭周围之景描绘出来。

5. 在《兰亭集序》中，王羲之的“______________，______________”之说是作者超越了人生无常之痛的理性思考。

6. 陶渊明在《归去来兮辞》中描写归乡途中轻舟快水的两句是“____________，____________”，表达了作者弃官归乡的畅快心情。

7. 陶渊明《归去来兮辞》中“______________，______________”两句，通过“问”的细节和“恨”的心理表现了作者急于归家的热切。

二、底蕴作文

小小的种子可以长成大树，稚嫩的雏鹰终能翱翔天空……向梦想进发的路上，只有不给未来设限，才可以拥有无限可能。

以上材料引发了你怎样的感悟与思考？请写一篇文章。

要求：选准角度，确定立意，明确文体，自拟标题。不要套作，不得抄袭。不得泄露个人信息。不少于800字。

【附】第六章答案详解

一、素养提升

（一）文言素养提升

1. CEG。原文断句：陛下三年之制未终，遽尔行幸，恐未契天心，灾异为戒。

2. D。两个“迁”意思相同，都是迁移、搬迁的意思。

3. D。“每月五日朝见一次”错误，应为每五日朝见一次。

4. ①作为大臣的可贵之处，是在于不违逆君主的性情，而循循善诱使他归于正道。②张九龄离任后天下再没有谏诤的大臣了，李林甫这才能凭借才能被重用。

5. 宋璟如山，壮勇刚强，意志坚定，以礼制、天意等为由直接驳斥了玄宗巡幸计划。姚崇如海，清醒务实，善于应对，能够设身处地地为玄宗考虑，并且给出合理建议，实现玄宗的想法。

【参考译文】

材料一：

唐代（宰相中）姚崇、宋璟并称，但议论者多认为宋优而姚劣，我认为不是这样的。壮勇刚强，意志坚定，毫不动摇，在朝为官，能使百僚邪心泯灭，这是像山一样伟岸的为臣之道。宋璟就是如此。沉静深邃，足智多谋，涵盖一切，“在机要政务上能够成就天下人的功业”，这是像海一样渊深的为臣之道。姚崇就是如此。然而山虽然高大，蛟龙却不会居住于此。海水虽然浑浊，变化却无法预测。所以我说姚崇更胜一筹。

君主固执己见、不听规劝而亲近小人，这是人之常情。作为大臣的可贵之处，在于不违逆君主的性情而循循善诱，使他归于正道。不一定有排斥小人的迹象，但能使小人与君主日益疏远。姚崇回答巡幸东都的询问，与他贬退姜皎、罢黜魏知古的行为，都是宋璟不屑于做的，但也是宋璟做不到的。我曾经说天宝年间的安史之乱，倘若宋璟还在的话仍然值得忧虑，但姚崇还在的话则不必忧虑。为何这么说？那唐明皇，是英明的君主。他敬畏宋璟而喜爱姚崇，这是由来已久的。源乾曜陈奏事情符合圣意，（明皇）必定会说是姚崇的谋划。不合圣意，就说为何不与姚崇商议。自从姚崇去世后，天下没有比得上姚崇的人，李林甫才会凭借才能受到任用。然而，（明皇）最终也不会待之以临轩目送之礼，是因为他始终明白李林甫不是姚崇。知道李林甫不是姚崇，然而还要任用他的原因，是天下承平已久，（明皇）乐于任用有才之臣以使自己闲适安逸，那么姑且任用他使自己称心如意。而张九龄这位宰相，是宋璟一类的大臣，（可惜）只有宋璟的为臣之道，而无宋璟的为臣之术，（他与明皇）道不合则谏诤，谏诤不起作用则离任。张九龄离任后天下再没有谏诤的大臣了，李林甫这才能凭借才能受到任用。假使当时有像姚崇那样的大臣，在内能使君主内心快意于他十分安适的事物，而暗中设计将小人排斥到外地，那么玄宗整个在位期间，李林甫始终不能独揽政权，而且安禄山也无法进入宫廷。

材料二：

春天，正月癸卯日，太庙中有四间房屋倒塌，玄宗（为此）身着丧服，离开正殿（到其他殿堂处理政事）。当时玄宗准备到东都洛阳去，便向宋璟和苏颋征询意见，（两人）回答道："陛下三年之丧尚未守完，就急忙前往东都，恐怕与天意不符，因此上天才用灾异来示警。希望暂时取消巡幸计划。"（玄宗）又征询姚崇的意见，（姚崇）回答道："太庙的木料，都是（三百多年前）前秦苻坚时的旧物，因年代久远而腐朽倒塌，碰巧与陛下的行期相合罢了，这有什么值得奇怪的呢！况且君主以四海为家，陛下因关中粮食歉收而巡幸东都，有关部门已经做好一切准备，（陛下）不能失信于民，只是应将祖宗的牌位迁移到太极殿中，重新修理太庙罢了，（车驾）还是应该如期东行。"玄宗十分高兴，采纳了姚崇的意见，并赏赐给他二百匹绢帛。己酉日，玄宗在太极殿举行享礼，命姚崇每五日朝见一次，仍像以往那样进入内殿任职，对他的礼遇也更加隆重，每有重要政事便征询他的意见。

1. C。"此处比喻诗人超脱尘俗，操守高洁"错误。"濯沧浪"在这里不是用来比喻诗人超脱尘俗，操守高洁，而是指隐居山林。整句诗表达的观点是隐居不必到山林。

2. ①孔诗是说不必隐居山林，即使在朝廷当官，也可以有归隐之趣。黄诗表达了回乡归隐之情。②孔诗颈联连用两个典故，表明大隐可隐于朝堂闹市，不必超脱尘世。尾联写当官不陷于琐事，便心中无事，同样可以逍遥自由。黄诗尾联通过"归船""白鸥"之想，表达回乡归隐之情。

（三）1. 石之铿然有声者，所在皆是也。2. 事不目见耳闻，而臆断其有无，可乎？3. 古之人不余欺也。4. 清流激湍，映带左右。5. 固知一死生为虚诞，齐彭殇为妄作。6. 舟遥遥以轻飏，风飘飘而吹衣。7. 问征夫以前路，恨晨光之熹微。

二、底蕴作文

1. 审题，审的就是提示语。作文材料共两句话："小小的种子可以长成大树，稚嫩的雏鹰终能翱翔天空"是"举例"，让学生有直观感受，易于理解。材料中的从小到大、由弱到强体现了一个动态变化过程，树与鹰如此，万事万物亦可如此。观点句由三个分句组成，第一个分句"向梦想进发的路上"做状语，是一个背景与前提。二、三两个分句由"只有……才……"表条件的关联词连接，条件关系的句子，强调的是条件，"只有不给未来设限"才是整个句子的中心。"设限"即设立限制，"不设限"即不给自己的梦想预先设定限制，没有高度上的预设即"永远追求更快、更高、更强"，也没有宽度上的条条框框，即"选择可以多样，尝试可以多种"，社会发展本就多元，无须太多的约束与禁锢。

2. 立意：作者的观点句是“向梦想进发的路上，只有不给未来设限，才可以拥有无限可能”。不设限，争无限。未来无“限”好，人生皆可能。梦想不设限，未来无上限……

【参考范文】

不设限，方无限

“管夷吾举于士，孙叔敖举于海”，昔者扬名立万之人，出身卑微者不可胜记，陈涉不过一“瓮牖绳枢之子，氓隶之人”，却依旧能够做出惊动全国之“举大计”之事，撼动秦王朝。上述之论，虽卑微弱小。却能实现博大志向，书写自身无限可能。

故而，纵己身卑如劣石，也不应“觉自形秽”，而是不设限、不落成规之网，相信未来的无限可能，进而抵达“珠玉”之志。不设限方能无限。

设限，指给自己未知的未来，设置已知的可能。这是对自身能力的不自信，是对未来斗志与希望的丧失，是在将如水般可成万千形态的人生规置在固定形状的牢笼中。东施效颦，将自己本有千万种可能性的人生限制在模仿他人的死网中，一辈子只将西施作为人生境界的最高处，行事言语皆陷入“模仿”的限制中，本该与众不同的人生变成陷入自己设置的限隘中无法逃脱。对于未来的限制终变成套死在每一个当下的自己身上的铁索，绊住人生的可能。

故而，不给自己设限，将成为未来无限可能的伏笔。每一个不设限的时刻，终将造就未来的无限光彩。躬耕于南阳的诸葛亮从不为自己设限，居于草庐之中仍关注天下之事，头脑智明，等待时机，终辅佐刘备建立蜀国。磻溪垂钓的姜太公从不为自己设限，高龄之时仍等待被重用，终成一代佳话。正是因为他们不给自己设限，从而相信自己未来的无限可能，进而实现志向。

然不设限看似是毫无限制的，实则存在着边界。不设限并不是天马行空，胡思乱想，不是想到什么就能实现什么，不是只要不设限就能达到无限，架起不设限与无限的桥梁的，是实干。再观中国历史，中国因清政府所设“天朝”“闭关锁国”之限而受欺于西方列强与日本，一代代先锋奋起呼号，不信亡国、弱国之限，打破速亡之限，以拼搏实干，将心中的无限变为现实。

无限可能，须不设限，也须实干。正值吾辈青年立于时代潮头之际，应不限己身未来志，成就无限未来事，把握住当下，让无限的未来实现，进而完成国之无限可能。

以勇敢坚毅开拓人生之限，力避碌碌无为之人生，成就个人无限可能，进而开创国家之无限可能。

【附】新高考默写篇目（60篇省份专用）

一、文言文（20篇）

1. 必修（10篇）

《论语》十二章《劝学》《屈原列传》《谏太宗十思疏》《师说》《阿房宫赋》《六国论》《答司马谏议书》《赤壁赋》《项脊轩志》

2. 选择性必修（10篇）

《子路、曾皙、冉有、公西华侍坐》《报任安书》《过秦论》《礼运》《陈情表》《归去来兮辞》《种树郭橐驼传》《五代史伶官传序》《石钟山记》《登泰山记》

二、诗词曲（40首）

1. 诗（23首）

《诗经·静女》《诗经·无衣》《离骚》《涉江采芙蓉》《短歌行》《归园田居（其一）》《拟行路难（其四）》《春江花月夜》《山居秋暝》《蜀道难》《梦游天姥吟留别》《将进酒》《燕歌行》《蜀相》《客至》《登高》《登岳阳楼》《琵琶行并序》《李凭箜篌引》《锦瑟》《登快阁》《书愤》《临安春雨初霁》

2. 词曲（17首）

《菩萨蛮·小山重叠金明灭》《虞美人·春花秋月何时了》《望海潮·东南形胜》《桂枝香·金陵怀古》《江城子·十年生死两茫茫》《念奴娇·赤壁怀古》《鹊桥仙·纤云弄巧》《苏幕遮·燎沉香》《声声慢·寻寻觅觅》《念奴娇·过洞庭》《永遇乐·京口北固亭怀古》《菩萨蛮·书江西造口壁》《青玉案·元夕》《贺新郎·国脉微如缕》《扬州慢·淮左名都》《长亭送别·正宫·端正好》《朝天子·咏喇叭》

【注】加线篇目为部编新教材所未选录的课文，原文及译文见下。

报任安书（节选）

古者富贵而名摩灭，不可胜记，唯倜傥非常之人称焉。盖文王拘而演《周易》；仲尼厄而作《春秋》；屈原放逐，乃赋《离骚》；左丘失明，厥有《国语》；孙子膑脚，《兵法》修列；不韦迁蜀，世传《吕览》；韩非囚秦，《说难》《孤愤》；《诗》三百篇，大底圣贤发愤之所为作也。此人皆意有所郁结，不得通其道，故述往事、思来者。乃如左丘明无目，孙子断足，终不可用，退而论书策，以舒其愤，思垂空文以自见。仆窃不逊，近自托于无能之辞，网罗天下放失旧闻，略考其行事，综其终始，稽其成败兴坏之纪，上计轩辕，下至于兹，为十表，本纪十二，书八章，世家三十，列传七十，凡百三十篇。亦欲以究天人之际，通古今之变，成一家之言。草创未就，会遭此祸，惜其不成，是以就极刑而无愠色。仆诚已著此书，藏之名山，传之其人，通邑大都，则仆偿前辱之责，虽万被戮，岂有悔哉！然此可为智者道，难为俗人言也！

【译文】古时候身虽富贵而名字磨灭不传的人，多得数不清，只有那些卓异而不平常的人才著称于世。西伯姬昌被拘禁而演绎《周易》；孔子受困厄而作《春秋》；屈原被放逐，才写了《离骚》；左丘明失去视力，才有《国语》；孙膑被截去膝盖骨，《兵法》才撰写出来；吕不韦被贬谪蜀地，后世才流传《吕氏春秋》；韩非被囚禁在秦国，写出《说难》《孤愤》；《诗》三百篇，大抵都是圣贤发愤而写作的。这些都是人们感情有压抑郁结不解之处，不能实现其理想，所以记述过去的事迹，使将来的人了解他的志向。就像左丘明没有了视力，孙膑断了双脚，终于不能被人重用，便退而著书立说来抒发他们的怨愤，想留下没有实行的文章来表露自己的本心。我私下里也自不量力，近来用我那不高明的文辞，收集天下散失的历史传闻，粗略地考订其事实，综述其事实的本末，推究其成败盛衰的道理，上自黄帝，下至当今，写成表十篇，本纪十二篇，书八篇，世家三十篇，列传七十篇，一共一百三十篇，也是想探求天道与人事之间的关系，贯通古往今来变化的脉络，成为一家之言。刚开始草创还没有完毕，恰恰遭遇到这场灾祸，我痛惜这部书不能完成，因此便接受了最残酷的刑罚而不敢有怒色。我现在真正写完了这部书，打算把它藏进名山，传给可传的人，再让它流传进都市之中，那么，我便抵偿了以前所受的侮辱，即便是让我千次万次地被杀戮，又有什么后悔的呢！但是，这些只能向有见识的人诉说，却很难向世俗之人讲清楚啊！

礼运（节选）

大道之行也，天下为公，选贤与能，讲信修睦。故人不独亲其亲，不独子其子，使老有所终，壮有所用，幼有所长，鳏、寡、孤、独、废疾者皆有所养，男有分，女有归。货恶其弃于地也，不必藏于己；力恶其不出于身也，不必为己。是故谋闭而不兴，盗窃乱贼而不作，故外户而不闭。是谓大同。

【译文】大道实行的时代，是以天下为大家所共有。选举贤能者共同治理，人人心口如一，彼此合作，于是大家不独敬奉自己的父母，不独扶养自己的儿女，更能推广其爱心，使社会上的老者各得安享天年，壮者各能贡献才力，儿童得到良好的教育，鳏、寡、孤、独以及残疾人都能得到供养。男人各尽自己的职分，女人各有自己的家庭。既不把财物委弃于无用之地，也不把财物私藏于己身。既嫌恶有力不肯出力，也不能为私人出力才算是效劳。因此，就不会有钩心斗角、损人利己的阴谋发生，也不会有劫持、偷盗、杀人越货的勾当出现。纵有门窗的设置，也只是便于起居，并无须防备歹人。那样的世界才真是大同的世界。

菩萨蛮·小山重叠金明灭（温庭筠）

小山重叠金明灭，鬓云欲度香腮雪。懒起画蛾眉，弄妆梳洗迟。

照花前后镜，花面交相映。新帖绣罗襦，双双金鹧鸪。

【译文】眉妆漫染，叠盖了部分额黄，鬓边发丝飘过。洁白的香腮似雪，懒得起来，画一画蛾眉，整一整衣裳，梳洗打扮，慢吞吞，意迟迟。照一照新插的花朵，对了前镜，又对后镜，红花与容颜，交相辉映，刚穿上的绫罗裙襦，绣着一双双金鹧鸪。

苏幕遮·燎沉香（周邦彦）

燎沉香，消溽暑。鸟雀呼晴，侵晓窥檐语。叶上初阳干宿雨，水面清圆，一一风荷举。故乡遥，何日去？家住吴门，久作长安旅。五月渔郎相忆否？小楫轻舟，梦入芙蓉浦。

【译文】细焚沉香，来消除夏天闷热潮湿的暑气。鸟雀鸣叫呼唤着晴天（旧有鸟鸣可占雨之说），拂晓时分我偷偷听它们在屋檐下的“言语”。荷叶上初出的阳光晒干了昨夜的雨，水面上的荷花清润圆正，荷叶迎着晨风，每一片荷叶都挺出水面。（看到这风景）我想到遥远的故乡，何日才能回去啊？我家本在吴越一带，（我）长久地客居长安。五月，故乡小时候的伙伴是否在想我，划着一叶扁舟，在我的梦中来到过去的荷花塘（词中指杭州西湖）。

菩萨蛮·书江西造口壁（辛弃疾）

郁孤台下清江水，中间多少行人泪。西北望长安，可怜无数山。

青山遮不住，毕竟东流去。江晚正愁余，山深闻鹧鸪。

【译文】郁孤台下这赣江的水，水中有多少行人的眼泪。我举头眺望西北的长安，可惜只看到无数青山。但青山怎能把江水挡住？江水毕竟还会向东流去。夕阳西下，我正满怀愁绪，听到深山里传来鹧鸪的鸣叫声。

青玉案·元夕（辛弃疾）

东风夜放花千树，更吹落、星如雨。宝马雕车香满路。凤箫声动，玉壶光转，一夜鱼龙舞。

蛾儿雪柳黄金缕，笑语盈盈暗香去。众里寻他千百度。蓦然回首，那人却在，灯火阑珊处。

【译文】东风拂过，数不清的花灯晃动着，仿佛催开了千树花，焰火纷乱，往下坠落，又像是空中的繁星被吹落，宛若阵阵星雨。华丽的香车宝马在路上来来往往，各式各样的醉人香气弥漫于大街。凤箫那悦耳的音乐之声四处回荡，月亮在空中发出明亮的荧光，光华流转。热闹的夜晚里，鱼、龙形的彩灯在翻腾。

美人的头上都戴着亮丽的饰物，身上穿着多彩的衣物，在人群中晃动。她们面带微笑，带着淡淡的香气从人面前经过。我千百次地寻找，都没看见他，不经意间一回头，却看见她立在灯火零落处。

贺新郎·国脉微如缕（刘克庄）

国脉微如缕。问长缨、何时入手，缚将戎主？未必人间无好汉，谁与宽些尺度？试看取、当年韩五。岂有谷城公付授，也不干、曾遇骊山母。谈笑起，两河路。

少时棋柝曾联句。叹而今、登楼揽镜，事机频误。闻说北风吹面急，边上冲梯屡舞。君莫道、投鞭虚语。自古一贤能制难，有金汤、便可无张许。快投笔，莫题柱。

【译文】国家命脉日渐衰弱，不知何时才能请得长缨，将敌方首领擒缚！人间自有降龙伏虎的好汉，只是无人不拘一格任用人才。如不信，看看南宋初年的抗金名将韩世忠吧。他并没有经过谷城公那样的名师传授指点，也不曾遇到过像骊山圣母那样的神仙传授法术，可他一样能在谈笑之中指挥大军，在河北东西两路大败金兵。

我年轻的时候，也曾在军营中一边下棋一边联句。可现在人老了，登楼远望，已力不从心，多次误了从军的机会。听说北面蒙古骑兵来势汹汹，进攻时利用的冲梯，屡次狂舞于边城。不要再大谈空想而不以身抗敌，自古以来，用一个贤能的人，就能解除国家的危难。假如没有像张巡、许远这样的良将，即使有坚固的城池，也不能久守。有志儿郎，不要在发无聊呻吟，赶快投笔从戎，不要再想用文辞来博得高官厚禄了！

长亭送别·正宫·端正好（王实甫）

[正宫][端正好]碧云天，黄花地，西风紧，北雁南飞。晓来谁染霜林醉？总是离人泪。

【译文】[正宫][端正好]碧蓝的天空，开满了菊花的大地，西风猛烈吹，大雁从北往南飞。清晨，是谁把经霜的枫林染红了？那总是离人的眼泪。

朝天子·咏喇叭（王磐）

喇叭，唢呐，曲儿小腔儿大。官船来往乱如麻，全仗你抬声价。军听了军愁，民听了民怕。哪里去辨甚么真共假？眼见的吹翻了这家，吹伤了那家，只吹的水尽鹅飞罢！

【译文】喇叭和唢呐，曲儿虽然小，腔调却很大。官船来往乱糟糟，全靠你来抬身价。军人听了军人愁，百姓听了百姓怕。哪里能辨别出真和假？眼看着吹翻了这一家，又吹伤了那一家，吹得水流干枯鹅也飞跑啦！